Wolfgang Schwartz

Lüneburger Heide

Die schönsten Heide-, Wald- und Flusswanderungen

50 ausgewählte Touren

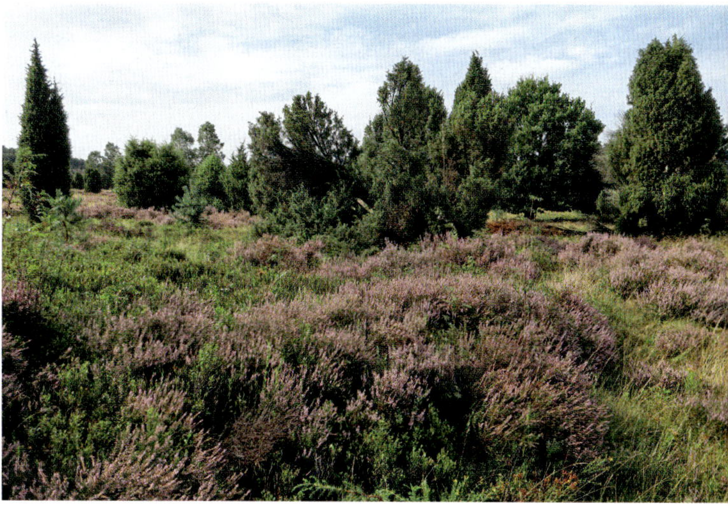

ROTHER
BERGVERLAG

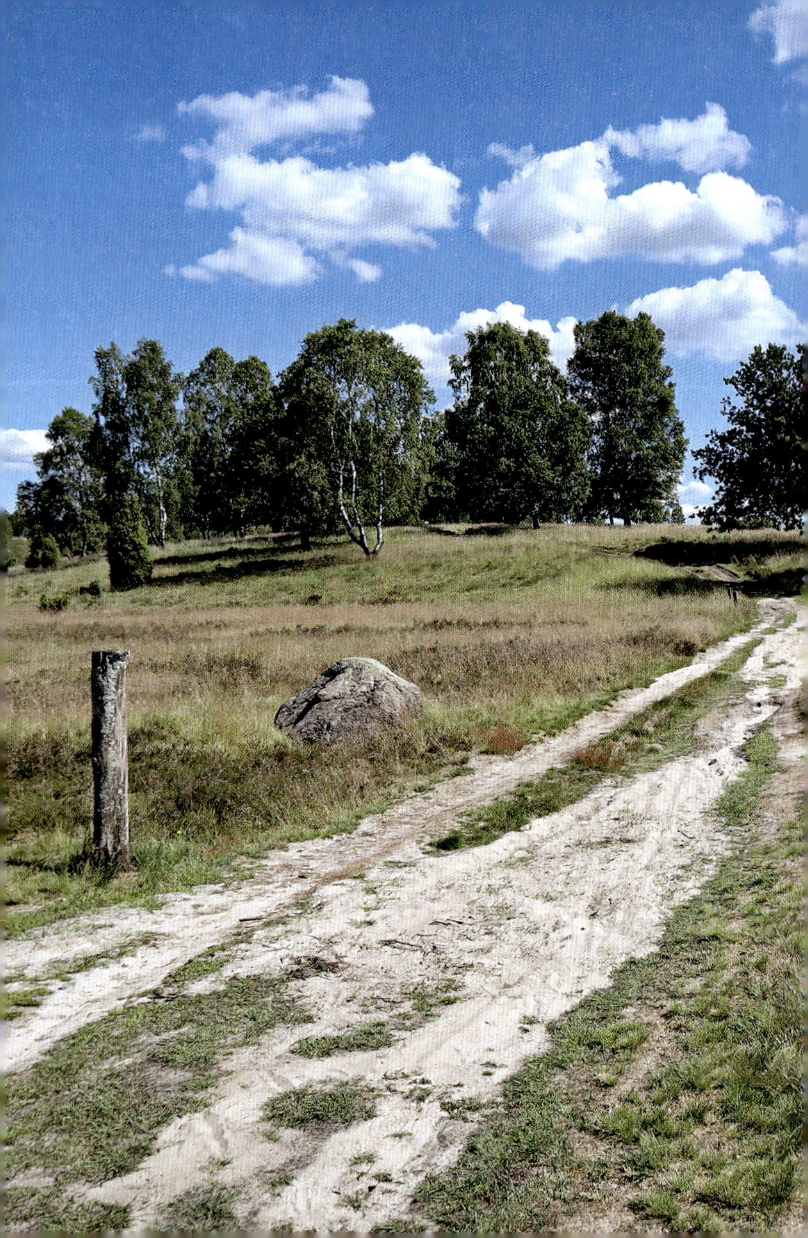

VORWORT

Die Lüneburger Heide mit ihren eiszeitlich entstandenen Sandböden gilt als Geburtsort des Naturschutzes in Deutschland – hier wurden 1910 die ersten Flächen für den Naturschutz bei Wilsede erworben, und 1921 entstand in der Lüneburger Heide auf Betreiben des 1909 gegründeten Vereins Naturschutzpark (VNP) das erste großflächige deutsche Schutzgebiet.
Die Lüneburger Heide gilt nicht nur als größte zusammenhängende Heidefläche Europas, sondern umfasst auch Wälder sowie zahlreiche Flüsse mit meist klarem Wasser, die sich oft noch naturnah durch die Geestlandschaft schlängeln. Durch die Auwälder vieler Flusstäler laden ufernahe Wege zum Wandern ein.
Die im Dreieck der Ballungsgebiete Hamburg – Bremen – Hannover liegende Heide hat eine lange Tradition als Wandergebiet für stressgeplagte Großstädter: Zu Beginn des 20. Jahrhunderts zog es die Wandervögel in großer Zahl in die Heide, angelockt von Autoren wie Hermann Löns, den Brüdern Freudenthal sowie diversen Malern. Die sich aus der zunehmenden Besucherzahl ergebenden Konflikte mit dem Naturschutz führten zu der aus Freiwilligen gebildeten Heidewacht, Vorläufer der heutigen Ranger.
Neben Tagesurlaubern aus benachbarten Städten besuchen viele Übernachtungsurlauber die Region: Die Lüneburger Heide zählt rund 5 Mio. Übernachtungen im Jahr.
Wanderer erwartet eine ausgezeichnete Infrastruktur: ein dichtes und sehr gut ausgeschildertes bzw. markiertes Wanderwegenetz, viele Sitzbänke und hüttenartige Unterstände. Für Abwechslung unterwegs sorgen neben Heidschnucken zahlreiche Zeugen von Jahrhunderten Heidebauernkultur: Dörfer und Höfe mit viel Fachwerk, reetgedeckte Schafställe, Bienenzäune der Wanderimker sowie viele Infotafeln über Natur und Kultur.
Leitmotiv bei der Auswahl der Touren war eine bunte Mischung der Landschaften sowie ein ausgewogenes Verhältnis aus Rund- und Streckentouren unterschiedlicher Länge. Die 50 Touren verteilen sich in etwa gleichmäßig auf die Nord- und Südheide zwischen den Urstromtälern der Elbe und Aller.
Ein Plus: Alle Touren sind mit dem öffentlichen Nahverkehr erreichbar.

Elmshorn, im Frühjahr 2024 — Wolfgang Schwartz

Wanderweg am Wümmeberg nahe Niederhaverbeck.

INHALTSVERZEICHNIS

Westen: Schneverdingen – Niederhaverbeck – Oberhaverbeck

Südwesten der Lüneburger Heide

Naturpark Südheide

Südosten: Rund um Uelzen

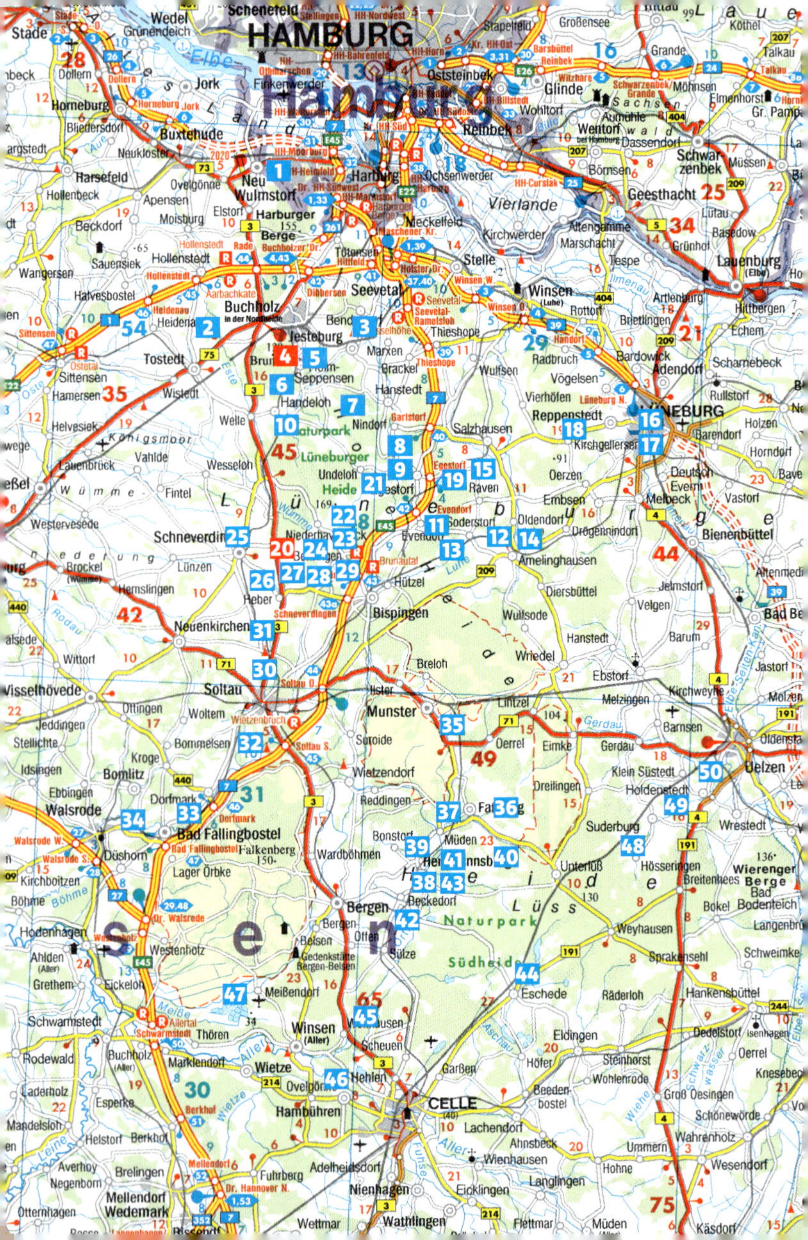
HAMBURG
Stade
Wedel
Grünendeich
Jork
Finkenwerder
Horneburg
Buxtehude
Neukloster
Harsefeld
Oststeinbek
Glinde
Reinbek
Wentorf bei Hamburg
Harburg
Neu Wulmstorf
Harburger Berge
Meckelfeld
Vierlande
Kirchwerder
Geesthacht
Schwarzenbek
Lauenburg (Elbe)
Stelle
Winsen (Luhe)
Seevetal
Buchholz in der Nordheide
Jesteburg
Tostedt
Sittensen
Hanstedt
Salzhausen
Lüneburg
Reppenstedt
Adendorf
Bardowick
Melbeck
Bienenbüttel
Amelinghausen
Lüneburger Heide
Undeloh
Schneverdingen
Bispingen
Neuenkirchen
Soltau
Munster
Visselhövede
Walsrode
Bad Fallingbostel
Bergen
Bad Bevensen
Uelzen
Suderburg
Unterlüß
Naturpark Südheide
Eschede
Winsen (Aller)
Wietze
Hambühren
CELLE
Schwarmstedt
Mellendorf
Wedemark
Wathlingen
Nienhagen
Eicklingen
Wienhausen
Lachendorf
Hankensbüttel
Wesendorf
Müden
Hermannsburg
Faßberg
Lüß
Bergen-Belsen

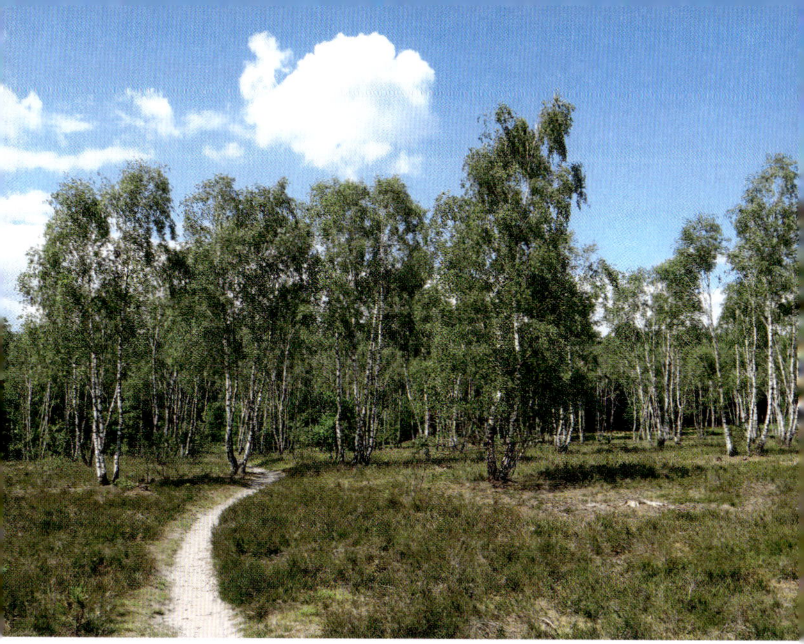

Birken am Westrand der Heide bei Schneverdingen.

SYMBOLE

Symbole im Tourenkopf
- Mit Bahn/Bus erreichbar
- Einkehrmöglichkeit
- für Kinder geeignet

Symbole im Höhenprofil
- Ort mit Einkehrmöglichkeit
- Einkehrmöglichkeit
- Unterstand, Hütte
- Parkplatz
- Bushaltestelle
- Bahnhof/S-Bahn-Haltestelle
- Kirche, Kapelle, Kloster
- Burg, Schloss, Ruine
- Abzweigung links
- Abzweigung rechts
- Brücke, Viadukt
- Aussichtsturm
- Aussichtsplatz
- Gipfel
- Picknickplatz
- Campingplatz
- Archäologische Stätte
- Wassermühle
- Quelle
- Badestelle, Strand
- markanter Baum

DIE TOP-TOUREN IN DER LÜNEBURGER HEIDE

Die ausgewählten Top-Touren bilden einen Querschnitt der vielen schönen Touren in der Region: sowohl regional wie thematisch – Wanderungen durch Heide, Waldlandschaften, durch urige Flusstäler und Moorgebiete. Einige Touren verlaufen stellenweise entlang der Heideschleifen, 12 besonders schöner und ausgezeichnet markierter Rundwanderwege entlang des Heidschnuckenweges, die in dem entsprechenden Rother-Wanderführer ausführlicher beschrieben werden.

Fischbeker und Wulmstorfer Heide
Vor den Toren Hamburgs bietet diese Rundwanderung mit vielen Variationsmöglichkeiten einen ständigen Wechsel von Heide und Wald in einem hügeligen Naturschutzgebiet am Geesthang des Elbe-Urstromtals *(Tour 1, 2.30 Std.).*

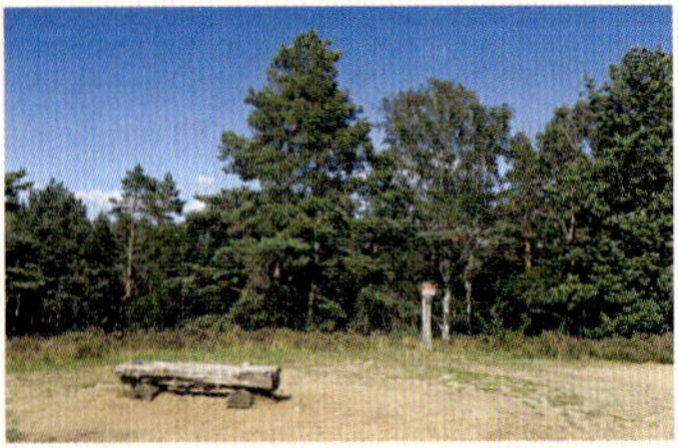

Estewanderung
Diese schöne Tour führt entlang des Elbe-Zuflusses Este mit einer Keltenburg als kulturhistorischem Höhepunkt bei Hollenstedt *(Tour 2, 3 Std.).*

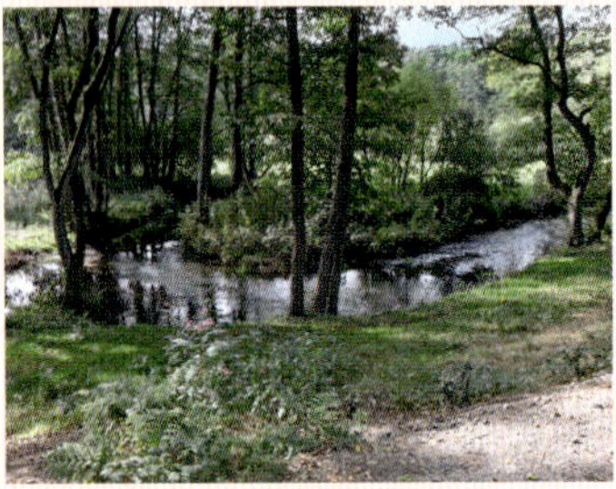

Heidepuzzle bei Handeloh
»Heidepuzzle« heißt ein Fernwanderweg, der puzzleartig verstreute Heideflächen der Nordheide miteinander verbindet. Der nördliche Abschnitt zwischen Handeloh und Buchholz erschließt die Heide bei Handeloh, die Büsenbachheide und den Brunsberg – streckenweise identisch mit dem Heidschnuckenweg *(Tour 6, 4 Std.).*

Radenbachtal und Schmale Aue
Von Undeloh mit dem Heide-Erlebnis-Zentrum führt diese abwechslungsreiche Rundwanderung zunächst durch das Radenbachtal mit weiter Heidelandschaft, später entlang des naturnahen Heidebaches Schmale Aue und durch Wald zurück nach Undeloh *(Tour 9, 3.30 Std.).*

Lila Krönung
Der Name verspricht nicht zu viel – zumindest zur Zeit der Heideblüte. Der Fernwanderweg »Lila Krönung« führt zu den schönsten Heidegebieten. Besonders eindrucksvoll ist der Abschnitt zwischen Döhle und Schneverdingen mit dem Wilseder Berg *(Tour 20, 6 Std.).*

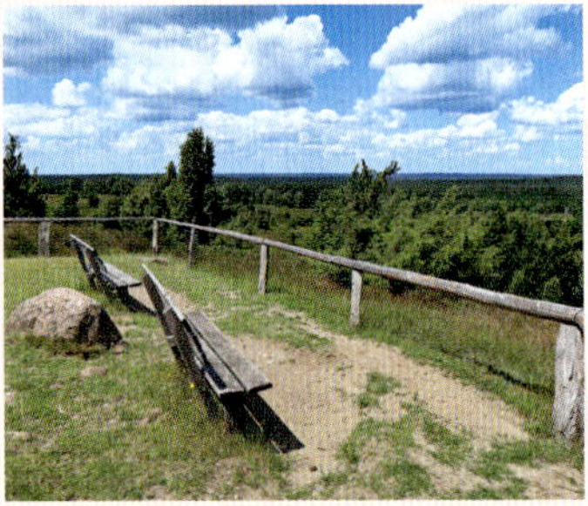

Wilseder Berg und Totengrund
Diese Rundwanderung führt von Döhle zu besonders schönen Aussichtspunkten wie dem Wilseder Berg, Bolterberg und dem Totengrund, Geburtsort des Naturschutzes *(Tour 23, 5 Std.).*

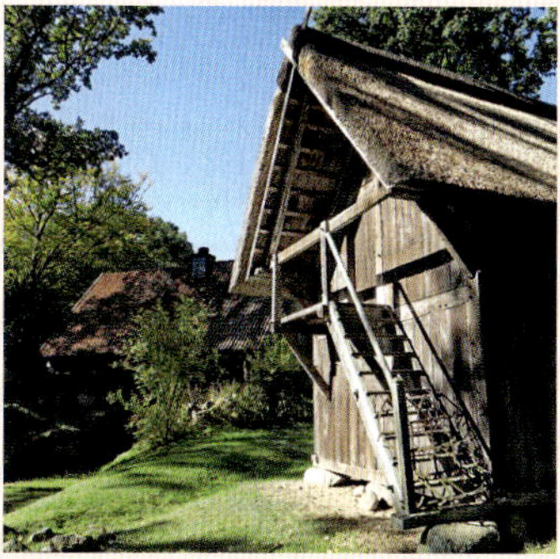

Pietzmoor
Östlich von Schneverdingen führt ein Holzbohlenweg durch das wiedervernässte renaturierte Pietzmoor, das größte Hochmoor der Lüneburger Heide *(Tour 26, 1.30 Std.).*

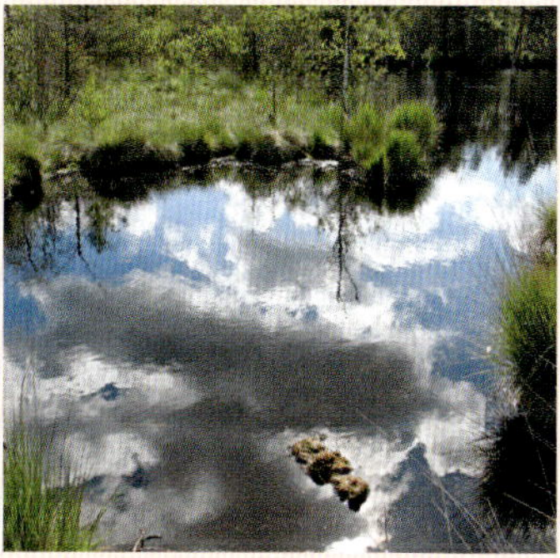

Zwischen Poitzen und Müden
Der Fluss-Wald-Erlebnispfad erschließt nördlich von Müden das einsame Örtzetal, deren Rieselwiesen den Wendepunkt dieser Rundwanderung markieren *(Tour 37, 2.30 Std.).*

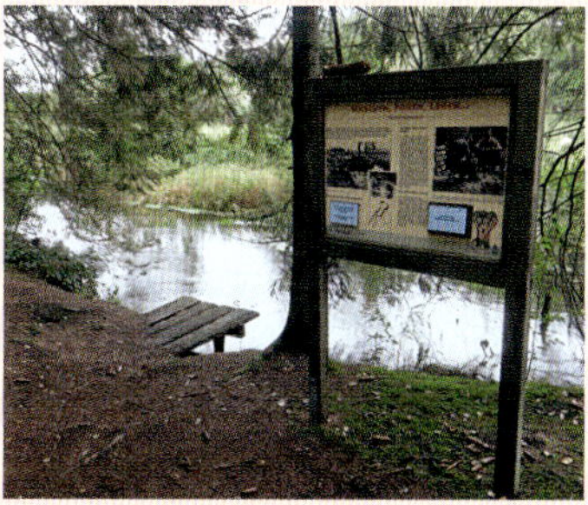

Entlang der Örtze von Müden nach Eversen
Entlang der naturnahen Örtze führt diese Wanderung von Müden vorbei an Hermannsburg nach Eversen, vorbei an alten Wassermühlen *(Tour 38, 4.30 Std.).*

Wassererlebnispfad Hardau bei Suderburg
Der 52 km lange Wassererlebnispfad erschließt die Niederung der Hardau zwischen Hösseringen und Uelzen aufgeteilt, in 3 abwechslungsreichen Rundwanderungen, die längste führt zur Quelle *(Tour 48, 5 Std.).*

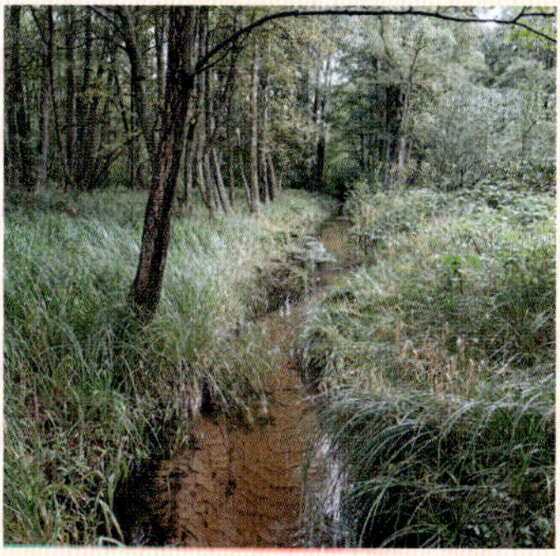

WICHTIGE HINWEISE FÜR UNTERWEGS

Tourenauswahl und -planung

Die Lüneburger Heide präsentiert sich als ideales Wandergebiet: Im Norden ist motorisierter Verkehr aus dem 23.000 ha großen Naturschutzgebiet verbannt und somit bietet sich Wanderern (sowie Radfahrern und Reitern) ein großflächiges Gebiet zum Genießen der Natur. Die wichtigsten Ausgangspunkte für Touren sind Undeloh, Döhle, Egestorf sowie Nieder- und Oberhaverbeck.

Die meisten Ausgangspunkte zu den Wanderungen – überwiegend Rundtouren – sind mit dem öffentlichen Nahverkehr zu erreichen, bei Streckentouren wurde auf gute Verkehrsangebote (mindestens mehrmals täglich) zwischen Start- und Endpunkt geachtet. Die Verkehrsverbindungen sollten auf jeden Fall vorab bei den im Unterpunkt »ÖPNV« angegebenen Websites aktuell recherchiert werden, zumal einige Buslinien nur wenige Male am Tag bedient werden.

Da die Lüneburger Heide ein sehr dichtes Wandernetz bietet sowie zahlreiche, stellenweise parallel zueinander verlaufende Fernwanderwege, eröffnen sich dem Wanderer im Prinzip schier unendlich viele Möglichkeiten zu Kombinationen von Touren. Daher sind die hier angegebenen 50 Touren als beliebig kombinierbare Anregung zu verstehen. Dazu finden Sie bei den meisten Wanderungen Varianten und Kombinationsmöglichkeiten mit anderen Touren. Diese und folgende weitere Infos zur Tourenplanung bietet der Tourensteckbrief, der allen Touren vorangestellt ist:

Ausgangspunkt: Angegeben ist hier der Start für die Tour inkl. Erreichbarkeit mit dem Auto (Adresse für Navi).

Endpunkt: Ist angegeben bei Streckentouren; sofern vorhanden, auch mit Parkmöglichkeit (Adresse für Navi).

ÖPNV: Sofern die Tour mit ÖPNV sinnvoll ist, stehen hier die nächstgelegenen Haltestellen mit Angabe der Bus-/Bahnlinien, der Bedienungshäufigkeit und eine Internet-Adresse für weitere Infos.

Höhenunterschied: Summe der bei der Wanderung zu bewältigenden Höhenmeter, jeweils im An- und Abstieg.

Anforderungen: Der Schwierigkeitsgrad in der Lüneburger Heide mit ihrer verhältnismäßig flachen Landschaft ist erwartungsgemäß bei fast allen Touren eher leicht. In (zwei) abweichenden Fällen ergibt sich die höhere Schwierigkeit weniger durch lange An- oder Abstiege oder die Länge der Tour als vielmehr durch den anspruchsvollen, anstrengenden – etwa sandigen – Wegbelag.

Markierung: Angegeben sind die (überwiegenden) Wegmarkierungen.

Einkehr: Einkehrgelegenheiten sind hier angegeben, wenn sie für Wanderungen sinnvoll sind; während der Wanderungen sowie am Endpunkt, wenn man etwa bei einer Haltestelle auf einen Bus warten muss. Nicht aufgeführt sind Einkehrgelegenheiten am Startpunkt von Wanderungen.

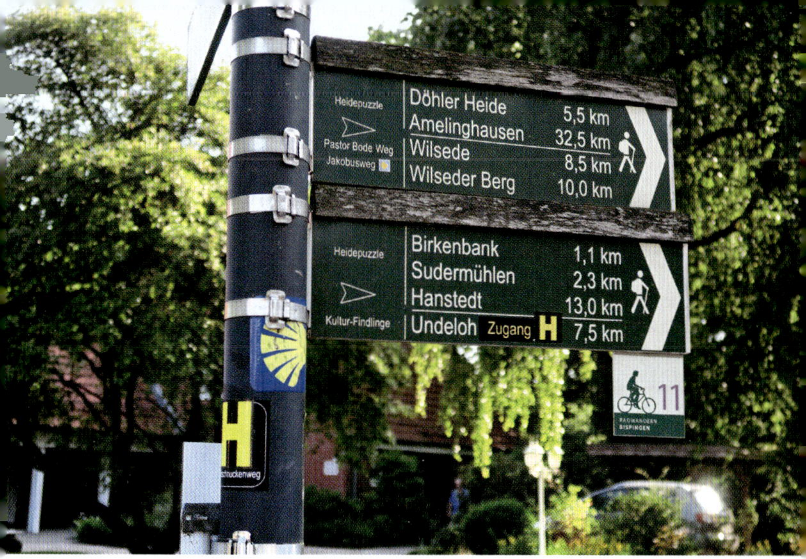

Die Wege in der Lüneburger Heide sind ausgezeichnet markiert – wie hier in Egestorf.

Varianten: Manche Touren lassen sich abkürzen, verlängern oder anderweitig im Verlauf variieren. Entsprechende Möglichkeiten sind hier stichwortartig aufgeführt (und in der Karte gestrichelt eingezeichnet).
Kombi-Tipp: Manche Wanderungen lassen sich zu größeren Wanderungen kombinieren. Entsprechende Vorschläge finden Sie hier.
Tipps: Sehenswürdigkeiten entlang der Strecke.

Schwierigkeitsbewertungen

Die Summe der Anforderungen, die eine Tour unter normalen Bedingungen stellt, drückt sich in der Farbe der Tourennummer aus. Drei Stufen werden unterschieden, von denen folgende zwei auf die Lüneburger Heide zutreffen:

SCHWIERIGKEITSKATEGORIEN

■ = Leicht

Wanderungen auf in der Regel markierten Wegen, die überwiegend für Kinder und ungeübte Wanderer geeignet sind.

■ = Mittel

Längere Touren mit mehreren An-/Abstiegen sowie stellenweise wegen Sand nicht immer einfach zu gehenden Wegen (nur zwei: Touren 4 und 20).

Der Umwelt zuliebe …

Auch beim Wandern hinterlassen wir einen ökologischen Fußabdruck, aber im Einklang mit der Natur unterwegs zu sein, ist gar nicht so schwer!

VORBEREITUNG UND ANFAHRT

- Sich vorab informieren, worauf in Bezug auf Natur und Umwelt in der jeweiligen Wanderregion besonders zu achten ist.
- Soweit möglich mit Bahn und Bus anreisen, Wander- und Rufbusse nutzen.
- Ist eine Anfahrt mit dem Auto nötig, Fahrgemeinschaften bilden.
- Bei weiten Anfahrten Mehrtagestouren planen oder von einem Quartier vor Ort aus mehrere Touren absolvieren.
- Flugreisen möglichst reduzieren und durch Beiträge zu Klimaschutzprojekten kompensieren.

KLEIDUNG UND AUSRÜSTUNG

- Beim Kauf von Outdoor-Kleidung auf umweltfreundliche und faire Herstellung achten und Kleidungsstücke möglichst viele Jahre nutzen.
- Ausrüstung kann man eventuell auch gebraucht kaufen oder ausleihen.
- Reparieren statt neu kaufen.

VERPFLEGUNG

- Beim Einkauf Bio-Ware, regionale und saisonale Erzeugnisse bevorzugen.
- Hütten und Gasthäuser auswählen, die regionale Produkte verwenden.
- Auf Einwegflaschen und Plastikverpackungen verzichten, stattdessen wiederverwendbare Trinkflaschen und Brotzeitboxen benutzen.

ÜBERNACHTUNG

- Bei lokalen Anbietern buchen, damit Menschen vor Ort profitieren.
- Auf Hütten und in anderen Unterkünften Strom und Wasser sparen.

UNTERWEGS

- Wege benutzen und Abkürzer vermeiden.
- Sperrungen von Wegen und Schutzgebieten respektieren.
- Keine Blumen pflücken und keine Pflanzen entnehmen.
- Waldbrandgefahr beachten.
- Müll wieder mit nach Hause nehmen und dort entsorgen.
- Toilettengänge in freier Natur möglichst vermeiden.
- Lärm vermeiden.
- Hunde an die Leine nehmen.

ROTHER
BERGVERLAG

Ausrüstung

Alpine Wanderausrüstung ist in der Lüneburger Heide natürlich nicht nötig. Zumindest knöchelhohe Wanderstiefel sind aber auf sandigem Boden sowie an feuchten Stellen in Flusstälern hilfreich. Stöcke sind kein Muss, können bei sandigem Untergrund und kürzeren steileren Anstiegen aber hilfreich sein. Dünne und lange Kleidung ist ein wirksames Mittel gegen zu viel UV-Strahlung der Sonne sowie Mücken – Letztere in der Nähe von windgeschützten stehenden Gewässern bzw. Feuchtgebieten. Als Schutz vor Zecken sind möglichst hohe Schuhe sowie lange Hosen hilfreich. Die Lüneburger Heide ist zwar (noch) kein offizielles Risiko-Gebiet für FSME, was aber nicht heißt, dass Zecken dort keine Erreger für FSME (und andere Krankheiten wie Borreliose) übertragen können.

Verhalten unterwegs

Bei einigen Abschnitten müssen Sie sich den Weg mit Radfahrern teilen, die wegen des häufig sandigen Untergrunds in Heidegebieten und Wäldern manchmal nur unwesentlich schneller als Fußgänger vorankommen. Dass man keinen Müll zurücklässt und Wege nicht verlässt, versteht sich von selbst. Ganz wichtig, nicht zuletzt angesichts der trockenen Sommer in den letzten Jahren: Kein offenes Feuer und vor allem nicht rauchen in der Natur! Die Lüneburger Heide mit ihren vielen Kiefernbeständen ist extrem waldbrandgefährdet, auch wenn die große Katastrophe 1975 schon einige Zeit zurückliegt.

Wandern mit Kindern

Die Lüneburger Heide ist ein ideales Wanderziel für Familien mit Kindern. Durch das dichte Wandernetz mit vielen Varianten kann man die Länge der Touren in kindgerechte Abschnitte aufteilen, unterwegs gibt es viel zu sehen. Für Abwechslung sorgen zahlreiche Freizeitangebote wie Wildparks, ein Baumpfad oder ein Labyrinth.

Wandern mit Hunden

In Naturschutzgebieten müssen Hunde immer angeleint sein, ebenso in anderer freier Landschaft in der Brutzeit (1.4. – 15.7.). Hundehalter müssen ihre Vierbeiner so weit unter Kontrolle haben, dass diese nicht streunen oder wildern. Die Vierbeiner sollten immer abrufbar sein. Hundekot-Tüten sollten nicht nur

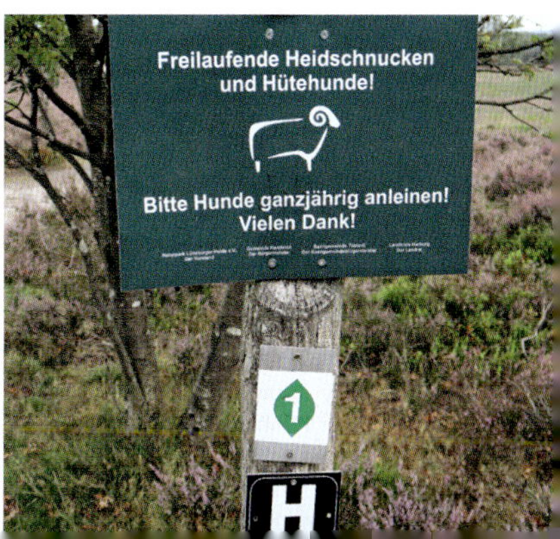

Angeleint dürfen Hunde bei fast allen Touren mitgenommen werden.

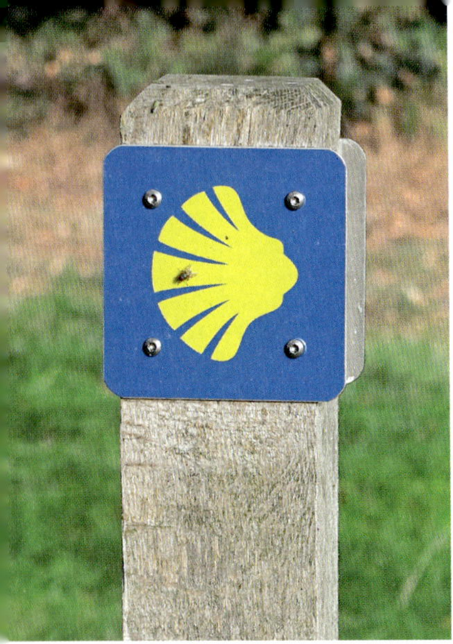

Der Jacobusweg spaltet sich in der Lüneburger Heide in zwei Varianten auf.

in Ortschaften verwendet werden, sondern auch in Heidegebieten.

Geführte Wanderungen

In fast allen Orten der Lüneburger Heide werden geführte Wanderungen angeboten, oft mit besonderen thematischen Aspekten, vor allem naturkundlichen. Mal stehen Pflanzen im Vordergrund, mal (Greif-)Vögel, Pilze oder Fledermäuse. Weitere thematische Schwerpunkte aus dem Angebot: Buchenwälder, Brunft, Baum-Yoga oder Brainwalking.
Oder auf den Spuren von Klöstern, Krimis, Kräutern. Abends bzw. nachts sind in manchen Städten Nachtwächter- und auf dem Land Sternenhimmeltouren beliebt.
Infos bei den Touristinfos oder lueneburger-heide.de → Natur → Landschaftsführungen.

Wegenetz und Markierungen

Durch die Lüneburger Heide verläuft ein dichtes Netz an Wegen für Wanderer, Radfahrer und Reiter. Während Reiterwege meistens getrennt sind, werden Wanderer und Radfahrer oft über dieselben Wege geführt, aber auf den sandigen Wegen der Heide sind eher wenige Radfahrer unterwegs. In großflächigen Heidegebieten gibt es daneben noch breite Wege für Kutschen. Manchmal verlaufen diese Wege parallel zueinander, oft separat. In Wäldern sowie auf freien Flächen wandert man oft über Wirtschaftswege für Forst- und landwirtschaftlichen Verkehr.
Verlaufen fällt schwer in der Lüneburger Heide, die von unzähligen Wanderwegen durchzogen wird. Eine Vielzahl von Wegweisern und Wanderlogos weist den Weg. Neben zahlreichen Fernwanderwegen gibt es vor Ort viele Rundwege, oft mit einem Buchstaben und einer Nummer gekennzeichnet und häufig mit runden Kreisen markiert – in der Regel nur in der angegebenen Richtung, deren Farbe die Länge der Rundtour angibt (oft stehen mehrere Varianten zur Wahl). Neu sind sogenannte »Heideschleifen«: zwölf Rundwanderwege entlang des Heidschnuckenwegs.

Im lila Blütenteppich der Heide ist Wandern ein Genuss.

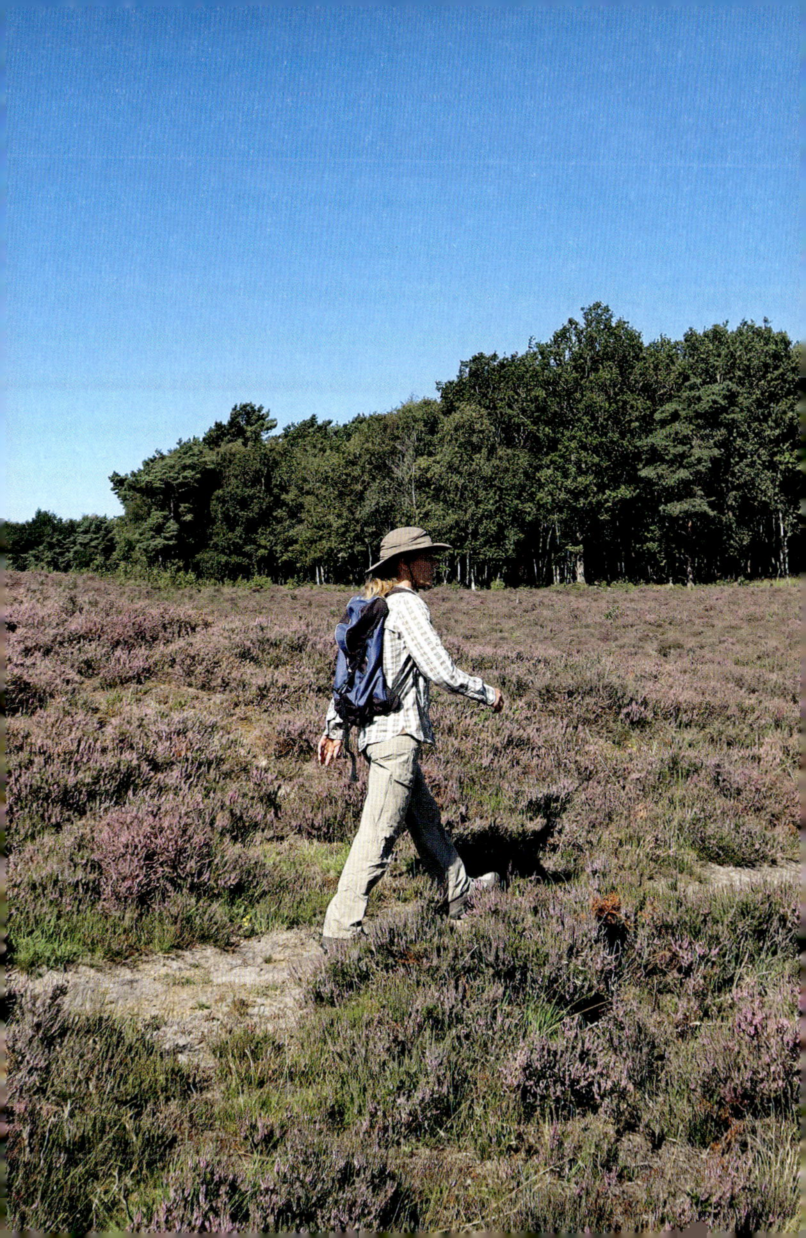

DIE REGION

Geografie

Als Lüneburger Heide wird die eiszeitlich geprägte Landschaft im Dreieck zwischen den Ballungsgebieten Hamburg, Hannover und Bremen im nördlichen Niedersachsen bezeichnet.
Die genaue Grenze hängt von der Art der Einteilung ab. Überwiegend ist diese identisch mit den Naturparks Lüneburger Heide und Südheide, die jeweils die beiden bedeutendsten Landschaften der Hohen Heide und Südheide bilden. Nach der vom Bundesamt für Naturschutz in seinen Landschaftssteckbriefen verwendeten naturräumlichen Gliederung Deutschlands von 1962 wird die Lüneburger Heide als Hauptregion aus den Haupteinheiten Hohe Heide, Südheide, Osterheide, Uelzener und Bevenser Becken sowie der Luheheide geführt.
Die Lüneburger Heide gilt zwar als größte zusammenhängende Heidefläche Mitteleuropas, was aber nicht heißt, dass wir eine große Heidefläche im gesamten Gebiet vorfinden. Die Kernzonen rund um den Wilseder Berg sowie in der Südheide sind schon beachtlich, aber viele weitere Heideflächen werden durch Wälder, Siedlungen und Gewässer getrennt; insgesamt sollen es über 100 Heideflächen sein, die von zwei Naturparks bzw. den zuständigen Forstbehörden und dem Verein Naturschutzpark (VNP) betreut werden.
Bis zum Jahr 1800 bedeckten große Heideflächen die Region, entstanden durch Überweidung der sandigen unfruchtbaren Geestböden, deren Wälder seit der Steinzeit gerodet wurden.

Schnuckenställe gehören zum Landschaftsbild der Lüneburger Heide.

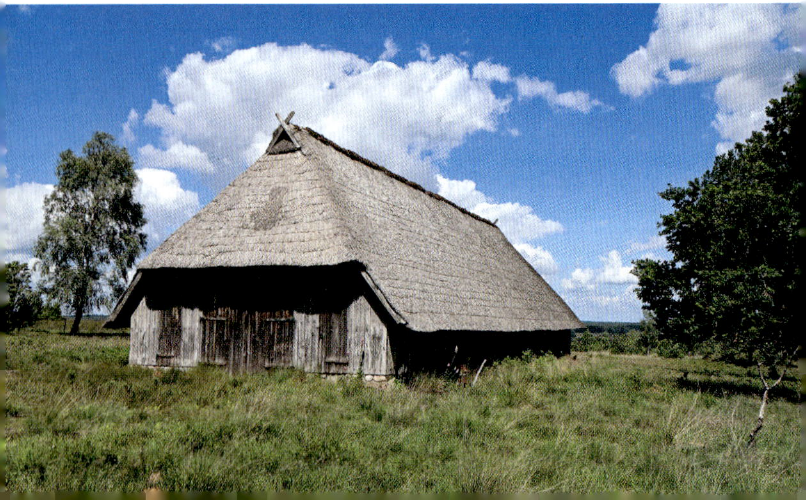

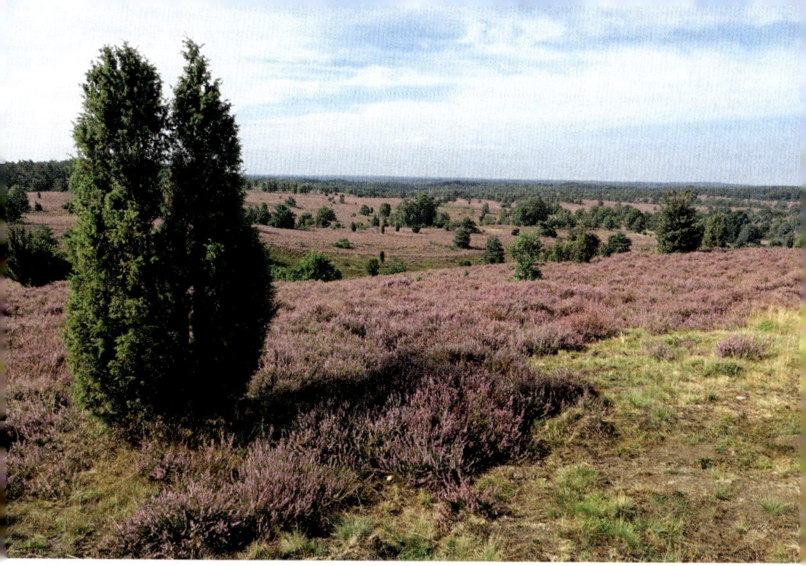

Vom Wilseder Berg bietet sich ein weiter Blick über die norddeutsche Tiefebene.

Heute sind nur noch mosaikartig überwiegend mittelgroße bis kleinere Heideflächen erhalten, die intensiv gepflegt, d.h. mit Heidschnucken begrast werden müssen. Daher machen heute eigentliche Heideflächen, also sandige Böden mit Heidevegetation, nur einen kleineren Anteil der großflächigen Region aus, häufig sind auch Wald- und Agrar- sowie Siedlungsflächen. Im 234 km^2 großen Naturschutzgebiet Lüneburger Heide rund um den Wilseder Berg wächst Heide auf einem Viertel der Fläche, Wald auf fast zwei Dritteln, landwirtschaftlich genutzt wird etwa ein Zehntel.
Wegen der für die Landwirtschaft wenig fruchtbaren Sandböden hat die Lüneburger Heide eine lange Tradition als Truppenübungsplatz: Seit Kaiserzeiten (um 1900) wurden Flächen bei Munster militärisch genutzt. Vom Ende des Zweiten Weltkriegs bis in die 1990er-Jahre rollten alliierte Panzer durch die sogenannten »Roten Flächen« der Osterheide zwischen Schneverdingen und Wilsede. Nach deren Abzug und der Aufgabe von Bundeswehr-Standorten werden heute noch große Flächen bei Bergen und Munster zwischen der Nord- und Südheide militärisch genutzt – mit zusammen rund 450 km^2 einer der größten Truppenübungsplätze Europas.
Die höchste Erhebung der Lüneburger Heide ist der Wilseder Berg (169 m). Diesen und andere Berge der Lüneburger Heide nutzte der Mathematiker Carl Friedrich Gauß bei seiner Vermessung des Königreichs Hannover (1821–1825) als Dreieckspunkte. Der Wilseder Berg gilt auch als Wasserscheide zwischen Elbe und Weser.

Flüsse

Im Umfeld des Wilseder Berges entspringen mehrere Flüsse, die entweder zur Elbe (Seeve, Schmale Aue, Este) oder zur Aller und damit zur Weser hin (Wümme, Böhme) entwässern. Die durch das Abschmelzen des Gletschereises entstandenen Urstromtäler der Aller und Elbe begrenzen großräumig die Region der Lüneburger Heide nach Süden bzw. Norden.
Wichtige Flüsse durch die Lüneburger Heide (in Klammern entsprechende Touren durch die Flusstäler):

- Seeve, kältester Fluss Norddeutschlands mit durchschnittlich rund 7 °C, mündet nach 42 km in die Elbe (Touren 3, 10).
- Este, 62 km langer Nebenfluss der Elbe mit Quelle bei Wintermoor (Tour 4).
- Luhe, 59 km langer Nebenfluss der Ilmenau mit Quelle bei Bispingen (Touren 11 – 14, 18).
- Lopau, kurzer (14 km) Nebenfluss der Luhe mit Quelle bei Munster, bei Amelinghausen zu gleichnamigem See aufgestaut (Touren 12, 14).
- Lutter, 26 km langer Nebenfluss der in die Aller mündenden Lachte in Südheide, bekannt für die Flussperlmuschel.
- Schwindebach (auch Schwindebeck), in die Luhe entwässernder, nur 5 km langer Bach, dessen Quelle beim Dorf Schwindebeck mit einem Wasseraustritt von 60 l/s als zweitstärkste Niedersachsens gilt (Touren 11, 13).
- Ilmenau, wasserreichster (bei Mündung 18 m^3/s) linker Nebenfluss der Elbe in Deutschland östlich der Lüneburger Heide (Touren 16, 17, 50).
- Schmale Aue, 27 km langer Zufluss der Ilmenau mit seltener Fauna wie dem Bachneunauge (Touren 8, 9, 11, 23).

Durch das Pietzmoor führt ein 2 Kilometer langer Holzbohlenweg (Tour 26).

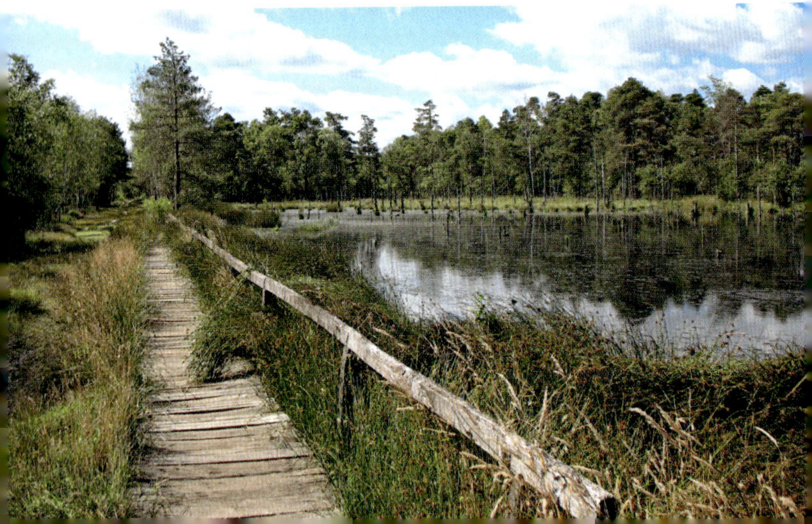

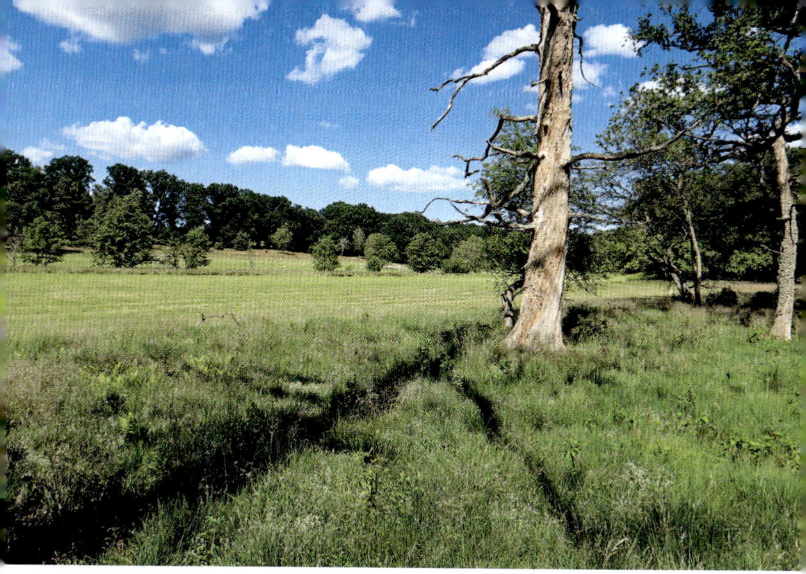

Der Heidebach Haverbeeke mündet nahe Niederhaverbeck in die Wümme.

- Böhme, der wasserreichste und längste (71 km) rechte Nebenfluss der Aller, deren Gefälle von 61 m früher von 14 Wassermühlen genutzt wurde. Zwischen 1810 und 1813 Grenzfluss zwischen Frankreich und (dem französischen Satellitenstaat) Westphalen (Touren 30 – 34).
- Hardau, 17 km langer Nebenfluss der in die Ilmenau entwässernden Gerdau südwestlich von Uelzen (Touren 48 – 50).
- Aschau, 25 km langer Zufluss der Lachte, bekannt durch die um 1900 angelegten Loher und Aschauteiche (Tour 44).
- Örtze, entspringt bei Munster und mündet nach 62 km bei Winsen in die Aller (Touren 35, 37, 38, 42, 45).

Heidemoore

Durch Quellen und Aufstauen des Regenwassers entstanden an einigen Stellen Moore wie das Große Moor, das Pietzmoor und das Grundlose Moor. Heide-Hochmoore wie das nach der Entwässerung im 20. Jh. renaturierte Pietzmoor haben sich nicht wie andere Moore kontinuierlich über verschiedene Stadien wie nährstoffreicher See, Flachmoor, Erlenbruchwald entwickelt, vielmehr sind nach der Eiszeit wassergefüllte Mulden früh von Wollgras-, Seggen- und Torfmoos-Arten besiedelt worden, aus deren abgestorbener Biomasse Torfschichten entstanden sind. Der saure silikatische Untergrund dürfte bei dieser Entstehung der Hochmoore eine entscheidende Rolle gespielt haben.

Nutzung der Heide

In der Jungsteinzeit begannen Siedler mit der Rodung des Waldes für Bau- und Brennholz, die verbliebene Fläche wurde anschließend (zu) intensiv beweidet, sodass sich auf dem nährstoffarmen Sandboden Heidevegetation entwickelte, die vielseitig genutzt wurde: als Weidefläche für Tiere, besonders Heidschnucken, und als Bestäubungsfläche für Bienen zur Honigproduktion.

Die Heide wurde regelmäßig »geplaggt«, d.h. mitsamt der Humusschicht mit speziellen Harken abgezogen und als Einstreu in die Ställe gebracht, um später zusammen mit Schafkot als natürlicher Dünger auf den Feldern verteilt zu werden. Das arbeitsaufwendige »Plaggen« (daraus entstand das Wort »Plackerei«) wurde mit dem Aufkommen von Kunstdünger zum Ende des 19. Jhs. eingestellt.

Reetdachhaus

Typisch für Heidedörfer sind die alten reetgedeckten Häuser, deren Baustoff nachhaltig und regional war: Stroh (Getreide) und Reet (Schilfrohr). Die dicke Reetdachschicht bot außerdem eine gute thermische Isolierung im Sommer wie im Winter und pufferte nicht nur Temperatur, sondern auch Feuchtigkeit ab – ganz natürlich ohne moderne Hightech-Maßnahmen. Seit dem 19. Jh. setzte sich die günstigere Bedachung mit Ziegeln durch. Heute sieht man zwar wieder einige neuere Reetdachhäuser in Anlehnung an die regionale Bauweise, aber diese bleiben Ausnahmen angesichts der wesentlichen Nachteile von Reetdachhäusern: hohe Feuerversicherung, fehlendes Fachpersonal und erschwerte Materialbeschaffung – die heutigen Halme von Getreidesorten sind zu kurz, Reet gibt es selten bzw. muss meistens aus anderen Ländern importiert werden (v.a. aus Ungarn und Rumänien).

Weseler Hexenhaus – eines der kleineren Reetdachhäuser.

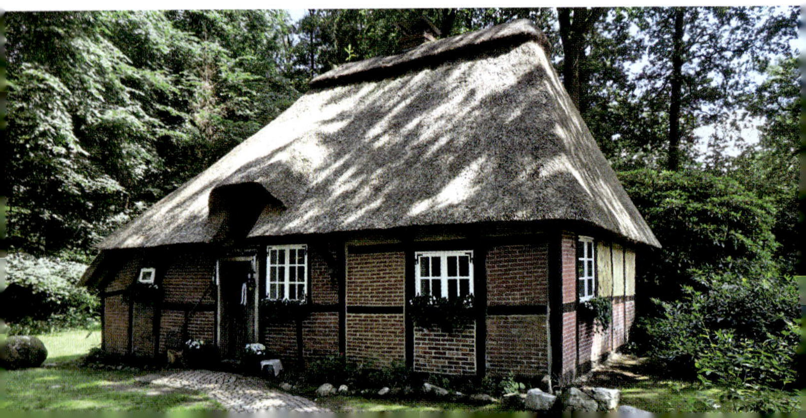

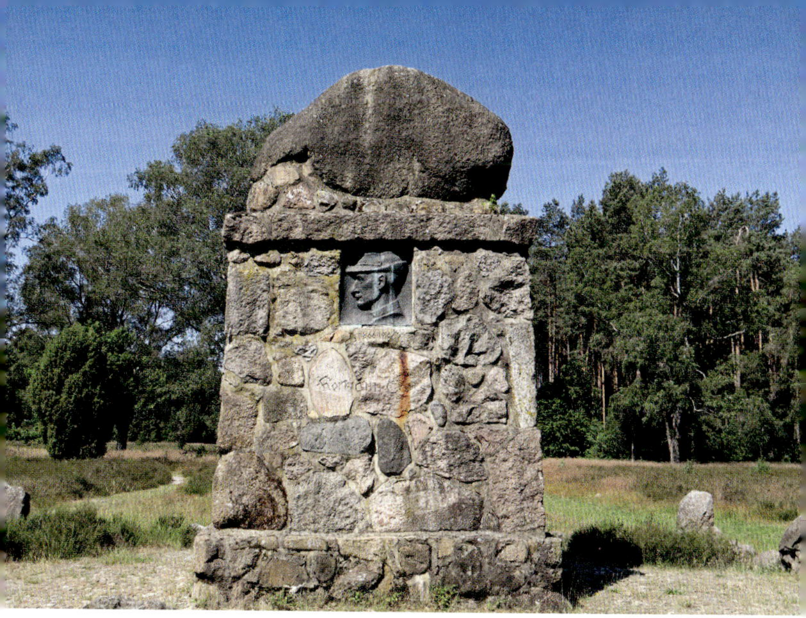

Auf dem Wietzer Berg bei Müden erinnert der Lönsstein seit 1921 an den Heidedichter.

Wichtige Persönlichkeiten/Namen

Hermann Löns

Der überwiegend in Hannover als Journalist lebende Hermann Löns (1866–1914) machte sich einen Namen als Heide-Dichter und Heimatschriftsteller, den es in der Zeit der aufkommenden Industrialisierung oft in die Einsamkeit und Natur der Lüneburger Heide zog, wo er wochenlang in seiner Jagdhütte im Westenholzer Bruch wohnte und sich dabei zu Werken wie Heidegedichten sowie Tier- und Jagdgeschichten inspirieren ließ. Er verherrlichte die Natur und setzte sich für ihren Schutz ein, nach Kritikermeinung aber weniger aus ökologischen Motiven, sondern aus Vaterlandsliebe, weshalb Löns später auch von den Nazis vereinnahmt wurde. Obwohl Löns nach einem häufig zitierten Satz Naturschutz mit Rassenschutz gleichsetzte, lebt der Name Löns in Deutschland in mehr als 700 Gedenkstätten sowie Straßen- und Platznamen fort. Löns starb 1914 nach einem Monat Kriegsdienst als Freiwilliger an der französischen Front und wurde im Tietlinger Wacholderhain bestattet (Tour 34).

Wilhelm Bode

Der Egestorfer Pastor Wilhelm Bode (1860–1927) ist bekannt geworden durch sein Engagement für den Naturschutz in der Lüneburger Heide. Schon frühzeitig erkannte er die Schutzbedürftigkeit dieser einmaligen

historischen Kulturlandschaft. Er initiierte den Ankauf des Totengrundes (1905) und des Wilseder Berges (1910) zu Naturschutzzwecken und erwarb als Beauftragter des Vereins Naturschutzpark (VNP) danach weitere Flächen. Damit begründete er zusammen mit dem VNP das Naturschutzgebiet Lüneburger Heide als erstes großflächiges deutsches Schutzprojekt.
Die ZEIT beschrieb Bodes Bedeutung für die Lüneburger Heide einst wie folgt: »Bodes gebieterische, bärtige, bauchige Gestalt, immer mit Wilddiebhut, wurde für die Heide so wichtig wie Bernhard Grzimek für die Serengeti. Als Spekulanten ihre Hände nach dem Kronjuwel, dem Totengrund, ausstreckten und dem Pastor klar wurde, dass nur Kauf noch Rettung bringen konnte, wuchs er zum Willensriesen: Diese Landschaft durfte nicht verscherbelt werden!«
Neben seinem Wirken als Pastor und Naturschützer engagierte sich Wilhelm Bode für den Bau eines genossenschaftlichen Krankenhauses in Salzhausen (Touren 15, 18) und der Bahnlinie zwischen Egestorf und Winsen/Luhe (Tour 19).

Carl Friedrich Gauß

Der bekannte Mathematiker, Astronom und Physiker Carl Friedrich Gauß (1777 – 1855) unternahm im Auftrag des Königreichs Hannover mehrere Landvermessungen in der Lüneburger Heide, wobei er im Rahmen der Triangulation das Gebiet in viele Dreiecke aufteilte, deren Punkte weithin in der Landschaft sichtbare Gipfel waren wie der Wilseder Berg (Touren 20, 22, 24) oder der Haußelberg. Viele Vermessungspunkte werden bis heute zu seinem Gedenken in Ehren gehalten.

Brüder Freudenthal

Die in Fallingbostel um 1850 geborenen Brüder August und Friedrich Freudenthal machten sich als Heimatschriftsteller einen Namen, von denen der eine (Friedrich) überwiegend niederdeutsch schrieb, während August Freudenthals bedeutendste Werke in hochdeutscher Sprache erschienen. Von ihnen wurden vor allem die Reiseberichte in die Lüneburger Heide bekannt. Der auf die Brüder verweisende Buchstabe F ist in der Lüneburger Heide allgegenwärtig als Markierung des nach ihnen benannten 151 km langen Freudenthalweges.

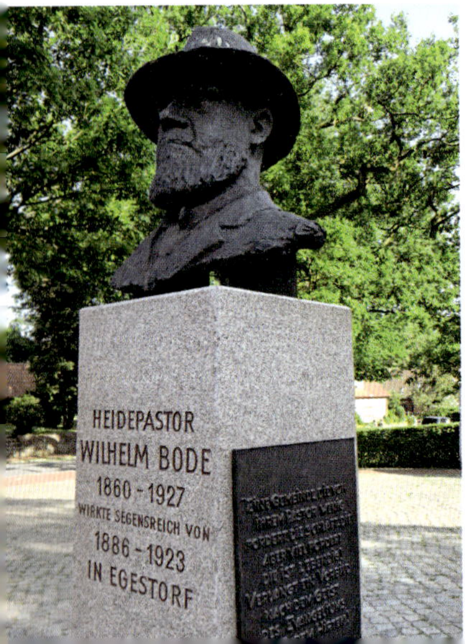

Von Egestorf wanderte Pastor Bode früher regelmäßig nach Wilsede.

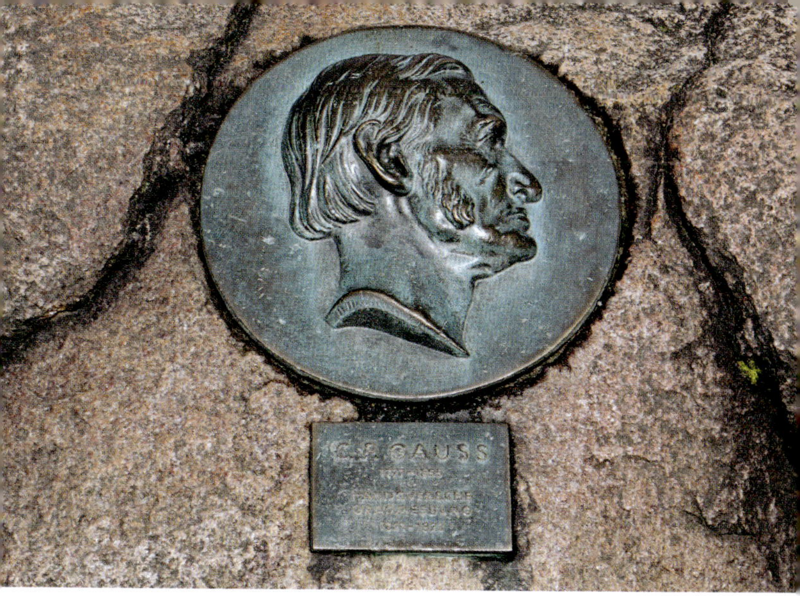

Carl Friedrich Gauß begann 1821 mit der Vermessung des Königreichs Hannover.

Albert König
Der in Eschede geborene Maler und Holzschneider Albert König (1881–1944) verewigte viele Motive seiner Heimat vor allem aus der Natur: Bäume und Kieselgur waren beliebte Objekte. Das Albert-König-Museum in Unterlüß zeigt wechselnde Ausstellungen aus einem Fundus von 1800 Werken des Künstlers.

Alfred Toepfer
Alfred Toepfer (1894–1993) engagierte sich neben seinem erfolgreichen Hamburger Unternehmen im Getreide- und Futtermittelhandel im Naturschutz von 1954 bis 1985 als langjähriger Vorsitzender des VNP und setzte sich als solcher bundesweit für die Schaffung von Naturparks und besonders für den Erhalt der Lüneburger Heide ein. In den 30 Jahren an der Spitze des VNP wuchs deren betreute Fläche in der Lüneburger Heide erheblich, allerdings war die Prioritätensetzung Toepfers (erst Tourismus, dann Naturschutz) innerhalb des VNP nicht ganz unumstritten. Nach Alfred Toepfer, Ehrenmitglied des Verbands Deutscher Gebirgs- und Wandervereine, ist seit 1985 die Norddeutsche Naturschutzakademie mit Sitz im Hof Möhr bei Schneverdingen benannt, der vom VNP mit Mitteln der Alfred-Toepfer-Stiftung erworben wurde. Als Einrichtung des Landes Niedersachsen kümmert sich die Alfred-Toepfer-Akademie für Naturschutz um Bildung, Forschung und Öffentlichkeitsarbeit im Naturschutz sowie die Organisation des FÖJ.

DER NATURRAUM

Geologie und Landschaftsentstehung

Das Gebiet der Lüneburger Heide wurde als Teil des norddeutschen Tieflandes hauptsächlich im Quartär gebildet und ist damit geologisch gesehen sehr jung. In der vor etwa 400.000 Jahren einsetzenden Elster-Eiszeit lagerten sich Moränenhügel ab, die heute bedingt durch Erosion nicht mehr genau zu erkennen sind. Daneben entstanden im Gebiet der Lüneburger Heide riesige Rinnensysteme, in die das Schmelzwasser der Gletscher floss. Hier setzte sich zum Ende der Elster-Eiszeit bis zu 150 m mächtig der Lauenburger Ton ab, der oft an der Oberfläche aufgeschlossen und ein wichtiger Rohstoff für den bekannten Backstein der Region ist. Die Schmelzwasserrinnen enthalten auch viele durchlässige Sedimente – heute ein wichtiger Grundwasserspeicher, aus dem das benachbarte Hamburg einen Teil seines Trinkwassers bezieht (16 Mio. m^3 jährlich).

In den beiden folgenden Warmzeiten (Holstein, Eem) entstanden Seen, in denen sich Kieselgur aus Algen ablagerte. Dessen Abbau (bis 1994) diente anfangs zur Herstellung von Dynamit, später als Basis für Filter- und Füllstoffe. Bekannte Vorkommen befinden sich z. B. im Luhetal oder in der Oberoher Heide (Touren 13, 40).

Zwischen den beiden Warmzeiten formte die Saale-Eiszeit mit ihren Endmoränen einige der höheren Erhebungen in der Lüneburger Heide, darunter den Wilseder Berg. Während der letzten Eiszeit (Weichsel) reichte das Eis nicht mehr bis zur Lüneburger Heide, aber durch das rauhe Klima war die Vegetation sehr karg. Wind und Wasser hatten freies Spiel mit den Sandflächen aus den Ablagerungen der vorherigen Eiszeiten; so entstanden Täler wie das der Schmalen Aue.

Einsame Birke in der Tütsberger Heide.

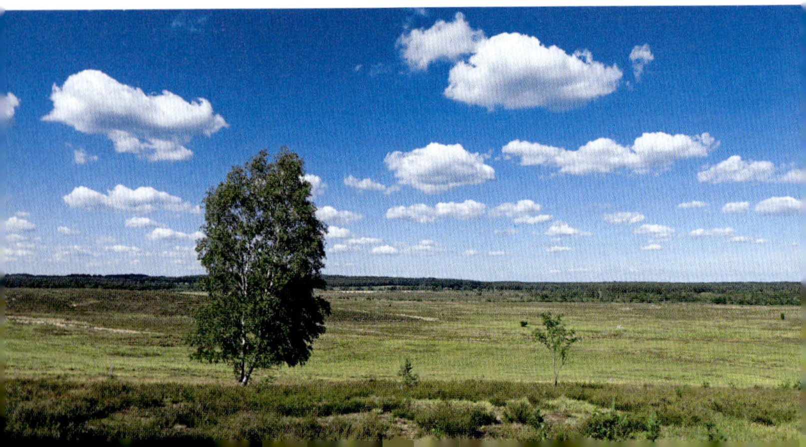

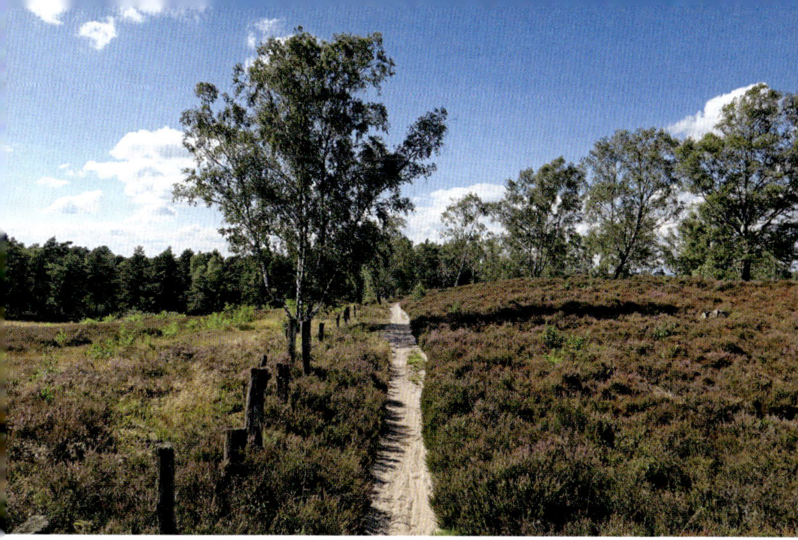

Heutige Heideparadiese wie die Wulmsdorfer Heide wurden lange Zeit militärisch genutzt.

Entstehung der Heide

Nach Ende der Weichsel-Eiszeit bildeten sich zuerst große Waldflächen. Als die neolithischen Bauern sich niederließen (vor etwa 5000 Jahren), wurde der Wald vermehrt abgeholzt, und es blieben verbissresistente Pflanzen wie die Besenheide (Calluna vulgaris) übrig. Zwischenzeitlich wurden immer wieder Flächen aufgegeben, wo sich erneut Wald entwickelte. So wechselte der Bewuchs im Laufe der Jahrtausende immer wieder. Großer Holzbedarf führte zur Zunahme der Heideflächen, vor allem in der Eisenzeit (Verhüttung von Eisen), dem Mittelalter (Brenn- und Bauholz) und der Neuzeit (Brennholz für Lüneburger Salinen bzw. Salzsiederei).
Durch die Plaggenwirtschaft, d.h. das Abtragen der Humusschicht, verarmte der Boden zusehends, und die Heide breitete sich weiter aus. Nährstoffe aus dem Boden wurden ausgewaschen, was zu den typischen grau-weißen Böden führte, die oft auf den Wegen zu sehen sind. Heute muss angesichts erhöhter Stickstoffzufuhr aus der Luft die Heide als Kulturlandschaft gepflegt werden. Hätte die Natur freies Spiel, würde sich die gesamte Heide in Wald verwandeln.

Flora

Durch das Eingreifen der Menschen seit Jahrtausenden hat sich anstelle der ursprünglichen Hainsims-Buchenwald- und an trockenen Stellen Kiefernwald-Gesellschaften eine vielfältige Ersatzpflanzenwelt dieser Kulturlandschaft gebildet. Der größte Teil der Lüneburger Heide wird von soge-

nannter Sandheide bedeckt mit der dominanten Pflanzenart Besenheide (*Calluna vulgaris*). Der Name geht zurück auf den früheren Einsatz der Pflanze als Rohstoff für Besen(borsten), das lateinische »Calluna« hat seinen Ursprung im griechischen »kallyno« (»ich reinige«).
Daneben findet man Wacholder und Draht-Schmiele. Trockene warme Flächen werden reichlich von der Rentierflechte (*Cladonia rangiferina*) besiedelt. Die Heidelbeere (*Vaccinium myrtillus*) breitet sich gelegentlich großflächig auf Sandheideflächen aus und verdrängt dabei an manchen Stellen sogar die Besenheide. Seltener sind Lehmheide-Flächen, wo neben der Besenheide Arten wie Dreizahn, Pillen-Segge oder Kleines Habichtskraut wachsen. An feuchteren Stellen, meist an Übergängen zu Mooren, gedeihen statt der Besenheide meist die Glockenheide (*Erica tetralix*) sowie die Rasige Haarsimse (*Trichophorum cespitosum*).
Auch wenn man sich unter der Lüneburger Heide vor allem Heideflächen vorstellt, besteht über die Hälfte des Gebietes aus Wald. Alte Kiefernwälder findet man an trockenen Stellen, Buchenwald und seltener Traubeneichenwald sind ebenfalls vertreten. Hier wachsen unter anderem am Waldboden Moosglöckchen und Bärlapp-Arten. Stellenweise gibt es sogenannte Hütewälder, in die früher das Vieh hineingetrieben wurde, um sich mit Beeren, Pilzen und weiteren Waldpflanzen zu ernähren.
Besondere Pflanzenarten der Moore sind neben zahlreichen Torfmoosarten die Glockenheide, die Moorlilie, das Torfmoor-Knabenkraut, Sonnentau, Wollgras und Lungen-Enzian. In der Unteren Seeveniederung befindet sich das wahrscheinlich größte Vorkommen von Schachblumen (Fritillaria meleagris) in Mitteleuropa; die Blüte Anfang Mai ist ein beeindruckendes Naturschauspiel.

Thymian fühlt sich auf dem nährstoffarmen sandigen Boden der Heide wohl.

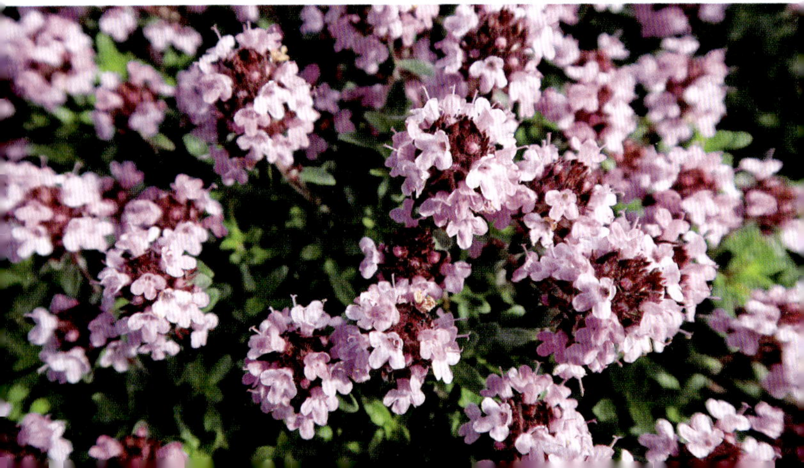

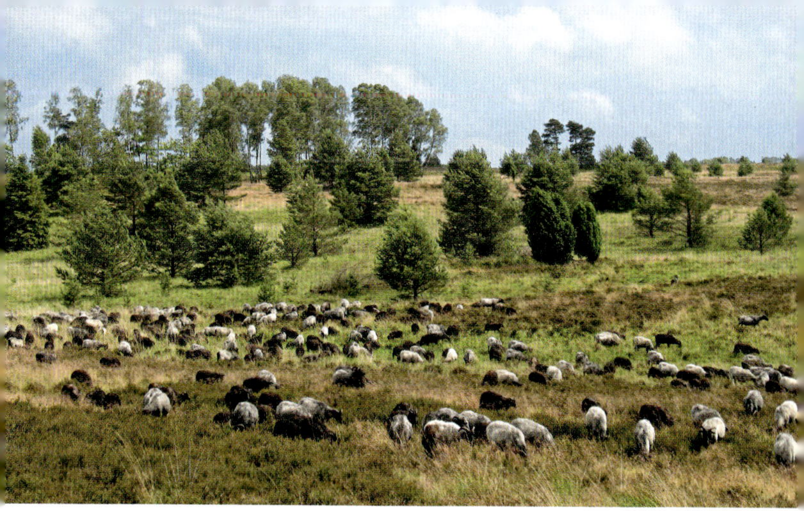

In der Lüneburger Heide sind rund 9000 Schnucken als Landschaftsgärtner im Einsatz.

Fauna

Die weitläufigen und vielfältigen Landschaften der Lüneburger Heide sind von einer recht artenreichen Tierwelt besiedelt. Vogelarten wie Eisvögel, Ziegenmelker, Neuntöter, Schwarzkehlchen, Wendehals und Raubwürger lassen das Herz jedes Naturliebhabers höherschlagen – genauso wie die bekannte Birkhuhn-Balz. Die Birkhuhn-Population war seit Mitte des 20. Jhs. mit dem Rückgang der Heideflächen stark rückläufig in der Heide, ist mittlerweile mit etwa 130 Tieren einigermaßen stabil, aber nach wie vor bedroht durch Lebensraumzerstörung. Eine ornithologische Rarität ist der in Wäldern im Süden der Lüneburger Heide brütende Schwarzstorch. Ebenfalls eindrucksvoll sind die Kraniche, die in den Mooren der Heide brüten. Unter den Reptilien sind Ringelnatter, Schlingnatter, Kreuzotter und die Zauneidechse erwähnenswert. Bei den Amphibien findet man seltene Arten wie Feuersalamander, Moor- und Laubfrosch, Letztere mit ihren bekannten Konzerten im Naturschutzgebiet Lutter bei Celle.

Den Heidedichter Hermann Löns faszinierten Insekten, insbesondere die Heidelibellen, die er »Sommerboten und Sonnenkünder« nannte sowie »schimmernde, flimmernde Schillebolde mit Leibern aus Edelerz«. Mit etwas Glück kann man diese Tiere an den Gewässern in der Heide beobachten. In einigen der kühlen, klaren und kalkarmen Flüsse der Lüneburger Heide gab es beachtliche Erfolge beim Artenschutz: etwa für die Flussperlmuschel in der Lutter oder den Fischotter u. a. in Ilmenau, Luhe und Örtze. Im Herbst ist gerade in der Südheide das Röhren der Rothirsche in der Brunft zu hören. Neben diesen beeindruckenden Tieren leben im Gebiet auch Rehe, Füchse, Baum- und Steinmarder sowie acht Fledermausarten. Der seit seiner ersten Sichtung um 2010 auf dem Truppenübungsplatz Munster in der Region wieder heimische Wolf wird als Attraktion beworben, andererseits polarisiert er in einer Region, wo Schäfer mit Heidschnuckenherden unterwegs sind. 2017 wurde ein Luchs gesichtet, und 2020 wurden Wildkatzen mit Nachwuchs wieder in der Lüneburger Heide nachgewiesen.

Heidschnucke

Symboltier der Lüneburger Heide ist die »Graue Gehörnte Heidschnucke«, deren Namen zurückgehen soll auf das plattdeutsche Wort »Schnökern« für »Naschen«, was sich auf die kulinarisch vielseitigen Vorlieben bezieht: Gras, Kräuter, aber auch Heide selbst.

Heute sind Heidschnucken primär Landschaftspfleger, die die Heide frei halten, während sie früher auch Wolle, Fleisch und Dünger lieferten. Ohne diese Schafe würde die Heide von Wald überwachsen werden. »Heidschnucken« ist ein Sammelbegriff für verschiedene Schafsrassen der Nordischen Kurzschwanzschafe, zu denen die Graue Gehörnte Heidschnucke gehört.

Die Farbe der etwa 50 kg schweren Tiere ändert sich im Laufe des bis zu 15 Jahre langen Lebens wie folgt: bei der Geburt schwarz gelockt, im ersten Jahr braun, später grau. Derzeit halten rund 9000 Tiere in 13 Herden die Heide ganzjährig frei, unterstützt von einigen hundert Ziegen. Für das 19. Jh. wird der Bestand mit 380.000 Heidschnucken angegeben – gut für jährlich rund 1000 t Wolle.

Naturschutz

Der überwiegende Teil der Lüneburger Heide hat den Status eines Naturparks: Der Naturpark Lüneburger Heide (1078 km²) im Norden und der Naturpark Südheide (478 km²) im Süden. Teile der Ostheide gehören zum 1160 km² großen Naturpark Elbhöhen-Wendland. Zusammen mit den Truppenübungsplätzen Munster und Bergen bildet die Region das größte zusammenhängende Heidegebiet Westeuropas. Das 1921 gegründete Naturschutzgebiet Lüneburger Heide in der Kernzone des Naturparks um den Wilseder Berg gilt als eines der ältesten und heute mit einer Fläche von 234 km² größten Naturschutzgebiete des Landes. Das 1967 als erstes deutsches Schutzgebiet

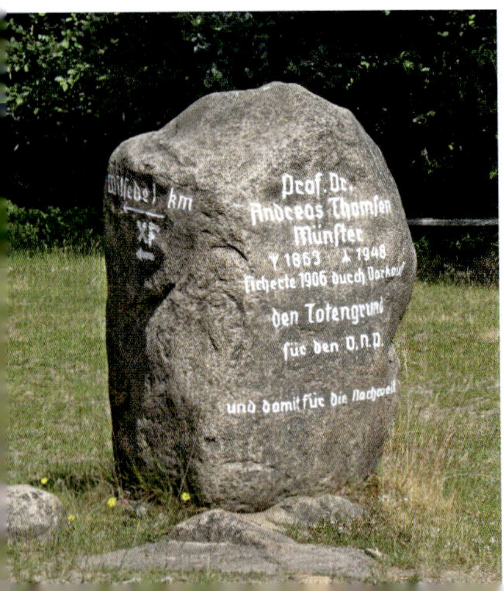

Der Münsteraner Professor Thomsen erwarb 1906 die erste Fläche für den Naturschutz.

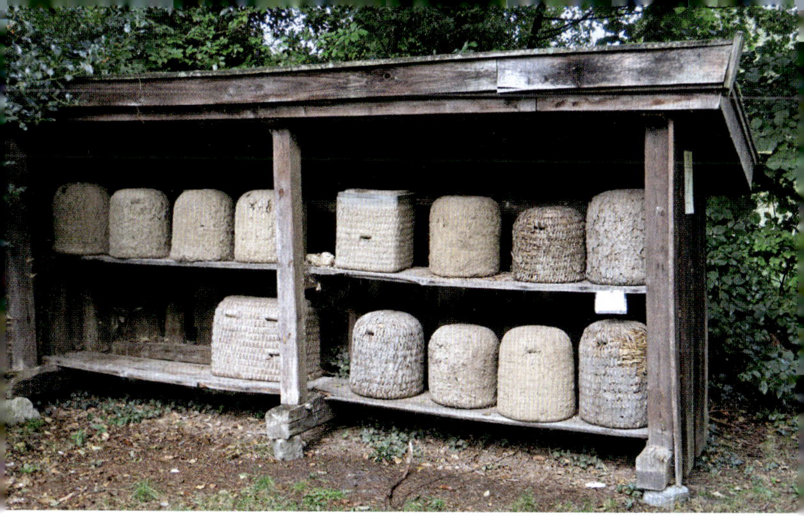

Für ein Glas Honig fliegen Bienen rund 80.000 km – das Doppelte des Erdäquators!

vom Europarat mit dem Europa-Diplom ausgezeichnete NSG Lüneburger Heide war nach dem Abzug britischer Truppen 1994 von den sogenannten Roten Flächen westlich von Wilsede weiter gewachsen, von denen ein Teil vom VNP (s. u.) renaturiert wurde. Der damalige Zustand wird im ersten Band der VNP-Schriftenreihe bildhaft beschrieben: »Den Höhepunkt der intensiven (militärischen) Nutzung ... bildete die Vorbereitungsphase für den 1. Golfkrieg Ende der Achtzigerjahre, in der es durch den Fahrbetrieb tatsächlich gelang, wüstenähnliche Landschaften mit entsprechenden Sandstürmen zu schaffen.« Die Renaturierungsarbeiten lohnten sich, 25 Jahre später titelte die Lüneburger Zeitung: »Rote Flächen wieder lila«.
Bedeutende **Naturschutzgebiete** der Lüneburger Heide im Überblick (in Klammern die entsprechenden Touren):

- Lüneburger Heide, 234 km^2, im Herzen der Lüneburger Heide zwischen Handeloh und Bispingen (Touren 7, 9, 10, 20 – 28, 31).
- Estetal, 685 ha großes Gebiet der Esteniederung (Tour 2).
- Seeve, 2019 eingerichtetes lang gestrecktes Gebiet mit 533 ha entlang der Seeve zwischen Wehlen und Maschen (Touren 3, 10).
- Brunsberg, NSG von 1954 mit 60 ha überwiegend Heide rund um den Brunsberg (Touren 4, 6).
- Weesener Bach, 348 ha großes Gebiet in der Talniederung des Weesener Baches bzw. Lutterbaches bei Hermannsburg (Tour 41).
- Heiden und Magerrasen in der Südheide, durch Neuzuschnitt mehrerer alter Schutzgebiete 2019 neu entstandenes 753 ha großes Gebiet mit mehreren Flächen östlich von Hermannsburg (Touren 36, 40, 43).

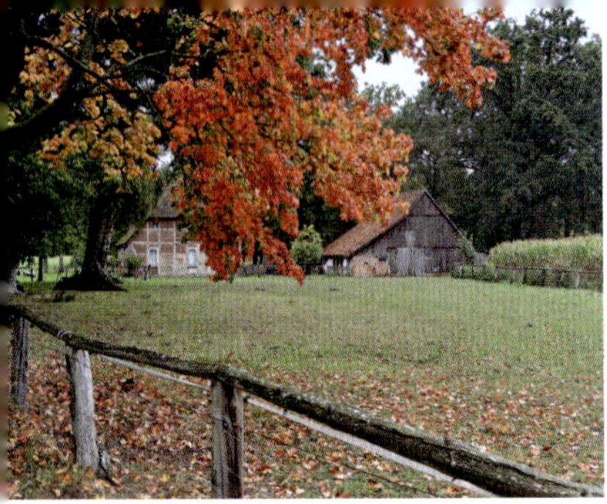

Herbstliche Laubfärbung bei Hermannsburg.

- Tal der Kleinen Örtze, Schutzgebiet mit mehreren Flächen entlang des Heidebaches Örtze südöstlich von Munster (Tour 31).
- Meißendorfer Teiche / Bannetzer Moor, 800 ha große Fläche zwischen Walsrode und Celle mit Meißeniederung, altem Hochmoor und alten Fischteichen (Tour 47).
- Lutter, 2435 ha großes, weit verzweigtes Fließwasserschutzgebiet zwischen Lüneburger Heide und Wendland.

Verein Naturschutzpark (VNP)

Größter Träger des Naturschutzes in der Lüneburger Heide ist der zunächst auf den ganzen deutschsprachigen Raum orientierte Verein Naturschutzpark e. V. (VNP) als Mitinitiator des Nationalparks Hohe Tauern. Schon kurz nach seiner Gründung (1910 in München) erwarb der damals eng mit der Naturzeitschrift *kosmos* kooperierende Verein dank vieler Spenden mehrere Flächen rund um den Wilseder Berg, die 1922 als 210 km^2 großes erstes deutsches NSG ausgewiesen wurden.

Heute konzentriert sich der VNP auf die Lüneburger Heide als dort bedeutendster Naturschutzverein, der die Heide pflegt und mehrere Einrichtungen unterhält wie den Landschaftspflegehof Tütsberg und Hotels sowie Infozentren bzw. Museen, u. a. in Wilsede, Undeloh und Niederhaverbeck. Zum Gebäudebestand gehören auch die traditionellen, oft reetgedeckten Bienenzäune (80) sowie Schafställe (32), Letztere überwiegend in der Zeit des Vorsitzenden Alfred Toepfer errichtet, als der in Niederhaverbeck ansässige Verein 14 Heidschnuckenherden zählte – heute sind es sechs mit 2200 Tieren, die von 12 Schäferinnen und Schäfern betreut werden.

Der VNP bietet eine sehr informative Website und eine Schriftenreihe mit Hintergründen zur Natur bzw. zur Kulturlandschaft Heide, deren Bände – etwa zu Moosen, Schmetterlingen, Käfern oder ornithologischen Jahresberichten – gratis auf der Website des VNP heruntergeladen werden können: verein-naturschutzpark.de → Mehr → Downloads → VNP-Schriften.

Umweltschutz

Für alle, die ein schlechtes Gewissen wegen der Anreise mit dem Auto plagt, bietet der VNP als Kompensation eine »Moorschutzaktie« an: Eine Tonne emittiertes CO_2 lässt sich durch Überweisung von 23 € zumindest rechnerisch ausgleichen (Spendenquittung möglich).

verein-naturschutzpark.de → Spenden und Helfen → Moorschutzaktie

Noch besser ist natürlich die Anreise mit der Bahn oder mit dem Rad.

INFORMATIONEN & ADRESSEN

Beste Reisezeit

Am schönsten, aber natürlich auch am stärksten frequentiert ist die Lüneburger Heide zur Blütezeit der Heide im August und Anfang September. Glücklicherweise konzentrieren sich die Busladungen Besucher auf wenige beliebte Punkte wie Undeloh, Schneverdingen, Nieder- oder Oberhaverbeck.

Die Zeit der Heideblüte gibt die Touristinfo der Lüneburger Heide mittlerweile modern multimedial an, mit dem »Heideblüten-Barometer« der Website (lueneburger-heide.de).

Höhepunkte für Naturfreunde im Jahresverlauf:

- März bis Mai und September/Oktober: Vogelzug u. a. von Kranichen und Gänsen (z. B. Meißendorfer Teiche)
- April und Mai: Wollgras-Fruchtstand bei Moorseen (z. B. Pietzmoor, Aschauer und Meißendorfer Teiche) sowie Schachblumenblüte im NSG Untere Seeveniederung
- August und Anfang September: Heide-Blüte (alle Touren mit Heideflächen). Sogenannter Heideblüten-Barometer: lhg.me/3452
- Ende September bis November: Laubbaumfärbung von Buchenwäldern und Brunftzeit. Herbstlaub-Barometer: lhg.me/13212

Portal eines Fachwerkhofs in Eschede.

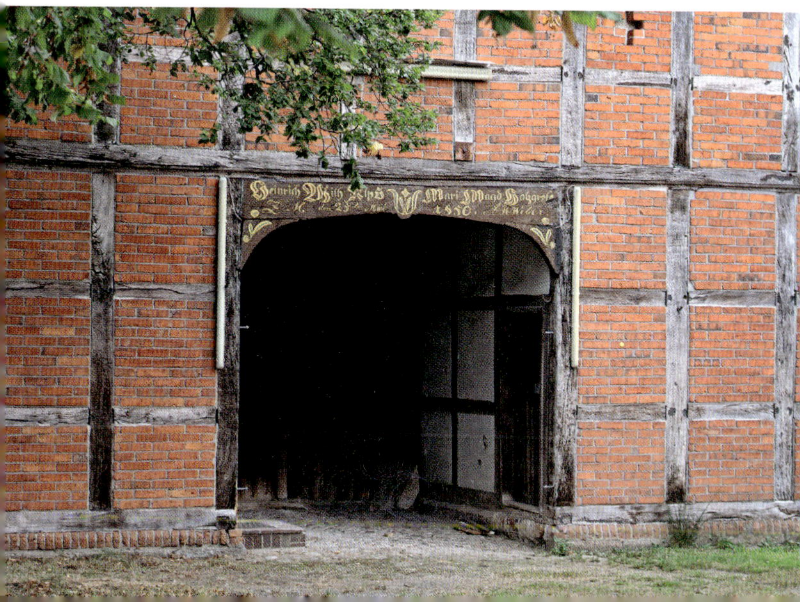

Große Ereignisse (dann entsprechende Gebiete lieber meiden wegen großen Besucherandrangs):

- Juli/Müden (Örtze): Heidschnuckentag mit Bockauktion
- Ende August/Amelinghausen & Schneverdingen: Heideblütenfest mit Wahl der Heidekönigin
- Ende August/Müden (Örtze) sowie Egestorf: Kartoffelfest

lueneburger-heide.de/service/veranstaltungen

Klima

Niedersachsen liegt großklimatisch in einer subatlantisch gemäßigten Zone mit kühlen Wintern und milden Sommern bei ganzjährigen Niederschlägen. In den höchsten Erhebungen der Lüneburger Heide hat sich ansatzweise ein Bergklima mit niedrigeren Temperaturen und höheren Niederschlägen als im Umland ausgebildet. Der mittlere jährliche Niederschlag beträgt in Wilsede (116 m) 820 mm und im an der östlichen Leeseite liegenden Lüneburg (22 m) 610 mm.

KLIMADATEN FÜR BISPINGEN

		Jan	Feb	Mrz	Apr	Mai	Jun	Jul	Aug	Sep	Okt	Nov	Dez	Ø
Maximal-Temperatur	°C	3	4	8	12	17	20	21	22	18	13	9	4	13
Minimal-Temperatur	°C	−2	−2	0	3	7	10	12	12	10	6	3	−1	5
Sonnenstunden	h	2	4	5	8	9	10	10	9	7	5	3	2	71
Tage mit Regen		10	9	9	8	9	9	10	10	8	9	9	10	110
Regenmenge	mm	71	55	60	54	67	75	89	79	65	63	61	69	808

Die Heidebahn wird bis 2029 von der DB-Regio-Tochter »Start« bedient.

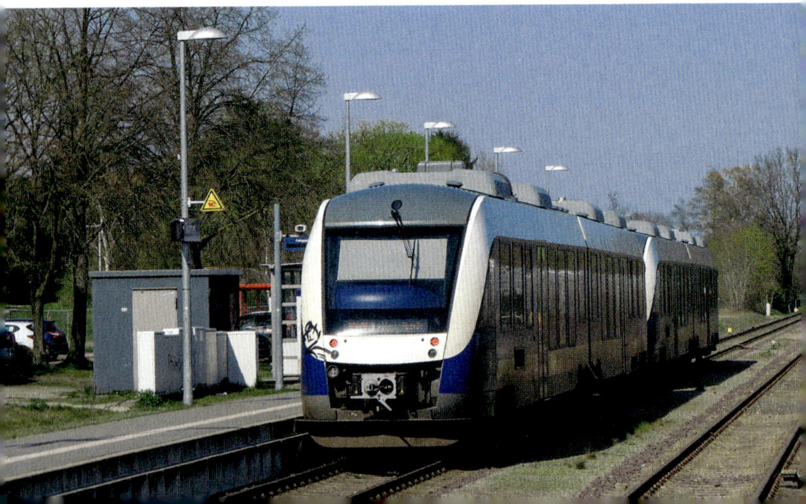

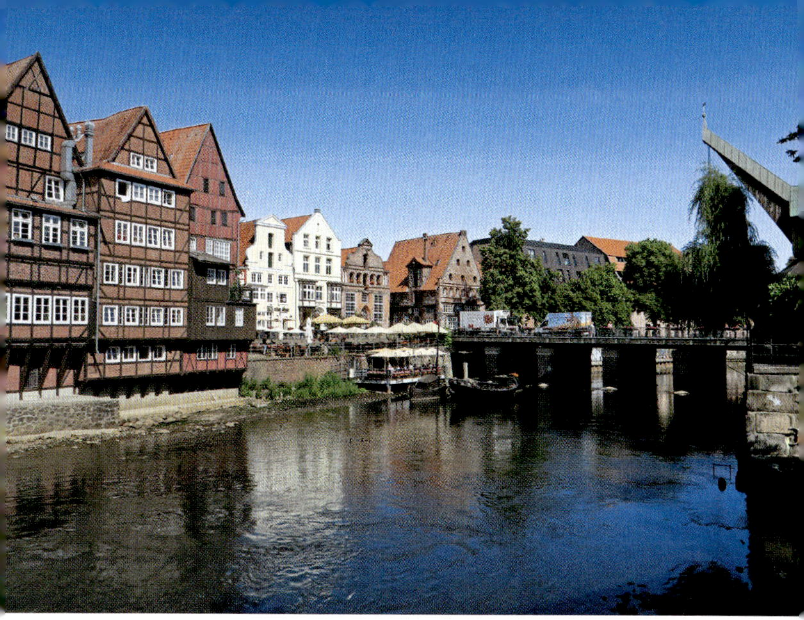

Die Hansestadt Lüneburg ist Namensgeberin und östlicher Ausgangspunkt zur Heide.

ÖPNV

Die Lüneburger Heide wird von folgenden Bahnstrecken durchzogen, die mindestens im Stundentakt befahren werden:

- Hamburg – Lüneburg – Uelzen – Hannover (Fernverkehr und Regionalbahn)
- Hamburg – Harburg – Buchholz – Bremen (Regionalbahn)
- Buchholz – Soltau – Hannover (sogenannte »Heidebahn«, Regionalbahn), am Wochenende nordwärts verlängert bis Hamburg-Harburg
- Uelzen – Soltau – Langwedel – Bremen (sogenannte »Amerikalinie«, Regionalbahn).

Die Nahverkehrsbetreiber der beiden erstgenannten Linien sind Metronom (bis 2026) und für die beiden letztgenannten die DB-Regio-Tochter »Start« (bis 2029).

Weniger gut sieht es bei den Busverbindungen aus; Hauptstrecken werden teilweise stündlich bedient, während kleine Orte auf dem Land werktags manchmal nur wenige Male angefahren werden, zunehmend mit Anrufbussen oder ehrenamtlich besetzten sogenannten Bürgerbussen. Eine positive Ausnahme sind im Sommerhalbjahr extra für Besucher eingerichtete Buslinien zu touristisch bedeutenden Orten, allen voran der »Heide-Shuttle« mit fünf Linien.

RINGBUSLINIEN DES HEIDE-SHUTTLE

Linie	Strecke (Bhf. = Bahnanschluss)	Touren
1	Oberhaverbeck – Wintermoor (Bhf.) – Schneverdingen (Bhf.) – Bispingen – Oberhaverbeck	20, 25-29, 31
2	Oberhaverbeck – Wintermoor (Bhf.) – Tostedt (Bhf.) – Handeloh – Undeloh – Egestorf – Oberhaverbeck	8–11, 20–22, 24, 27, 28
3	Buchholz (Bhf.) – Jesteburg – Hanstedt – Salzhausen – Egestorf – Undeloh – Buchholz (Bhf.)	3, 8, 9, 15, 19, 21–23
4	Soltau (Bhf.) – Bispingen – Oberhaverbeck – Schneverdingen (Bhf.) – Soltau (Bhf.)	24, 26, 28, 29, 31
5	Lüneburg – Amelinghausen – Döhle – Egestorf – Lüneburg	8, 11–14, 20, 22, 23

Heide-Shuttle

In der Sommersaison (Mitte Juli bis Mitte Oktober) verkehrt in der Nordheide täglich gratis der »Heide Shuttle«; das sind fünf Ringbuslinien zwischen Buchholz und Bispingen sowie Salzhausen und Tostedt, die in Buchholz, Handeloh, Wintermoor, Soltau und Schneverdingen an die Bahn anschließen. Jede Linie verkehrt pro Tag fünfmal – allerdings nur in einer (der genannten) Richtung. Hunde und Räder können gratis mitgenommen werden.

Wichtig: Der Heide-Shuttle hält nicht an allen ausgewiesenen regulären Bushaltestellen entlang der Strecke, sondern nur an solchen mit dem Heide-Shuttle-Logo: einem violetten Bus mit Radanhänger auf weißem Grund. Diese Haltestellen liegen in Orten nicht immer zentral, weil nicht alle Haltestellen genug Platz bieten für die langen Busgespanne mit ihren Radanhängern.

Im Falle großer Verspätung (mehr als 5 Minuten) – etwa in der Hauptsaison bei viel Radtransport – kann telefonisch bei der KVG-Leitstelle nachgefragt werden: Tel. +49 4161 644670.

Den Fahrplan gibt es vor Ort bei Touristinfos sowie im Internet: heide-shuttle.de.

Bahnen und Busse werden von verschiedenen Unternehmen betrieben als Teil mehrerer überregiona-

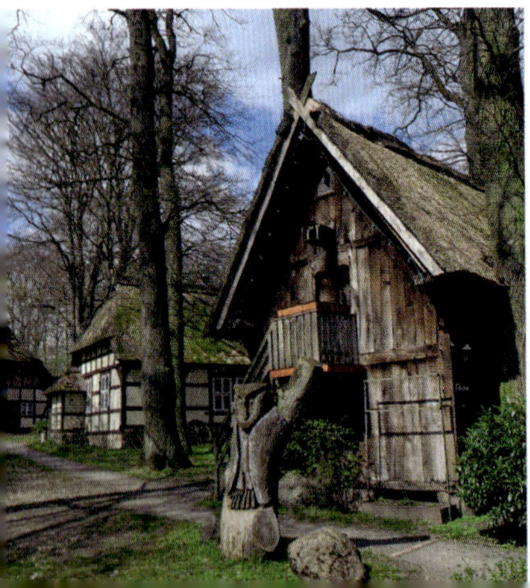

Der Walsroder Rischmannshof ist eines der ältesten Freilichtmuseen Deutschlands.

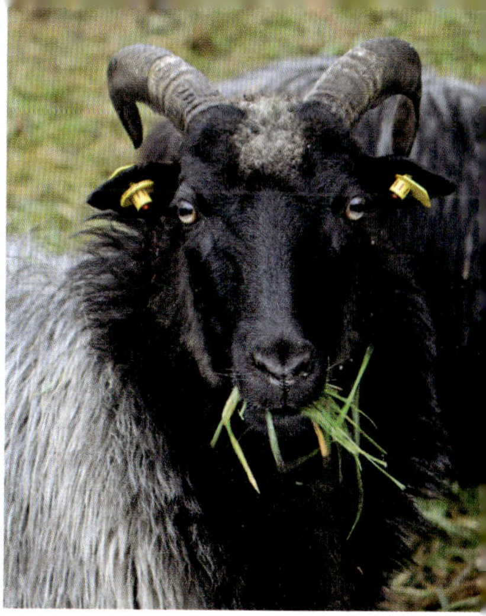

Heidschnucke bei der Heidepflege.

ler Verkehrsverbände. Dieses wenig kundenfreundliche Wirrwarr an Verkehrsverbünden und Tarifen lässt sich mit den Grenzen der Bundesländer Hamburg und Niedersachsen bzw. mehreren Kreisen erklären.

- **Hamburger Verkehrsverbund (HVV):** Norden der Lüneburger Heide etwa bis zur Linie Lüneburg – Undeloh, punktuell auch weiter südlich bis einschließlich Amelinghausen und Soltau. Einfaches logisches Tarifsystem, Tickets bei online-Kauf 7 % günstiger, hvv.de.
- **Verkehrsgemeinschaft Nordost-Niedersachen (VNN):** Der VNN gliedert sich in mehrere Regionen – in der Lüneburger Heide Harburg, Heidekreis, Lüneburg und Uelzen – mit eigenen Tarifen, Online-Kauf mit App FahrPlaner, vnn.de.
- **Cebus:** Südheide bzw. Umland von Celle, kein Online-Kauf möglich, cebus-celle.de.

INFORMATION

Zuständig für die Vermarktung der Region ist die Lüneburger Heide GmbH mit informativer Website: Lüneburger Heide GmbH, Wallstr. 4, 21335 Lüneburg, Tel. +49 4131 3093960, lueneburger-heide.de.
Touristinfos gibt es in allen touristisch bedeutenden Orten.

Informative Internet-Adressen

- lueneburger-heide.de, offizielle Website zur Lüneburger Heide mit vielen Infos u. a. zu Wandern, Sehenswürdigkeiten, Veranstaltungen
- naturpark-lueneburger-heide.de, Naturpark Lüneburger Heide (Norden)
- naturpark-suedheide.de, Naturpark Südheide
- regionalpark-rosengarten.de, Regionalpark Rosengarten im Norden der Region
- geolife.de, Freizeitportal der Niedersächsischen Landesvermessung
- heide-shuttle.de, Fahrplan zum Heide-Shuttle

Literatur und Karten

Zur schöngeistigen Einstimmung eignen sich Klassiker von Heimatdichtern wie Hermann Löns oder den Brüdern Freudenthal.

Hintergründe zur Natur bzw. der Kulturlandschaft Heide bietet die Schriftenreihe des VNP, deren Bände – etwa zu Moosen, Schmetterlingen, Käfern oder die ornithologischen Jahresberichte – gratis von der Website des VNP heruntergeladen werden können: verein-naturschutzpark.de → Der VNP → Downloads → VNP-Schriften

Gedruckte Wanderkarten

- Freytag & Berndt und Artaria: Wanderkarten im Maßstab 1:50.000 decken die Region ab, allen voran die neue Karte Naturpark Lüneburger Heide, Schneverdingen, Bispingen, Lüneburg (WKD 5082, Touren 4 – 31). Die weiter südlich liegenden Touren dieses Wanderführers werden im Maßstab 1:50.000 mit den Ausgaben Naturpark Südheide-Region Celle (0133), Lüneburg und Umgebung (WKD 5335) sowie Heideregion Uelzen (0673) abgedeckt. Im Maßstab 1:25.000 ist die Karte Wilseder Berg, Lüneburger Heide (WK D2579) erschienen.
- KV-Plan: Karten des Kommunalverlags Tacken der gelben kombi-Reihe (1:25.000 sowie Ortskarten) mit mehreren Ausgaben zur Südheide. Außerdem Freizeitkarte Celler Land (1:60.000) mit 13 Ortsplänen.
- Kompass: Lüneburger Heide. 4in1 Wanderkarte 1:50.000. Gute Karte für den nördlichen Teil der Lüneburger Heide bis zur Linie Soltau – Munster (Touren 2 – 15, 19 – 31 sowie 35).

Digitale Karten

Für digitalen Gebrauch sei auf die ausgezeichneten OSM-Karten verwiesen (OpenStreetMap), die in verschiedener Form bzw. für zahlreiche Zielgruppen auf vielen Internetseiten und Apps angeboten werden für unterschiedlichste digitale Anwendungen – in bestimmten Apps auf dem Smartphone oder Tablet (z. B. Komoot, Alltrails, bergfex), für Programme wie Basecamp auf dem PC oder GPS-Outdoor-Empfängern wie denen von Garmin.

GPS-TRACKS UND KOORDINATEN DER AUSGANGSPUNKTE

Auf **gps.rother.de** stehen zu diesem Wanderführer GPS-Tracks und die Koordinaten der Ausgangspunkte zum kostenlosen Download bereit. Dieser QR-Code führt direkt zum Download.
2. Auflage, Passwort: **458302mix**
Die GPS-Tracks können in die **Rother App** importiert werden. In der App kann man unterwegs stets sehen, wo man gerade ist und wo es langgeht. **Anleitungen dazu: rother.de/gps**
Trotz sorgfältiger Prüfung können wir Fehler und zwischenzeitliche Veränderungen nicht ausschließen. Verlassen Sie sich für die Orientierung niemals einzig und allein auf die GPS-Daten, sondern beurteilen Sie die Verhältnisse vor Ort.

FREIZEITANGEBOTE IM WANDERGEBIET

Als beliebte Urlaubsdestination mit mehr als 5 Millionen Übernachtungen jährlich sowie zahlreichen Tagesbesuchern bietet die Lüneburger Heide außer dem Wandern noch eine Menge Freizeitmöglichkeiten.

Museen und Ausstellungen

Es gibt Museen zu allen erdenklichen Themen: Natur, Kulturgeschichte, Kunst sowie speziellen Themen wie Salz, Spielzeug, Imkerei oder Filz. Eine knappe (nicht vollständige) Übersicht:

- **Lüneburg-Museum**: Das 2015 neu gegründete Museum Lüneburg zeigt in Lüneburg natur- und kulturhistorische sowie archäologische Sammlungen zur Region. museumlueneburg.de
- **Deutsches Salzmuseum** in Lüneburg: Auf dem ehemaligen Gelände der 1980 geschlossenen Saline informiert dieses Museum über 100 Jahre Abbau des »weißen Goldes« in Lüneburg. salzmuseum.de
- **Albert-König-Museum** in Unterlüß: Das nach dem 1944 in Unterlüß verstorbenen Künstler Albert König benannte Museum zeigt eine Dauerausstellung zum Kieselgur und zum Kunstmaler König sowie wechselnde Ausstellungen. albertkoenigmuseum.de
- **Bomann-Museum** in Celle: Das gegenüber dem Celler Schloss liegende Bomann-Museum veranschaulicht Kulturgeschichte, etwa die Region im Wandel (Heide – Honig – Hightech) oder Bürgerkultur in Celle (Herd

Am Eingang zum Heidepark Soltau ist es selten so leer wie auf dem Foto.

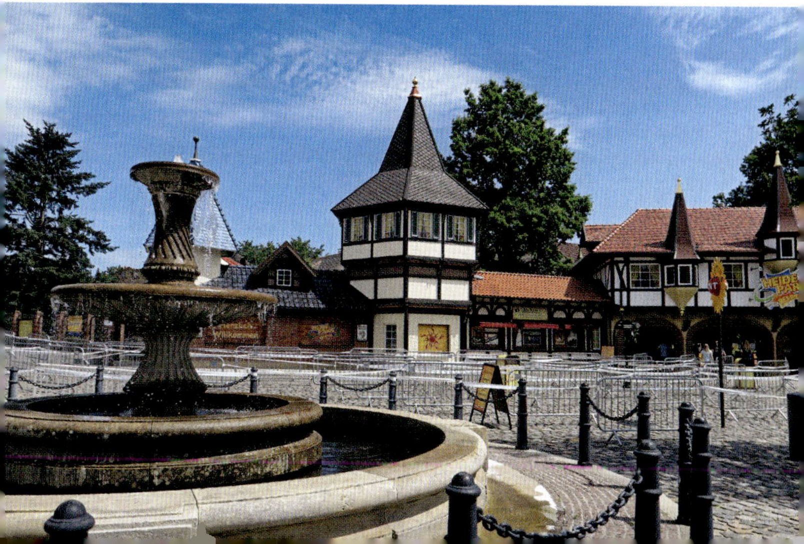

und Heim). Dokumentiert wird nicht nur die bäuerliche Kultur der Heide, sondern auch die Entdeckung der Heide durch Künstler und Reisende. bomann-museum.de

- **Residenzmuseum** in Celle: Das Residenzmuseum im Celler Schloss beleuchtet die Entwicklung des Residenzstandortes Celle, die Bau-, Landes- und Residenzgeschichte. celle-tourismus.de/schloss-celle
- **Felto Filzwelt** in Soltau: Soltau ist bekannt für Filz, weniger im Sinne von Korruption, sondern dem Produkt aus Schafwolle mit langer Tradition in dieser Heidestadt, die diese Erlebnisausstellung beleuchtet. filzwelt-soltau.de
- **Spielmuseum** Soltau: Aus einer privaten Sammlung entwickelte sich seit 1984 dieses mehrfach erweiterte Museum zu einem Besuchermagneten Soltaus, das Spielzeug aus vier Jahrhunderten zeigt. spielmuseum-soltau.de
- **Heidemuseum Rischmannshof** in Walsrode: Eines der ältesten Freilichtmuseen Deutschlands zeigt seit 1912 überwiegend alte Fachwerkhäuser der Region. Im Haupthaus informiert eine Ausstellung über die Geschichte Walsrodes mit dem mehr als 1000 Jahre alten Kloster. Außerdem gibt es Ausstellungen zu zwei wichtigen Persönlichkeiten: dem Heidedichter Hermanns Löns und dem in Walsrode geborenen Bildhauer Hans Brüggemann, bekannt durch den Bordesholmer Altar im Schleswiger Dom. heidemuseum-walsrode.de
- **Museumsdorf Hösseringen** südwestlich von Uelzen: Das Museumsdorf Hösseringen zeigt 27 meist landwirtschaftliche Gebäude, den Anbau einiger alter Kulturpflanzen und die Ausstellung »Steinreiche Heide« über die Verarbeitung von Findlingen. museumsdorf-hoesseringen.de

Natur-Infozentren und Ausstellungen

- **Heidemuseum »Dat ole Huus«** in Wilsede: In einem der ältesten Bauernhäuser der Region informiert das schon 1907 eröffnete Museum mit Ausstellungsschafstall über das Leben der Heidebauern um 1850.
- **Heide-ErlebnisZentrum** in Undeloh: Moderne interaktive Ausstellungen des VNP zu Entstehung, Landschaften, Imkerei und Schäferei sowie Heidepflege (frei). heide-erlebniszentrum.de
- **Bienenwelten** im Naturinformationshaus Niederhaverbeck: Diese Ausstellung des VNP veranschaulicht die Imkerei der Region bzw. informiert über die Herkunft des Heidehonigs (frei).

Freizeit und Unterhaltung

Die Lüneburger Heide zählt mehr als zehn Freizeitparks und ähnliche Unterhaltungsangebote für Familien. Besonders hoch ist die Vergnügungsparkdichte bei Bispingen.

- **Modellbauwelten Bispingen**: Diese Modellbahnanlage wurde 2020 unter der Halle des SnowDome mit seiner 300 m langen Skipiste errichtet

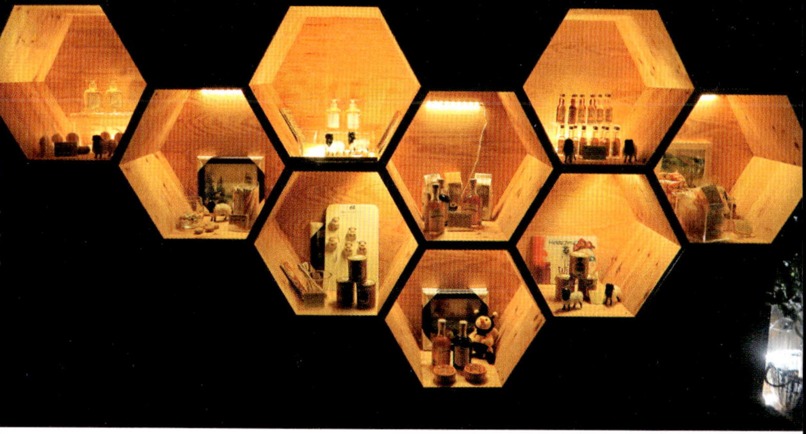

Informationen zu Bienen und Imkerei bieten die »Bienenwelten« in Niederhaverbeck.

mit dem Anspruch, die größte Anlage in Spur G – mit 20 km Gleisen und 500 Zügen zu sein. abenteuer-resort.de/modellbauwelten

- **Trampolinpark** im Abenteuerland Bispingen: Alle möglichen Sprungangebote auf Trampolinen – ideal für Kinder, die dabei spielerisch Englisch lernen: High Performance Trampoline, Virtual Reality Jump, Foam Pit, Wipe Out, Slam Dunk, Big Climbing Wall & Big Airbag, Balance Area, aber es gibt auch ein »Kindertobeland«. abenteuerland.de
- **Das VERRÜCKTE Haus** in Bispingen: Sehr originell – ein auf dem Kopf liegendes Haus zieht die Blicke auf sich bei der A7-Ausfahrt in Bispingen und kann besichtigt werden. Ähnliche Objekte stehen auch in anderen Orten. dasverruecktehaus-bispingen.de
- **Abenteuerlabyrinth** in Bispingen: Hölzerner Irrgarten auf 2800 m^2 Fläche mit 18 Abenteuerstationen und 9,5 m hohem Aussichtsturm in der Mitte als Navigationshilfe. Bis spätestens 18 Uhr (im Sommer) muss man den Weg heraus gefunden haben. abenteuerlabyrinth.de
- **Heide Park Soltau**: Deutschlands zweitgrößter Freizeitpark ist mit heute rund 1,5 Mio. Besuchern seit 1978 einer der großen Besuchermagnete in der Lüneburger Heide. Neben diversen Attraktionen wurden hier 1997–2003 die Weltmeisterschaften im Pfahlsitzen ausgerichtet, die ein Pole 2002 mit fast 200 Tagen und einem Eintrag im Guinnessbuch der Rekorde gewann. heide-park.de
- **Hanstedter Heide Himmel-Baumwipfelpfad**: Der Baumwipfelpfad-Boom hat auch die Lüneberger Heide erreicht – seit 2019 führt ein 700 m langer Pfad mit 40 m hohem Aussichtsturm durch die Baumkronen bei Hanstedt-Nindorf. heide-himmel.de

- **Barfußpark Egestorf**: Einzigartig in Niedersachsen ist der nördlich von Egestorf liegende Barfußpark mit mehr als 60 Stationen sowie Salzineum, Hängeseilbrücke, Yogawald, Naturbad Aquadies und biologischer Pediküre: Im Naturium kann man sich von Knabberfischen die Hornhaut entfernen lassen. barfusspark-egestorf.de

Tierparks

Wem die »normalen« Tiere in Heide, Wald und Flur nicht reichen, findet in der Region eine Reihe von Tierparks, wo ohne langes geduldiges Warten seltene Tiere zu sehen sind – je nach Konzept des Parks überwiegend heimische oder eher exotische.

- **Serengeti-Park Hodenhagen**: Europas größter Safaripark mit 1500 frei laufenden Tieren am Südwestrand der Heide, seit 2004 offiziell als Zoo anerkannt und seit 2020 mit Känguru-Pfad. Auch im Artenschutz aktiv, etwa mit Breitmaulnashörnern. serengeti-park.de
- **Weltvogelpark Walsrode**: Der 1962 aus einer Fasanen- und Wasservogelzucht hervorgegangene Park gilt mit 4000 Vögeln und 650 Arten auf 24 ha als weltgrößter Vogelpark und einer der artenreichsten Zoos überhaupt. Mit großen Freifluganlagen, Kranichgelände, Regenwaldhalle. weltvogelpark.de
- **Wildpark Müden**: Überschaubarer Park mit 30 meist einheimischen Arten, aber auch Alpaka, Elch, Waschbär. wildparkmueden.de
- **Wildpark Lüneburger Heide** bei Hanstedt: Mit 600 ha und 1200 Tieren in 140 Arten einer der größten Wildparks Deutschlands mit weiträumigen Gehegen. Außerdem Gartenanlage, Kinderspielplätze, Tretbootgelegenheit. wild-park.de
- **Wildpark Schwarze Berge** in den Harburger Bergen am Nordrand der Heide: Europäische Wild- und Haustiere, darunter Wisente, Wölfe, Braunbären. Außerdem Rattentunnel, Streichelgehege und 45 m hoher Elbblickturm. wildpark-schwarze-berge.de
- **Schmetterlingspark Buchholz/Seppensen**: Schmetterlinge in drei Hallen mit verschiedenen Biotopen bzw. Klimazonen von subtropisch bis tropisch. schmetterlingspark-buchholz.de
- **Filmtierpark Eschede**: Streichelzoo im Wald als Teil eines Tiertrainingszentrums für Filme, offiziell auch »Kontakt-ZOO« genannt, mit 180 Tieren aus 70 Arten, von denen einige bzw. ihre Vorgänger in mehr als 1000 Filmproduktionen mitgewirkt haben, darunter Winnetou, Otto, Star Wars, Derrick, Traumschiff, Tatort, TV-Shows. filmtierpark.de

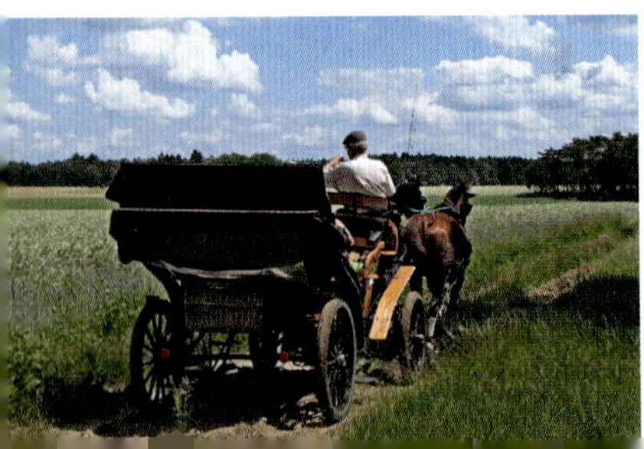

Bei einer Kutschfahrt in der Lüneburger Heide sind Döntjes meistens inklusive.

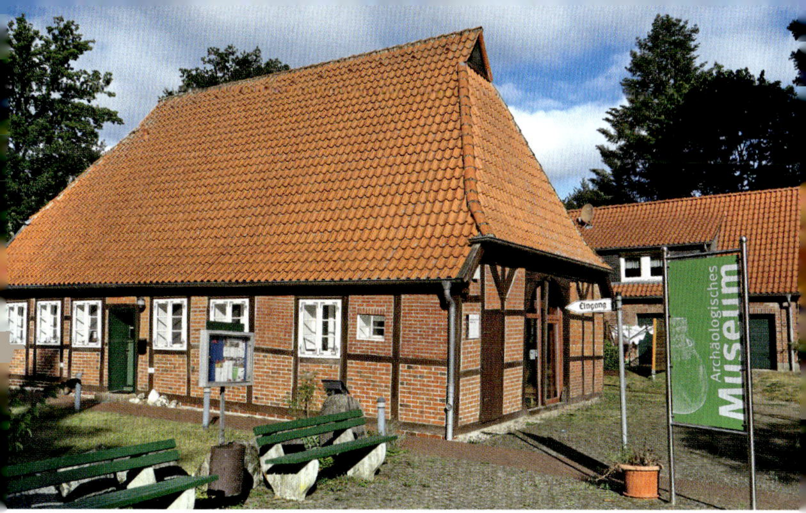

Das Archäologische Museum Oldendorf geht 5700 Jahre zurück in die Steinzeit.

Freizeitaktivitäten

Abgesehen vom Wandern kann man sich auch auf allerlei andere Weise in der Lüneburger Heide fortbewegen. Die bequemste Art sind Kutschfahrten, während Reiten, Radeln, Paddeln und Klettern in Hochseilgärten zum aktiven Erleben der Landschaft einladen.

Kutschfahrten

Kutschfahrten sind für viele Besucher die Gelegenheit zum Kennenlernen der großflächigen und für Autos gesperrten Heidegebiete. Touristische Kutschfahrten haben eine mehr als 100-jährige Tradition, entsprechend hoch ist der Standard: TÜV, tierärztliche Untersuchungen und touristische Schulungen für Heidekutscher sind obligatorisch.

Schon auf den großen Parkplätzen stehen viele Kutschen bereit, vor allem in Undeloh, Schneverdingen, Nieder- und Oberhaverbeck, Egestorf, Döhle, sowie der Osterheide bei Schneverdingen, Letztere mit einem besonders vielseitigen Kutschbetrieb, der auch Kutschenfahrkurse, Ferienwohnungen und Pferde-Zahnpflege anbietet. Meyer Kutschfahrten, Tel. +49 5193 6491, kutschenmeyer.de

Radfahren

Rund 2000 km umfasst das Radwegenetz in der Lüneburger Heide in unterschiedlicher Qualität. Manche Radwege erfordern wegen stellenweise sandiger Passagen eine gewisse Geländegängigkeit und sind für schwere Gefährte wie E-Bikes nicht immer ideal. Besonders beliebte Fernradwege führen entlang von Flüssen wie Leine-Heide-, Aller- oder Ilmenauradweg. Ein rund 220 km langer Radrundweg erschließt den Naturpark Südheide.

Neben Streckentouren sind viele Rundtouren per Drahtesel möglich, etwa zehn ausgewiesene Themen-Radtouren in der Südheide. Der Landkreis Celle hat 2014 mit seinen Themenradtouren den Preis für die fahrradfreundlichste Kommune Niedersachsens gewonnen.

Paddeln

Per Kanu, Kajak oder Kanadier lässt sich die Lüneburger Heide aus einer ganz anderen Perspektive erleben entlang der vielen naturnahen Flüsse. Bei Wehren muss das Boot umgesetzt bzw. getragen werden.

Nach dem großen Paddelboom um 2000 sind die meisten Flüsse für Wassersportler aus Naturschutzgründen gesperrt. Befahren werden dürfen – mit weiteren Einschränkungen bzgl. Zeit und Bootsbreite/-typ folgende Flüsse, wobei das Ein- und Aussetzen nur an ausgewiesenen Stellen erlaubt ist:

- Ilmenau: 87 km flussabwärts ab Stedenau südlich von Uelzen bis Mündung
- Örtze: 39 km zwischen Müden und Winsen an der Aller
- Aller: 95 km zwischen Wienhausen und Rethem
- Böhme: 62 km zwischen Soltau und Böhme
- Seeve: flussabwärts ab Jesteburg und Seevesiel
- Luhe: 29 km flussabwärts ab Wetzen
- Aschau und Lachte: flussabwärts ab Eschede

Die genauen Einschränkungen zeigt die Website des Kanu-Landesverbands Niedersachsen (kanu-niedersachsen.de → Freizeitsport → Befahrensregelungen).

Vor Ort werden Kanus, Kajaks und Zubehör vermietet und zu Ein-Ausstiegspunkten transportiert, etwa in der Nordheide Heide-Kanu, heide-kanu.de (Seeve, Ilmenau, Luhe), die Bootsstation Dorfmark, bootsstation-dorfmark.de (Böhme und Wümme) oder in der Südheide Kanu-Feeling, kanu-feeling.de (Örtze, Aller).

Reiten

Die Lüneburger Heide ist mit ihren Sandböden und den großen autofreien Flächen ideal für Reiturlaub: Fast 1500 km Reitwege durchziehen die Region, und zahlreiche Höfe bieten Ausritte oder Pensionsstallungen an. Die niedersächsische Website bauernhofferien.de listet unter »Reiterhöfe« mehrere »Bett&Box«-Unterbringsmöglichkeiten auf, wo auch Gastpferde unterkommen. Reiter haben die Wahl aus mehr als 35 ausgewiesenen Reitrouten. Im Naturpark Lüneburger Heide sind drei Mehrtagestouren möglich mit Längen zwischen 82 und 114 km.

Pferdesport hat eine große Tradition in der Region: Das 1735 gegründete Landgestüt Celle mit seinen jährlichen herbstlichen Hengstparaden hat Weltruf. Luhmühlen bei Salzhausen ist bekannt für die Vielseitigkeitsreiterei und richtet jährlich als einer von weltweit nur sechs Top-Standorten entsprechende Turniere aus. Die Bedeutung von Pferden für Niedersachsen zeigt sich auch im Landeswappen und im Giebelschmuck mit Pferdeköpfen an vielen Höfen.

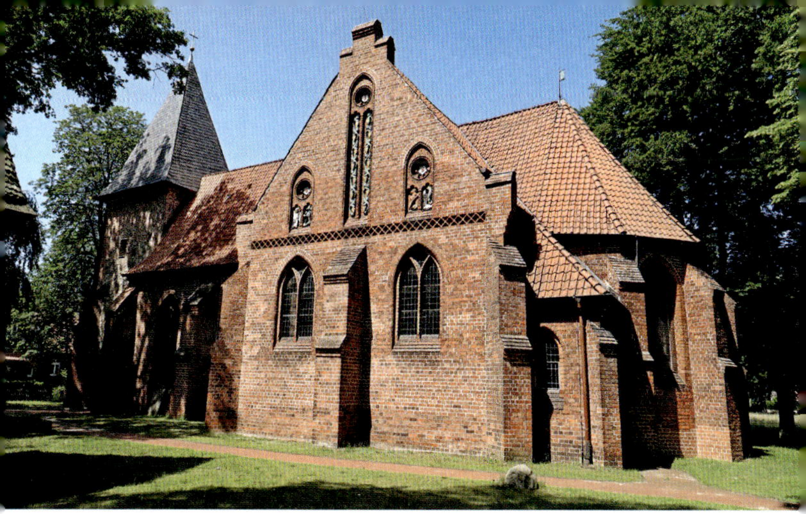

Backsteinkirchen zählen zu den ältesten Gebäuden vieler Orte wie St. Urbani in Munster.

Hochseilgärten

Die Lüneburger Heide bietet zwar keine natürlichen Klettergelegenheiten, dafür aber einige Hochseilgärten:

- **Höhenweg-Arena Hochseilgarten** bei Schneverdingen am Camp Reinsehlen: Wo früher britische Soldaten stationiert waren, bietet die Höhenweg-Arena heute mit über 150 Kletterstationen auf sechs Stockwerken bis 30 m Höhe den größten mit (19) Masten errichteten Kletterpark Europas. hoehenweg.de
- **BUHL Activity Park** bei Walsrode: Kletterwald mit fünf Parcours. Man kommt nicht ganz so hoch wie die Vögel im benachbarten Vogelpark, aber immerhin bis zu 15 m. buhl-activity-parks.de/parks/walsrode
- **Hochseilgarten Kiekeberg** im Rosengarten: Klettererlebnis mit elektronisch gesteuerter Wasserfalle in 8 m Höhe als Höhepunkt. hochseilgarten-kiekeberg.de
- **Ropes Course** (Hochseilgarten) im Trampolinpark Bispingen, abenteuerland.de
- **Südsee-Hochseilgarten** Wietzendorf: drei Parcours bis zu 6 m Höhe in Ferienanlage Südsee-Camp. suedsee-camp.de/freizeit-animation/hochseilgarten
- **Kletterwald Lüneburg-Scharnebeck**: 70 Stationen bis zu 15 m Höhe vor den Toren Lüneburgs. kletterwald-scharnebeck.de

Folgende Doppelseite: Der Örtzeweg folgt dem Verlauf der Örtze zwischen Munster und der Dethlinger Heide.

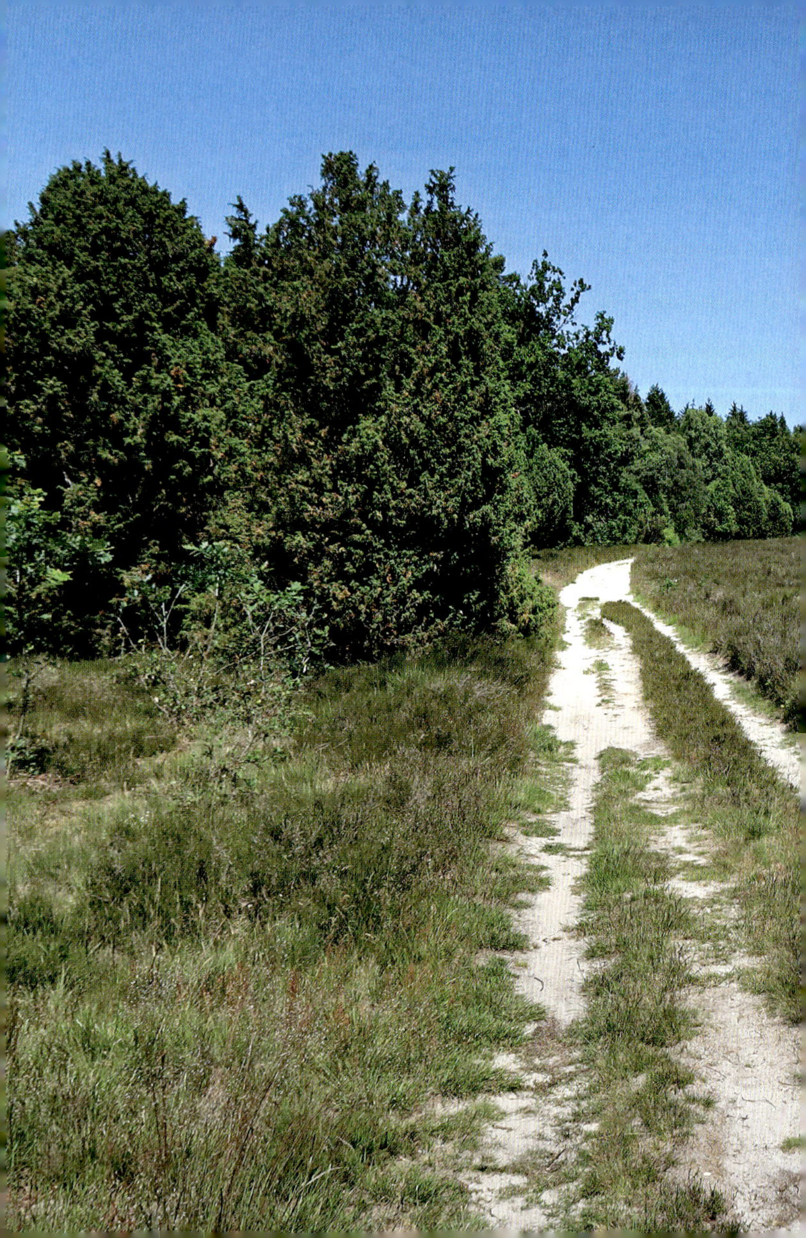

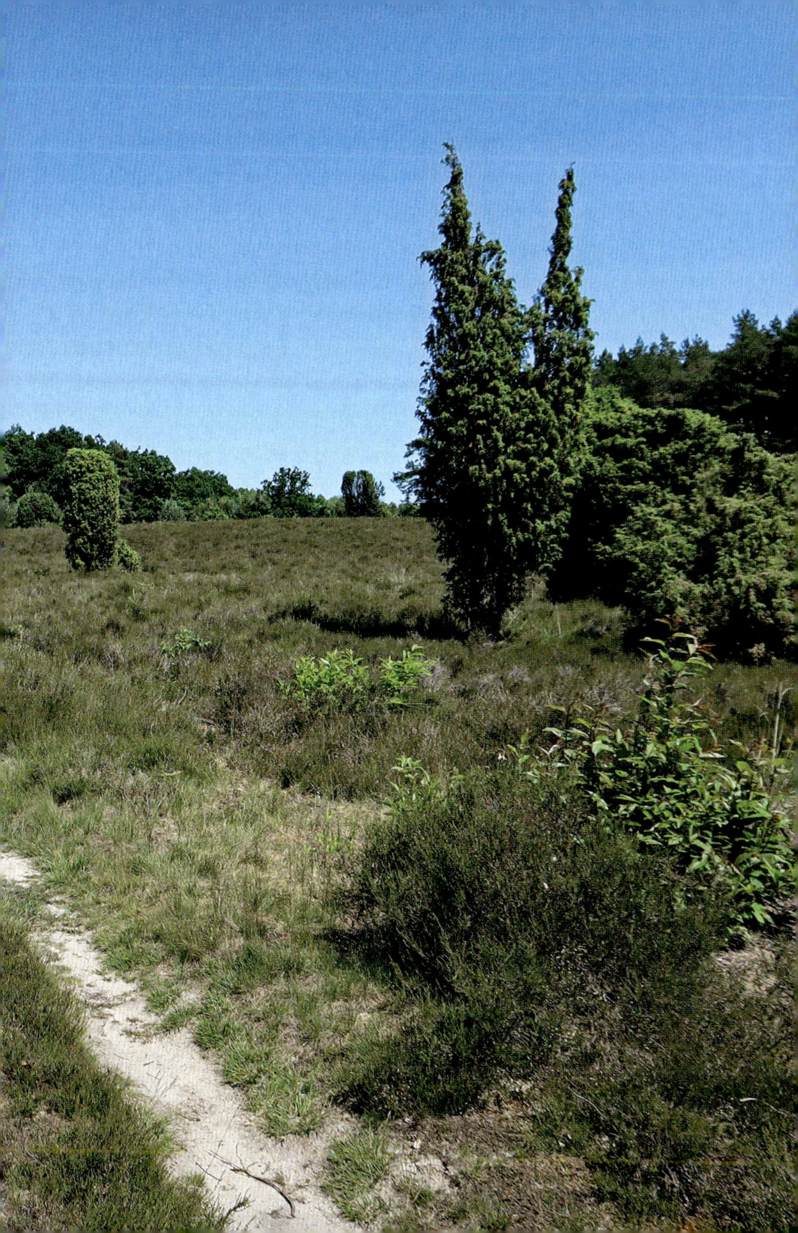

TOP

↗ 150 m | ↘ 150 m | 8.2 km

1 Fischbeker und Wulmstorfer Heide

2.30 h

Rundwanderung durch Heidetäler und über Hochfläche bei Harburg

Vor den Toren Hamburgs erstreckt sich südwestlich der Elbmetropole ein Heidegebiet, das teilweise früher dem Militär als Übungsplatz diente. Der Truppenabzug aus der Wulmstorfer Heide 2004 bedeutete eine Aufwertung des benachbarten Naturschutzgebietes Fischbeker Heide, das neben dem FFH-Status auch für Freizeit und Flugsport genutzt wird. Trotz des Namens sind zwei Drittel des Schutzgebietes bewaldet, mit naturnahen Kiefernwäldern, Fichtenmonokulturen und typischen Eichen-Birken-Wäldern. Entsprechend vielseitig ist die Rundwanderung: abwechselnd durch Heide und Wald, vorbei an Gewässern und Magerrasen. Mit etwas Glück sind seltene Vogelarten wie Schwarzspecht, Ziegenmelker, Heidelerche zu sehen. Wir folgen großteils dem markierten Rundweg W4, aber nicht durchgehend, um ein Stück der ehemaligen Panzerstraße zu meiden.

Ausgangspunkt: Wanderparkplatz Scharlbarg südlich von Harburg-Fischbek (Navi: Scharlbarg, 21149 Hamburg).
ÖPNV: HVV-Buslinie 240 ab Hamburg-Neugraben (mehrmals stündlich) mit Haltestelle Fischbeker Heuweg, hvv.de. Von dort dem Heidschnuckenweg-Zubringer (gelbes H) südwärts folgen (Scharlbarg) zum Wanderparkplatz ❶. Schöner und ähnlich weit (0,7 km) ist der Zubringer von der Haltestelle An de Geest zum Teich im Wald ❺. Achtung für die Rückfahrt: Die Haltestelle Richtung Neugraben ist nicht auf der Gegenfahrbahn, sondern 30 m weiter in der nördlich abzweigenden Straße An de Geest. Beim Start der Wanderung von der Haltestelle An de Geest an der Südseite der Straße rechts vom Trafokasten Pfad in Wald nehmen, kleine Straße queren und Pfad durch Bachtal aufwärts folgen, nach kleiner Holzbrücke links und nach NSG-Schild bei Gabelung links zum Waldrand mit dem Teich ❺. Alternativ mit S-Bahn bis Harburg-Fischbek und von dort dem Heidschnuckenweg-Zubringer 1,5 km zum Startpunkt ❶ folgen.
Anforderungen: Leichte Wanderung überwiegend über Wege bzw. Pfade durch Wald und Heide, stellenweise etwas sandig.
Markierung: Großteils gelber Pfeil (W4 sowie stellenweise W6), anfangs Heidschnuckenweg (H).
Einkehr: Keine.
Varianten: 1. Vorzeitiges Beenden der Tour ab ❹ auf 2,4 km langem Zuweg zur S-Bahn-Station Neu-Wulmstorf u. a. über Königsberger Straße, Birkenweg.
2. Verlängerungsmöglichkeit durch die Fischbeker Heide (3,5 km länger): Dazu bei der Kreuzung nach dem Ausgangspunkt ❶ nach links und W6 folgend abwechselnd durch Heide und Wald, teilweise auf einem Höhenrücken mit Heide-Blick. Unterwegs Gelegenheit zu Abstecher zum Infozentrum Fischbeker Heidehaus (s. u.). Nach einem Teich mit Rastgelegenheit in den Wald, nach einer Schleife rechts halten Richtung Aussicht Segelflugplatz und bei einer Mehrfachkreuzung rechts auf Heidschnuckenweg in nordwestliche Richtung rauf und runter zum Plateau mit der Fluglandebahn kurz hinter ❷. Alternativ andersherum, d. h. ab ❷ Heidschnuckenweg nach links folgen und W6 in anderer Richtung ge-

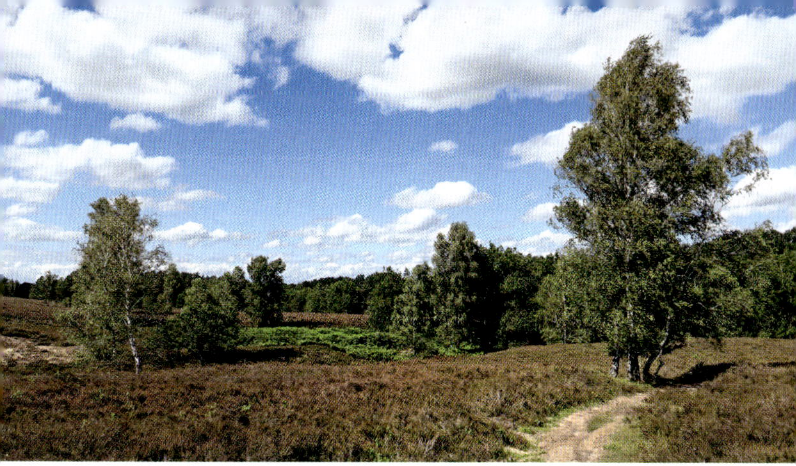

Die Fischbeker Heide bietet einen ständigen Wechsel aus Heide- und Waldlandschaft.

hen – gegen den Uhrzeigersinn – zurück zum Ausgangspunkt.
Tipp: Bei der Verlängerung Fischbeker Heidehaus – Infozentrum der Loki-Schmidt-Stiftung über (Fischbeker) Heide und deren Natur in altem Schafstall.

Vom **Wanderparkplatz Scharlbarg** 1 am Stadtrand von Fischbek entführt uns der Heidschnuckenweg sofort hinaus aus der Zivilisation in weite Heidelandschaft, die stellenweise mit Birken durchsetzt ist. Bei einer Gabelung folgen wir dem Heidschnuckenweg rechts in den Wald und in Serpentinen aufwärts. Oben bei einer T-Kreuzung rechts zu einer Kreuzung mit Bank am Anfang einer Hochfläche mit Gras-Landebahn für Segelflugzeuge. Bei Blinklicht darf die Hochfläche wegen Flugbetriebs nicht betreten werden, das betrifft aber nicht nur unsere Route.
Wir folgen dem Heidschnuckenweg leicht links am Rand der Hochfläche mit dem 1910 angelegten Fischbeker Flugplatz zur Rechten. Nach 200 m nehmen wir bei einer Gabelung die rechte Variante, in Gehrichtung geradeaus. Bei einer Kreuzung mit **Infotafel über Heide-Renaturierung** 2 verabschieden wir uns vom links Richtung Buchholz abzweigenden Heidschnuckenweg und folgen rechts dem Pfad neben Holzpfählen links an der freien Heidefläche des Flughafens entlang. Radspuren verraten, dass hier mit Mountainbikern gerechnet werden muss. Der Pfad führt etwas

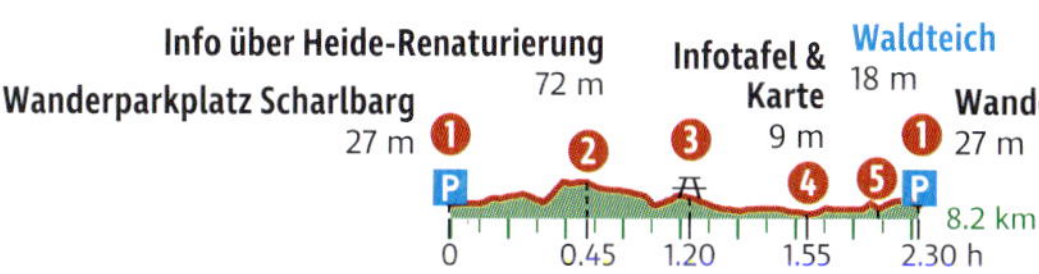

auf und ab zu einer Kreuzung mit einem Pfad (fast) am anderen Ende des Flugplatzes. Hier Pfad links abwärts zu einem breiten Fahrweg, der an die Vergangenheit des Gebietes als Truppenübungsplatz erinnert, als Panzer über diesen Weg rollten statt heute Radfahrer. Wir queren den Fahrweg und folgen einem breiten betonierten Fahrweg, der nach 0,5 km bei einem **Picknicktisch** ❸ endet. Hier rechts auf Weg links am Picknicktisch vorbei abwärts, nach 100 m beim Ende des Zauns auf der rechten Seite durch eine Linkskurve und danach weiter abwärts durch Wald.

Bei der T-Kreuzung mit einem Schotterweg weist uns der gelbe Pfeil nach rechts und nach 70 m bei einer Gabelung nach links, ehe wir bei einer bunten Schranke einen asphaltierten Weg erreichen. Diesem 150 m nach rechts folgen und dann links bei Findlingen in den Wald, nach einer Rechtskurve links vorbei an einer Wiese, wo ein Autoreifensammler seine Spuren (in Form von Altreifen) hinterlassen hat. Kurz vor Neu-Wulmstorf biegen wir rechts für 30 m in eine Straße, ehe wir vor den ersten Häusern bei einem Tempo-30-Schild und rot-weißen Pfahl rechts den einladenden kleinen Pfad nehmen. Bei der nächsten Kreuzung rechts, vorbei am rot-weißen Pfahl und bei der folgenden links auf den Pfad, bald zwischen Zäunen entlang. Dahinter ist links ein Freibad, rechts ein Wohnviertel, das wir mit einer Schleife umgehen.

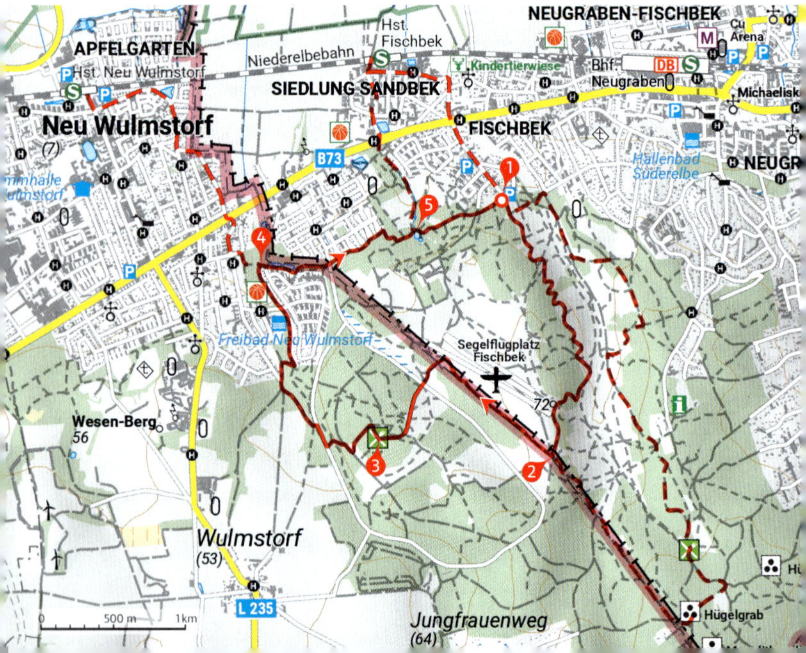

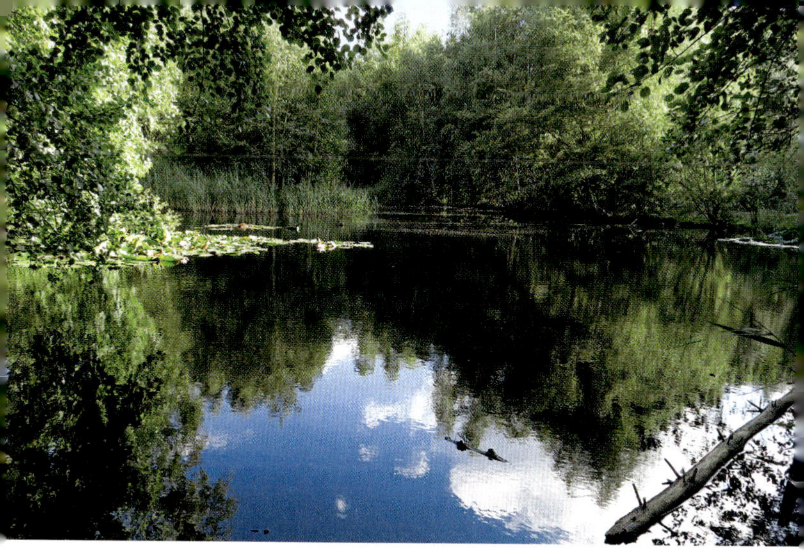

Der Waldteich kurz vor Schluss ist ein Paradies für Amphibien und Libellen.

Bei einer Wiese führt der Weg durch die Rechtskurve, rechts vorbei an einer **Infotafel und Karte zum Regionalpark Rosengarten** ❹, hinter der eine Betonfläche als Panzerwaschplatz diente. Links zweigt der Zuweg zur S-Bahn-Station Neu-Wulmstorf ab (2,4 km). Wir gehen rechts an Teichen vorbei geradeaus (gelber Pfeil), Abzweigungen werden ignoriert. Nach einer Straßenquerung folgen wir dem neu angelegten Kiesweg geradeaus bzw. 10 m nach links versetzt, vorbei an einem modernen Wohnviertel auf der Fläche der 2004 aufgegebenen Röttiger-Kaserne.

Wir folgen dem Weg geradeaus, ab jetzt ohne Markierung (der gelbe Pfeil führt weiter rechts durch den Wald). 5 Min. nach einer modernen Bank und einem roten Abfallbehälter in einer Linkskurve rechts auf asphaltiertem Weg in den Wald und kurz darauf nach der Wegsperre mit einem Pfahl auf Waldweg links.

Bei einem **Teich** ❺ im Wald mit seltenen Amphibien und mehr als zehn Libellenarten gehen wir links an diesem vorbei – für Busfahrer wäre vor dem Teich der links abzweigende und abwärts durch das Tal zur Bushaltestelle An de Geest führende Pfad eine schöne und abkürzende Option (0,7 km). Weiter links am Teich vorbei, danach rechts durch die Linkskurve und geradeaus durch den Wald. Bei einer Gabelung nehmen wir die rechte Variante (in Gehrichtung geradeaus) und halten uns bei einer 5-fach-Kreuzung halb rechts. Nach einem Abstieg queren wir einen alten halb asphaltierten, halb gepflasterten Weg und erreichen kurz darauf den **Wanderparkplatz Scharlbarg** ❶.

TOP

2 Von Kakenstorf nach Hollenstedt

↗ 80 m | ↘ 90 m | 10.2 km

3.00 h

Flusswanderung entlang der Este

Diese schöne Streckenwanderung führt entlang der Este, eines ursprünglichen, mäandernden Flusses am Geestrand. Es geht großteils durch Wald, oft direkt am Flussufer entlang. Höhepunkte am einsamen Fluss sind das nette Dorf Bötersheim sowie eine alte Keltenburg. Der schönste Teil ist der Abschnitt zwischen Bötersheim und Hollenstedt, der sich optional auch hin und zurück gehen lässt.

Ausgangspunkt: Kakenstorf mit Parkplatz an der B75 bei der Estebrücke (Navi: B75, 21255 Kakenstorf) oder Ortsmitte von Hollenstedt 6, Parkgelegenheit bei Supermärkten. Optional Start für Hin-/Rückwanderung in Bötersheim 2 mit Parkgelegenheit (Navi: Esteweg, 21255 Kakenstorf).
Endpunkt: Hollenstedt, Ortsmitte mit mehreren Parkplätzen (Navi: Hauptstraße 3–5, 21279 Hollenstedt).
ÖPNV: Mehrere Bushaltestellen am Ausgangspunkt in Kakenstorf: Lange Reihe, Kinderheim, Schulzentrum mit Verbindungen von/nach Buchholz. Auch Hollenstedt hat mehrere Bushaltestellen, die teilweise jeweils von verschiedenen Buslinien bedient werden, von/nach Buchholz und Neu-Wulmstorf. Zwischen Kakenstorf (Lange Reihe) und Hollenstedt (Alte Dorfstraße) verkehrt wenige Male täglich Linie 4037, zurück von Hollenstedt mit 1 x Umsteigen. Unterwegs Bötersheim mit Bushaltestelle Am Tannhof (Linien 4623, 4642, 4888). hvv.de.
Anforderungen: Leichte Wanderung überwiegend auf Waldwegen und -pfaden.
Markierung: Ab Bötersheim Wegweiser zum Estewanderweg (Holzschilder), später auch Baumlehrpfad und »Este Ost«/W7 mit gelben Pfeilen.
Einkehr: Nur in Hollenstedt. Der in alten Karten/Verzeichnissen aufgeführte Dorfkrug in Bötersheim ist seit 2020 geschlossen.
Variante: Die Strecke zwischen Bötersheim und Hollenstedt, den schönsten Teil der Tour, hin- und zurückgehen; dieses Teilstück ist auch umgekehrt sehr reizvoll.

Vom südwestlichen Ortsende von **Kakenstorf** 1 mit mehreren Bushaltestellen (Lange Straße, Schulzentrum) an der Rudolf-Steiner-Schule gehen wir zur B75 und dort links auf dem Radweg in südwestliche Richtung, vorbei an der Bushaltestelle Kinderheim. 70 m nach der Brücke über die Este bzw. vor einem Parkplatz auf der rechten Seite rechts auf Spurweg in den Wald (nach 30 m LSG-Schild) und auf diesem geradeaus, ohne Abzweigungen zu beachten.
Nach 20 Minuten, 150 m nach einer Kreuzung mit moosbewachsenen Steinen, gehen wir in einer Linkskurve des Weges nach rechts und nach 250 m nach einem Linksschwenk bei einer Gabelung nach links. Der Weg führt in nördlicher Richtung mit einiger Entfernung links von der Este durch Wald nach **Bötersheim** 2 mit einem Bushäuschen, wo wir rechts der Dorfstraße folgen. Bötersheim liegt idyllisch im Tal der Este, die hier für eine

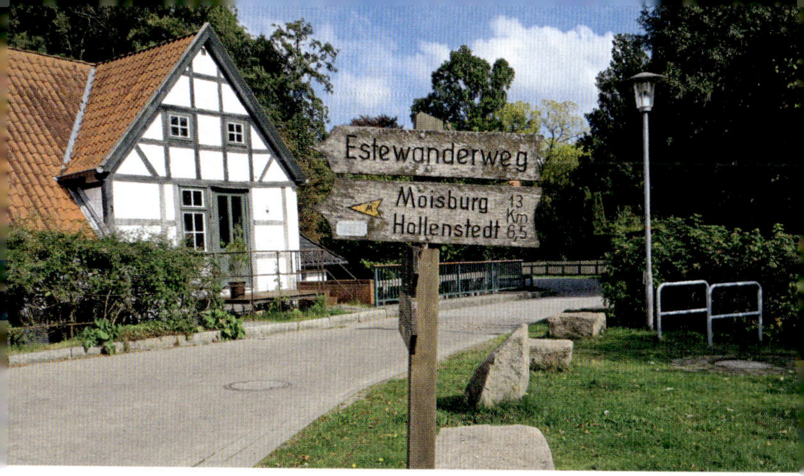

In Bötersheim beginnt der schönste Teil des Estewanderwegs.

Wassermühle zu einem Teich aufgestaut wurde. Vor der Brücke bei Infotafeln und einem Bücherschrank scharf links (Holzschild: Estewanderweg) in eine kleine Asphaltstraße und vorbei an Parkgelegenheiten hinaus aus dem Dorf. In der Linkskurve der kleinen Straße nehmen wir den Waldweg geradeaus und halten uns nach 5 Minuten bei einer Gabelung rechts. Der Estewanderweg führt durch Bruch-/Auwald, bis wir die Este auf einer kleinen **Brücke** ❸ queren und danach statt des offiziellen Wanderweges links nach der Brücke den schöneren Pfad nehmen, der uns kurz am Ufer entlang und nach 100 m wieder bei einer Gabelung auf den Estewanderweg führt, dem wir links in nordwestliche Richtung folgen, rechts von der Este. Nach 15 Minuten informiert eine Tafel über vorgeschichtliche Grabhügel, die 300 m rechts oberhalb vom Weg am Butterberg entdeckt wurden. Der Estewanderweg führt uns weiter rechts oberhalb des Flusses entlang – bei Kreuzungen geradeaus, bis eine **Bank** ❹ oberhalb der Este bei einer **Infotafel über Ebereschen** zur Pause einlädt.
Nach 10 Gehminuten ignorieren wir bei einer weiteren Bank und Infotafel über die Este den links abzweigenden Pfad und folgen dem Spurweg halb rechts (nicht ganz rechts gehen!). Bei einer Gabelung mit alter Bank links (gelber Pfeil, Este Ost / W7) und nach 20 m rechts (gelber Pfeil). Nach 5 Minuten passieren wir die Niederung eines Nebenflusses und biegen danach

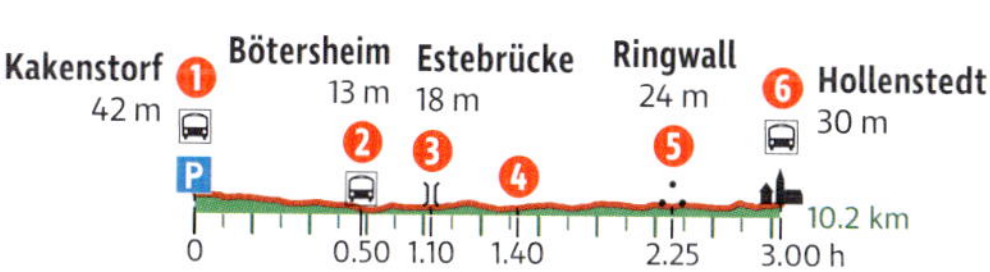

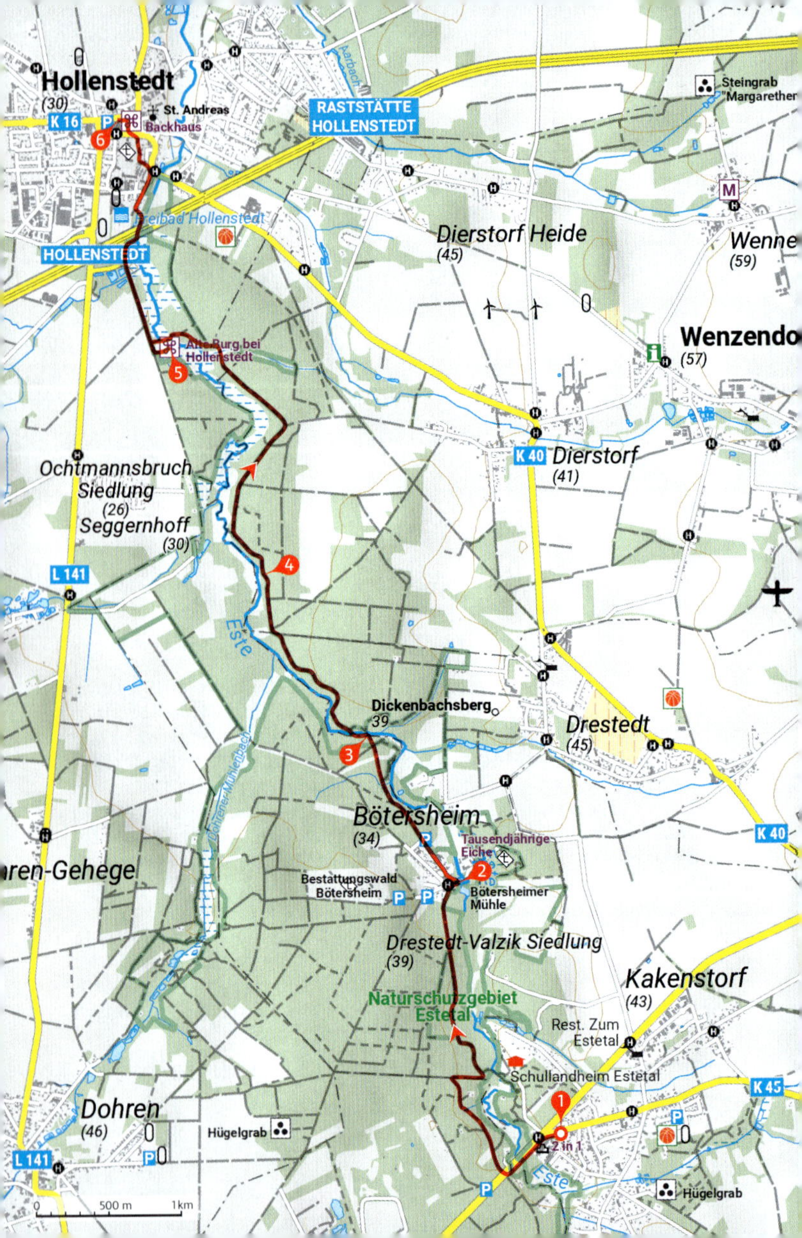

Hollenstedt
(30)
St. Andreas
Backhaus
K 16
RASTSTÄTTE HOLLENSTEDT
Aarbach
Steingrab "Margarethen
Freibad Hollenstedt
HOLLENSTEDT
Dierstorf Heide
(45)
Wenne
(59)
Wenzendo
(57)
Alte Burg bei Hollenstedt
K 40
Dierstorf
(41)
Ochtmannsbruch Siedlung
(26)
Seggernhoff
(30)
L 141
Este
Dickenbachsberg
39
Drestedt
(45)
Bötersheim
(34)
Tausendjährige Eiche
Bestattungswald Bötersheim
Bötersheimer Mühle
Dohrener Mühlenbach
ren-Gehege
Drestedt-Valzik Siedlung
(39)
Kakenstorf
(43)
Naturschutzgebiet Estetal
Rest. Zum Estetal
Schullandheim Estetal
K 45
2 in 1
Dohren
(46)
Hügelgrab
L 141
0
500 m
1 km

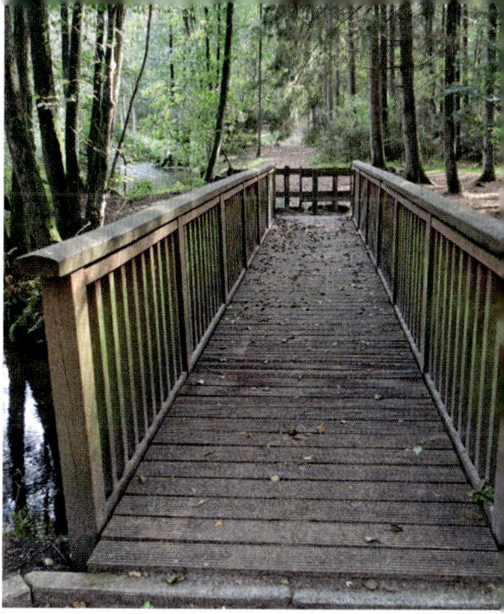

Der Weg entlang der Este ist gut erschlossen.

links in den breiten Waldweg (Hollenstedt 1,8 km / W7), den wir nach 80 m in einer Rechtskurve verlassen, indem wir halb rechts abbiegen und dem – nicht markierten – Pfad rechts oberhalb der Este folgen. Dieser führt uns nach 200 m wieder auf den Estewanderweg. Nach 120 m über die zweite Estebrücke, die im Frühjahr 2021 nach langer Baufälligkeit für rund 30.000 € neu errichtet wurde.

Nach der Brücke erreichen wir einen breiten Weg, der rechts zum Ziel Hollenstedt führt. Aber vorher lohnt sich ein kurzer Abstecher zum sehenswerten **Ringwall** 5: Zweimal nach links, vorbei an einer Schutzhütte mit Tisch und Bank und zum offenen Gelände mit halbrundem Wall. Archäologische Ausgrabungen der zuvor kaum sichtbaren Anlage um 1970 ergaben, dass die alte Burg im 9. Jh. in strategisch günstiger Lage westlich einer Esteschleife angelegt wurde. Wie bei anderen norddeutschen Burgen des Mittelalters geschützt durch einen Wall, dessen Holzkastengerüst mit Erde und Bruchholz gefüllt und zum Schutz vor Feuer mit Rasensoden bedeckt war. Auf dem 4 m hohen Wall stand vermutlich eine steingefüllte Palisadenwand. Der jetzige Wall wurde um 1980 rekonstruiert, der mittige umzäunte Kräutergarten entstand nach mittelalterlichem Vorbild 2011 als Langzeitprojekt des Heimat- und Verkehrsvereins Estetal sowie der Hollenstedter Estetalschule.

Weiter geht es auf dem breiten Weg in nördliche Richtung am Waldrand links von der Este. Bei einer Bank ignorieren wir den links abzweigenden Pfad und folgen dem Weg unter die Autobahn und kurz danach unter der alten Bahnstrecke hindurch, deren Viadukt nach 100 m beim Einmünden in eine Straße noch eindrucksvoller erscheint. Das Viadukt überspannt das Estetal und wurde Anfang des 20. Jhs. beim Bau der Bahnlinie Buchholz-Bremervörde errichtet, wobei zusätzlich zur Brücke ein 19 m hoher Damm aufgeschüttet werden musste.

Das Viadukt im Rücken, folgen wir der Straße Am Glockenberg nordwärts zur Bushaltestelle Schulzentrum, nach der wir links aufwärtsgehen auf gepflastertem Weg zwischen Schulgebäude (links) und Spiel-/Pausenplatz (rechts) zur Straße Am Stinnberg mit einer Ampel. Links geht es zur gleichnamigen Bushaltestelle, geradeaus zur Ortsmitte von **Hollenstedt** 6 mit Supermärkten und Parkplätzen.

↗ 160 m | ↘ 160 m | 13.8 km

3 Bendestorf – Jesteburg

3.45 h

Kulturwanderung bei Bendestorf und der Seeve

Diese Rundwanderung zwischen Bendestorf und Jesteburg bietet Kultur und eine von Wald und Landwirtschaft geprägte Landschaft. Jesteburg hat einen gut gepflegten Dorfkern mit mehreren alten Fachwerkhäusern, gelegentlich akustisch untermalt vom Läuten der 1190 gegossenen Glocke der St.-Martins-Kirche, der ältesten noch Dienst tuenden Glocke Niedersachsens. Nach Jesteburg folgen wir der Seeve zur Mündung der Schmalen Aue und wieder zurück nach Bendestorf, bekannt als Filmhochburg von der Nachkriegszeit bis zur Jahrtausendwende mit rund 100 gedrehten Filmen und Serien. An diese glanzvolle Epoche erinnert ein Filmmuseum, das bei dieser Wanderung genauso angesteuert wird wie die Bendestorfer Binnendüne, die durch Sandablagerungen von eiszeitlichem Schmelzwasser entstanden ist.

Ausgangspunkt: Bendestorf, Thiemann-Scheune neben dem Gemeindezentrum mit Parkstreifen und -platz (Navi: Poststraße 2, 21227 Bendestorf), Parkmöglichkeit in der Nähe auch bei Edeka (Navi: Im Alten Dorfe 33, 21227 Bendestorf).
ÖPNV: In der Sommersaison (15.7. – 15.10.) fährt der Ringbus Heide-Shuttle 3 mehrmals täglich von Buchholz via Jesteburg und Bendestorf oder Kunststätte Bossard nach Hanstedt und wieder zurück nach Buchholz, heide-shuttle.de. Ansonsten gute reguläre Busanbindung von Bendestorf und Jesteburg, etwa mit Linie 4148 Mo. – Fr. stündlich (So. alle 2 Std.) von/nach Harburg, hvv.de.
Anforderungen: Leichte Wanderung auf Wald- und Feldwegen sowie kleinen Straßen.
Einkehr: Lohof (meistens Do. – So.), Jesteburg, Bendestorf und bei Variante Kunststätte Bossard.
Varianten: 1. Abstecher zur Kunststätte Bossard von Jesteburg ❸ aus (einfache Strecke 3,3 km): von der Seevebrücke der Schützenstraße südwärts folgen und rechts in den Schierhorner Weg. Nach 2,5 km links in den Hasseler Weg und bei der nächsten Kreuzung links Schotterstraße zur Kunststätte. Zurück auf anderem (schöneren) Weg: entlang des Kameruner Bachs und auf der Kamerunstraße nach Jesteburg.
2. Markierte Rundwanderung Märchenwanderweg bei Lohof, eine 3,2 km lange Runde mit 15 Stationen zum Märchen »Der Trickser« – ideal für Kinder. Der Märchenwanderweg wird bei ❷ sowie danach und davor berührt, er lässt sich also gut kombinieren. Die Wanderung kommt an 2 Stationen vorbei; wenn man vor ❷ auf die rechte Bachseite ausweicht, passiert man 4 weitere Stationen.
Tipps: Kunsthaus Jesteburg mit wechselnden Ausstellungen (Do. – So., nur nachmittags) sowie Kunststätte Bossard (Mo. Ruhetag) südlich von Jesteburg im Wald, errichtet vom 1950 verstorbenen Kunstmaler und Bildhauer Michael Bossard. Das Gebäude erinnert von außen an eine gotische Kirche, Bossards Malerei im Inneren mit vielen Heiligenfiguren zeigt das Zusammenwirken von Natur, Mensch und Gott (Mo. Ruhetag), bossard.de.
In Bendestorf erinnert das Filmmuseum an die ehemaligen Filmstudios Bendestorf (Do. und So. nachmittags), filmbendestorf.de.

In **Bendestorf** ❶ starten wir von der markanten Thiemann-Scheune hinter dem Gemeindezentrum und folgen hinter der Scheune der Straße Am Schierenberg links und nach wenigen Metern dem Harmstorfer Weg rechts aufwärts (oder vorher noch 50 m geradeaus zum Filmmuseum). 200 m nach der Abzweigung führt uns rechts ein Stufenweg mit Geländer aufwärts (Schild: Vorsicht Rutschgefahr!). Oben geradeaus entlang der Straße Kroonsberg, kurz rechts (Sonnenberg) und dann links auf einem Waldweg zur Binnendüne. Nach dem Abstieg halten wir uns zweimal rechts (beide Male Heinrich-George-Weg) und am Ende bei der T-Kreuzung links. Die Straße Im Alten Dorfe leitet uns rechts vorbei an einem Supermarkt (Edeka) und quert bei der Bushaltestelle Bendestorf-Bardal die Hauptstraße. Auf der asphaltierten Straße Bardal bis zu deren Ende und weiter auf hohlwegartigen Waldweg, nach 200 m durch eine Linkskurve und weiter südwärts zur kleinen Straße (Itzenbütteler Mühlenweg), diese queren und sofort leicht rechts auf kleinem Pfad kurzzeitig durch etwas Brombeer-Gestrüpp, dann durch Wald und nach etwa 50 m abwärts. 200 m nach der kleinen Straße halten wir uns bei einer Gabelung 30 m vor einem Weg links und folgen dem breiten Waldweg links geradlinig in südöstliche Richtung (nach 20 m Holzschild: »Zu den Lohofer Fischteichen«), ohne Abzweigungen zu beachten. Am ersten Fischteich links und am Nordostufer des **Lohofer Fischteichs** ❷ entlang. Am Ende der Fischteiche rechts – geradeaus ginge es nach Lohof mit einer Bushaltestelle. Zwei Abzweigungen nach rechts ignorieren wir und biegen bei einer T-Kreuzung am Waldende nach rechts.

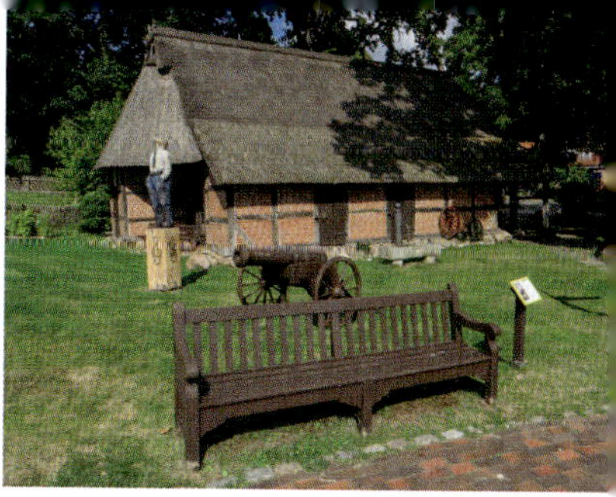

Die Kanone vor der Thiemann-Scheune (18. Jh.) diente als Requisit in einem (in Bendestorf gedrehten) Film.

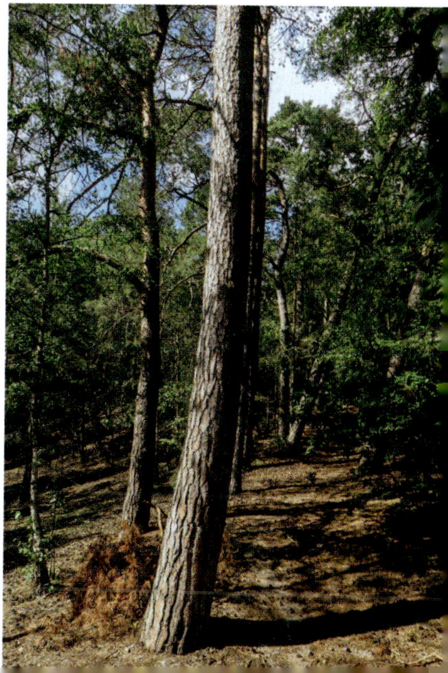

Stämmige Kiefern bestimmen das Bild auf der Bendestorfer Binnendüne.

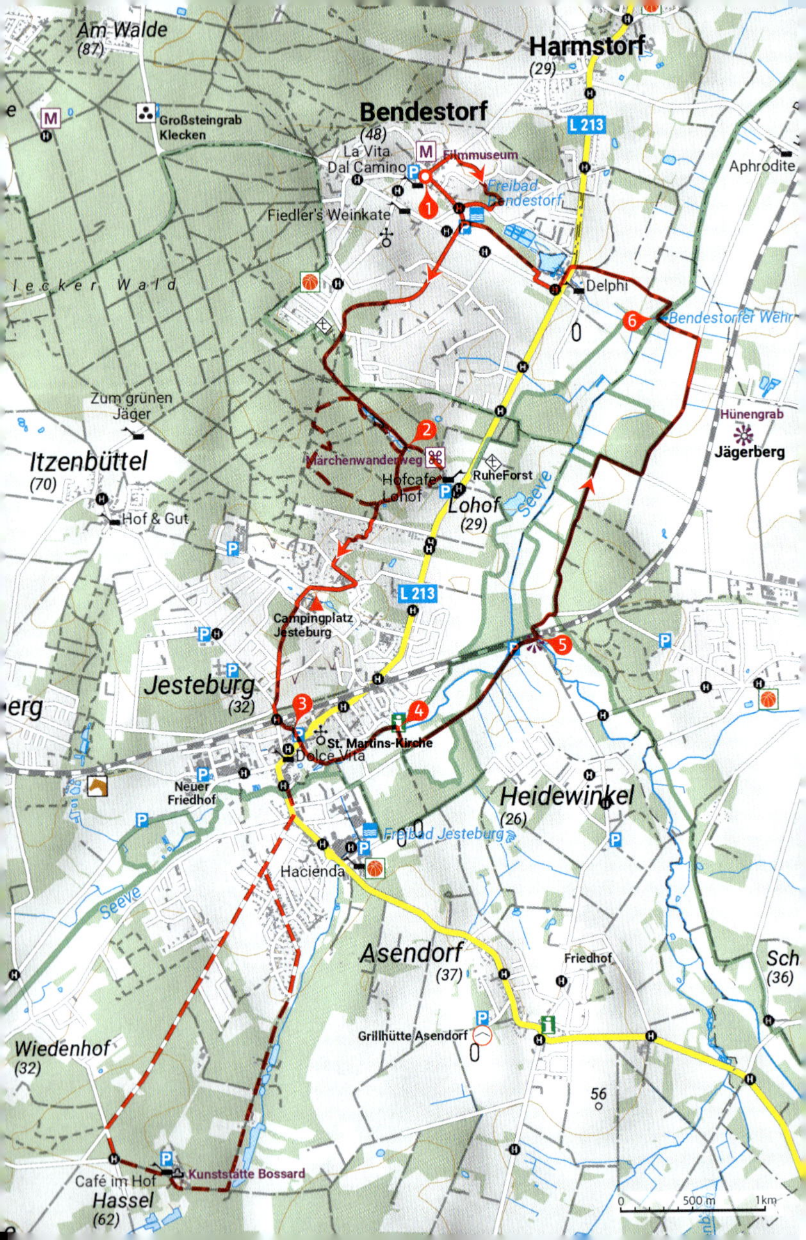

Am Walde
(87)
Harmstorf
(29)
Großsteingrab
Klecken
Bendestorf
(48)
La Vita
Dal Camino
Filmmuseum
Freibad
Bendestorf
L 213
Aphrodite
Fiedler's Weinkate
lecker Wald
Delphi
Bendestorfer Wehr
Zum grünen
Jäger
Hünengrab
Jägerberg
Itzenbüttel
(70)
Märchenwanderweg
Hofcafe
Lohof
RuheForst
Lohof
(29)
Seeve
Hof & Gut
L 213
Campingplatz
Jesteburg
Jesteburg
(32)
erg
St. Martins-Kirche
Dolce Vita
Neuer
Friedhof
Heidewinkel
(26)
Freibad Jesteburg
Hacienda
Seeve
Asendorf
(37)
Friedhof
Sch
(36)
Grillhütte Asendorf
Wiedenhof
(32)
56
Café im Hof
Kunststätte Bossard
Hassel
(62)
0
500 m
1 km

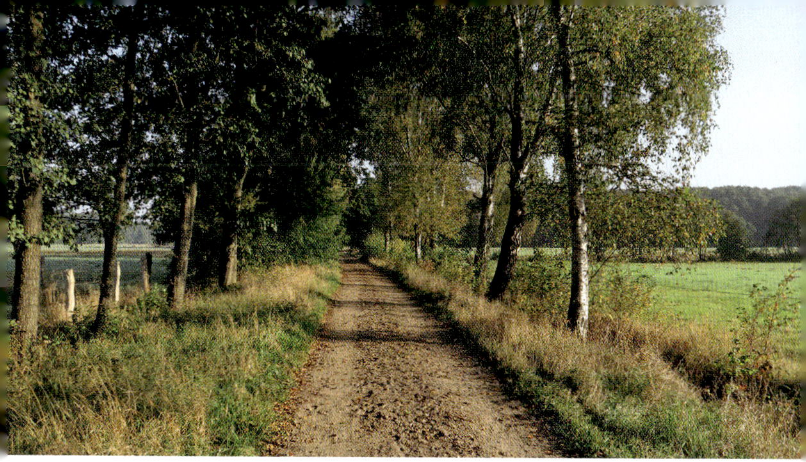

Feldweg zwischen Bahn- und Seevebrücke im Morgenlicht.

Wir sind jetzt auf dem Märchenwanderweg – einem 3,2 km langen Rundweg zwischen Bendestorf und Jesteburg mit 15 thematischen Stationen zum Märchen »Der Trickser« – und passieren die Station »Das Einhornpaar«. 50 m nach der (folgenden) Station zum »Frosch mit der Münze« links, bei einer Kreuzung geradeaus, eine Straße queren und auf einer gepflasterten Straße (Im Walde) geradeaus. An deren Ende biegen wir links von einer Garage nach rechts auf einen Pfad zwischen Zäunen, der uns zur Straße Zum Kuhberg führt, der wir links durch ein Wohngebiet folgen. Am Ende bei einer T-Kreuzung links, bei der folgenden rechts in den Itzenbütteler Heuweg und nach 5 Minuten hinter dem Campingplatz links leicht abwärts, rechts von diesem entlang.
Wir kreuzen am Waldrand eine Straße (Kleckerwaldweg) mit rechts einem privaten Parkplatz und gehen geradeaus bzw. um 10 m nach links versetzt auf einem Pfad durch den Wald. Am Ende des Waldes auf dem gepflasterten Bickbeerweg geradeaus durch ein Wohngebiet. Bei einer Kreuzung mit der Straße Am Osterberg nehmen wir den neben einem Zaun abwärtsführenden Fußweg und biegen unten nach links in die Straße. Diese führt uns südwärts über Bahngleise, früher Teil der 142 km langen Bahnstrecke zwischen Buchholz und Wittenberge, die hier heute nur noch für Güterverkehr genutzt wird.
Nach der Bahnbrücke halb links über den Parkplatz einer Tagespflegestätte, vorbei an einem hölzernen Schlagbaum und danach links. Der mit Backsteinen gepflasterte Hauptweg führt uns abwärts durch einen nett angelegten städtischen Park mit alten reetgedeckten Häusern wie der Zehntscheune von 1756 (heute Bücherei), dem Heimathaus von 1561 (heute Ausstellungen und Trauungen) und dem Alten Rathaus von **Jesteburg** ❸.

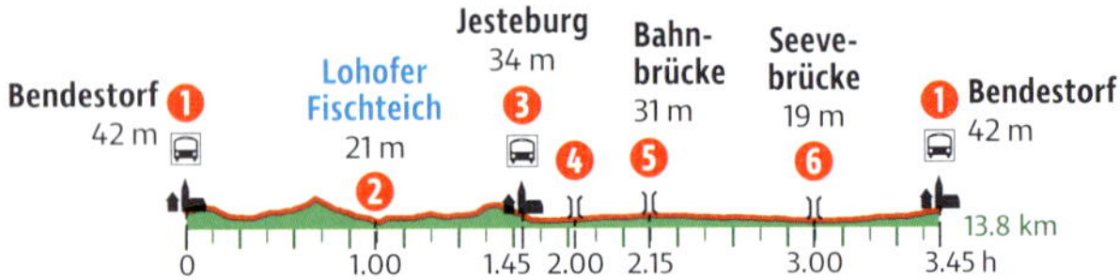

Am Niedersachsenplatz über die Hauptstraße, etwas rechts versetzt geradeaus, rechts vorbei am Café Book und einem Brunnen, auf dem Emil-Bartz-Weg in die Seeve-Niederung und auf einem Rad-/Fußweg nach einer Linkskurve links neben der Seeve entlang aus dem Ort hinaus. Bei einer Lore queren wir rechts die Seeve über die dritte Brücke. Die Lore erinnert an eine alte Lorenbahn, mit der in der ersten Hälfte des 20. Jh. Lehm und Ton von einer nahen Grube zur damals bedeutenden Ziegelei in Seevetal-Siedlung transportiert wurde. Die frühere Lorenbrücke musste wegen Baufälligkeit abgerissen werden, an ihrer Stelle wurde 2007 die jetzige Brücke aus Bongossiholz errichtet, genannt **»Ziegeleibrücke«** 4.

100 m nach der Ziegeleibrücke folgen wir links dem Fußweg durch einen Waldstreifen und gehen bei einer T-Kreuzung mit einer Schotterstraße links. Nach 10 Minuten nähern wir uns wieder der Seeve mit ihrem klaren kühlen sowie sauerstoff- und damit fischreichen Wasser – die Seeve gilt mit einer Durchschnittstemperatur von 7 Grad als Norddeutschlands käl-

Die Seeve fließt östlich an Bendestorf vorbei.

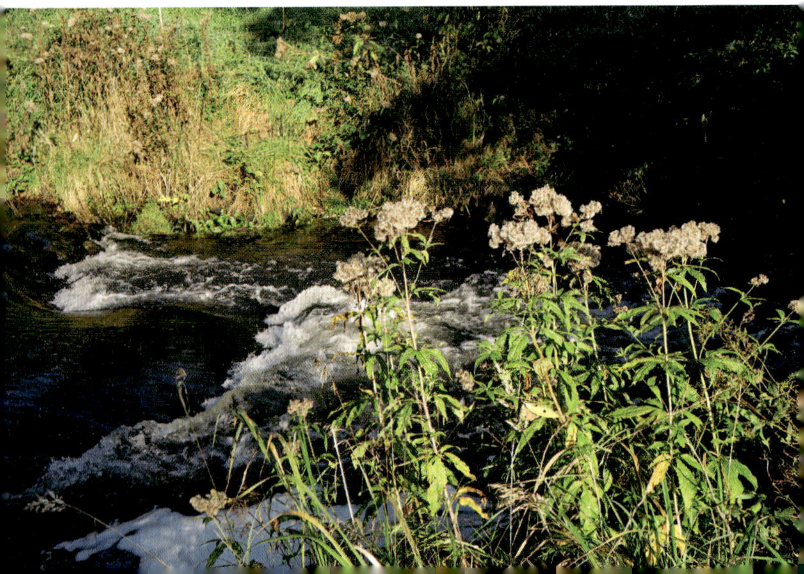

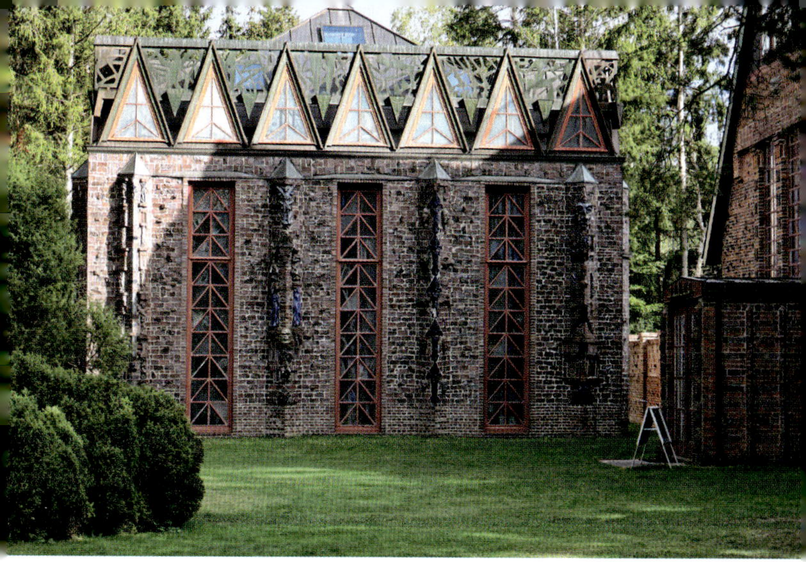

Das Kunstmuseum Jesteburg erinnert an einen gotischen Kirchenbau.

tester Fluss. Bei einer T-Kreuzung vor einem Zufluss der Seeve, der Schmalen Aue, links unter der **Bahnbrücke** 5 hindurch und danach rechts über den Fluss. Nach einer leichten Rechtskurve bei einem Gatter (rechts) links auf einen etwas sandigen Fahrweg (Süldsberg 21, 15, 17–19) am Waldrand. Für 1 km führt dieser Weg in einigem Abstand parallel zur links fließenden Seeve, ehe wir rechts in eine kleine Asphaltstraße biegen, die wir bei einem Hof verlassen. Dort links in eine andere Asphaltstraße (Radwegweiser) in nordöstliche Richtung. Nach 1 km hinter einem mehrstämmigen Baum auf der linken Seite links in den (zweiten) Graspfad, vorbei an einem rot-weiß-roten Pfahl. Kurz nach der **Seevebrücke** 6 lädt rechts ein Rastplatz direkt am Fluss zur Pause ein. Nach dem Rastplatz durch die Linkskurve und auf zunehmend breiterem Weg westwärts, die Seeve im Rücken und vorbei an einem Funkturm. Kurz vor Bendestorf queren wir bei einer Tankstelle die Hauptstraße und folgen dem Radweg nach links. Nach 150 m biegen wir beim unübersehbaren Bendestorf-Wegweiser mit Kutschenwagen und drei Flaggen sowie der Bushaltestelle Bendestorf-Mühle rechts in die Kleckerwaldstraße und nach weiteren 150 m rechts in die Parkplatzzufahrt zum Angelsee, die wir nach 50 m nach links auf einer Sackgasse verlassen. An deren Ende auf schmalem Pfad über den Damm (Aufschrift auf Holzbalken: Seeve-Wanderweg), der für Fußgänger und Reiter bestimmt ist. An dessen Ende hinter dem Parkplatz am Freibad zweigen wir nach rechts (Im Alten Dorfe) und erreichen wieder die Dorfmitte von **Bendestorf** 1.

↗ 240 m | ↘ 240 m | 19.2 km

4 Rundwanderung südlich von Buchholz

5.00 h

Besenheide, Brunsberg und Büsenbachtal

Südlich von Buchholz erstreckt sich eine leicht hügelige Landschaft mit Wäldern, die stellenweise von Heideflächen mit viel Besenheide unterbrochen werden. Mehrere Wanderwege führen durch dieses Gebiet, darunter der Heidschnuckenweg, Heidepuzzle oder E1. Der Aufstieg durch die wildromantische Höllenschlucht wird mit einem tollen Rundumblick vom Brunsberg belohnt, genauso wie später der Anstieg durch Heidelandschaft vom Büsenbachtal auf den Pferdekopf. Der Rückweg nach Buchholz meidet weitestgehend bebaute Gebiete und führt durch das Steinbachtal und weitere Grüngebiete. Diese recht lange Wanderung besteht aus zwei Schleifen, die durch Abkürzungen auch einzeln begangen werden können.

Ausgangspunkt: Buchholz-Bahnhof mit Parkhaus Süd (1,50 € pro Tag; Navi: Rütgersstraße 33, 21244 Buchholz) sowie optional Bahnhaltestelle Suerhop ❷ mit freiem Parken (Navi: An der Soltauer Bahn / Suerhop, 21244 Buchholz) oder Wanderparkplatz ❺ in Straße Lohbergen 2,5 km westlich von Holm-Seppensen.
ÖPNV: Der Bahnhof Buchholz ❶ bietet mehrmals stündlich Regionalbahnverbindungen Richtung Hamburg und Bremen sowie stündlich Richtung Soltau, die Bahnhaltestelle Suerhop ❷ stündlich Richtung Buchholz und Soltau.
Anforderungen: Überwiegend Waldwege, stellenweise auch über Sand und kleine grasbewachsene Pfade. In Buchholz auch Radwege und kurzzeitig kleine Straßen.
Markierung: Großteils »1« sowie stellenweise »H« für Heidschnuckenweg und seltener »X« für E1 und gelber Pfeil.
Einkehr: Buchholz (Bahnhof).
Varianten: Mehrere Abkürzungen sind möglich:
1. Ausgangspunkt Suerhop-Bahnhof ❷ statt Buchholz-Bahnhof (5,3 km weniger) und Rückweg dorthin ab der Höllenschlucht auf dem Heidschnuckenweg.
2. Nur eine Hälfte der Wanderung gehen, indem man beim Brunsberg oder der Höllenschlucht den Weg jeweils auf dem Heidschnuckenweg wie auf der Karte angegeben abschneidet.

Kombi-Tipp: Tour 6 von Hanstedt nach Buchholz.
Hinweis: Der Weg führt vor dem Wanderparkplatz Lohbergen ❺ über einen stellenweise mit hohem Gras bewachsenen Weg; eine lange Hose sei wegen Zeckenrisiko empfohlen!

Südlich vom **Bahnhof Buchholz ❶** halten wir uns rechts und gehen links vorbei an dem Parkhaus. 20 m nach der Linkskurve rechts in die Breslauer Straße, links vorbei an dem denkmalgeschützten Ringlokschuppen, der zu einem Komplex mit 35 modernen Wohnungen umgebaut wurde. In einer Linkskurve der Breslauer Straße folgen wir geradeaus dem Pfad zwischen Zäunen, der in einen Park führt, dort rechts vorbei am Stadtteich, geradeaus auf dem Waldpfad und in großer Linkskurve neben der Heidebahn aus Buchholz heraus. Vor der **Bahnhaltestelle Suerhop ❷** mit Parkplatz rechts über die Bahngleise und geradeaus auf dem Drosselweg. In einer Rechts-

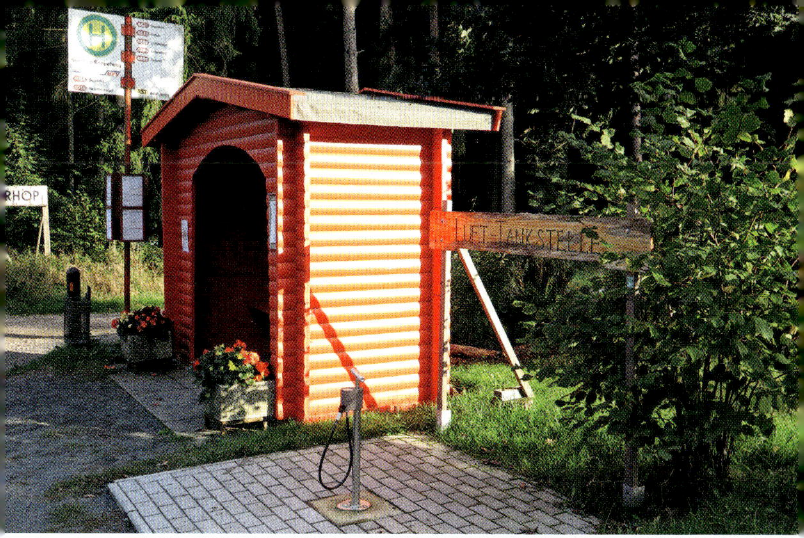

»Verkehrsknotenpunkt« Suerhog mit fest installierter Radpumpe und Bushäuschen.

kurve auf geradeaus verlaufenden Radweg (»1«), nach 30 m vorbei an rot-weiß-roten Pfählen. Nach einer Linkskurve bei einer Gabelung geradeaus aufwärts neben einem Zaun und nach dem Ende des Schotterwegs geradeaus auf Waldpfad. Nach 500 m bei einer T-Kreuzung mit einer Schotterstraße rechts und nach 100 m vorbei am Ortsschild von **Suerhop** ❸. In Suerhop laden bei einem auffälligen roten Bushäuschen mit »Luft-Tankstelle« für Radfahrer Tische und Bänke bei einem nett gepflegten kleinen Platz zur Pause ein. Hier links (Suerhoper Koppelweg) und am Straßenende auf Weg geradeaus (Verkehrsverbot, »1«). Nach 500 m stoßen wir bei einer Kreuzung mit roter Bank wieder auf H und folgen ihm nach rechts (»1«). Nach einem Schlagbaum erreichen wir offene Heidefläche und steigen auf sandigem Weg auf den Moränenzug mit dem aussichtsreichen **Brunsberg** ❹, 129 m. Während H ganz links über dessen Kamm führt, steigen wir halb links ab (»1«) und queren am Ende der Heidefläche die Zufahrtsstraße zum links liegenden Jugendferienheim Sprötze der Schreberjugend Hamburg. Weiter geht es auf dem mit »1« markierten Grasweg in den Wald,

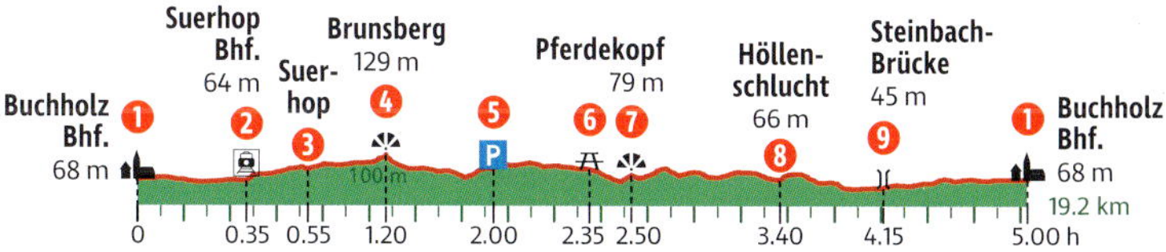

Abzweigungen ignorieren. Nach 500 m bei einer Heidefläche Pfad links am Heide-/Waldrand entlang. Am Südrand der Heidefläche bei einer 5-fach-Kreuzung halb rechts, nach 50 m Pfad links und immer geradeaus in Richtung Südsüdost. Bei einer Wegekreuzung geradeaus; der Weg wird selten begangen und kann daher stellenweise mit hohem Gras bewachsen sein.

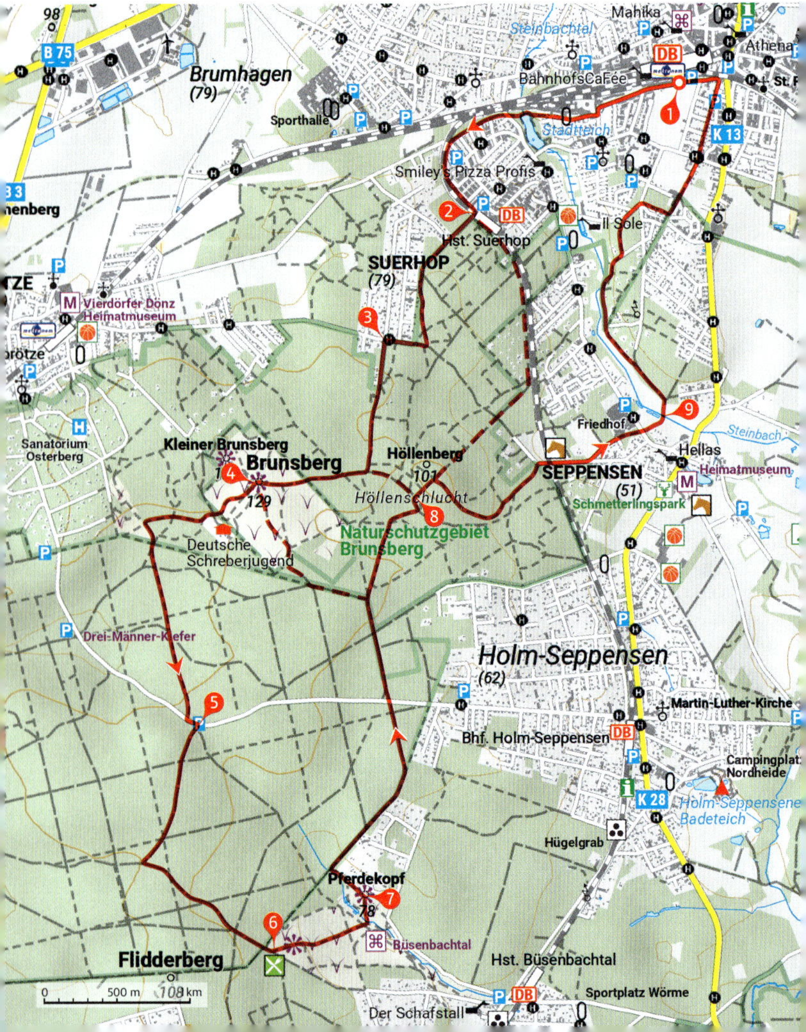

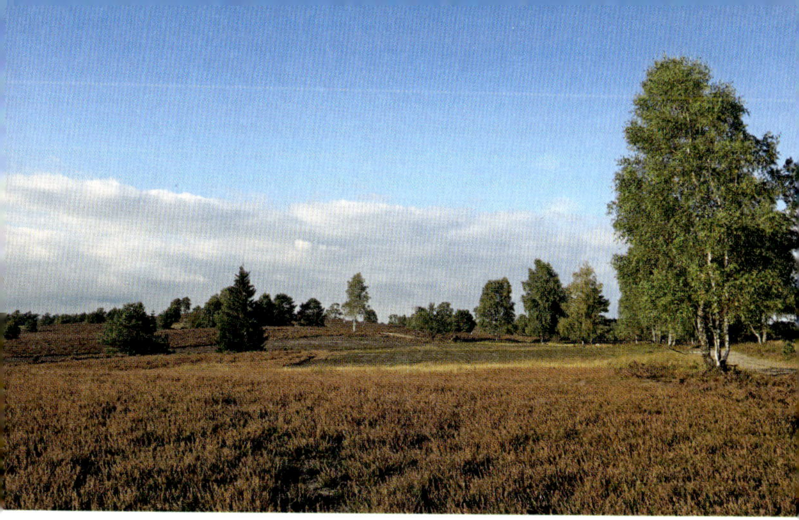

Inmitten einer Heidefläche erhebt sich der 129 m hohe Brunsberg.

Wir erreichen die Straße Lohbergen und folgen ihr auf dem Radweg 50 m nach links zu einem **Wanderparkplatz 5**, zu dem wir rechts abzweigen. Hinter dem Parkplatz auf Spurweg geradeaus in den Wald (nach 30 m Schild »Waldweg«). Bei Kreuzungen geradeaus und nach 1 km bei einer T-Kreuzung links auf mit »1« markiertem Spurweg. Abzweigungen ignorierend wandern wir geradeaus durch Wald, ehe uns die offene Heidefläche des botanisch interessanten Büsenbachtals bei einem **Rastplatz mit Infotafeln 6** empfängt. Halb links auf H, den wir nach 10 Minuten wieder verlassen, indem wir links auf dem Holzbohlenweg den Büsenbach queren und auf den **Pferdekopf 7**, 79 m, steigen mit schönem Ausblick. Der Abstieg erfolgt nach links wieder zusammen mit H; nach dem Eintauchen in den Wald bei einer T-Kreuzung rechts und nach 400 m bei einer Gabelung neben einem Haus rechts bzw. weiter auf H, den wir nach 500 m links bei der folgenden Gabelung verlassen – optional könnten wir auch H geradeaus weiter folgen und später links; beide Wege treffen sich wieder vor der Straße.

Der nordwärts führende Waldweg führt uns zu einer Kreuzung, wo von rechts wieder H einmündet. Noch wenige Meter geradeaus, über die Hauptstraße beim Notruf-Pfahl WL-12 und auf H nordwärts durch Wald. Bei einer Kreuzung folgen wir noch H geradeaus, verlassen ihn aber bei der folgenden Gabelung, wo H nach links abzweigt Richtung Brunsberg. Auf mit »1« markiertem Weg geradeaus und nach 30 m bei einer Gabelung rechts abwärts. Wir gehen bei Kreuzungen geradeaus und steigen schließlich wieder hinab in die **Höllenschlucht 8**, der wir für 100 m nach links Richtung

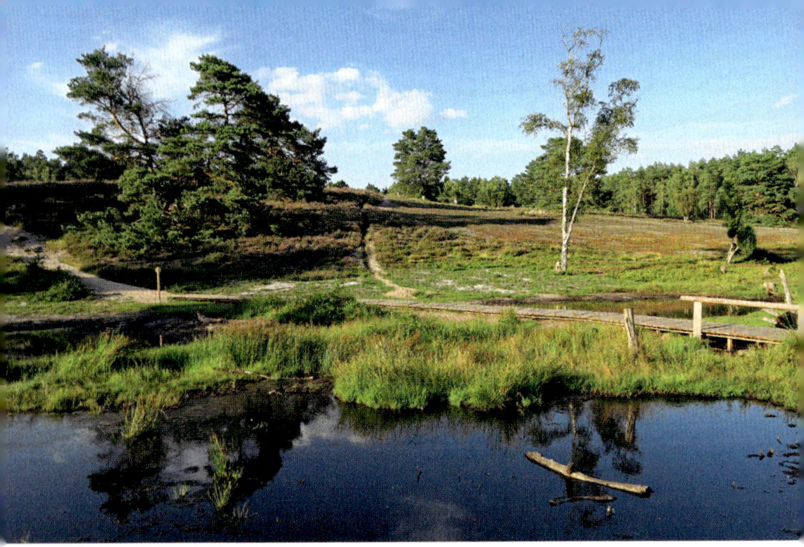

Ein Holzsteg führt zu Füßen des Pferdekopfes durch das Büsenbachtal.

Brunsberg folgen, ehe wir die Schlucht beim Zusammentreffen mit H nach rechts verlassen (»Buchholz 4,8 km«). Nach dem Anstieg rechts und auf H nach einer Linkskurve Richtung Nordost.

250 m nach der Schlucht führt H bei einer Kreuzung geradeaus weiter – vorbei an der **Bahnhaltestelle Suerhop** ❷ (Variante 1), wir aber biegen nach rechts ab, um zurück nach Buchholz einen anderen Weg mit hohem Grünanteil zu nehmen. Nach 1 km bei Holzschranke und kleinem Parkplatz rechts Schotterstraße, über die Gleise der Heidebahn, 120 m nach dem Ortsschild von Seppensen links in die Sackgasse (Thomasfeldweg) und nach deren Ende auf Waldweg geradeaus rechts am Friedhof vorbei.

Bei der Kreuzung mit dem Seppenser Mühlenweg leicht nach rechts versetzt geradeaus. 100 m nach der **Brücke über den Steinbach** ❾ biegen wir links ab in den Fuhrenkamp und nach 200 m in den links abzweigenden Pfad, der rechts neben dem Steinbach nordwärts nach Buchholz führt. Wir ignorieren alle rechten Abzweigungen und folgen dem Uferpfad so lange wie möglich. 1,3 km nach der Brücke bei einer Gabelung rechts von einem Haus halb rechts leicht aufwärts in den Wald, vorbei an einem Baumstamm mit der Nr. 12. Bei der Kreuzung mit einer Straße (Fuhrenkamp/Lohbergenstraße) halb rechts auf einladenden Pfad, nach 200 m links und vorbei an einem Gewerbegebiet, über den Heidekamp und geradeaus auf Rad-/Fußweg durch das Wohngebiet. Zuletzt auf Heidestraße geradeaus an die Bahngleise heran und davor links auf Rüttgerstraße zum **Bahnhof von Buchholz** ❶.

Holm-Seppensen

Mühlenteich und Museumsdorf

Vom Kulturbahnhof Holm-Seppensen wandern wir durch ein Wohngebiet zur verfallenen Holmer Wassermühle und am Mühlenteich entlang nordwärts. Nach Querung des Seppenser Bachs geht es durch Wald und oberhalb des Steinbachs vorbei an einem Golfplatz, ehe wir nach einem Stadtpark das kleine Museumsdorf von Seppensen erreichen, wo die kurze Tour endet, die sich mit einem Abstecher zum Lüllauer Mühlenteich mit Dorfkrug verlängern lässt.

Ausgangspunkt: Bahnhof Holm-Seppensen mit Bushaltestelle sowie Parkplatz (Navi: Bahnhofsweg 4, 21244 Buchholz).
Endpunkt: Bushaltestelle Seppensen-Mitte.
ÖPNV: Der Bahnhof Holm-Seppensen wird stündlich bedient Richtung Hannover und Buchholz. Von der Bushaltestelle Seppensen-Mitte fährt Linie 4103 halbstündlich zum Bahnhof Holm-Seppensen oder in Gegenrichtung nach Buchholz, hvv.de. In der Sommersaison (15.7. – 15.10.) hält nahe der Lüllau-Wassermühle beim Abstecher 150 m südlich bei der Haltestelle Lüllau-Seevebrücke der von Buchholz kommende Ringbus Heide-Shuttle 3 zweimal täglich, heide-shuttle.de.
Anforderungen: Leichte Wanderung über Wald- und Feldwege, stellenweise Straßen und Pfade.
Markierung: Stellenweise »F« für Freudenthalweg.
Einkehr: Am Ziel Cafeteria des Schmetterlingsparks Buchholz, zugänglich auch ohne Parkbesuch. Außerdem Restaurant Hellas (tagsüber nur am Wochenende). Bei Variante Dorfkrug Lüllau mit Terrasse direkt am Mühlenteich (täglich außer Di. ab 14 Uhr).
Variante: Abstecher nach Lüllau zum Dorfkrug am Mühlenteich (Einkehrgelegenheit) und einer 1865 erbauten Wassermühle (1,4 km pro Strecke). Dazu bei der Kreuzung mit dem Kiesweg bzw. Freudenthalweg zwischen ❷ und ❸ geradeaus auf Pfad in den Wald und nach 100 m bei der T-Kreuzung mit sandigem Fahrweg links und immer geradeaus – nach 1,2 km ist der idyllisch gelegene Mühlenteich mit Terrasse des Dorfkrugs erreicht. Zurück zunächst wie gekommen, aber nach 600 m rechts den Feldweg nehmen, der nach einer Linkskurve wieder auf die Route trifft.
Tipp: Schmetterlingspark Buchholz/Seppensen mit Tropenhaus nahe dem Endpunkt (Anfang April bis Ende Oktober täglich 10 – 17 Uhr), schmetterlingspark-buchholz.de.
Hinweis: Eine Umgehung des Seppenser Mühlenteichs ist nicht möglich, da das entsprechende Gelände in Privatbesitz ist und der Besitzer keinen Durchgang mehr duldet.

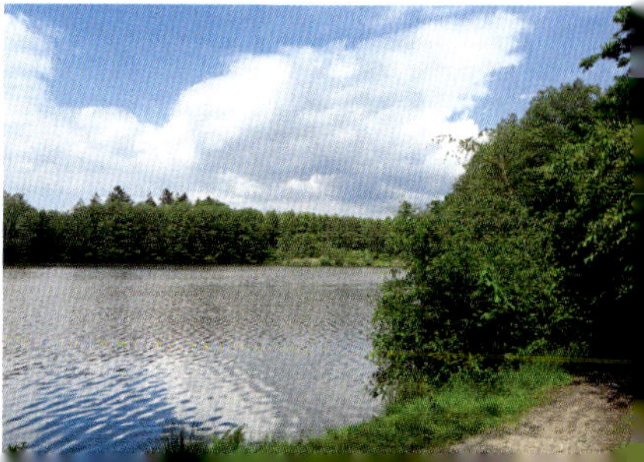

Das Wasser des Seppenser Mühlenteichs betrieb früher eine Wassermühle.

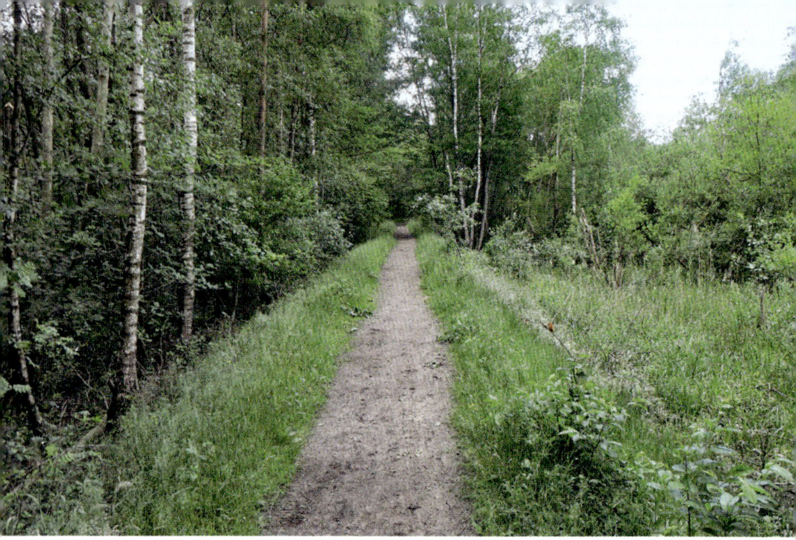

Dank dieses Dammes durchquert man trockenen Fußes das Seppenser Bachtal.

Vom 1980 stillgelegten **Bahnhof Holm-Seppensen** ❶, Schauplatz für Kurse und kulturelle Veranstaltungen (»Kulturbahnhof«), führt die kleine Straße Zur Mühle ostwärts durch den Ort und schließlich in den Wald. Beim Seppenser Mühlenteich zunächst geradeaus, links an der verfallenen **Seppenser Mühle** ❷ vorbei, 50 m nach dem Gebäude der ehemaligen Wassermühle links (Radschild) und nach 50 m Fußweg links (Privatweg) am östlichen Ufer des Mühlensees entlang. 100 m nach dem Ende des Teichs folgen wir dem Weg kurz vor einer (gesperrten) Brücke über den Mühlenbach nach rechts und erreichen kurz darauf einen breiten Kiesweg, über den auch der Fernwanderweg Freudenthalweg verläuft (»F«). Hier links und bei Schild »LSG« wieder links auf einem für Reiter gesperrten Weg, der entlang eines **Damms** ❸ die Niederung des Seppenser Bachs quert. Wir wandern geradeaus und ignorieren Abzweigungen. Nach rechts bieten sich stellenweise Blicke in das Steinbachtal und links nach dem Wald auf den Golfplatz. Am Ende des Golfplatzes bei einer Einfahrt dem asphaltierten Zufahrtsweg nach rechts folgen (Moordamm). 100 m nach einer links zum Golfplatz abzweigenden Straße (An der Rehm) biegen wir links in den für Reiter ge-

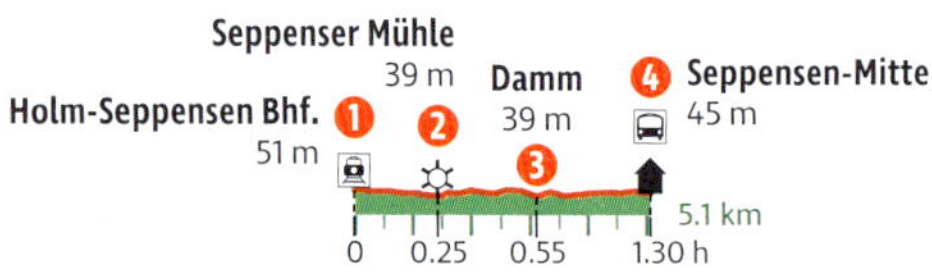

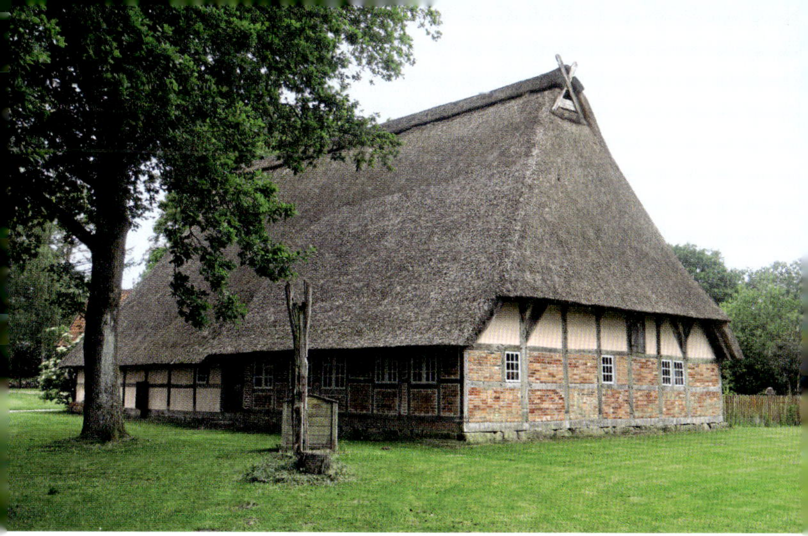

Vier Fachwerkhäuser bilden das Museumsdorf in Seppensen.

sperrten Pfad und erreichen nach 50 m den Dorfpark von Seppensen mit Bänken und einem Teich, den wir links (oder etwas kürzer rechts) umgehen. Der auf einem Stein eingravierte Name des Parks erinnert an den langjährigen Bürgermeister (1948 – 1986) von (Holm-)Seppensen, Richardt Heuer. Am westlichen Ende des Sees geradeaus und vorbei an alten Gebäuden des überschaubaren Museumsdorfs von Seppensen zur Hauptstraße mit der Bushaltestelle **Seppensen-Mitte** ❹.

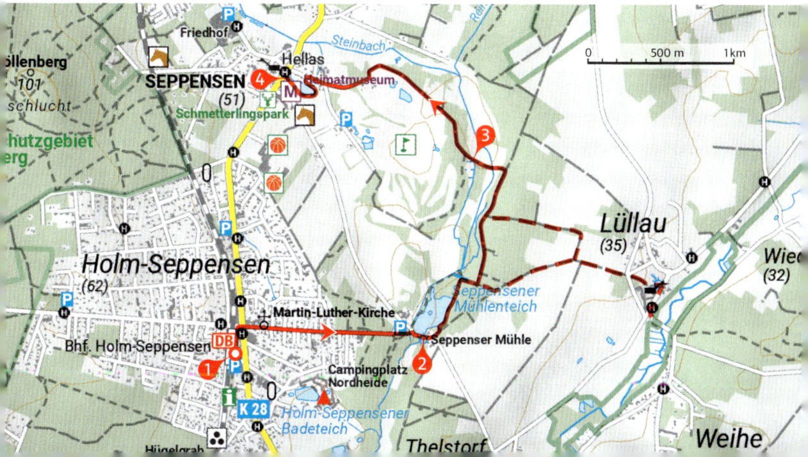

TOP

6 Handeloh – Buchholz

↗ 180 m | ↘ 160 m | 14.1 km

4.00 h

Streckenwanderung durchs Büsenbachtal und auf den Brunsberg

Diese Streckenwanderung im Norden der Lüneburger Heide berührt zwei besonders bekannte Naturschönheiten: das Büsenbachtal und den Brunsberg, beide bedeckt mit Besenheide, die vor 200 Jahren vor den intensiven Aufforstungen noch die gesamte Fläche dominierte. Die Strecke ist so beliebt, dass gleich mehrere Fernwanderwege annähernd dieselbe Trasse nutzen: der Heidschnuckenweg, der Freudenthalweg sowie der europäische Fernwanderweg E1. Auch die fünfte Etappe des Heidepuzzles verläuft hier. Abkürzungen sind möglich zu nahe liegenden Bahnhaltestellen.

Ausgangspunkt: Handeloh-Bahnhof mit Parkplatz (Navi: Bahnhofstraße 10, 21256 Handeloh).
Endpunkt: Buchholz-Bahnhof mit gebührenpflichtigem Parkhaus (1,50 € pro Tag; Navi: Rütgersstraße 33, 21244 Buchholz), optional vorher Bahnhaltestelle Suerhop mit mit freiem Parken (Navi: An der Soltauer Bahn/Suerhop, 21244 Buchholz).
ÖPNV: Am Ausgangspunkt Handeloh, dem Ziel Buchholz 6, dem Haltepunkt Suerhop 5 sowie mit Abstechern nach Holm-Seppensen und Büsenbachtal täglich stündlich Verbindungen mit der Heidebahn Richtung Buchholz und Hannover via Soltau.
Markierung: Gelber Pfeil für Heidepuzzle sowie großteils »H« für Heidschnuckenweg und »X« für E1.
Anforderungen: Leichte Wanderung überwiegend über Wege durch Wald, Feld und Heide, am Anfang und Ende auch kurzzeitig kleine Straßen.
Einkehr: Buchholz sowie bei Abstecher im Büsenbachtal Richtung Bahn Cafe/Restaurant »Der Schafstall« (täglich).
Varianten: Abkürzungen sind möglich durch andere Start-/Endpunkte. Dafür bieten sich Zubringerwege zu/von folgenden Orten an:
1. Büsenbachtal (1 km ab 3) mit Bahnhaltestelle und Einkehrgelegenheit. Schöner als der offizielle Heidschnuckenweg-Zubringer (Schotterstraße) nördlich vom Büsenbach ist der kleinere Weg südlich vom Bach.
2. Sprötze (1,8 km ab 4) mit Bahnhof über den nordwestlich vom Brunsberg verlaufenden Brunsbergweg.
Kombi-Tipp: Rundtour 4 ab/an Buchholz.
Tipp: Südlich von Handeloh vermittelt der 1,2 km lange Planetenlehrpfad des Arbeitskreises Astronomie Handeloh einen Eindruck von den Entfernungen der Himmelskörper zueinander in unserem Sonnensystem im Maßstab 1:5 Milliarden. Jeder Schritt entspricht etwa 4 Mio. km. Der Pfad beginnt beim 3 m hohen Obelisken mit der 28 cm großen Sonnenkugel, astronomie-handeloh.de.

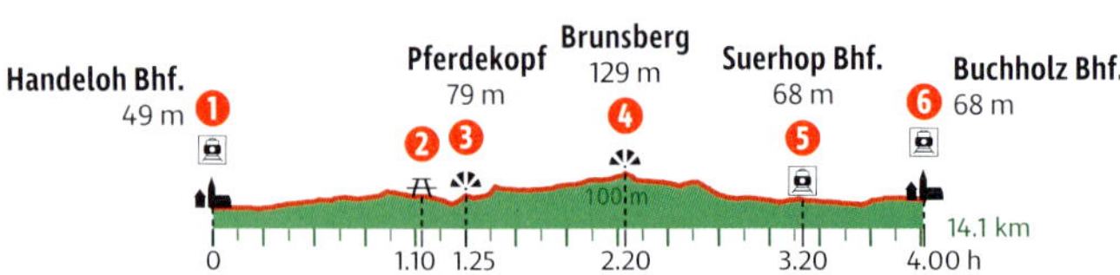

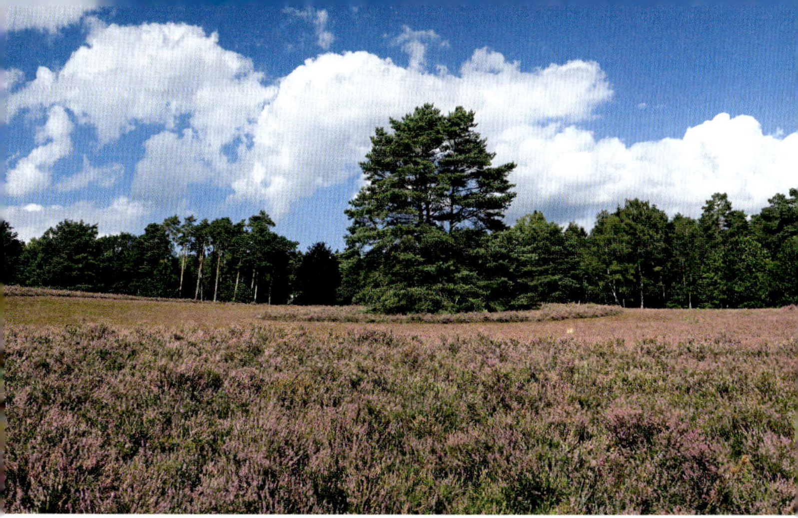

Im Spätsommer bildet die Heide einen lila Teppich im Büsenbachtal.

Vom **Bahnhof in Handeloh** ❶ gehen wir rechts vorbei an dem nett gepflegten Rondell mit Schutzhütte und Infotafel zum Heidschnuckenweg (H), queren links vom Bahnübergang die Straße und folgen dem Fußweg geradeaus zwischen der Bahnlinie (rechts) und dem Biergarten bayerischen Stils. Nach 70 m führt links ein Trampelpfad zum Parkplatz eines Supermarkts – einzige Gelegenheit dieser Tour zum Einkauf für eine Brotzeit. Nach 5 Minuten folgen wir der mit »H« markierten unbefestigten Straße (Mergelweg) in einem großem Linksbogen von der Bahnlinie weg und erreichen 5 Minuten nach der Querung der Wörmer Straße vor einem Feld eine T-Kreuzung, wo wir uns rechts halten.
Nach 0,5 km biegen wir nach einem Trafohäuschen bei einer Kreuzung am Waldrand rechts in den Wald und passieren nach 150 m zur Rechten ein umzäuntes Haus mit dem Schild »Kameloase«. Danach links auf H in den Wald. Nach 1 km leicht links und links an einem Trafohäuschen vorbei und bei der darauffolgenden spitzen Gabelung auf H etwas rechts.
Vor dem Büsenbachtal empfängt uns offene Heidelandschaft, links lädt ein **Rastplatz** ❷ mit Infotafel zur Pause ein. Wir folgen H über die Heidefläche mit schönem Blick auf das Büsenbachtal, um diesen Fernwanderweg nach 10 Minuten kurz zu verlassen, indem wir links auf dem Holzbohlenweg den Büsenbach queren und auf den **Pferdekopf** ❸, 79 m, steigen, der einen schönen Ausblick bietet. Der Abstieg erfolgt nach links wieder zusammen mit H; nach dem Eintritt in den Wald bei einer T-Kreuzung rechts, nach 400 m bei einer Gabelung neben einem Haus links (nicht H!) und schnurgerade in nördliche Richtung zusammen mit E1. Nach der Straßenquerung

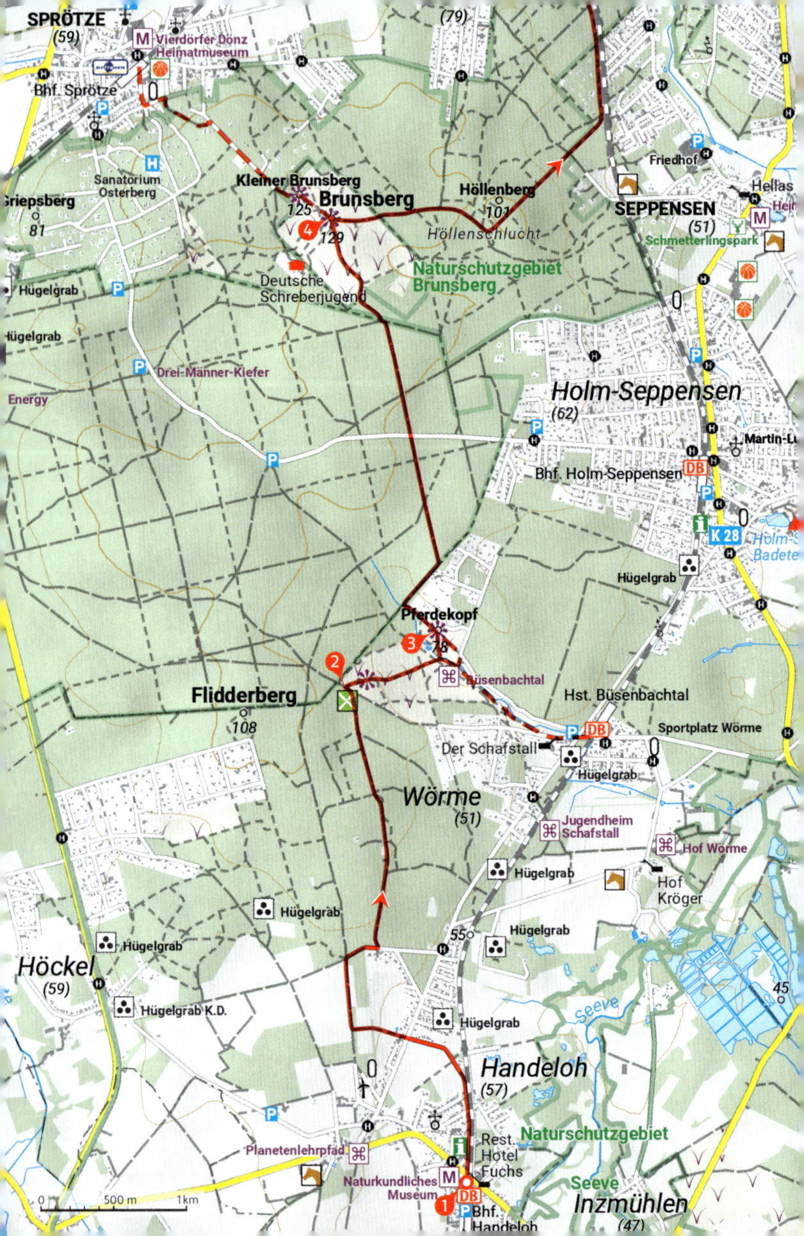
SPRÖTZE
(59)
Vierdörfer Donz Heimatmuseum
Bhf. Sprötze
Sanatorium Osterberg
Griepsberg
81
Kleiner Brunsberg
125
Brunsberg
129
Höllenberg
101
Höllenschlucht
Naturschutzgebiet Brunsberg
Deutsche Schreberjugend
Hügelgrab
Drei-Männer-Kiefer
Energy
Friedhof
Hellas
SEPPENSEN
(51)
Schmetterlingspark
Holm-Seppensen
(62)
Bhf. Holm-Seppensen
K 28
Pferdekopf
78
Büsenbachtal
Fliddersberg
108
Hst. Büsenbachtal
Sportplatz Wörme
Der Schafstall
Wörme
(51)
Jugendheim Schafstall
Hof Wörme
Hof Kröger
55
Höckel
(59)
Hügelgrab K.D.
Seeve
45
Handeloh
(57)
Planetenlehrpfad
Naturkundliches Museum
Rest. Hotel Fuchs
Naturschutzgebiet Seeve
Inzmühlen
(47)
Bhf. Handeloh
0
500 m
1 km

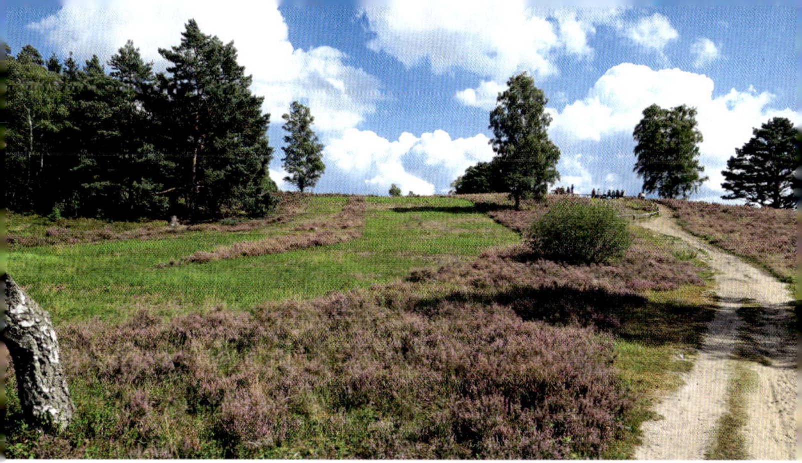

Keine technische Herausforderung ist der Abstieg vom Pferdekopf.

geradeaus auf Waldweg. Bei einer T-Kreuzung stoßen wir wieder auf H und folgen ihm nach links bzw. nach 20 m bei einem Stein mit der Aufschrift »Brunsberg« nach rechts. Wir verlassen den Wald und wandern durch offene Heidefläche leicht aufwärts über den Kamm des aussichtsreichen **Brunsbergs** 4, 129 m. Vom Brunsberg führt uns H in gut 1,5 Stunden zum Zielort Buchholz, in groben Zügen beschrieben: zunächst rechts abwärts, dann durch Wald und die Höllenschlucht, einen markanten Hohlweg. In der Schlucht H links aufwärts (Buchholz 4,8 km) und in nordwestliche Richtung durch Wald, ehe wir kurz vor der Bahnlinie nach links schwenken und dem schmalen Waldweg parallel zu den Gleisen zur **Bahnhaltestelle Suerhop** 5 folgen. Nach dem Queren der Bahngleise folgen wir dem Fuß-/Radweg links, der in großem Bogen rechts neben den Gleisen der Heidebahn verläuft, zu einem Park. Immer geradeaus; links am Stadtteich vorbei und weiter auf der Breslauer Straße durch ein Wohngebiet. Bei einer T-Kreuzung hinter dem zu einem Wohnkomplex umfunktionierten denkmalgeschützten Ringlokschuppen halten wir uns links und erreichen den **Bahnhof von Buchholz** 6.

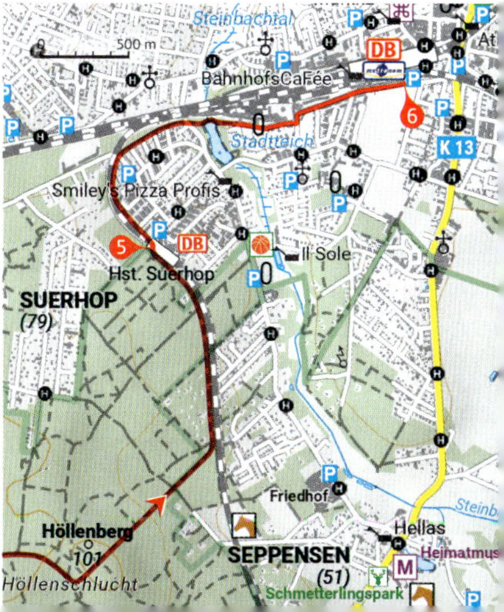

↗ 140 m | ↘ 140 m | 16.3 km

7 Von Hanstedt nach Handeloh

4.30 h

Streckenwanderung durch Heidedörfer, Wald und Heide

Diese vierte Etappe des Fernwegs Heidepuzzle führt nach dem Verlassen des Heidedorfs Hanstedt abwechselnd durch Wald und Heide. Höhepunkt ist ein Kammweg über die Weseler Heide. Nach dem Pastorenteich geht es durch Wesel mit dem Hexentanzhaus. Ziel ist das Heidedorf Handeloh mit seinen Fachwerkhäusern und dem Planetenlehrpfad.

Ausgangspunkt: Hanstedt mit Parkgelegenheit gegenüber dem Kaufhaus Dittmer oder kleiner Parkplatz vor der Bücherei oberhalb von Edeka (Navi: Am Steinberg 2, 21271 Hanstedt).
Endpunkt: Handeloh-Bahnhof mit Parkplatz (Navi: Bahnhofstraße 10, 21256 Handeloh).
ÖPNV: Von Handeloh nach Hanstedt gibt es mehrmals täglich Verbindungen mit Umstieg in Holm-Seppensen, das genauso wie Handeloh stündlich bedient wird. Von dort mit Bus 4631 mehrmals täglich nach Hanstedt, tw. auch mit Umsteigen in Egestorf, hvv.de. In der Sommersaison (15.7. – 15.10.) werden Hanstedt ❶ und Wesel ❺ mit dem Ringbus Heide-Shuttle 3 mehrmals täglich von/nach Buchholz bedient, heide-shuttle.de.
Anforderungen: Leichte Wanderung überwiegend über Waldwege, bei Heideflächen über etwas sandige Wege.
Markierung: Heidepuzzle (HP) sowie stellenweise Jacobusweg (Muschel) und Heidschnuckenweg (H).
Einkehr: Wesel, Hofcafé Cassenshof in Inzmühlen (Mi. – So.), Handeloh.
Kombi-Tipp: Kombinierbar mit Heidepuzzle 3 (Tour 8) sowie Rundwanderung 9, ggf. in anderer Richtung.
Tipps: Freitagnachmittags Wochenmarkt in Hanstedt mit regionalen Produkten auf dem Dorfplatz am alten Geidenhof neben dem Ausgangspunkt. In Handeloh Planetenlehrpfad (→ Tour 6).

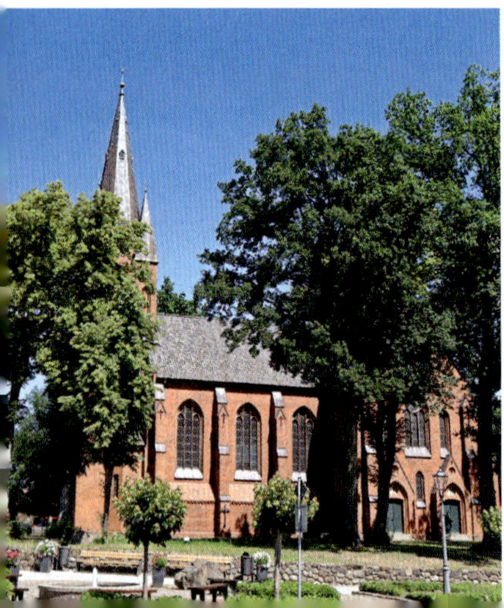

Hanstedt ❶ verlassen wir westwärts auf der Straße Am Steinberg, die 1882 errichtete neugotische St.-Jakobi-Kirche im Rücken mit der Bronzeplastik »Riese Bruns« (Info → Tour 8). Wir folgen dieser Straße zusammen mit den Jacobusweg-Markierungen geradeaus (später Henry-Gundlach-Weg) aus dem Ort hinaus. Bei der Kreuzung am Waldrand rechts vom Gästehaus Augustenhöh gehen wir rechts und sofort links in den Wald Richtung Wesel (JW, H, gelber Pfeil).

Links: Der hohe Turm der Handeloher St.-Jakobi-Kirche ist von Weitem sichtbar. Rechts: Schnuckenstall in der Weseler Heide.

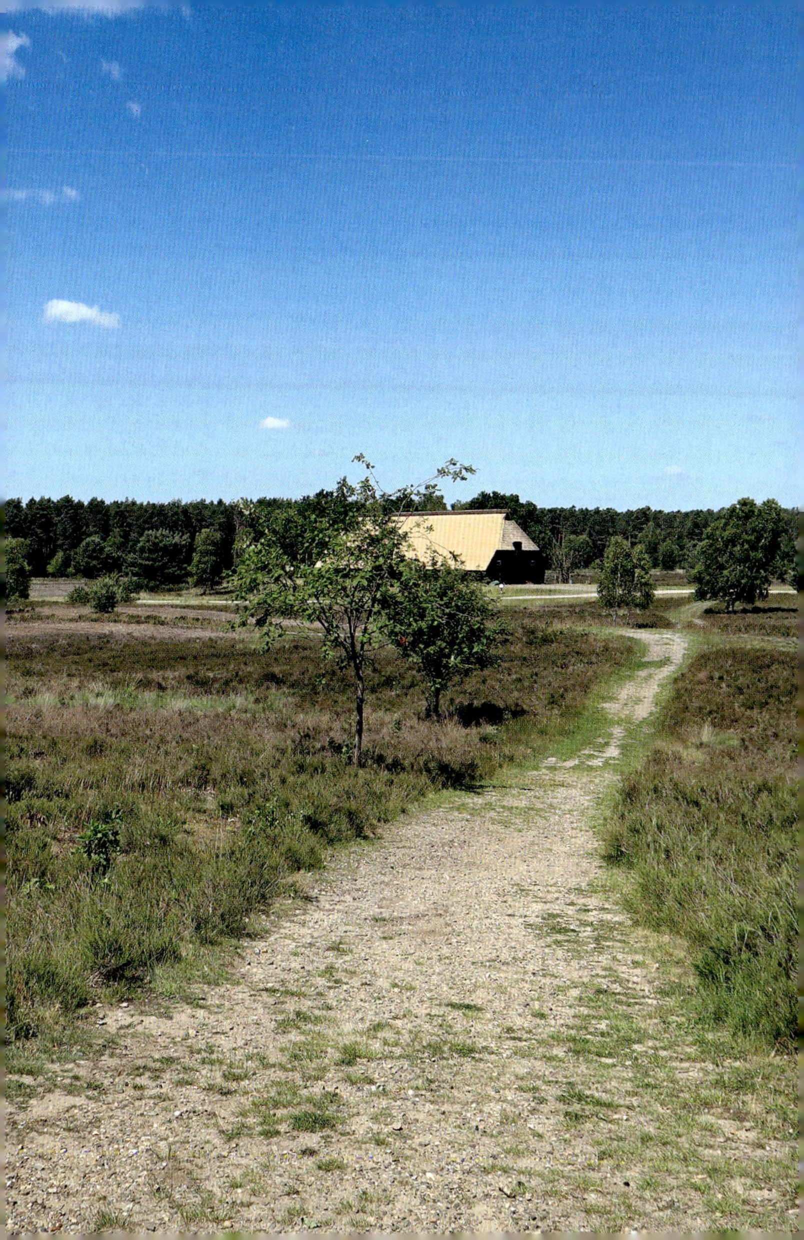

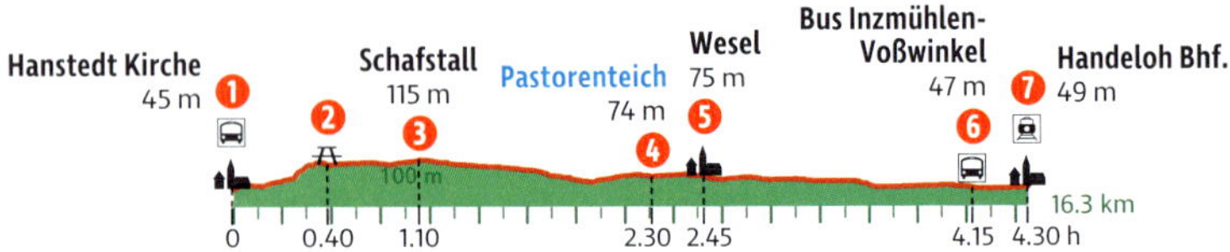

Bei einer Wiese mit **Picknicktischen** ❷ halb rechts zum Schotterweg und auf diesem nach links (gelber Pfeil). Nach 250 m nehmen wir bei einer Kreuzung von Forstwegen den Pfad nach rechts Richtung Geidensteig, immer noch entlang des Jacobuswegs (gelber Pfeil). Vor einer großen Heidefläche und Schutzhütte biegen wir bei einer T-Kreuzung nach links (gelber Pfeil) und nach 250 m bei einer T-Kreuzung nach rechts Richtung Wesel, angegeben sind 5,5 km (gelber Pfeil). Bei einem alten **Schafstall** ❸ laden Picknicktische zur Rast ein oder bei Regen 100 m weiter eine Schutzhütte am Waldrand. Bei einer Kreuzung folgen wir dem gelben Pfeil geradeaus nach Wesel (3,8 km) und nehmen vor dem nächsten Schafstall den Pfad nach links über die Heide. Gelbe Pfeile weisen den Weg.

Bei einer Gabelung mündet von rechts der Heidschnuckenweg (H) ein; geradeaus Richtung Pastorenteich (H) und bei der folgenden T-Kreuzung rechts Richtung Pastorenteich (0,2 km), während H nach links weiterführt. Kurz darauf passieren wir den **Pastorenteich** ❹, dessen Ruhe Pastor Bode oft zur Vorbereitung seiner Predigten genutzt haben soll. Schließlich führt uns die Straße Höllenhoff nach **Wesel** ❺ mit dem Weseler Hexenhaus zur Rechten. Das im 18. Jh. zunächst als Back-/Rauchhaus erbaute Fachwerk-

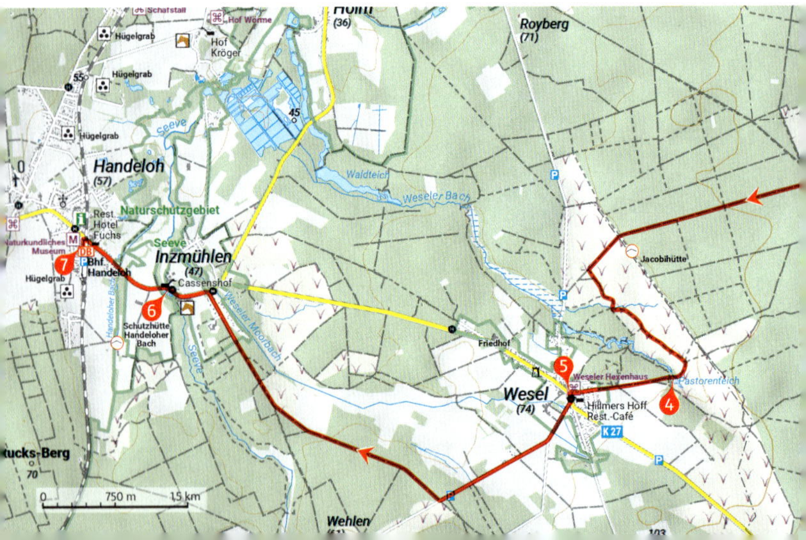

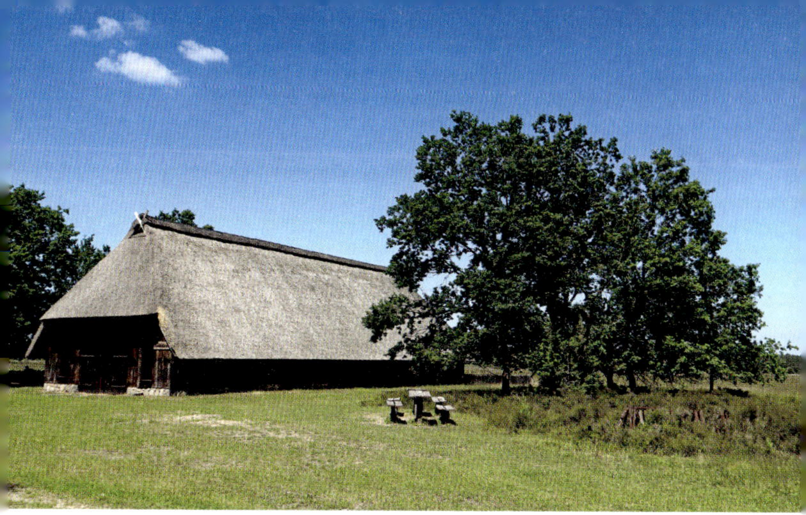

Am Schnuckenstall kurz hinter Hanstedt lädt ein Rastplatz zur Pause ein.

gebäude verdankt seinen Namen der verwinkelten Bauweise, die an ein Hexenhaus erinnert. Heute ist das am Höllenhoff gelegene Hexenhaus Hochzeitstätte der Gemeinde Hanstedt.

In der Dorfmitte mit rechts einem Spielplatz mit Picknicktisch der Hauptstraße 50 m nach links folgen, vorbei an einer Bushaltestelle, dann rechts

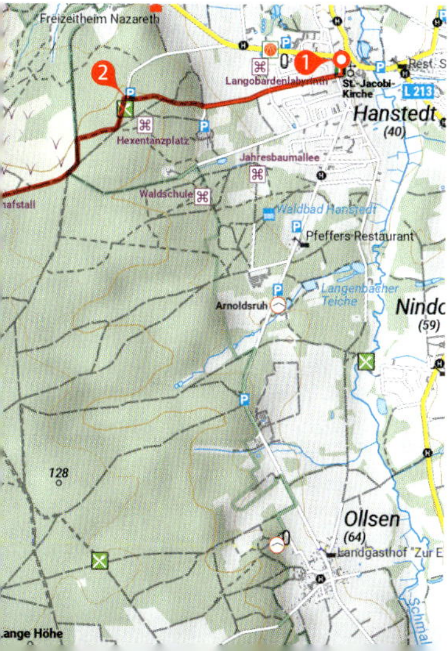

in Straße Richtung Wehlen (H). Nach 1,7 km führt uns H rechts in den Wald und verabschiedet sich nach 1,5 km nach links, während wir dem Wegweiser »Heidepuzzle« Richtung Inzmühlener Heide (0,4 km) und Handeloh (3,2 km) geradeaus am Waldrand folgen und uns bei der folgenden T-Kreuzung rechts halten. Der Weg führt nach rund 15 Minuten an die Landstraße heran, der wir links nach Handeloh folgen, vorbei an der **Bushaltestelle Inzmühlen-Voßwinkel** 6 mit dahinter dem Bio-Geflügelhof Cassens und rechts einem Hofladen mit -café. Nach Querung der Seeve erreichen wir **Handeloh** mit links dem **Bahnhof** 7, zur Ortsmitte geht es geradeaus.

↗ 100 m | ↘ 160 m | 13.0 km

8 Von Egestorf nach Hanstedt

3.30 h

Streckenwanderung durch das Flusstal der Schmalen Aue

Die dritte Etappe des Fernweges Heidepuzzle beginnt in Egestorf, einem beliebten Ausgangspunkt für Touren in die Lüneburger Heide. Die Schmale Aue bietet ein Flusstal – das tiefste Tal der Lüneburger Heide – mit naturnahen Wiesen sowie schönen Pfaden am Bach entlang. Das klare Wasser dieses Heidebaches ist Heimat seltener Arten wie des Quellmooses, des weiß blühenden Wasserhahnenfußes sowie des seltenen Knochenfischs Bachneunauge. Einsame Dörfer, Heide sowie die idyllischen Langenbacher Teiche runden die Tour ab.

Ausgangspunkt: Egestorf-Kirche mit Bushaltestelle und Parkgelegenheit Gemeindehaus (Navi: Sudermühler Weg 1, 21272 Egestorf).
Endpunkt: Ortsmitte von Hanstedt, bei der Kirche mit Bushaltestelle und Parkgelegenheit: gegenüber dem Kaufhaus Dittmer oder kleiner Parkplatz vor der Bücherei oberhalb von Edeka (Navi: Am Steinberg 2, 21271 Hanstedt).
ÖPNV: In der Sommersaison (15.7. – 15.10.) verkehren Heide-Shuttle-Ringbusse mehrmals täglich (Linie 3 von/nach Buchholz, Linie 2 von/nach Tostedt) und bedienen mehrere Haltestellen entlang der Tour: die Start- und Endpunkte Egestorf (Linien 2, 3) und Hanstedt (3) sowie entlang der Strecke Sahrendorf (Zur Sudermühle: 2, 3) und Nindorf (Rotdornstraße-Nord: 3), heide-shuttle.de. Ansonsten Linie 4207 mehrmals täglich von Hanstedt nach Egestorf über Ollsen, hvv.de.
Anforderungen: Leichte Wanderung über Pfade sowie Feld-, Schotterwege und kleine Straßen.
Markierung: Heidepuzzle (HP) mit entsprechenden Wegweisern sowie stellenweise gelber Pfeil.
Einkehr: Sudermühle (täglich ab 12 Uhr), Sahrendorf (Di. Ruhetag, Oktober bis Ostern erst ab 17 Uhr geöffnet), Ollsen (Mi., Do., Fr. ab 17 Uhr, Sa./So. ab 10 Uhr).
Varianten: 1. Kleine Abkürzung möglich kurz vor dem Ziel (0,8 km weniger): 200 m nach dem Picknickplatz an der Schmalen Aue ❺ rechts und dem Weg Ollsener Heide nordwärts folgen, sodass die Route kurz nach den Langebacher Teichen ❻ wieder erreicht wird.
2. Außerdem vorzeitiges Aussteigen aus der Tour möglich, etwa nach 7,4 km bei der Bushaltestelle Ponyhof in Ollsen ❹.
Kombi-Tipp: Heidepuzzle 2 und 4 (Touren 11 und 7).
Tipp: Barfußpark bei Egestorf mit mehr als 60 Stationen, barfusspark-egestorf.de.

Die Tour beginnt südlich der Kirche in **Egestorf** ❶ am Platz mit dem Pastor-Bode-Denkmal. Wilhelm Bode, einer der Initiatoren des Naturschutzparks Heide, wirkte 37 Jahre in der Kirche als Pastor. Von der Kirche auf westwärts führenden Sudermühler Weg und bei der Gabelung nach 0,3 km rechts Richtung Sudermühlen, während der Heidschnucken- und Jacobusweg nach links führen. 50 m nach Beginn des Waldes macht der Weg beim Parkplatz einen Schlenker nach rechts über eine Heidefläche, um nach 0,5 km wieder zum Sudermühler Weg zu führen, dem wir rechts weiter westwärts

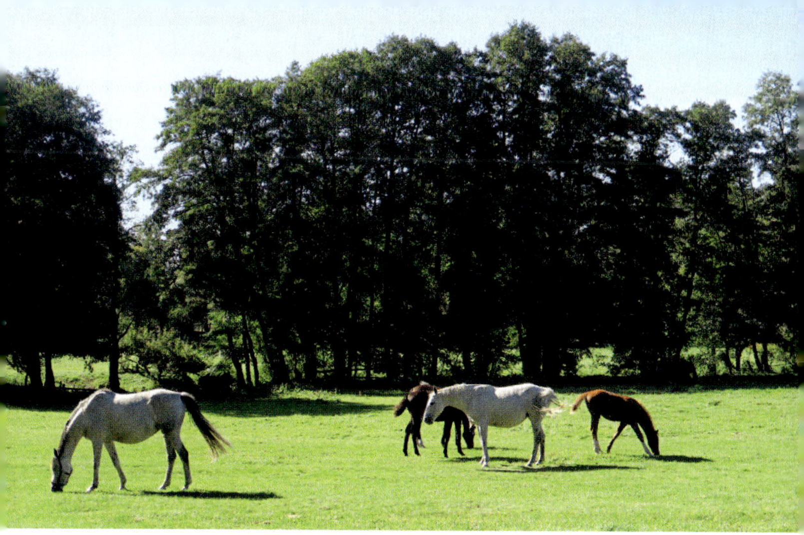

Pferde genießen das frische Gras im Flusstal der Schmalen Aue.

folgen. Rechts führen Wege zum 500 m entfernten Barfußpark, einem 1926 vom Freikörperkultur-Fan Rober Lauer gegründeten Sonnenbad mit dem damaligen Namen »Jungborn Sonnenland«, das seinerzeit FKK-Anhänger nach Egestorf lockte und damit hier den ersten Tourismusboom auslöste. Am **Hof Sudermühle** ❷, seit dem 14. Jh. mit Wassermühle und 1947 mit Hotelbetrieb, erreichen wir die Schmale Aue (Infotafel) und queren diesen typischen Heidebach mit seinem klaren Wasser auf der Asphaltstraße. Nach 150 m vor einer Kreuzung rechts auf Pfad Richtung Sahrendorf (gelber Pfeil), bei den folgenden beiden T-Kreuzungen rechts und nach der weiteren Querung der Schmalen Aue in **Sahrendorf** ❸ vorbei an Bushaltestelle Zur Sudermühle und dahinter Studtmanns Gasthof. Beim Gasthof folgen wir links der Straße Richtung Hanstedt und verlassen diese nach 200 m vor einer Scheune auf dem nach links abzweigenden Grasweg (Schild »Wanderweg Schätzendorf«). Diesem mit gelbem Pfeil markierten Pfad über Weiden durch das Bachtal folgen. Bei einer T-Kreuzung mit Holzzäunen und Stall rechts und nach 50 m an einer Gabelung links Richtung Schätzendorf.

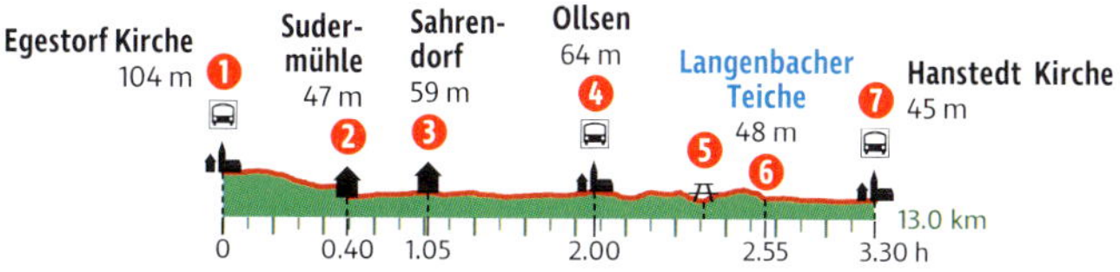

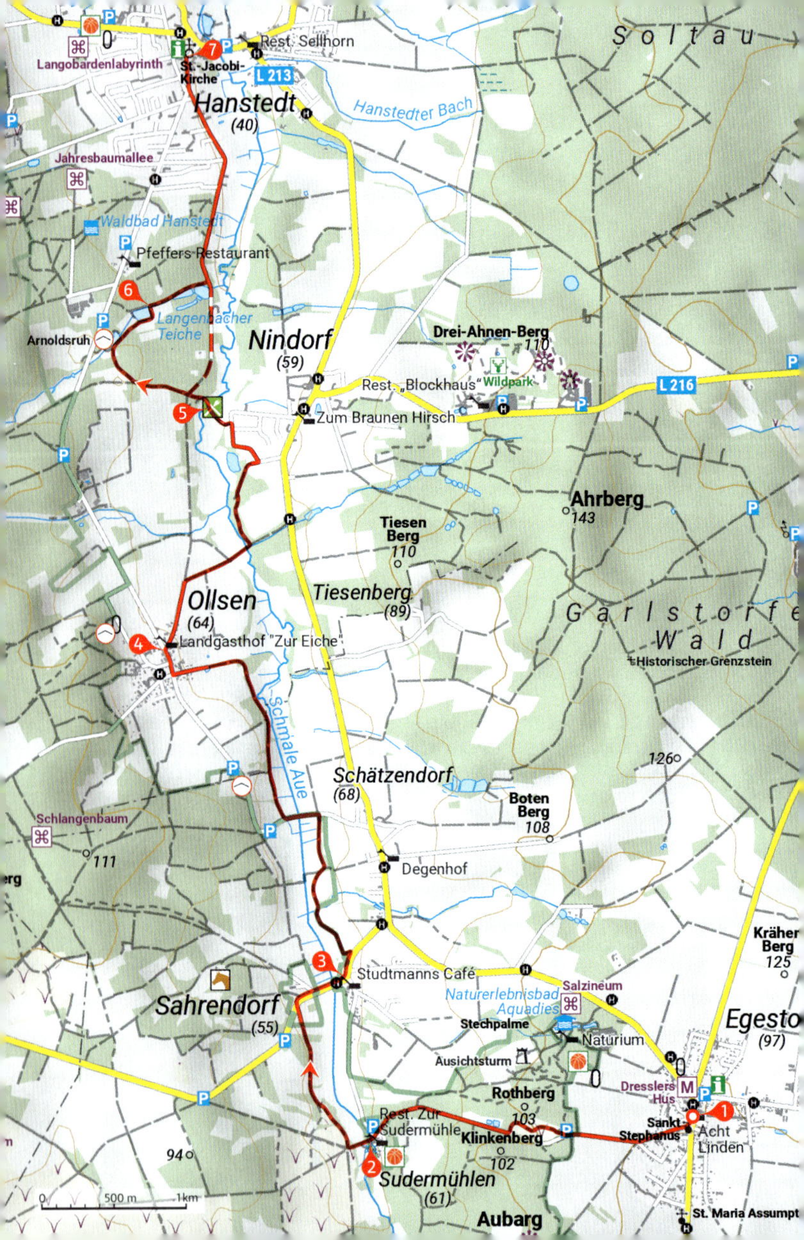

Soltau
Langobardenlabyrinth
St.-Jacobi-Kirche
Rest. Sellhorn
L 213
Hanstedt
(40)
Hanstedter Bach
Jahresbaumallee
Waldbad Hanstedt
Pfeffers-Restaurant
Langenbacher Teiche
Arnoldsruh
Nindorf
(59)
Drei-Ahnen-Berg
110
Wildpark
Rest. „Blockhaus“
L 216
Zum Braunen Hirsch
Ahrberg
143
Tiesen Berg
110
Tiesenberg
(89)
Ollsen
(64)
Landgasthof "Zur Eiche"
Garlstorfer Wald
Historischer Grenzstein
Schmale Aue
126
Schätzendorf
(68)
Boten Berg
108
Schlangenbaum
111
Degenhof
Kräher Berg
125
Studtmanns Café
Sahrendorf
(55)
Naturerlebnisbad Aquadies
Salzineum
Stechpalme
Naturium
Egesto
(97)
Ausichtsturm
Rothberg
Dresslers Hus
Rest. Zur Sudermühle
103
Klinkenberg
Sankt Stephanus
Acht Linden
94
102
Sudermühlen
(61)
Aubarg
St. Maria Assumpt
0
500 m
1km

Am Ortsrand von Schätzendorf links in die Straße Richtung Ollsen, nach 200 m rechts auf den Feldweg (»Auetalweg Hanstedt«) und weiter neben der Schmalen Aue in den nächsten Ort – **Ollsen** ❹, dort auf Hauptstraße (Am Naturschutzpark) rechts Richtung Hanstedt und vor einem Rastplatz mit Brunnen und dahinter dem Gasthof Eiche rechts in Straße Tümmersfeld. Ollsen ist bekannt für seine frühere ergiebige Wirtschaft mit Rieselfeldern, wobei die Wiesen mit aufgestautem Wasser bewässert wurden. Dank dieses ausgeklügelten Systems und zahlreicher Wiesen konnten die Ollsener Bauern besonders viele Rinder halten und hatten folglich mehr Milch und Butter, plattdeutsch »Bodder«, weshalb der Ort bald als »Bodder-Ollsen« oder »Bodderholland« bezeichnet wurde, wie es manche Ortsschilder verkünden.

Wir halten uns nach 0,5 km bei einer Gabelung mit Birke rechts Richtung Rundweg Schmale Aue und ignorieren weitere Abzweigungen. Nach Querung des Baches nach links Richtung Nindorf und Rundweg an der Schmalen Aue entlang (gelber Pfeil), wo Picknicktische zur Rast einladen. Am Anfang von Nindorf biegen wir links in die Straße Richtung Rundweg Schmale Aue (Im Auetal, gelber Pfeil) und nach 5 Gehminuten hinter dem Friedhof und Haus Nr. 34 links in den Weg Richtung Hanstedt (Aueweg, gelber Pfeil). Gleich nach einem **Picknickplatz** ❺ queren wir erneut die Schmale Aue und kurz bei einer Kreuzung einen Schotterweg, um den Weg geradeaus Richtung Undeloh fortzusetzen, während der Auetal-Rundweg nach links abzweigt. Bei einer Gabelung rechts am Waldrand mit Hindernissen für Vielseitigkeitsreiterei (gelber Pfeil) und nach einem Waldstück auf Pfad geradeaus über die Wiese zu einem Teich. Vor dem Teich halten

Die Langenbacher Teiche entstanden durch die Stauung des Langenbachs.

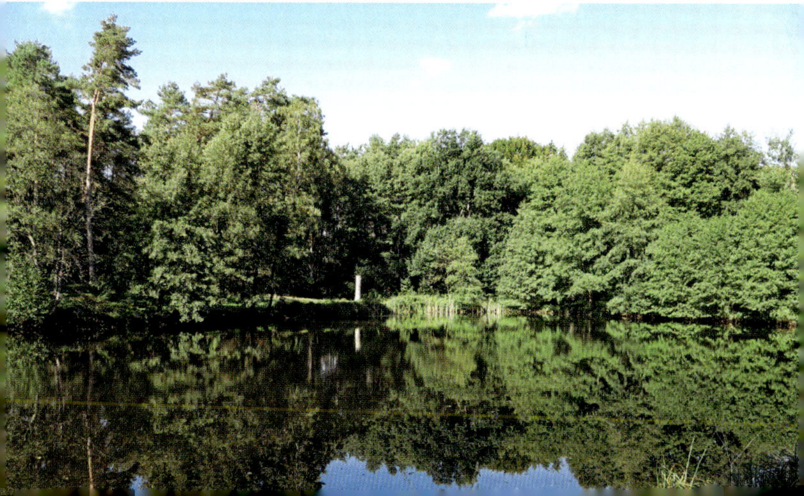

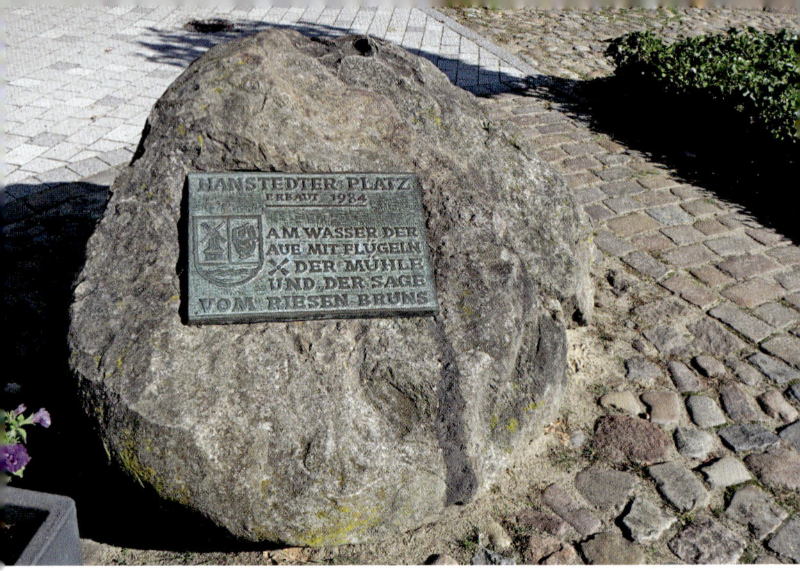

Am Hanstedter Platz erinnert dieser Stein an die Sage vom Riesen Bruns.

wir uns rechts – es sei denn, Sie möchten den Teich mit einem Picknicktisch auf der anderen Seite links umgehen. Dem Pfad geradeaus folgen, rechts an den **Langenbacher Teichen** ❻ vorbei, angelegt durch die Stauung des Langenbaches. Bei einer T-Kreuzung am Waldrand hinter einem weiteren Teich nach rechts und bei der folgenden T-Kreuzung auf dem Schotterweg nach links (immer gelber Pfeil).

In **Hanstedt** angekommen biegen wir an einer Kreuzung rechts in die Rathausstraße, die uns nach 200 m in die Ortsmitte mit der 1882 errichteten St.-Jakobi-Kirche führt, deren 36 m hoher Kirchturm schon von Weitem sichtbar ist. Neben der Kirche befinden sich die **Bushaltestelle Hanstedt Kirche** ❼ und die 3 m hohe Bronzeplastik des Riesen Bruns von Max Schegulla von 1983. Der Sage nach wollte der Riese Bruns einen Felsbrocken vom Nindorfer Brunsberg auf Hanstedt schleudern, weil seine Tochter sich aus Kummer darüber das Leben genommen hatte, dass die Hanstedter sich statt der alten (heidnischen) Bräuche der christlichen Kirche zuwandten. Symbolisiert wird das durch das Fällen einer den heidnischen Göttern geweihten Eiche, deren Holz für den Bau des Glockenturms verwendet worden sein soll. Zum Glück riss der Sage nach die Schnur der Schleuder und der Stein rollte den Berg hinab. Der Riese soll später mit seiner Frau von Bischof Ansgar bekehrt und in der Schmalen Aue getauft worden sein. Der Riese Bruns und die Schmale Aue zieren zusammen mit der alten Mühle das Hanstedter Stadtwappen.

↗ 110 m | ↘ 110 m | 13.8 km

TOP

3.30 h

Radenbachtal und Schmale Aue

9

Rundwanderung ab Undeloh durch Bachtäler

Auf dem Heidschnuckenweg geht es zunächst durch das urige Radenbachtal, ehe nach einem Schwenk vor Sudermühlen das Tal der Schmalen Aue erreicht wird, eines Zuflusses der Seeve. Flussabwärts führt der Weg auf beiden Seiten durch die Auenlandschaft. Kurz hinter Ollsen wandern wir durch Wald und umgehen dabei den 100 Meter hohen Rahlberg, ehe wir wieder Undeloh erreichten.

Ausgangspunkt: Parkplatz Undeloh gegenüber dem Heide-ErlebnisZentrum (Parkgebühr 3 € pro Tag; Navi: Wilseder Str. 24, 21274 Undeloh).
ÖPNV: In der Sommersaison (15.7. – 15.10.) verkehren Heide-Shuttle-Ringbusse mehrmals täglich (Linie 3 von/nach Buchholz, Linie 2 von/nach Tostedt) und bedienen mehrere Haltestellen entlang der Tour: Undeloh-Osterdieckfeld sowie unterwegs Sahrendorf (Zur Sudermühle), heide-shuttle.de. Ansonsten wenige Male am Tag Buslinien 4611 und 4631, hvv.de.
Anforderungen: Leichte Wanderung über Wege durch Wald, Wiesen und Heide, am Schluss Forstweg, in Orten kleine asphaltierte Straßen.
Markierung: Gelber Pfeil sowie stellenweise Heidepuzzle (HP), Heidschnuckenweg (H), KulturFindlinge (KF).
Einkehr: Undeloh, Sudermühle (täglich ab 12 Uhr), Sahrendorf (Di. Ruhetag) und Ollsen (Mi., Do., Fr. ab 17 Uhr, Sa./So. ab 10 Uhr).
Kombi-Tipp: Heidepuzzle 3 (Tour 8) sowie Heidelehrpfad Undeloh (Tour 21).
Tipp: Heide-ErlebnisZentrum am Ausgangspunkt in Undeloh, heide-erlebniszentrum.de.

Einladend führt dieser Weg von Undeloh in das Radenbachtal.

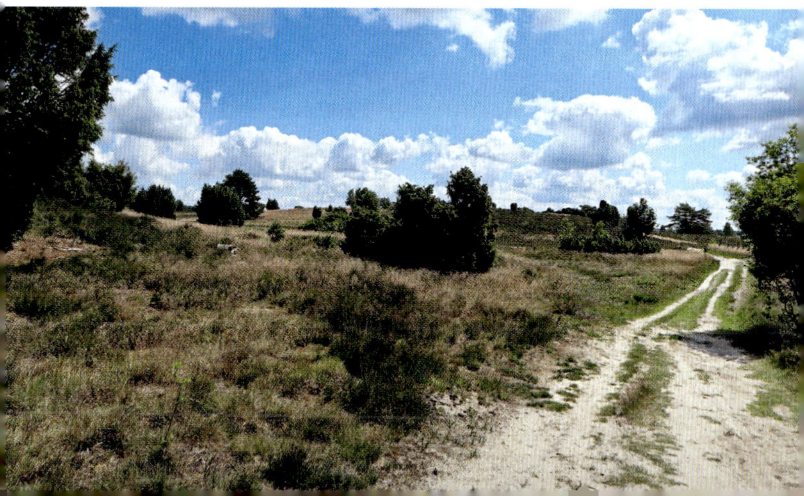

Vom Parkplatz **Undeloh** ❶ queren wir die Straße und gehen rechts am Heide-ErlebnisZentrum vorbei, um nach der Querung des Radenbaches und einer Linkskurve dem Pfad mit dem Heidschnuckenweg kurz durch lichten Wald und anschließend links vom Radenbach über Heidefläche zu folgen. Nach 2,5 km bei der **Kreuzung im Radenbachtal** ❷ auf Sandweg nach links Richtung Sudermühle (2,2 km), während der Heidschnuckenweg nach rechts führt. Gelbe Pfeile sowie Schilder zur Fernroute »Kultur Findlinge« weisen den Weg. Am Waldrand nehmen wir den rechts abzweigenden Pfad Richtung Sudermühlen (gelber Pfeil) und nach 0,5 km bei einer T-Kreuzung mit Bank vor Heide den Sandweg nach rechts Richtung Sudermühlen.

Wir erreichen einen gepflasterten Weg und gehen an dieser **Kreuzung bei der Sudermühle** ❸ geradeaus Richtung Sahrendorf (1,4 km). Bei den folgenden beiden T-Kreuzungen halten wir uns rechts und passieren nach der weiteren Querung der Schmalen Aue in **Sahrendorf** ❹ die Bushaltestelle Zur Sudermühle und dahinter Studtmanns Gasthof. Dort links auf Straße Richtung Hanstedt und diese nach 200 m vor einer Scheune verlassen auf dem nach links abzweigenden Grasweg (Schild »Wanderweg Schätzendorf«). Diesem mit einem gelben Pfeil markierten Pfad folgen wir über Weiden durch das Bachtal. Bei einer T-Kreuzung mit Holzzäunen und Stall rechts und nach 50 m an einer Gabelung links Richtung Schätzendorf.

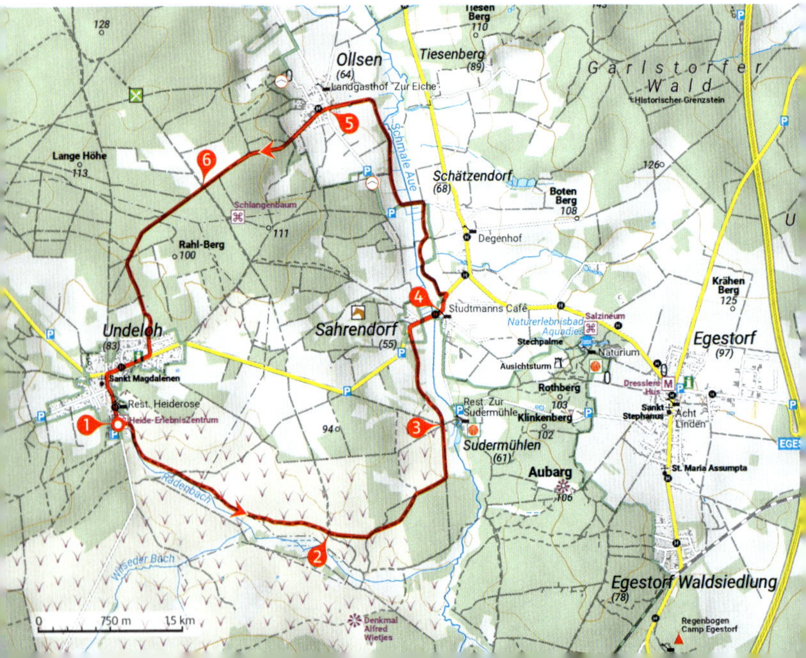

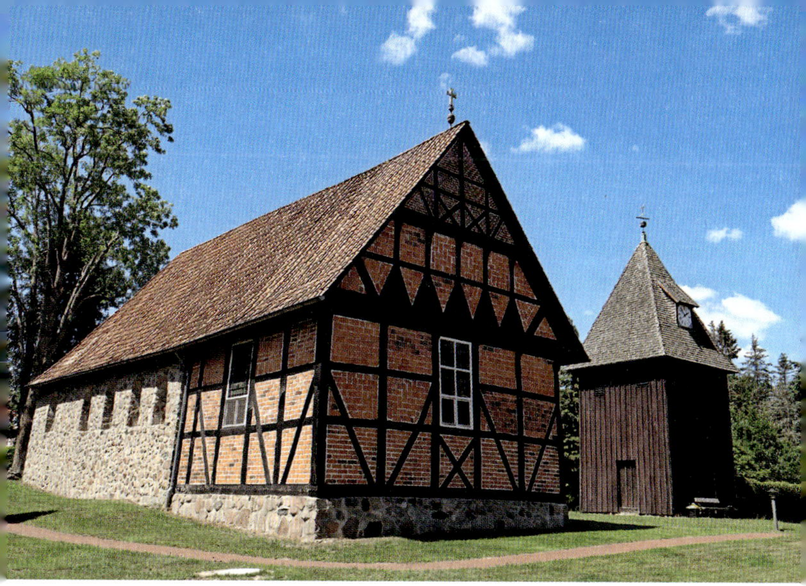

Die St.-Magdalenenkirche von 1190 ist das älteste Gebäude in Undeloh.

Am Ortsrand von Schätzendorf biegen wir links in die Straße Richtung Ollsen ab und verlassen diese nach 200 m rechts auf dem Auetalweg Hanstedt. Dieser Feldweg führt uns links von der Schmalen Aue nach Ollsen (Info → Tour 8). Bei der Kreuzung in **Ollsen** 5 folgen wir der Straße (Forstweg) geradeaus Richtung Friedhof aus dem Ort hinaus und danach geradeaus dem Forstweg (gelber Pfeil). 1 km später, nach einer **Schutzhütte** 6 links auf Pfad in den Wald und weiter auf dem mit einem gelben Pfeil markierten Weg, ohne Abzweigungen zu beachten. Bis zu einer Kreuzung von Pfaden am Waldrand, wo wir den zweiten Pfad links einschlagen und weiter dem gelben Pfeil folgen.
In Undeloh auf der Hauptstraße (Zur Dorfeiche) links in die Ortsmitte, vorbei an der Bushaltestelle Osterdiecksfeld, wo wir vor der Kirche links in die Wilseder Straße biegen, die uns wieder zurück zum Ausgangspunkt am Südrand von **Undeloh** 1 führt.

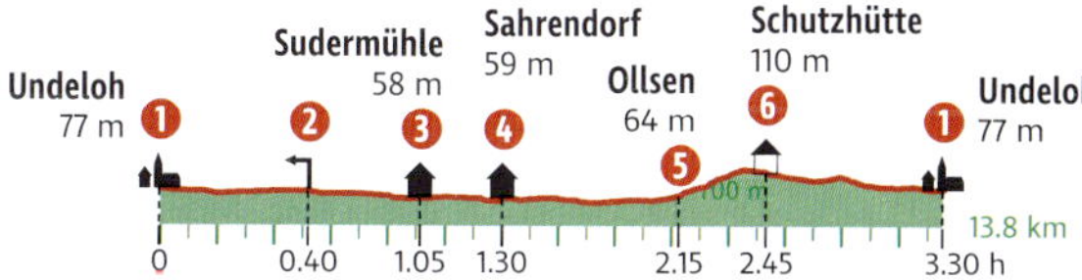

↗ 60 m | ↘ 60 m | 9.3 km

10 Heidschnuckenweg, Handeloher Bach und Seeve

2.30 h

Rundwanderung bei Handeloh

Das Heidedorf Handeloh mit Fachwerkhäusern ist neben seinem Planetenlehrpfad bekannt für den Waldreichtum der Region. Früher lebte die Gemeinde in der Nähe zweier Flüsse vom Holzumschlag, worauf heute noch das Stadtwappen hinweist mit einem Wagenrad und einer Kiefer sowie einem Wellenbalken für die Flüsse Este und Seeve. In dieser Tradition steht diese Wanderung: durch viel Wald und auf dem Heidschnuckenweg durch das Seevetal.

Ausgangspunkt: Handeloh-Bahnhof mit Parkplatz (Navi: Bahnhofstraße 10, 21256 Handeloh).
ÖPNV: Bahnhof Handeloh mit stündlichen Regionalbahnverbindungen Richtung Buchholz und Hannover über Soltau. In der Sommersaison (15.7. – 15.10.) fährt der Ringbus Heide-Shuttle 2 mehrmals täglich von Tostedt nach Handeloh, heide-shuttle.de.
Anforderungen: Leichte Wanderung durch Wald- und Feldlandschaft, auf kleinem Pfad im Bachtal, Radweg bei Inzmühlen und kleinen Straßen im Ort.
Einkehr: Handeloh, Hofladen-Café des Cassenshofs (Mi. – So. geöffnet), cassenshof.de.
Varianten: 1. Verlängerung mit dem Seeveteich (2,2 km länger): Ab der Seevebrücke ❸ dem Weg rechts neben der Seeve folgen, nach 1 km links zwischen Teichen und über Seeve, kurz darauf links auf Forstweg nordwärts und wieder zur Route.
2. Abkürzung (um 1 km): Die Schleife am Schluss lässt sich vermeiden, indem man ab Handeloher Bach dem Radweg und Freudenthalweg entlang der Hauptstraße nach Handeloh folgt.
Kombi-Tipp: Tour 7, in anderer Richtung.
Tipp: Planetenlehrpfad südlich von Handeloh (→ Tour 6).

Über diese Holzbrücke hinter Handeloh führt auch der Heidschnuckenweg.

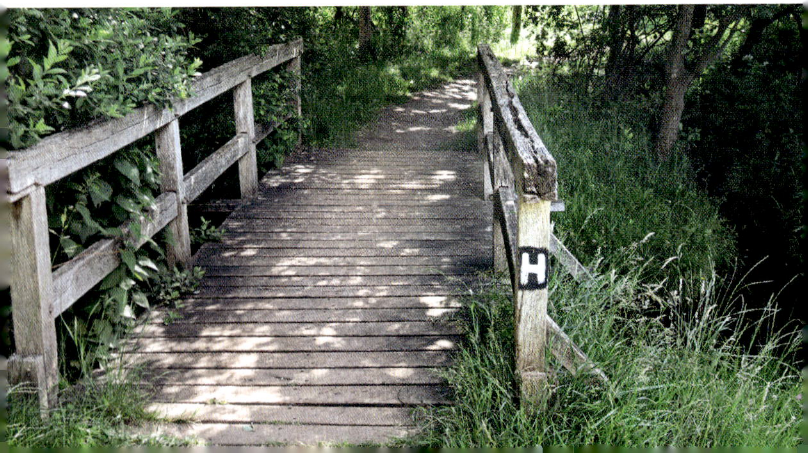

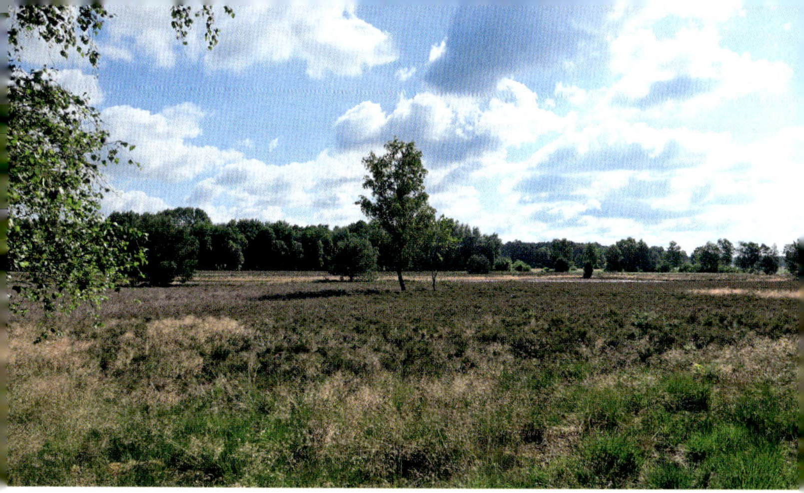

Zwischen der Seeve und dem Weseler Moorbach liegt die Inzmühlener Heide.

Die Tour beginnt am **Bahnhof Handeloh ❶** südlich der Ortsmitte. Wir wechseln auf die östliche Bahnseite und biegen hinter dem Bahnübergang rechts in den Hubertusweg, zunächst entlang des Heidschnucken- und Freudenthalwegs (sowie E1) in südlicher Richtung entlang der Bahngleise. 200 m nach einer Linkskurve folgen wir am Ende eines Feldes dem Spurweg nach links und queren kurz darauf bei einem Picknicktisch den Handeloher Bach. Weiter auf Pfad links vom Bach, vorbei an einer **Schutzhütte ❷**. Links ist in der Ferne das moderne Stallgebäude einer großen (Bio-)Hühnerfarm erkennbar. Bei der Kreuzung mit einem Trafo-Kasten auf Heidschnuckenweg geradeaus (Undeloh 15 km), ebenso bei der folgenden Kreuzung mit Picknicktisch (Undeloh 14,5 km). Nach einer Rechtskurve geht es kurz am Waldrand entlang, ehe wir in den Wald des Seevetals eintauchen und dort den Markierungen »H« folgen.

Nach einer Schutzhütte links auf **Brücke ❸**, über die **Seeve** und weiter auf einem Holzbohlenweg. Bei einer Bank links auf breiteren (Forst-)Weg – noch 0,5 km entlang des Heidschnuckenwegs, der sich schließlich nach rechts verabschiedet, während wir auf dem Forstweg (später Wehlener Weg) bis zu einer größeren Straße (Im Seevegrund) bleiben. Dem Radweg

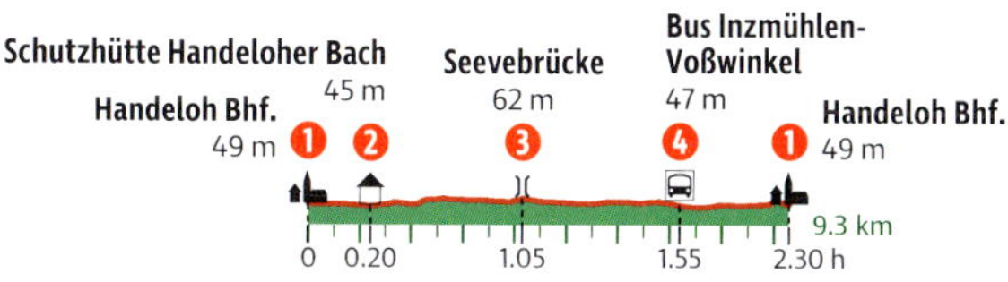

Trockenen Fußes durch das Seevetal dank dieses Holzstegs.

links folgen (Handeloh 1,7 km) durch den Ort **Inzmühlen** ❹ mit einer Bushaltestelle und dem Hofladen mit Café des Cassenahofs (rechts), dessen Bio-Hühnerfarm wir nach der Querung der Seeve passieren. Wir verlassen die Straße 70 m nach dem Ortsschild von Handeloh, indem wir rechts dem Pfad neben dem Bach folgen (Reitverbot), der sich in einem schmalen Waldstreifen zwischen Feldern dahinschlängelt. Der urige Pfad mündet in einen Spurweg ein, dem wir zwischen Weideflächen nach links folgen. Nach einem Teich mit roter Bank (rechts) erreichen wir wieder die Zivilisation und biegen bei einem Trafo-Häuschen links in die Schotterstraße (Am Walde). Aufgepasst! Nach 100 m rechts auf unscheinbaren Waldpfad und in mehreren Kurven durch den überschaubaren Stadtwald. 20 m nach einem kleinen Teich rechts und bei einer Holzbank vor der Bahnlinie der Straße links zum Bahnübergang am **Bahnhof von Handeloh** ❶.

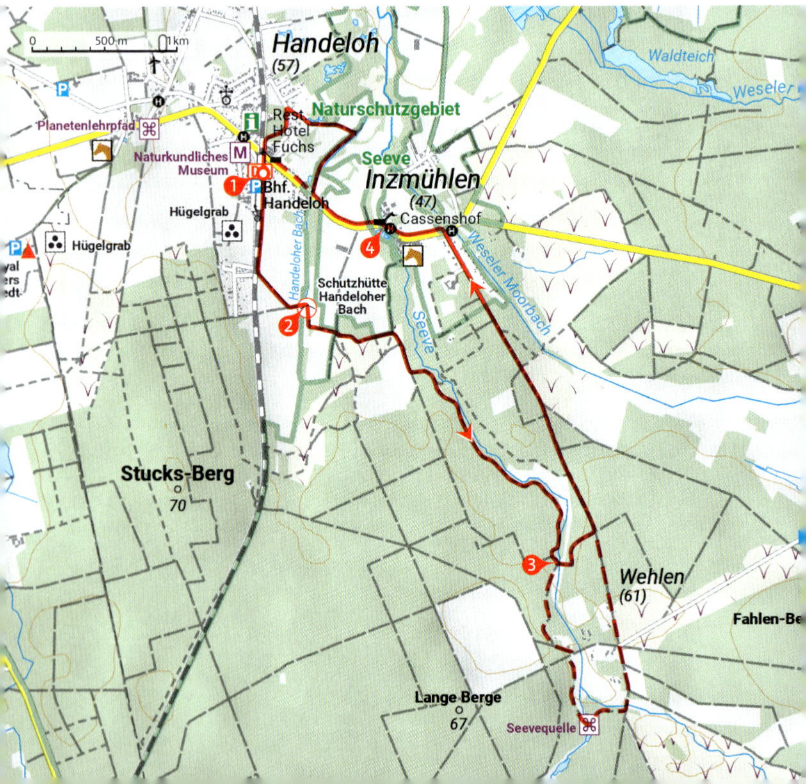

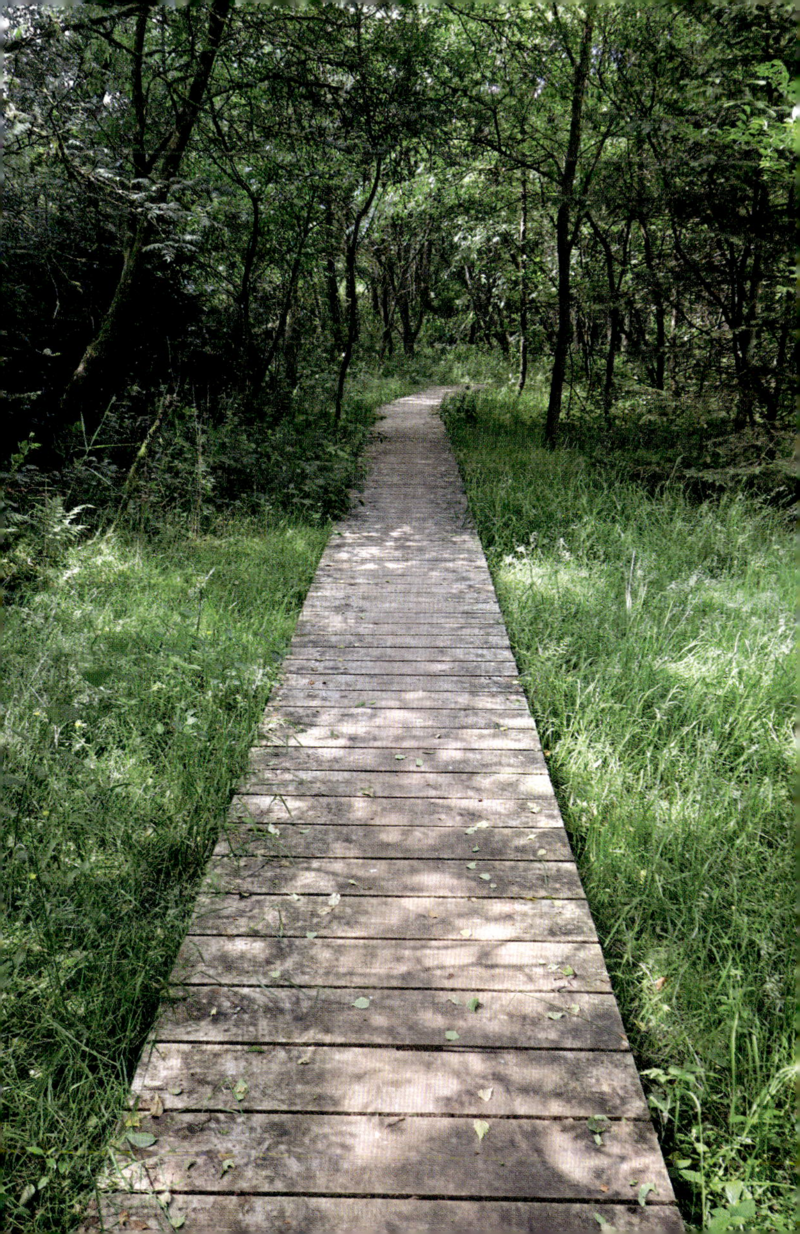

↗ 210 m | ↘ 160 m | 21.4 km

11 Von Soderstorf nach Egestorf

5.30 h

Streckenwanderung in die östliche Lüneburger Heide

Diese Wanderung folgt den jeweils zweiten Etappen der Fernwanderwege Heidepuzzle und Lila Krönung von Soderstorf ostwärts in die Lüneburger Heide, die beide weitgehend entlang derselben Trasse verlaufen. Landschaftlicher Höhepunkt ist die Schwindebecker Heide. Kurz vor dem Ziel verzweigen sich die Fernwanderwege in der Hörpeler Heide: Lila Krönung führt geradeaus weiter Richtung Wilsede, während diese Wanderung dem Weg Heidepuzzle durch die Hörpeler Heide und über die Schmale Aue zum Endpunkt Egestorf folgt, wo 1886–1923 Wilhelm Bode das Kirchspiel leitete. Vor der Kirche erinnert eine Büste der Harburger Bildhauerin Uta Falter-Baumgarten an den ehemaligen Heidepastor.

Ausgangspunkt: Soderstorf mit Parkgelegenheit gegenüber dem Dorfgemeinschaftshaus südlich von Soderstorf (Navi: Zum Sportzentrum 4, 21388 Soderstorf).
Endpunkt: Egestorf mit Parkgelegenheit in der Dorfmitte (Navi: Sudermühler Weg 1, 21272 Egestorf), alternativ südlich davon entlang der Alten Dorfstraße.
ÖPNV: Direkte Verbindungen von Soderstorf nach Egestorf bzw. umgekehrt gibt es nur im Sommer (Mitte Juli bis Ende Oktober) mehrmals täglich durch den ab/nach Lüneburg via Döhle verkehrenden Heide-Shuttle 5.
Egestorf sowie Döhle werden im Sommer täglich durch Ringbus Heide-Shuttle 2 bedient von/nach Tostedt, heide-shuttle.de. Ansonsten gibt es zwischen den Haltestellen Egestorf-Kirche und Soderstorf-Moorweg nur Verbindungen mit mehrmaligem Umsteigen, hvv.de.
Anforderungen: Zwar lange, aber vom Anspruch leichte Wanderung überwiegend über Waldwege, stellenweise auch kleine Straßen mit wenig Verkehr und in der Heide Sandwege. Eine kurze Passage im Wald kann möglicherweise etwas verwachsen sein.
Markierung: Heidepuzzle (HP) und Lila Krönung, stellenweise auch Luhe-Wanderweg.
Einkehr: Egestorf bzw. bei Abkürzung Döhle.
Variante: Abkürzung möglich über Döhle (2,4 km kürzer): Nach der Autobahn rechts und auf Hörpeler Weg nordwärts nach Döhle, wo am Parkplatz bzw. der Bushaltestelle die Tour auch beendet werden kann.
Kombi-Tipp: Touren 12 und 8 (HP 1 & 3) sowie 13 (Rundwanderung bei Soderstorf).
Tipps: In Egestorf Barfußpark, barfusspark-egestorf.de; Naturerlebnisbad Aquadies, naturerlebnisbad-egestorf.de.

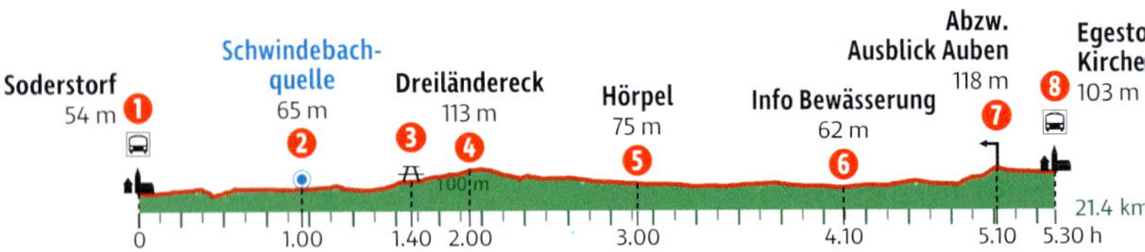

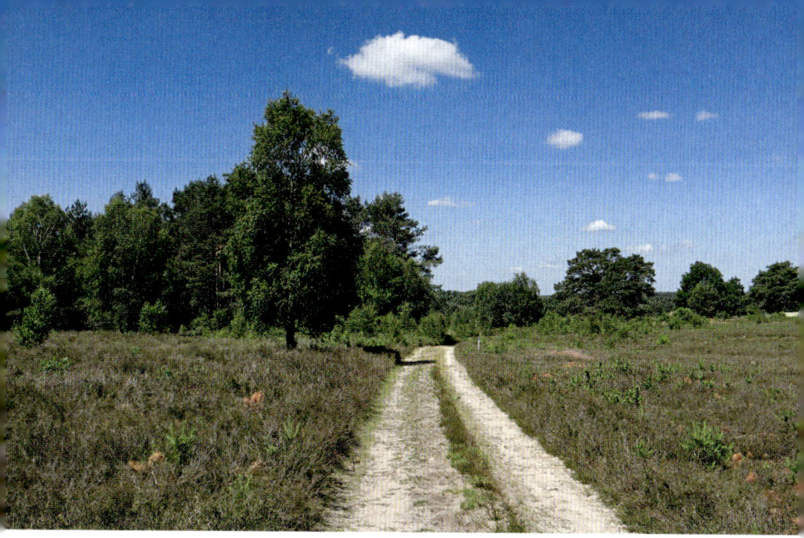

Aussichtsreich führt dieser Weg durch die Heide zur Schwindebach-Quelle.

Von der **Bushaltestelle Soderstorf 1** geht es auf der Mühlenstraße über die Luhe, gleich dahinter rechts in die Bahnhofstraße, über die Bahngleise und links vorbei an einem reetgedeckten Seminar-Hotel. In einer leichten Rechtskurve verlassen wir die kopfsteingepflasterte Straße, indem wir rechts den Grasweg zwischen Holzzäunen nehmen und in den Wald eintauchen, wo gelbe Pfeile den Weg weisen. Nach Verlassen des Waldes und mehreren Brücken erreichen wir wieder die Bahnlinie, ignorieren den ersten Bahnübergang und bleiben auf der linken Seite der Gleise, erst auf kopfsteingepflasterter Straße, dann auf einem Pfad. Nach 150 m queren wir rechts ungesichert die (stillgelegte) Bahnstrecke, die nur wenige (acht) Male im Jahr (mittwochs) von einer Museumsbahn befahren wird (heide-express.de).

Bei der folgenden Kreuzung mit Bank und Infotafel geradeaus zur Hauptstraße und nach deren Querung rechts am Waldrand entlang nach einem Linksknick in den Wald. Bei einer Gabelung rechts und dem Weg durch die Rechtskurve folgen. Kurz darauf erreichen wir vor einem Parkplatz eine Straße und folgen dem Fußweg links von den Infotafeln hinunter in das bewaldete Tal zur **Quelle des Schwindebachs 2** – vom Wasservolumen die zweitstärkste Quelle Niedersachsens mit einem Wasseraustritt von 60 l/s. Wir gehen rechts flussaufwärts, wieder hinauf zur Straße, auf jener geradeaus in nördliche Richtung bis zu einer Gabelung und dort nach links (Schwindebecker Heide 500 m). Nach langer gemächlicher Steigung weist uns bei einer Infotafel der gelbe Pfeil nach links und wir wandern geradeaus

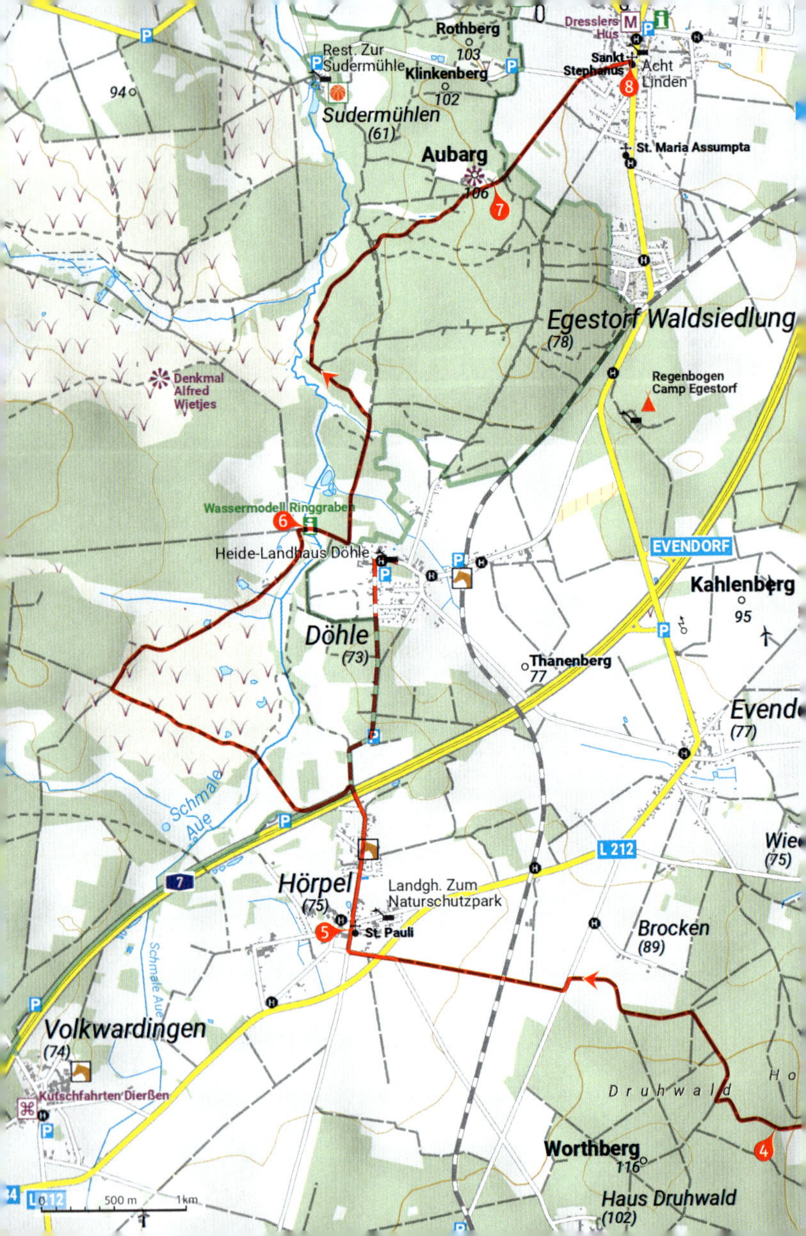
Rothberg
103
Dresslers Hus
Rest. Zur Sudermühle
Klinkenberg
102
Sankt Stephanus
Acht Linden
94
Sudermühlen
(61)
St. Maria Assumpta
Aubarg
106
Egestorf Waldsiedlung
(78)
Regenbogen Camp Egestorf
Denkmal Alfred Wietjes
Wassermodell Ringgraben
Heide-Landhaus Döhle
EVENDORF
Kahlenberg
95
Döhle
(73)
Thanenberg
77
Evend
(77)
Schmale Aue
L 212
Wie
(75)
7
Hörpel
(75)
Landgh. Zum Naturschutzpark
St. Pauli
Brocken
(89)
Schmale Aue
Volkwardingen
(74)
Druhwald
Ho
Kutschfahrten Dierßen
Worthberg
116
Haus Druhwald
(102)
L 212
500 m
1 km

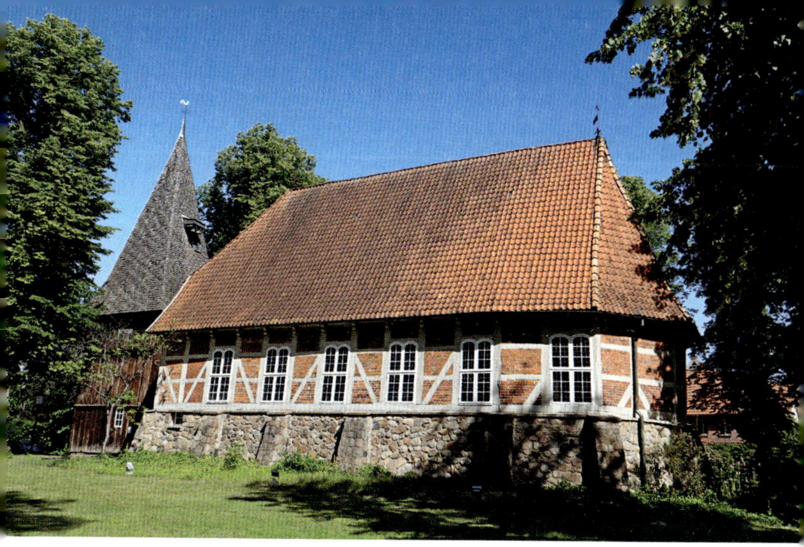

In der Kirche von Egestorf predigte früher Pastor Bode.

in die Schwindebecker Heide mit Picknicktischen unter Eichen. Kaum zu glauben, dass hier 1960 – 1995 regelmäßig britische Panzer rollten! Wo zuletzt noch militärisch für den ersten Irak-Krieg geübt wurde, tummeln sich heute Insekten wie Schmetterlinge, Ameisenlöwen oder Grabwespen. Im Linksbogen über das Heidegelände, an dessen Ende nach rechts auf dem Spurweg über den Schwindebach und weiter geradeaus über Heidegebiet, vorbei an einem überdachten Picknicktisch. Bei einer Infotafel und weiterem überdachten **Tisch mit Bänken** ❸ zweigen HP und LK scharf rechts ab und führen stellenweise über tieferen Sand. 0,8 km nach der rechten Abzweigung im Wald dem gelben Pfeil nach rechts folgen, 50 m

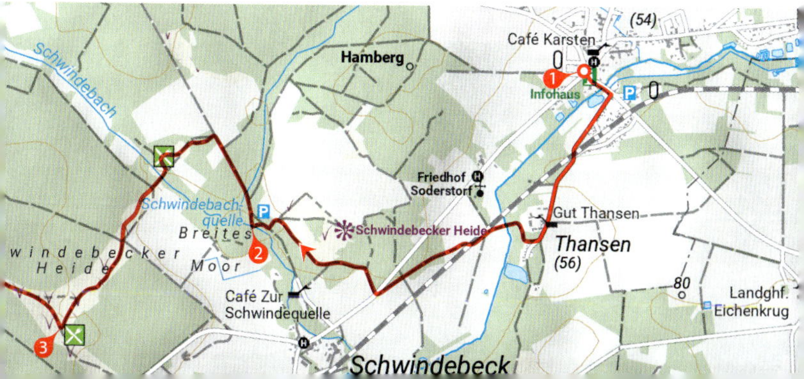

Kiefern in der früher von der britischen Rheinarmee genutzten Schwindebecker Heide.

vor dem Feld auf halb rechts führenden Pfad und nach 50 m rechts in den Feldweg. Das Feld war beim Begehen für die Recherche so eng an den Wald bepflanzt, dass kaum noch Platz zum Wandern war (trotz des offiziellen Weges, wie stellenweise gelbe Pfeile bestätigen).

Am Ende des Feldes, auf einem Findling markiert als **»Dreiländereck« 4** – eigentlich »Drei-Kreise-Eck« – geradeaus auf Pfad bzw. nach 5 m durch eine Rechtskurve in den Wald. Bei bzw. nach nassem Wetter erschweren schlammige Stellen das Vorankommen.

Wir folgen dem wenig begangenen und stellenweise etwas verwachsenen Weg geradeaus und ignorieren Abzweigungen. Bei einer T-Kreuzung rechts auf abwärts führenden Spurweg, bei der nächsten Gabelung links und danach am Feldrand rechts. Der jetzt etwas größere Spurweg führt abwärts zu einer Straße, der wir 50 m nach links folgen, um dann rechts in einen Spurweg zu biegen. Nach mehr als 1 km schnurgeradem Verlauf erreicht **HP Hörpel 5**, zweigt dort rechts in die Brandenburger Straße ab und quert nach einer Linkskurve die A7. Danach links und auf Wander-/Reitweg über den Heidebach Schmale Aue. Bei der anschließenden Kreuzung folgen wir rechts HP Richtung Döhle (2,4 km) über die Hörpeler Heide und über den Kiesmoorbach, während der Fernwanderweg Lila Krönung geradeaus weiter führt u. a. Richtung Wilsede (4,5 km).

Bei der nächsten Gabelung rechts und erneut über die Schmale Aue bei **Infotafeln 6** zur Bewässerung der Heuwiesen. 200 m danach links in den Forstweg (Alter Postweg, gelber Pfeil), nach 500 m bzw. nach der Querung des zweiten Baches links auf Grasweg (gelber Pfad) und bei mehreren Kreuzungen mit hohen Schranken halb links – immer dem gelben Pfeil folgend Richtung Egestorf rechts von der selten sichtbaren Schmalen Aue. Abzweigungen ignorieren wir und erreichen 5 Gehminuten nach Querung eines Reitweges eine T-Kreuzung am Waldrand, wo wir dem Grasweg nach rechts folgen nach Egestorf (Pastor-Bode-Weg, Jacobusweg sowie Zubringer Heidschnuckenweg). Nach weiteren 5 Gehminuten rechts auf den leicht aufwärts führenden gepflasterten Weg (gelber Pfeil, H). Nach 200 m liegt 100 m links der Route der **Naturblick Auben 7**, dahinter informiert eine Tafel über den Pastor-Bode-Weg. Nach einer längeren Geradeausstrecke erreichen wir **Egestorf 8** mit der St.-Stephanus-Kirche aus dem 17. Jh. und dahinter links die Bushaltestelle.

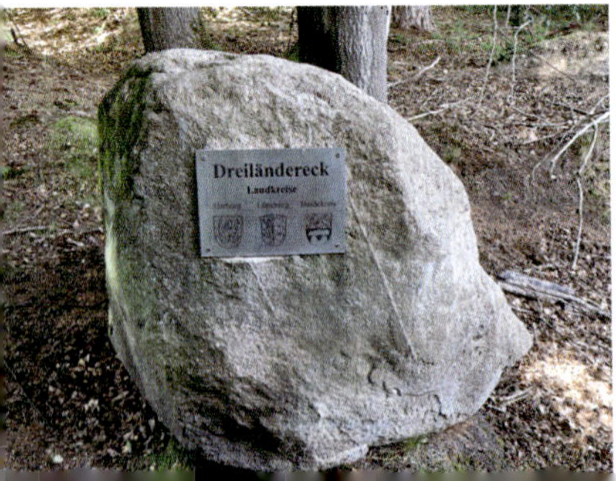

Nicht drei Länder, aber drei Kreise treffen sich an diesem Punkt.

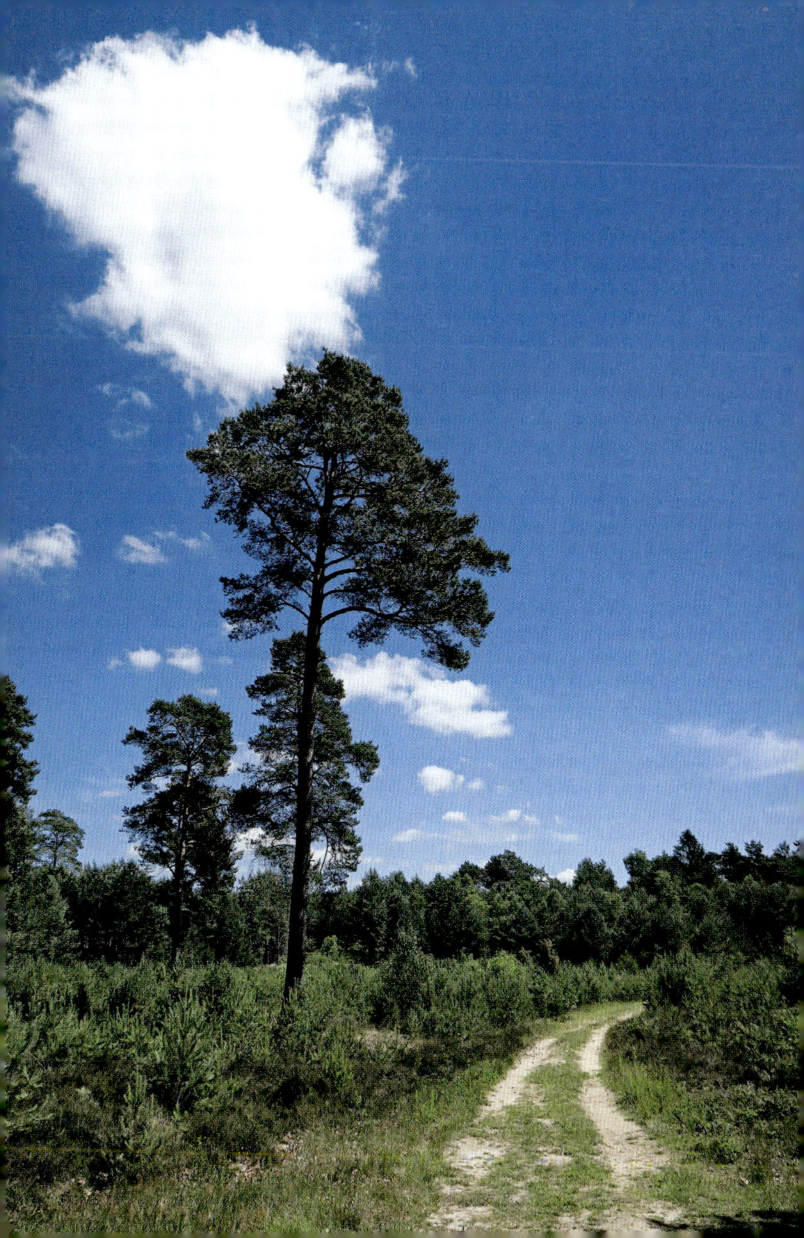

↗ 110 m | ↘ 120 m | 11.9 km

12 Von Amelinghausen nach Soderstorf

3.00 h

Lopau, Luhe und vorgeschichtliche Gräber

Diese Tour bietet viel Wasser, Heide und Kultur. Lopau und Luhe begleiten die beiden Fernwanderwege Heidepuzzle und Lila Krönung auf ihrer jeweils ersten Etappe in östliche Richtung. Für Abwechslung sorgen Heideflächen sowie mehrere vorgeschichtliche Grabstätten mit Funden aus der Jungsteinzeit bis zur Eisenzeit. Beide Fernwanderwege verlaufen mit Ausnahme eines kurzen Teilstücks vor Soderstorf entlang derselben Trasse.

Ausgangspunkt: Amelinghausen. Parkplätze im Ort an Supermärkten sowie am Bahnübergang an der Straße vor Bäckerei-Café (Navi: Lüneburger Str. 23, 21385 Amelinghausen).
Endpunkt: Soderstorf mit Parkgelegenheit gegenüber dem Dorfgemeinschaftshaus südlich vom Ort (Navi: Zum Sportzentrum 4, 21388 Soderstorf).
ÖPNV: Direkte Verbindungen von Soderstorf-Hauptstraße nach Amelinghausen (und Oldendorf) bzw. umgekehrt im Sommer (Mitte Juli bis Ende Oktober) mehrmals täglich durch den ab/nach Lüneburg verkehrenden Heide-Shuttle 5. Ansonsten Mo. – Sa. mehrmals täglich Linie 5700 zwischen Soderstorf-Moorweg, Amelinghausen und Lüneburg, hvv.de.
Anforderungen: Leichte Wanderung abwechselnd durch Wald, Heide und entlang von Gewässern meistens auf gut erschlossenen Wegen, stellenweise auch kleinen Pfaden. In Orten über verkehrsarme Straßen.
Markierung: Heidepuzzle (HP) und großteils Lila Krönung (LK), stellenweise Luhe-Wanderweg.
Einkehr: Lopau-See bei Amelinghausen, Soderstorf (Café) sowie Oldendorf beim Abstecher.
Varianten: 1. Abkürzung beim Lopau-See links herum (0,4 km kürzer);
2. Abstecher nach Oldendorf zum Archäologischen Museum entlang des Luhe-Uferwegs (2 x 1 km);
3. vor Soderstorf Fernweg KulturFindlinge statt HP und LK südlich der Luhe und ohne Nekropole (0,3 km kürzer).
Kombi-Tipp: Touren 11 (HP 2) sowie 13 (Rundwanderung bei Soderstorf).
Tipp: Das Archäologische Museum in Oldendorf informiert über die Steingräber, Amelinghausener Str. 16, museum-oldendorf.de.

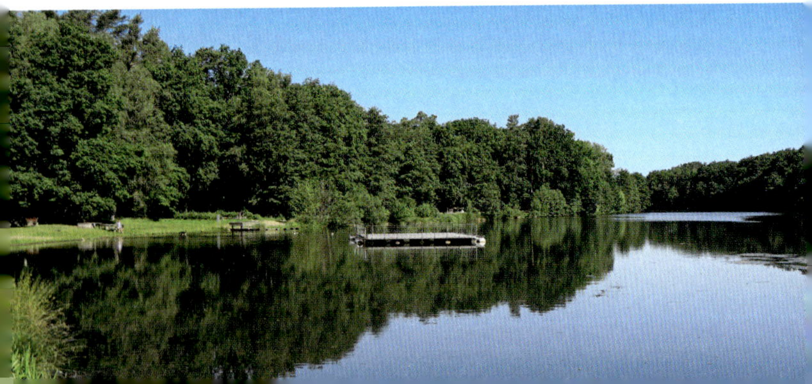

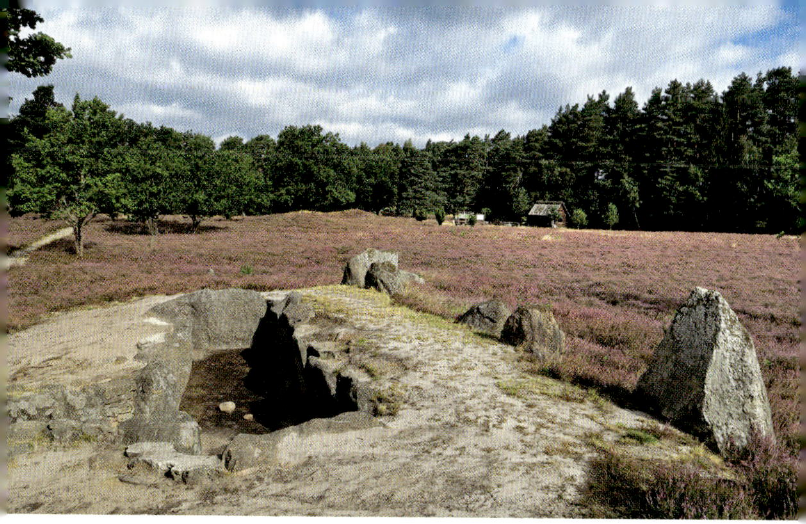

Oben: Sechs jungsteinzeitliche Großgräber bilden die Oldendorfer Totenstatt.
Links: Der 12 Hektar große Lopausee ist ein beliebtes Naherholungsgebiet.

Vom Bahnübergang mit dem 50 m nördlich liegenden **Busbahnhof Amelinghausen** ❶ und mehreren Parkplätzen im Umfeld nehmen wir die vor der Bäckerei rechts abzweigende Straße Im Suderfeld (HP, LK, Lopausee 1,2 km). Vor einer Parkfläche links (Lerchenweg) und nach 100 m rechts ab zum Parkplatz am Lopausee. Dort nicht auf (weniger schönem) geradeaus führenden Hauptweg zum See, sondern über Parkplatz und auf Fußweg vorbei am rot-weißen Pfahl, der rechts neben dem Radweg erst durch Wald und später über eine Wiese führt. In der Mitte erinnert die 1991 gepflanzte **Sänger-Eiche** ❷ mit einer Rundum-Holzbank an den Amelinghausener Männerchor, auf dessen Initiative hin 1949 beim Sängerfest erstmals eine Heidekönigin gekrönt wurde – Auftakt des alljährlichen Heideblütenfests. Bei der Eiche rechts und auf Uferpromenade rechts um den Lopausee. Links wäre etwas kürzer (0,4 km weniger), aber weniger schön. Einkehrgelegenheiten bieten beide Varianten. Bei der rechten Umgehung des um 1972 angelegten Lopausees passieren wir eine Badestelle sowie mehrere Sitzgelegenheiten. Am Nordufer vor dem reetgedeckten Café Lopau-Seeblick links und kurz darauf beim Stauwehr auf Radweg unter die Straße hindurch. Nach der Linkskurve folgen wir dem Peter-Ehlers-Weg links am Parkplatz mit Infotafel vorbei. Bei der Kreuzung am Anfang der **Kronsbergheide** ❸ mit einer reetgedeckten Schutzhütte links (Oldendorfer Totenstatt) und nach 50 m noch einmal links. Der Pfad führt in den Wald und kurz darauf stellenweise recht abenteuerlich auf sandigem Untergrund oberhalb von der Lopau entlang.

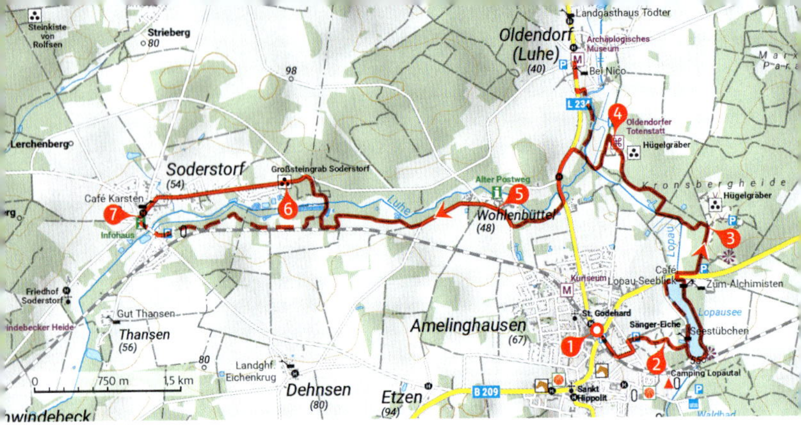

Bei einer Infotafel zur Ökologie und einer Bachbrücke folgen wir links aufwärts dem breiten Waldweg und bei der folgenden T-Kreuzung dem Radweg nach links Richtung Oldendorfer Totenstatt (1 km). Ein Findling markiert die rechte Abzweigung des Waldweges, der zur Heidefläche mit dem Gräbern führt. Der ausgewiesene Weg HP erschließt die bedeutenden Grabstätten der **Oldendorfer Totenstatt** ❹, wo ein Rastplatz mit Schutzhütte zur Pause einlädt. Die Oldendorfer Totenstatt ist eine Ansammlung von sechs jungsteinzeitlichen Großsteingräbern von bis zu 80 m Länge. Ausgrabungen förderten jungsteinzeitliche Gerätschaften zutage wie Pfeilspitzen aus Feuerstein oder Flintbeile. Die Funde sind ausgestellt im archäologischen Museum von Oldendorf, das bei der folgenden Brücke rechts über einen 1 km langen Abstecher (einfach) erreichbar ist.

Nach dem Rastplatz zweimal links, auf breitem Weg am Waldrand südwärts und bei einer Gabelung am Ende der Heidefläche rechts auf Spurweg (gelber Pfeil), später ein Pfad entlang der Lopau. Kurz vor einer Brücke mündet

Die Nekropole Soderstorf – Steinkreise und -pflaster, ein Urnengräberfeld …

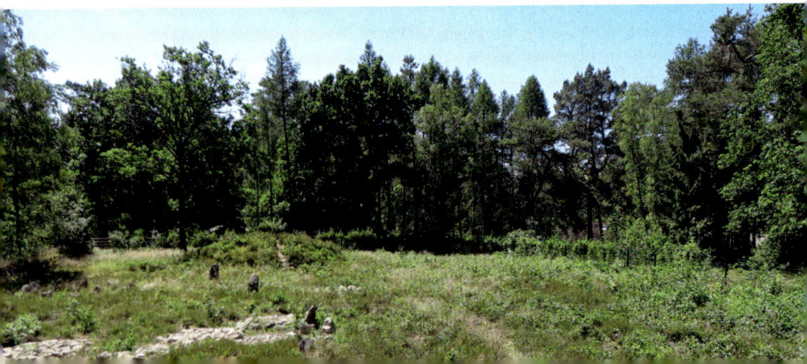

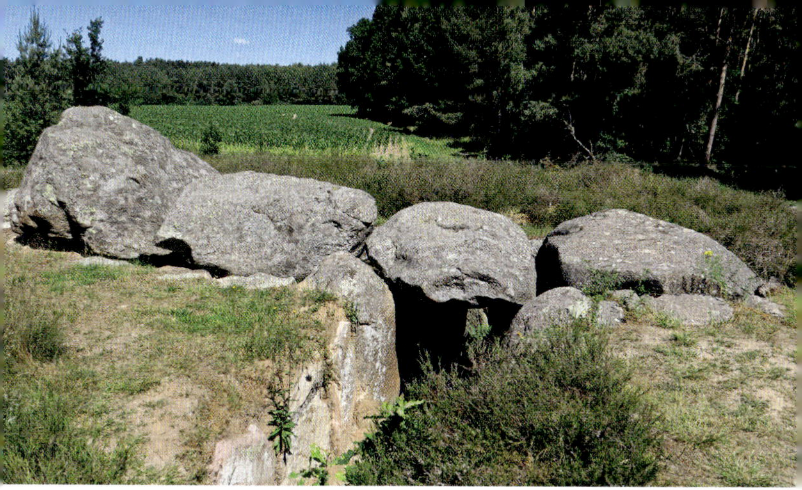

... sowie ein 1883 ausgegrabenes jungsteinzeitliches Großsteingrab.

die Lopau in die Luhe – vor 2003 lag die Mündung in der Rechtskurve des Weges 100 m vor der jetzigen Mündung, worauf ein Stein hinweist.
Nach der Querung der Luhe halten wir uns links und erreichen die Amelinghausener Straße. HP begleitet die Straße bzw. den Radweg links für 0,6 km, um nach der Luhebrücke rechts hinunter in den Wald zu führen. Die nächste Querstraße rechts in das Dorf **Wohlenbüttel** 5 und danach geradeaus am Waldrand entlang, auch nach einer Linkskurve des asphaltierten Weges – mit etwas Abstand links von der Luhe.
Vor einem Bahnübergang führen HP und LK zusammen mit dem Luhe-Wanderweg rechts auf einem Pfad in den Wald. Nach der folgenden Rechtskurve folgen wir HP und LK nach rechts (Soderstorf 2,4 km), großteils entlang der ruhigen Wohlenbütteler Straße durch ein Wohngebiet, vorbei an der **Nekropole von Soderstorf** 6, ebenfalls mit Grabresten aus der Jungsteinzeit bis zur Eisenzeit. Optional führt nach der Rechtskurve der Fernweg KulturFindlinge geradeaus auf etwas schönerem Weg südlich der Luhe nach Soderstorf, wo beide Varianten bei einer Infotafel an der Hauptstraße von **Soderstorf** 7 zwischen den beiden Bushaltestellen Moorweg (links) und Hauptstraße (rechts) wieder zusammenkommen.

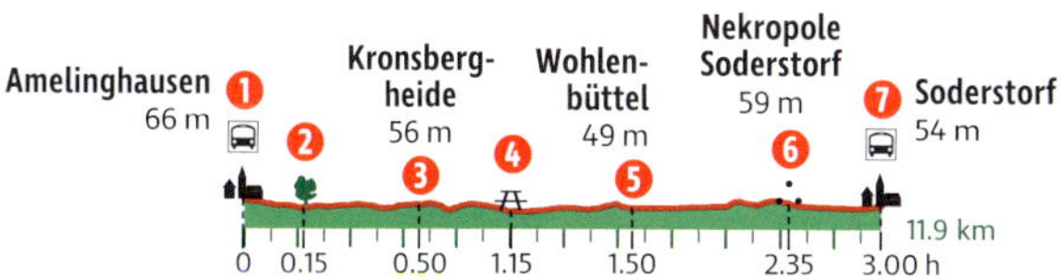

↗ 130 m | ↘ 130 m | 14.0 km

13 Rundwanderung bei Soderstorf

3.30 h

Schwindebecker Heide und Quelle sowie Kieselgur-Teiche

Diese Wanderung besteht aus zwei gleich langen Schleifen mit einem viel gerühmten Naturwunder als Schnittpunkt: der Schwindebachquelle – mit 60 Liter Wasser pro Sekunde angeblich die zweitstärkste Quelle Niedersachsens, nach der Harzer Rhumequelle. Weitere Höhepunkte sind die Kieselgur-Gruben und die Schwindebecker Heide, Erstere entstanden durch den Abbau abgelagerter Algenschalen. Kieselgur wurde für Filter- und Füllmaterialien verwendet.

Ausgangspunkt: Soderstorf mit Parkgelegenheit gegenüber dem Dorfgemeinschaftshaus südlich des Orts (Navi: Zum Sportzentrum 4, 21388 Soderstorf). Alternativ Parkplatz an der Schwindebachquelle im Mittelpunkt der Tour (Navi: Zur Schwindequelle, 21388 Soderstorf).
ÖPNV: In Soderstorf hält im Sommer (Mitte Juli bis Ende Oktober) mehrmals täglich der zwischen Lüneburg und Döhle verkehrende Heide-Shuttle 5, heide-shuttle.de. Ansonsten Mo. – Sa. mehrmals täglich Linie 5700 von/nach Lüneburg mit Halt in Soderstorf-Moorweg und Schwindebeck, hvv.de.
Anforderungen: Leichte Wanderung über Forst- und Feldwege, stellenweise etwas sandige Pfade durch Heide sowie Straßen.
Markierung: Gelber Pfeil auf blauem Grund, anfangs auch Fernwege Heidepuzzle (HP) und Lila Krönung (LK).
Einkehr: Café südlich der Schwindequelle (nur Fr. – So.) sowie Bäckerei-Café in Soderstorf (Mo/Di Ruhetag, Sa/So nur vormittags).
Varianten: Die etwa zwei gleich langen Schleifen können auch einzeln begangen werden, wobei die drei oben genannten landschaftlichen Höhepunkte im zweiten (westlichen) Teil liegen.
Kombi-Tipp: Touren 11 und 12 (Heidepuzzle und Lila Krönung).

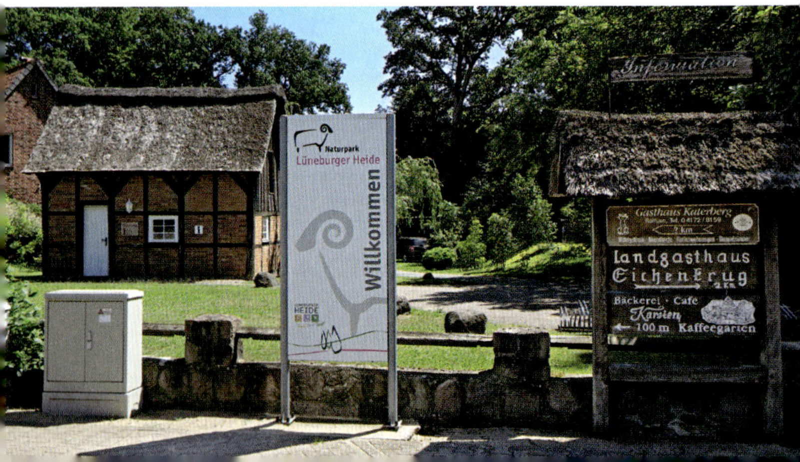

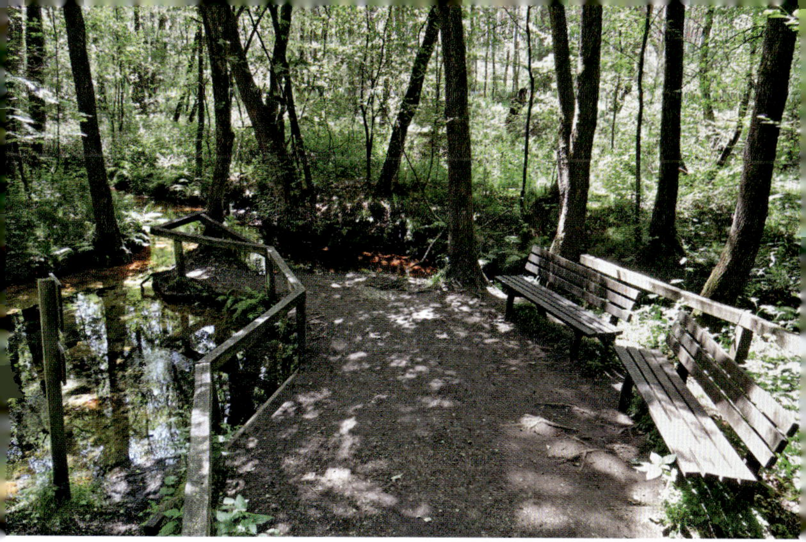

Oben: Die Schwindebachquelle gilt mit 60 l/s als zweitstärkste Niedersachsens.
Links: Dorfmitte von Soderstorf.

Von der **Bushaltestelle Soderstorf** ❶ geht es auf der Mühlenstraße über die Luhe, gleich dahinter rechts in die Bahnhofstraße, über die Bahngleise und links vorbei an einem reetgedeckten Seminar-Hotel. In einer leichten Rechtskurve verlassen wir die kopfsteingepflasterte Straße rechts auf einem Grasweg zwischen Holzzäunen und in den Wald, wo gelbe Pfeile den Weg weisen. Nach Verlassen des Waldes und mehreren Brücken erreichen wir wieder die Bahnlinie, ignorieren den ersten Bahnübergang und bleiben auf der linken Seite der Gleise, erst auf kopfsteingepflasterter Straße, dann auf einem Pfad. Nach 150 m queren wir rechts ungesichert die Bahnstrecke, die nur wenige (acht) Male im Jahr (mittwochs) von einer Museumsbahn befahren wird (heide-express.de).
Heidepuzzle (HP) führt bei der folgenden Kreuzung mit Bank und Infotafel geradeaus weiter, während wir uns nach rechts wenden und die Hauptstraße queren. Bei einer Gabelung im Wald links und zu einer Heidefläche mit einer aussichtsreichen Bank. Vor einem Parkplatz erreichen wir eine Straße sowie wieder HP und LK – und folgen dem Fußweg links von den Infotafeln hinunter in das bewaldete Tal mit der **Schwindebachquelle** ❷. Bei der seit 1936 unter Naturschutz stehenden Quelle wird im Quelltopf das Wasser von unten aus dem sandigen Grund gedrückt, wobei rötliche Eisenoxide und türkisfarbene Manganoxide abgelagert werden. Dank der gleichmäßigen Temperatur von rund 9 °C friert das Wasser im Winter nicht zu und bietet daher Tieren einen wichtigen Wasserzugang.

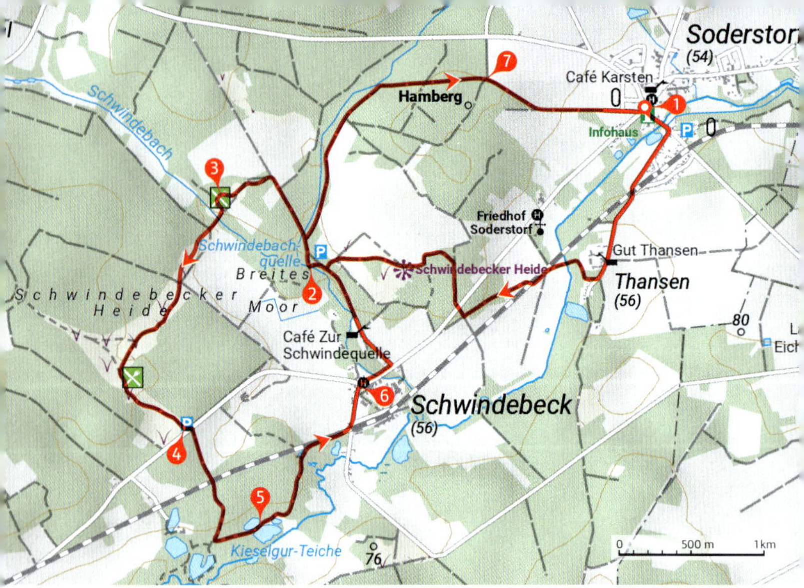

Infotafeln am Wanderparkplatz der Schwindebecker Heide.

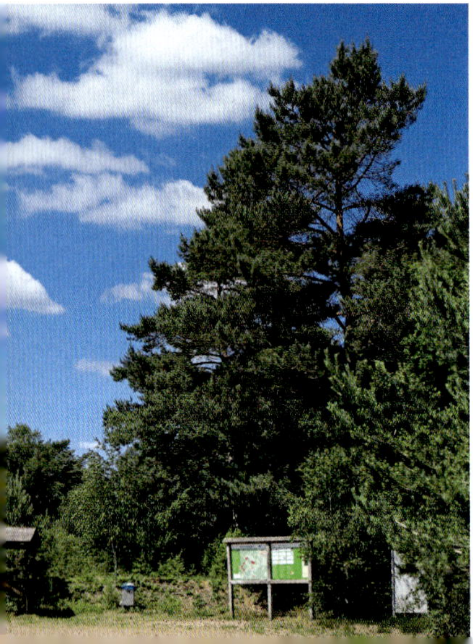

Wir folgen dem Weg wieder aufwärts zur Straße und dieser geradeaus in nördliche Richtung bis zu einer Gabelung, wo wir uns links halten (Schwindebecker Heide 500 m). Nach langer gemächlicher Steigung weist uns bei einer Infotafel der gelbe Pfeil nach links in die Schwindebecker Heide mit **Picknicktischen unter Eichen** ❸.

Weiter im Linksbogen über Heide, an deren Ende rechts auf dem Spurweg über den Schwindebach und weiter geradeaus über Heide. Kaum zu glauben, dass hier von 1960 bis 1995 britische Panzer rollten! Wo zuletzt noch militärisch für den ersten Irak-Krieg geübt wurde, tummeln sich heute Insekten wie Schmetterlinge, Ameisenlöwen oder Grabwespen. Bei einer Infotafel und überdachtem Tisch mit Bänken ver-

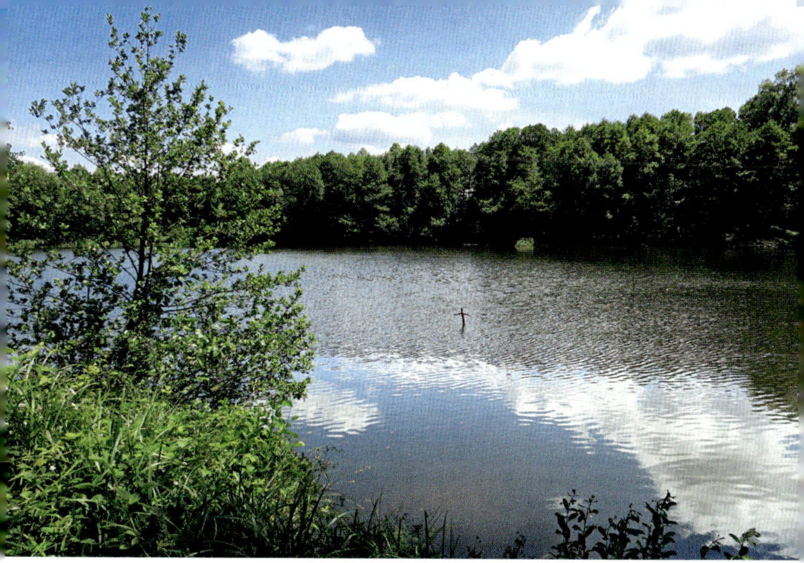

Dieser Teich vor Schwindebeck entstand durch den langjährigen Abbau von Kieselgur.

abschieden sich HP und LK endgültig scharf rechts, während wir geradeaus dem Weg zum Wanderparkplatz **Schwindebecker Heide** ❹ und über die Straße folgen. Weiter am Waldrand, wieder über die Bahngleise und 5 Minuten nach den Gleisen links. Wir passieren kurz darauf ein grünes Gatter und dahinter die **Kieselgur-Teiche** ❺ mit Infotafel und Bank.
Der Weg führt wieder zur Bahnstrecke, links über diese hinüber und hinein nach **Schwindebeck** ❻ mit Schutzhütte und Bushaltestelle. Der Hauptstraße nach rechts folgen, über die Luhe und links in die etwas monotone Zufahrtsstraße zur Schwindebachquelle, aufgelockert durch ein Café zur Linken. Statt wieder zur Quelle hinunterzugehen, folgen wir der Straße am Parkplatz vorbei und nach 200 m bei der Gabelung – wo wir vorher links abgezweigt waren – nach rechts. Erst am Waldrand entlang und später durch Wald gelangen wir nach einiger Zeit zu einer Kreuzung am **Hamberg** ❼ mit Sitzgelegenheit und Infotafel, von wo wir dem Spurweg abwärts folgen nach **Soderstorf** ❶.

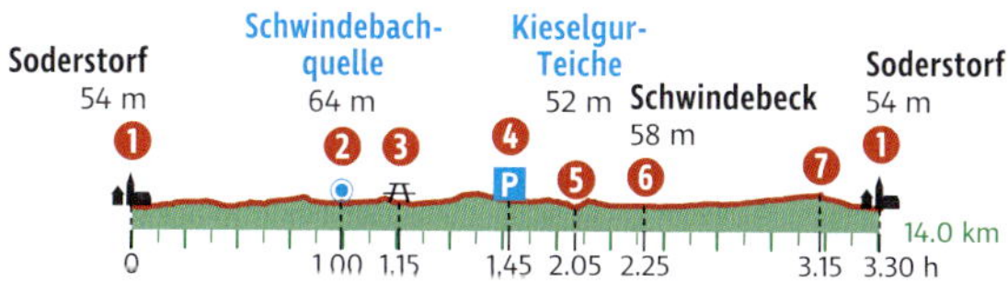

↗ 120 m | ↘ 120 m | 11.6 km

14 Marxener Paradies und Oldendorfer Totenstatt

3.00 h

Rundwanderung bei Amelinghausen mit Heide und Hünengräbern

Die Höhepunkte dieser Tour – Totenstatt und Paradies – sind beeindruckende Heidelandschaften. Das Marxener Paradies trägt diesen Namen nicht zu unrecht; ein kleinräumig vielseitig strukturiertes idyllisches Tal mit Heide, Wacholder und einem Moorteich. Bei der mehr als 5000 Jahre alten Oldendorfer Totenstatt erwarten Sie vorgeschichtliche Grabanlagen, deren Ausgrabungsfunde im Museum am Startpunkt zu sehen sind. Ansonsten geht es durch Wald sowie an Feldern und dem Ufer von Lopau und Luhe entlang. Kurz vor der Kronsbergheide ist ein Abstecher möglich zum Lopau-Stausee und weiter nach Amelinghausen.

Ausgangspunkt: Oldendorf mit Parkgelegenheit am westlichen Ortsrand (Navi: Auf dem Rießel, 21385 Oldendorf). Alternativ Parkmöglichkeiten bei Oldendorfer Totenstatt ❷ oder Wanderparkplatz Kronsbergheide ❸ an B 209.
ÖPNV: Heide-Shuttle 5 ab/an Haltestelle Oldendorf-Ortsmitte im Sommer (Mitte Juli bis Ende Oktober) mehrmals täglich ab/an Lüneburg und Döhle, heide-shuttle.de. Ansonsten Mo. – Sa. mehrmals täglich Linie 5701 ab Oldendorf-Ortsmitte von/nach Amelinghausen, dort Umstiegsmöglichkeit in 5700 von nach Lüneburg, hvv.de.
Anforderungen: Leichte Wanderung über meistens breite Wald- und Feldwege, kurzzeitig auch kleiner sandiger Pfad und Straße.
Markierung: Großteils gelber Pfeil auf grünem Grund für den »Sagenhaften Hünenweg«.
Einkehr: Oldendorf gegenüber dem Archäologischen Museum, Lopausee mit kleinem Abstecher.
Varianten: 1. Runde durch das Marxener Paradies ab ❷, markiert mit »R« (zusätzlich 0,7 km).
2. Abstecher zum Lopau-Stausee und weiter nach Amelinghausen. Dazu vor der Kronsbergheide ❸ südlich zum Wanderparkplatz, unter der Straße hindurch und rechts am Lopau-Stausee entlang (oder links zum Café Lopau-Seeblick). Nach Amelinghausen nach 10 Min. rechts auf Radweg zum Parkplatz und auf Straßen Lerchenweg (rechts) und B 209/Lüneburger Straße (links) zur Ortsmitte mit Einkaufs- und Einkehrmöglichkeiten am Busbahnhof.
Kombi-Tipp: Tour 12 (Heidepuzzle und Lila Krönung).
Tipps: Archäologisches Museum Oldendorf (Mo. Ruhetag, sonst wechselnde Öffnungszeiten), museum-oldendorf.de; Lopausee mit Freizeitmöglichkeiten (Baden, Tretboot).

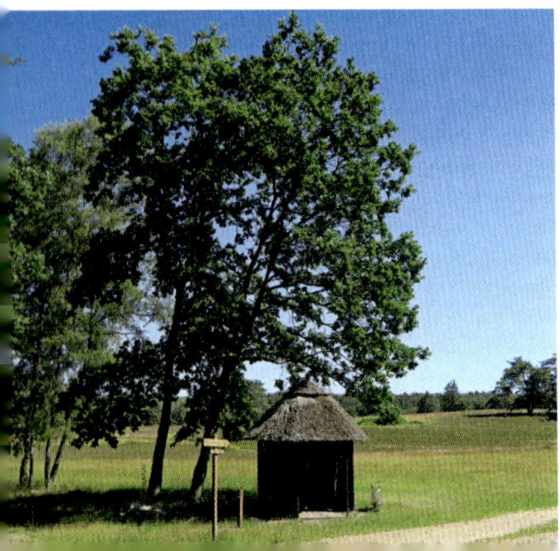

Schutzhütte am Anfang der Kronsbergheide.

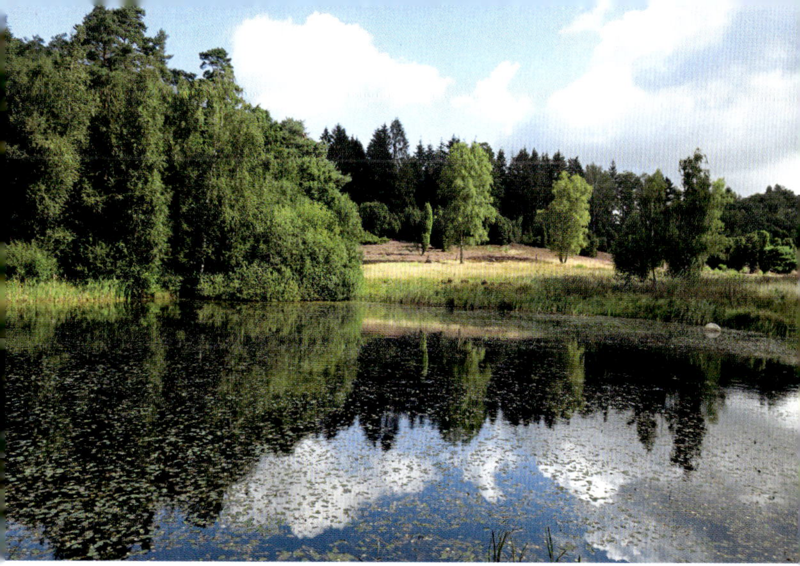

Seinen Beinamen trägt das »Marxener Paradies« zurecht.

Das **Archäologische Museum Oldendorf** ❶ dokumentiert seit 2005 mit Originalfunden mehrere Jahrtausende Bestattungskultur und Alltag von der Steinzeit bis zur Völkerwanderungszeit im reetgedeckten »Schemmes Hus« von 1750, der ehemaligen Schule.

Gegenüber vom Archäologischen Museum biegen wir in den Kötnerweg ein, links vorbei am Restaurant »Bei Nico«. Bei einer T-Kreuzung links in die Kösterstraße, an deren Ende rechts über eine kleine Brücke zur Straßenbrücke über die Luhe und auf dieser über den Fluss. 150 m nach der Luhebrücke rechts in die kleine Straße zur Oldendorfer Totenstatt (Radweg) und nach 250 m links auf asphaltiertem Weg zwischen Feldern. Mit ziemlichem Zickzack geht es etwas langatmig ostwärts, aber wegen der Felder können wir nicht direkt gehen. Bei einer Kreuzung mit Bank und einer Holzschranke folgen wir dem Spurweg links am Waldrand, um nach 1 km (nicht nach der Schutzhütte!) den rechts in Wald abzweigenden breiten Gras-/Spurweg zu nehmen, vorbei an überdachtem Tisch und Bänken (gelber Pfeil). Im Wald nach 250 m bei einer Kreuzung nach links und nach 50 m durch eine Rechtskurve (gelber Pfeil).

Bei der Kreuzung mit einem Forstweg führt der Rundweg rechts weiter Richtung Lopausee und Kronsbergheide (jeweils 3,5 km), aber vorher lohnt sich auf jeden Fall der 400 m lange Abstecher geradeaus zum **Marxener Paradies** ❷, das seinem Namen alle Ehre macht: ein idyllisches Tal mit Moorsee und Heide sowie Bänken zur Rast, besonders nett ist eine Bank direkt am Teich an dessen Südwestseite. Ein mit »R« markierter Rundweg führt um dieses Paradies (0,7 km) herum. Auf dem Forstweg längere Zeit in südliche Richtung. Nach 10 Gehminuten bei einer Kreuzung rechts, vorbei an einer alten Holzbank (gelber Pfeil). Der Weg ist etwas schmaler als der vorige und führt leicht aufwärts durch Wald. Nach 400 m folgen wir dem Weg durch die Linkskurve und kurz darauf bei einer Kreuzung geradeaus (gelber Pfeil). Autorauschen kündigt die B 209 an, vor der wir uns rechts halten, durch ein kleines Heidegebiet, ehe wir bei einem Tisch mit Bänken wieder in den Wald eintauchen. Kurz darauf weist bei einer Gabelung der gelbe Pfeil nach links; diese Richtung wäre richtig, falls das Auto beim Parkplatz Kronsbergheide geparkt oder ein Abstecher nach Amelinghausen geplant ist. Ansonsten (kürzer und schöner) bei der Gabelung rechts und nach 150 m rechts auf den vom Parkplatz kommenden Kiesweg (Peter-Ehlers-Weg) zur Kronsbergheide. Bei der Kreuzung am Anfang der **Kronsbergheide** ❸ mit einer reetgedeckten Schutzhütte links (Oldendorfer Totenstatt) und nach 50 m noch einmal links. Der Pfad führt in den Wald und kurz darauf stellenweise recht abenteuerlich auf sandigem Untergrund oberhalb von der Lopau entlang. Bei einer Infotafel zur Ökologie und einer Bachbrücke links aufwärts auf breitem Waldweg und bei der folgenden

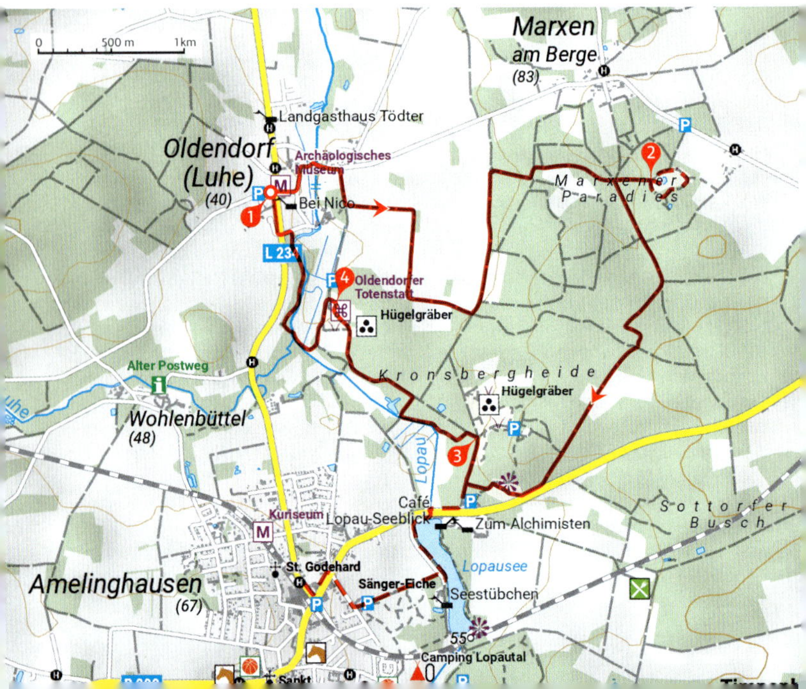

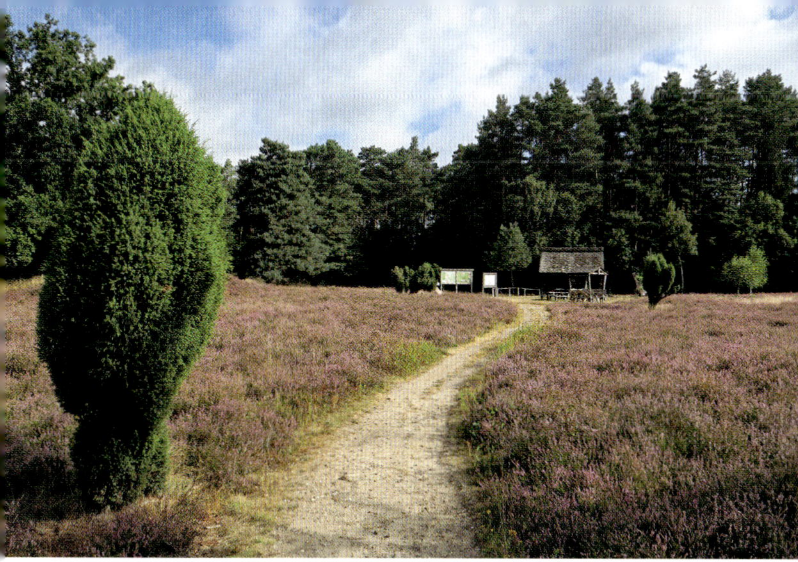

Bei der Oldendorfer Totenstatt informieren zahlreiche Tafeln über die Steingräber.

T-Kreuzung auf Radweg links Richtung Oldendorfer Totenstatt (1 km). Ein Findling markiert die Abzweigung des Waldweges nach rechts, der zur Heidefläche mit den Gräbern führt. Der ausgewiesene Weg HP erschließt die bedeutenden Grabstätten der **Oldendorfer Totenstatt** ❹, wo ein Rastplatz mit Schutzhütte zur Pause einlädt. Die Oldendorfer Totenstatt ist eine Ansammlung von sechs jungsteinzeitlichen Großsteingräbern von bis zu 80 m Länge. Ausgrabungen förderten jungsteinzeitliche Gerätschaften zutage wie Pfeilspitzen aus Feuerstein oder Flintbeile.

Nach dem Rastplatz zweimal links und auf breitem Weg am Waldrand südwärts. Bei einer Gabelung am Ende der Heidefläche biegen wir rechts auf den Spurweg (gelber Pfeil), nach der ehemaligen Mündung der Lopau in die Luhe (Stein) ein Pfad entlang der Lopau. Nach der Luhebrücke gehen wir rechts auf dem Luhe-Wanderweg durch Wald am Flussufer nordwärts zum Ortsrand von Oldendorf, dort kurz links und weiter rechts auf der Amelinghausener Straße zurück zum **Archäologischen Museum** von **Oldendorf** ❶.

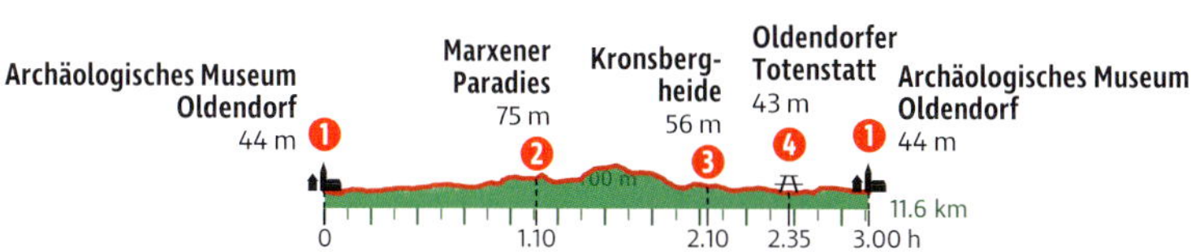

↗ 160 m | ↘ 160 m | 15.5 km

4.00 h

15 Rundwanderung bei Salzhausen

Felder, Wälder, Steinzeitgrab und Aussichtsberg

Salzhausen war bekannt als Standort des einzigen ehemaligen genossenschaftlich geführten Krankenhauses, 1907 mit Unterstützung von Pastor Bode gegründet und seit der Schließung 2015 ein ambulantes Gesundheitszentrum. Diese Rundwanderung durch das landwirtschaftlich geprägte Umfeld von Salzhausen führt zunächst entlang des Pastor-Bode-Wegs. Für Abwechslung sorgen Bäche, ein Wald, Steinzeitgräber sowie am Horizont eine Windmühle. Am Schluss bietet der Aussichtsturm am Paaschberg einen weiten Rundblick.

Ausgangspunkt: Busbahnhof Salzhausen mit (begrenzter) Parkgelegenheit (Navi: Bahnhofstraße 13, 21376 Salzhausen), alternativ Parkplatz am Schützenplatz (Navi: Schützenstraße 3, 21376 Salzhausen).
ÖPNV: In der Sommersaison (15.7. – 15.10.) Ringbus Heide-Shuttle 3 mehrmals täglich zwischen Buchholz und Egestorf mit Halt in Salzhausen ZOB und Eyendorf, heide-shuttle.de. Ansonsten halten in Salzhausen mehrmals täglich Linien 5200 zwischen Lüneburg und Hanstedt sowie 4406 zwischen Winsen und Egestorf, hvv.de.
Anforderungen: Leichte Wanderung überwiegend über breite Forst- und Feldwege, stellenweise auch kleinere Graswege und Asphaltstraßen.
Markierung: Anfangs Pastor-Bode-Weg, stellenweise »Parcours der Augenblicke«, »Kulturfindlinge« sowie »Rund um Salzhausen«.
Einkehr: Salzhausen, Eyendorf (Mi. – Fr. mittags, sonst außer Mo. und Di. nur abends).
Variante: Abkürzung über Eyendorf (4,8 km weniger).
Kombi-Tipp: Touren 18 und 19 (Pastor-Bode-Weg).
Tipps: In Salzhausen St.-Johannis-Kirche mit einer Mischung aus Natur- und Backstein. Die Fachwerkgiebel gehen auf das 17. Jh. zurück, innen Bronzetaufbecken von 1403. Der einst auch als Arrestzelle für Landstreicher dienende Feuerwehr-Schlauchturm in der Winsener Straße beherbergt das wohl kleinste Museum in Deutschland: eine Ausstellung zur Feuerwehrgeschichte.

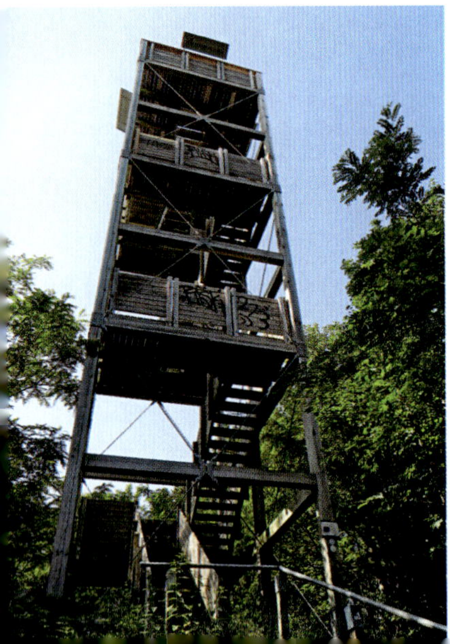

Der 85-stufige Aussichtsturm auf dem Paaschberg bietet einen weiten Blick.

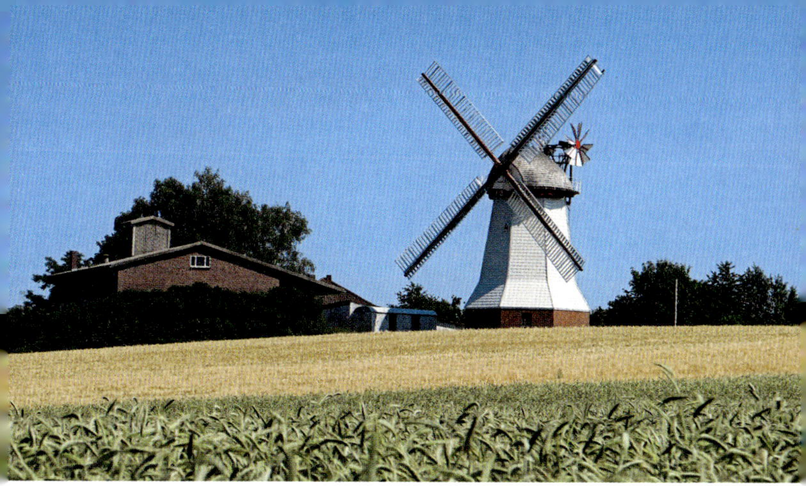

Weithin sichtbar ist die Holländerwindmühle von Eyendorf.

In **Salzhausen** ❶ folgen wir vom **Busbahnhof** der Schotterstraße südwärts zwischen der Gemeinschaftsunterkunft für Asylsuchende (links) und den Gleisen der stillgelegten Bahnstrecke. Beim ersten Bahnübergang rechts über die Bahngleise, entlang der Straße (Witthöfsfelde) und am Ortsende nach links entlang der Neubausiedlung. Bei der ersten Kreuzung rechts auf Spurweg und 100 m vor Bebauung spitzwinklig nach links (gelber Pfeil, Schild: Rund um Salzhausen).

Bei einer Gabelung gehen wir rechts abwärts in die Niederung des Nordbaches, den wir kurz darauf queren. Danach vor einem Feld rechts und bei der nächsten T-Kreuzung links in den asphaltierten Weg, den wir in einer Rechtskurve mit einem Landschaftsschutzgebiet-Schild geradeaus auf dem Grasweg verlassen, nach einer Rechtskurve einen weiteren Bach querend.

Bei den folgenden Kreuzungen führt der Pastor-Bode-Weg geradeaus weiter. Nach Querung der alten Bahnlinie bietet sich links ein schöner Blick hinüber nach Eyendorf, dessen »Skyline« geprägt wird von der noch funktionsfähigen Holländer-Windmühle von 1897. Einen Abzweiger links nach Eyendorf (1 km) bzw. Salzhausen (6,5 km) ignorieren wir – es sei denn, man möchte abkürzen – und folgen geradeaus dem Pastor-Bode- und Jacobusweg sowie Fernweg KulturFindlinge (Egestorf 9 km). 500 m nach einer Hochspannungsleitung erreichen wir eine **Kreuzung am Waldrand** ❷ und verlassen dort den Pastor-Bode- und Jacobusweg, indem wir links abbiegen (Eyendorf 4 km) und zunächst entlang des Waldrands und nach einem Rechtsknick in den Wald gehen. Im Wald bei einer T-Kreuzung links und gleich darauf halb rechts auf Pfad (Schild »Wanderweg«), aber nicht scharf rechts! Nach 30 m erscheint links am Baum ein gelber Pfeil. Der Pfad führt nach einer Weile aus dem Wald hinaus und am Waldrand entlang. Nach Kurzem ist unten links auf dem Feld unter einer Baumgruppe ein **Großsteingrab** ❸ zu sehen, über das eine Infotafel bei einem Picknicktisch informiert. Zwei andere ehemalige jungsteinzeitliche Großsteingräber am Weg sind nicht mehr erhalten.

Nach 200 m biegen wir links in den neben dem Feld verlaufenden Graspfad (Eyendorf 1,8 km). Am Ortsanfang von Eyendorf gabelt sich die Straße; wir halten uns rechts (Feldstraße) – von links mündet die Abkürzung ein – und bei der folgenden Kreuzung links, ehe wir rechts in die Ravener Straße (später Dorfstraße) abbiegen. 100 m nach einer Linkskurve bei Haus Nr. 5 rechts in die Schmale Schmiedestraße, die beim **Bürgerpark von**

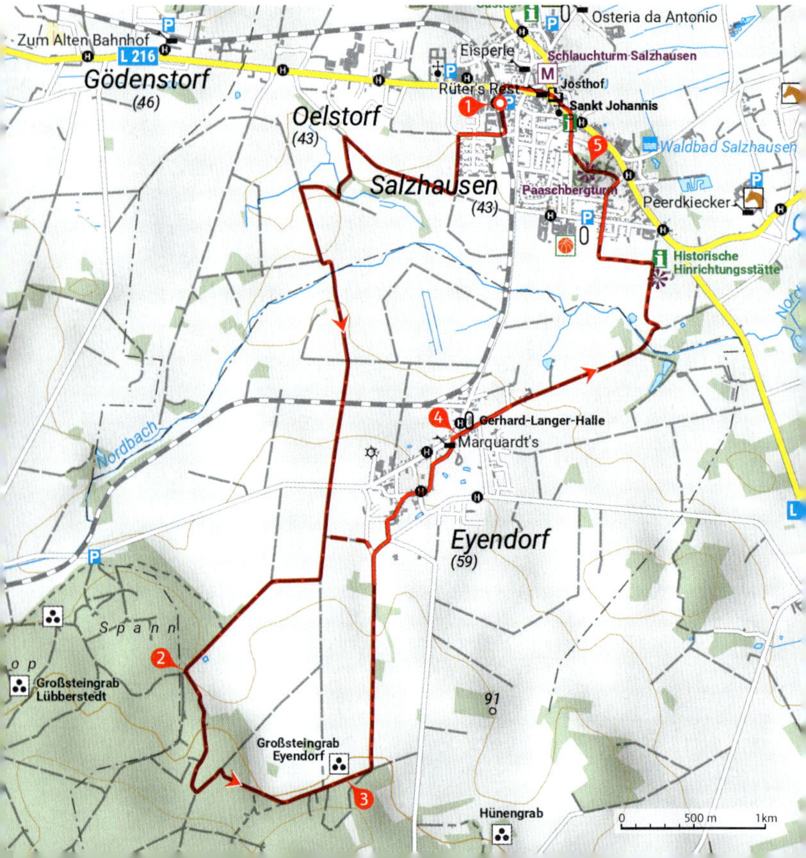

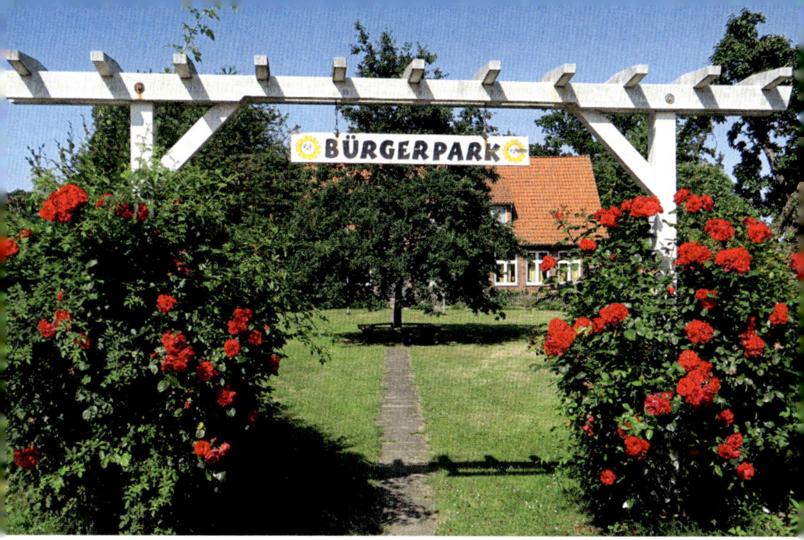

Einladend präsentiert sich der Eyendorfer Bürgerpark.

Eyendorf ❹ mit Picknicktisch in die Hauptstraße einmündet. Rechts vom Bürgerpark auf der kleinen Straße Im Borgfeld aus dem Ort hinaus. 5 Minuten nach Ende des Asphaltbelags entscheiden wir uns bei einer Gabelung für den Pfad nach links und queren kurz darauf den Nordbach. 100 m nach der Brücke nach einem Gatter links auf Rundweg und vor dem nächsten Gatter Pfad rechts aufwärts, auf Salzhausen zu. 100 m vor der Hauptstraße bzw. den ersten Häusern folgen wir dem Rundweg-Schild nach links, nach einer Rechtskurve rechts vorbei an einem Spielplatz hinein in den Ort und dort zunächst geradeaus. 50 m vor der Hauptstraße bei der Bushaltestelle Grundschule links auf den aufwärts führenden gepflasterten Weg und weiter geradeaus rechts an der Schule vorbei hinauf in den Park. Ziel ist der höchste Punkt, der 67 m hohe **Paaschberg** ❺ mit einem Aussichtsturm. Beim Abstieg zunächst rechts und dann auf Hauptweg geradeaus hinunter. Nach der Treppe führt uns die Straße Am Paaschberg nach rechts zur Hauptstraße, der wir links folgen. Vorbei an der St.-Johannis-Kirche gelangen wir zurück zum Ausgangspunkt am Bahnübergang von **Salzhausen** ❶.

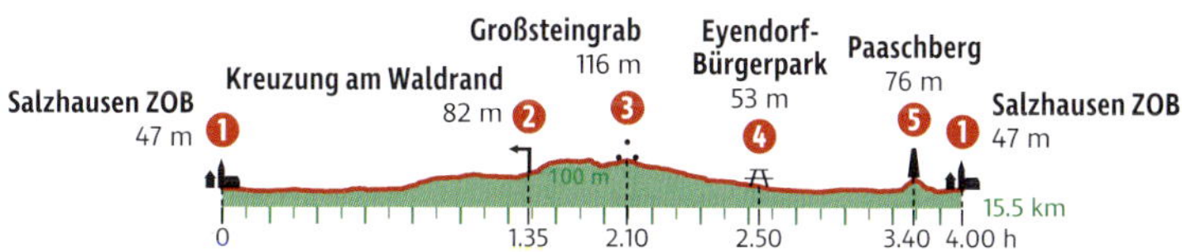

↗ 80 m | ↘ 80 m | 8.6 km

16 Stadtrundgang durch Lüneburg

2.30 h

1000 Jahre Geschichte in wenigen Stunden

Natürlich darf ein Rundgang durch die für die Heide namensgebende Hansestadt nicht fehlen, zumal wenn sie wie Lüneburg über zahlreiche denkmalgeschützte Gebäude und eine lebendige Altstadt verfügt. In den über 1000 Jahren seiner Stadtgeschichte wurde Lüneburg wohlhabend durch Salzabbau: Das vor allem unter Tage am Kalkberg abgebaute »weiße Gold« des Mittelalters gelangte großteils über die Salzstraße nordwärts nach Lübeck. Der jahrhundertelange Salzabbau führte in der Folge – bis heute – zu stellenweise mehrere Meter starken Bodensenkungen und damit Gebäudeschäden in der westlichen Altstadt, was stellenweise schiefe Mauern erkennen lassen. Der Rundgang bietet nicht nur Kultur-, sondern auch Landschaftsgenuss: entlang der Ilmenau, in das NSG Kalkberg sowie um den Kreidebergsee, beide geprägt durch Gips- bzw. Kalkabbau. Nach dieser Tour könnte man den Tag in einer der vielen Einkehrgelegenheiten ausklingen lassen; angeblich hat die Unistadt Lüneburg mit ihren 10.000 Studenten nach Madrid die größte Kneipendichte Europas.

Ausgangspunkt: Lüneburg-Bahnhof, gebührenpflichtiges Parkhaus (Navi: Am Bahnhof, Am Altenbrücker Ziegelhof, 21337 Lüneburg). Gebührenfreies Parken in Ortsmitte bei den Sülzwiesen südlich vom Kalkberg bei 6 (Navi: Sülzwiesen, Am Bargenturm, 21339 Lüneburg).
ÖPNV: ICE-Bahnhof Lüneburg östlich der Altstadt am Ausgangspunkt. Unterwegs gibt es zahlreiche Stadtbushaltestellen mit Verbindungen zum Bahnhof, kvg-bus.de.
Anforderungen: Leichter Stadtrundgang, beim Kalkberg Pfade mit Treppen.
Einkehr: Zahlreich in der Innenstadt, Biergarten an der Ilmenau bei 2.
Varianten: Mehrere Abkürzungen möglich, etwa durch Weglassen der Schleife um den Kreidebergsee (1,5 km weniger) oder den Kalkberg (1 km weniger).
Kombi-Tipp: Tour 17 weiter südlich durch den Wilschenbruch.
Tipps: 2015 neu gegründetes Museum Lüneburg über Kultur und Natur der Region in der Wandrahmstraße 10, museumlueneburg.de; Salzmuseum in der alten Saline, salzmuseum.de; Brauereimuseum in der Heiligengeiststraße 38, brauereimuseum-lueneburg.de; St.-Johannis-Kirche; Tour mit gemietetem Boot (Kanu, Tretboot) ab Schröders Biergarten.

Vom **Bahnhof Lüneburg** 1 geht es die Zufahrtsstraße abwärts und rechts unter der Bahnbrücke hindurch Richtung Altstadt. Nach Querung des Kanals (Lösegraben) links Fußweg an dessen Ufer entlang und nach der Einmündung in die Ilmenau nach rechts unter der Straßenbrücke hindurch, der 2016 für 3,5 Mio. € erbauten **Wandrahmbrücke**, an der einmal Werke des Lüneburger Graffitikünstlers Björn Lindner und des Hamburger Sprayers Jonathan Sachau ausgestellt werden sollen. Auf der linken Flussseite liegt Schröders Biergarten – eine beliebte Lokalität, wo auch Boote

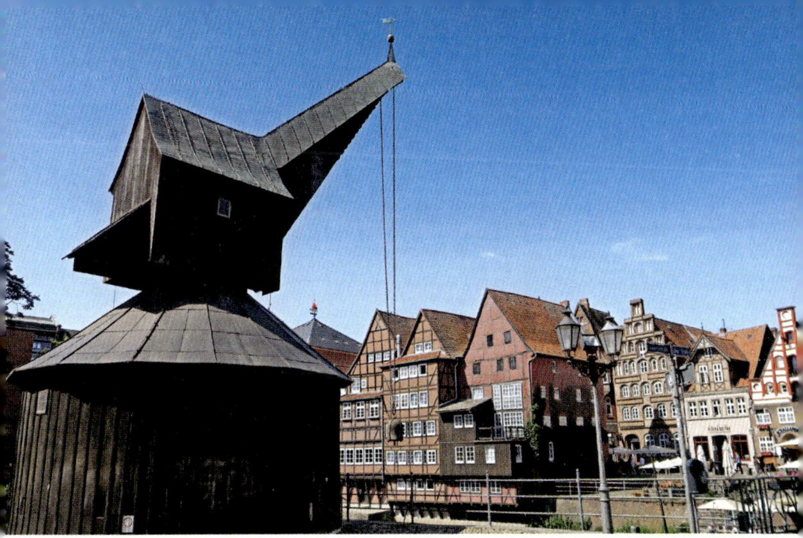

Dem alten Kran von 1797 war sogar eine 9,3 Tonnen wiegende Lok nicht zu schwer.

vermietet werden. Nach wenigen Minuten queren wir links die Ilmenau über die Fußgängerbrücke und folgen dem Uferweg auf der linken Seite der Ilmenau, vorbei an der im 14. Jh. erstmals erwähnten **Ratsmühle**, einer Mühlenanlage, die u.a. aus Getreide-, Öl-, Papier-, Schleif-, Walk- und einer Lohemühle zum Gerben von Leder bestand. Das im 16. Jh. erbaute Gebäude namens **Ratswasserkunst** auf der linken Seite diente als mühlengetriebenes Schöpfwerk zur Versorgung der Lüneburger Saline mit Frischwasser und war damit ein Vorläufer des dahinter aufragenden backsteingemauerten **Wasserturms**, in Betrieb zwischen 1907 und 1985. Die Aussichtsplattform des 56 m hohen Backsteinturms ist täglich zugänglich.
Nach Querung der Altenbrückertorstraße bei der nächsten Ilmenaubrücke geradeaus auf linksseitigem Uferweg der Ilmenau und bei einer Insel im Fluss rechts, vorbei an der ehemals klostereigenen **Abtsmühle** und dem hohen Backsteinturm der **Abtwasserkunst**, beide heute als Hotel genutzt. Dieser Wasserturm wurde im 16. Jh. von 24 Bürgern gebaut, überwiegend Bierbrauer, die sauberes kalkarmes Wasser brauchten. Dafür wurde an be-

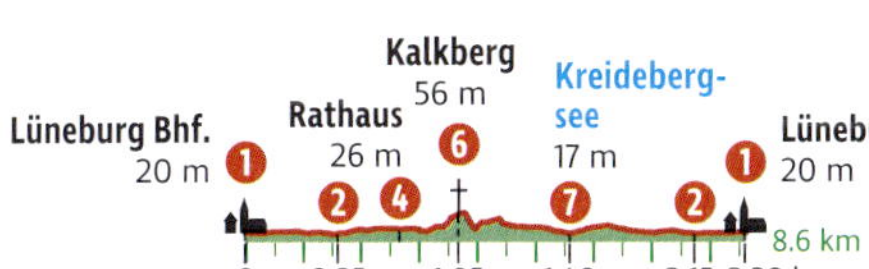

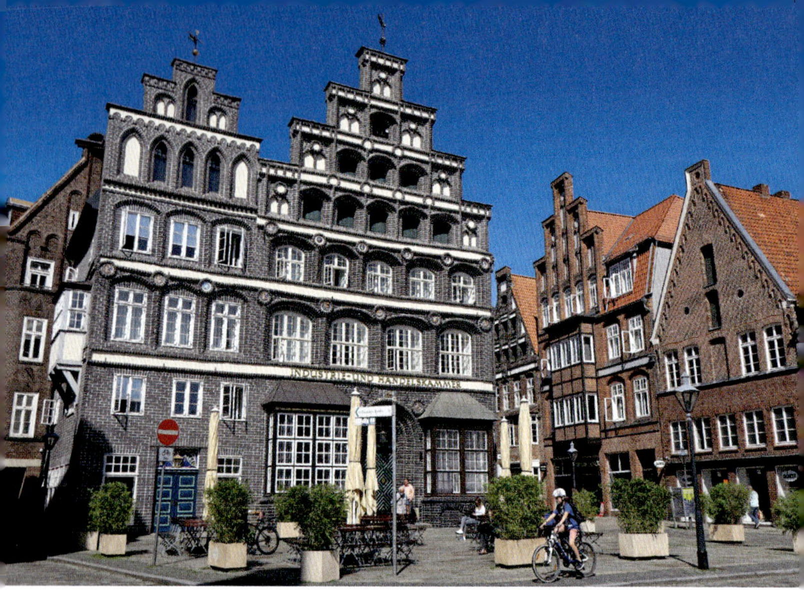

Diese Treppengiebelhäuser beherrschen die Nordseite des Platzes Am Sande.

stimmten Tagen das Wasser in den Turm gepumpt – dann durfte die Bevölkerung keine Fäkalien in die Ilmenau schütten.

Die Brausebrücke führt uns über die Ilmenau, ehe wir sofort links gehen, entlang der rechten Flussseite mit dem Fachwerkgebäude der Lüne-Mühle zur Rechten, heute ein Restaurant. Kurz darauf passieren wir eines der Wahrzeichen von Lüneburg, den alten **Kran** 2, 1797 erbaut und befestigt mit großen Steinen sowie 2 m tief im Boden verankerten Eichenholzpfählen. Die größte Last, die er zu bewegen hatte, war eine 9,3 t schwere Dampflok im Jahr 1840.

Am Kran queren wir vor der Barockfassade des nach einem Brand 1959 zerstörten alten Kauf- und Heringshandelshauses links die Ilmenau, gehen links über den Stintmarkt, danach rechts (Bei der Abtspferdetränke) und wieder links (Am Berge) zum 200 m langen Platz **Am Sande** 3 mit seinen mittelalterlichen Bürgerhäusern und deren Treppengiebeln. Hier rechts, die im 15. Jh. fertiggestellte fünfschiffige **St.-Johannis-Kirche** im Rücken. An der prächtigen Barockorgel soll der junge Johann Sebastian Bach das Orgelspielen gelernt haben bei seinem Onkel Georg Böhm, 1698–1733 Kantor und Komponist an der St.-Johannis-Kirche. Der 109 m hohe Kirchturm ist nicht nur wegen seiner Höhe auffällig, sondern er wirkt schief: Die Dachspitze ist so verformt, dass sie um 2 m vom Lot abweicht. Ursache war hier kein Senkungsschaden durch Salzabbau, sondern ein kapitaler Kon-

struktionsfehler. Der Platz Am Sande lag an der Kreuzung zwischen drei Siedlungskernen, plakativ als »Mons, Pons, Fons« bezeichnet (für Kalkberg, Brücke und Saline). Der Platzname geht zurück auf den unbefestigten sandigen Untergrund im Mittelalter.
Vor dem einzeln am Westende des Platzes stehenden dunklen Gebäude mit Treppengiebeln, heute Sitz der IHK Lüneburg, biegen wir rechts in die Fußgängerzone (Kleine Bäckerstraße), die zum Marktplatz führt mit dem Luna-Brunnen und links dem **Rathaus** 4 aus dem 13. Jh. mit barocker Fassade von 1720. Dreimal täglich sind verschiedene Melodien des Glockenspiels aus Meißner Porzellan mit 41 Glocken zu hören (8, 12, 18 Uhr).
Wir folgen der Radstraße links am Rathaus mit der Touristinfo vorbei, halten uns danach links (Neue Sülze), nach 100 m rechts (von links mündet die Kathenstraße ein), queren einen kleinen Parkplatz und folgen dem Weg geradeaus zwischen Häusern in die westliche Altstadt von Lüneburg. Dort rechts in die Untere Ohlingerstraße, bei der nächsten Kreuzung links (Auf dem Meere) und entlang dieser kopfsteingepflasterten Altstadtgasse zum Johann-Sebastian-Bach-Platz mit der **St.-Michaelis-Kirche** 5, deren Klosterschule Johann Sebastian Bach um 1700 besuchte. Die massive Backsteinkirche entstand im 15. Jh. nach der Zerstörung der Burg am Kalkberg mit dem bedeutenden Vorgängerbau und einem dazugehörigen Benediktinerkloster. Die schiefen Linien dieser Kirche (bei den Säulen bis zu 0,7 m

Der Platz Am Sande verdankt seinen Namen dem sandigen Untergrund im Mittelalter.

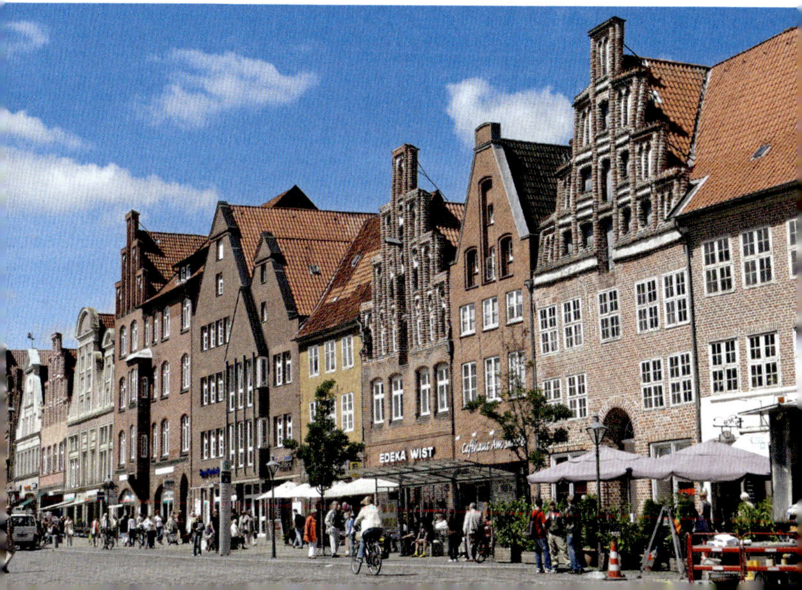

Malerische Häuser in einer Altstadtgasse nahe der St.-Michaelis-Kirche.

vom Lot) gehen auf Senkungsschäden infolge Salzabbaus zurück – die Kirche steht genau auf der Abbruchkante des Senkungsgebietes.

Wir gehen links an der Kirche vorbei und folgen der Görgesstraße zu einem Brunnen im Park, wo wir die Treppen links aufwärtsgehen und uns links halten. Das Denkmal neben dem Brunnen erinnert an Eduard Schlöbcke (1852 – 1936), der sich als Regierungs- und Baurat für den Schutz des Kalkbergs einsetzte. Vor uns liegt das 7,6 ha große NSG Kalkberg, in dem früher Kalk/Gips als Baumaterial abgebaut wurde, gebildet vor 250 Millionen Jahren aus Meeresablagerungen. Nach der Einstellung des Abbaus entstand hier 1932 eines der ersten deutschen Naturschutzgebiete mit vier Biotopen und darin einer großer Artenvielfalt und seltenen Tieren wie dem Kammmolch. Von rund 200 hier vorkommenden Blütenpflanzen steht etwa ein Fünftel auf der Roten Liste. Im Mittelalter (951 – 1371) stand hier die für die Stadt namensgebende Hliuniburg Hermann Billungs und später der Welfen mit dem Benediktinerkloster St. Michael, bis das Bürgertum die Burg stürmte.

Wir halten uns bei der Kreuzung vor einer abwärts führenden Treppe rechts und erklimmen den Gipfel des **Kalkbergs** 6, 56 m, der vor Zeiten des Gipsabbaus 24 m höher war. Mittlerweile steigt der Berg wieder durch Aufquellen von Gips – etwa 2 mm pro Jahr. Vom Gipfel geht es ein kleines Stück zurück und dann rechts abwärts in den Talgrund, den wir links verlassen, um durch Wald aufzusteigen. Weiter links, wieder zum Ausgangspunkt im NSG und in nördlicher Richtung auf dem Schlöbckeweg, beim Parkplatz bei der Neuetorstraße rechts und danach links in die Straße Am Springintgut. Rechts stand einst die Michaelisschule als älteste Schule der Stadt mit dem bekanntesten Schüler Johann Sebastian Bach.

Am Ende des Parks rechts in die **Frommestraße**. In keiner anderen Straße lassen sich die Senkungen derzeit so gut beobachten wie hier. War in den 1970er-Jahren besonders die westliche Altstadt von den **Bodensenkungen** als Folge des Salzabbaus betroffen, kam es in den letzten Jahren vor allem im nördlichen Teil des mehr als 1 km^2 großen Senkungsgebietes zu Schäden, wie an schiefen Hauswänden, aufgeplatztem Asphalt und vor allem der bekannten **Gartenpforte** in der Frommestraße zu sehen ist. Dieses sogenannte »Tor zur Unterwelt« ist seit 1898 um rund 2 m versackt. An anderen Stellen kommt es durch

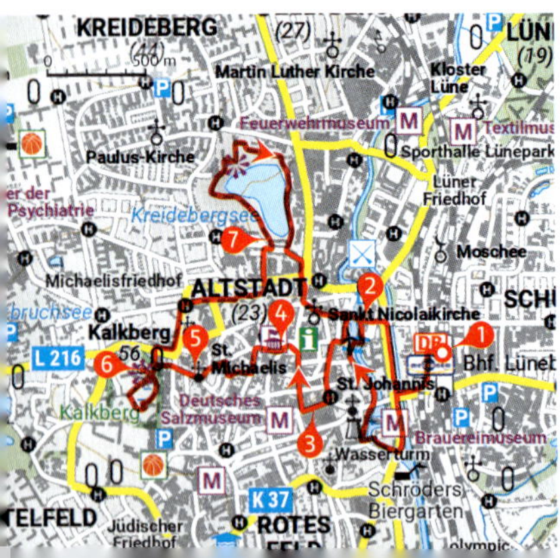

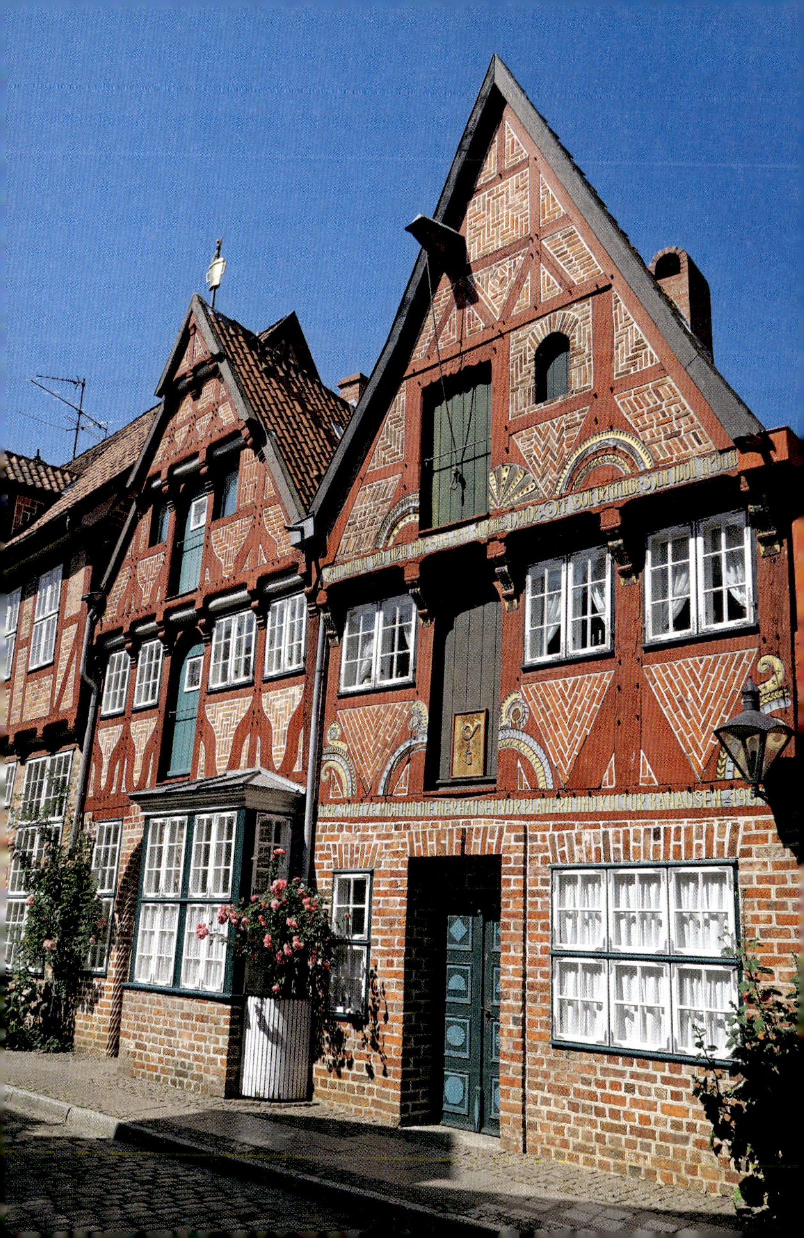
SCHUTZE MICH UND DIE HIER HAUSEN VOR PLANERN UND KULTUR BANAUSEN

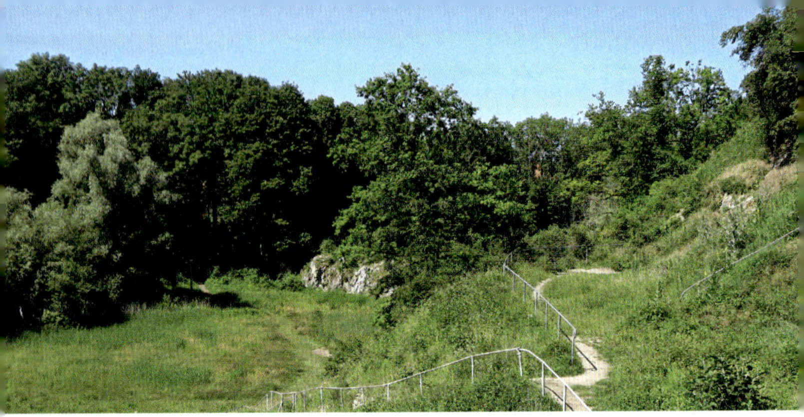

Der Lüneburger Kalkberg ist infolge Kalk- und Gipsabbaus um 24 Meter geschrumpft.

Aufquellen von Gips zu geringen Bodenhebungen. Seit Ende des Zweiten Weltkrieges wurden 300 Messpunkte für Erdbewegungen eingerichtet, die Senkungen von bis zu 25 cm pro Jahr registriert haben.

Nach der Frommestraße geradeaus durch die Parkanlage namens **Liebesgrund**. Dieser längsseitig von Hängen begrenzte 1911 angelegte Park war früher ein Teil der Stadtumwallung aus Mauer, Wall und Stadtgraben. Wir verlassen den Park 150 m vor seinem westlichen Ende nordwärts auf der Garlopstraße und gehen geradeaus (Langer Jammer) zum Parkplatz vor dem durch Kalkabbau entstandenen **Kreidebergsee** ❼, den wir im Uhrzeigersinn umrunden – oder geradeaus abkürzend links liegenlassen. Der 1,6 km lange Rundweg bietet Grün, Wasser sowie helle, an Rügen erinnernde Abbruchkanten und einen Aussichtspunkt am nördlichen Ufer. Das Kalkwerk hier stellte seinen Betrieb 1963 ein, die mit Wasser gefüllte Grube diente noch 20 Jahre als Schutthalde der Firma Salzgitter Chemie, im Volksmund »Rattenloch« genannt. Heute hat sich der 30 m tiefe sanierte See mit seinem leicht salzhaltigen Wasser zu einem Naturparadies entwickelt, Heimat von mehr als 50 Vogelarten. Zu den üblichen Binnenseearten Hecht, Karpfen, Zander gesellen sich 1986 ausgesetzte Goldfische.

Wir verlassen den See südwärts über die Straßen Am Kreideberg. Im Zweiten Weltkrieg wollten die Nazis an dieser Stelle Monumentalbauten entlang einer geplanten Aufmarschstraße bauen. Die Bardowicker Straße 200 m südwärts, dann vor einer Apotheke halb links in die Fußgängerzone, links vorbei an der St.-Nicolai-Kirche, im 15. Jh. als gotisches Gotteshaus der Schiffer erbaut mit 1895 ergänztem 98 m hohen Turm. In östlicher Richtung zur Lüner Straße, auf dieser über die Ilmenau vorbei am **Kran** ❷ und weiter geradeaus auf Lünentorstraße zum Kanal Lösegraben. Auf dessen rechter Seite gehen wir rechts südwärts zur nächsten Brücke und dort wie auf dem Hinweg noch zweimal links zum **Bahnhof Lüneburg** ❶.

↗ 60 m | ↘ 60 m | 5.2 km

1.30 h

Wilschenbrucher Wald bei Lüneburg

17

Rundwanderung entlang der Ilmenau

Südlich von Lüneburg ist im Wilschenbruch am Flüsschen Ilmenau das lebendige Treiben der Innenstadt schnell vergessen – mit Wald, versteckten Teichen sowie der Flussniederung mit den Mäandern der Ilmenau. Die Tour beginnt am 2017 eröffneten Hauptgebäude der Leuphana-Universität, entworfen vom New Yorker Architekten Libeskind. Die Universität bezog in den 1990er-Jahren das Gelände der ehemaligen Scharnhorst-Kaserne, weil die Räumlichkeiten der ehemaligen Pädagogischen Hochschule am Wilschenbrucher Weg nicht mehr ausreichten. Zunächst wandern wir durch den verwilderten, um 1900 vom Lüneburger Verschönerungsverein angelegten Park am Bockelsberg. Die im Wald liegenden 1840 angelegten Teiche dienten als Eislieferanten für Lüneburger Brauereien und das städtische Krankenhaus. Nach Ende des Zweiten Weltkriegs bis in die 1960er-Jahre wurden sie von Hobbyanglern gepflegt. Von einst 21 Fischteichen sind noch 14 erhalten, aber teilweise infolge Blattlaubs verschlammt.

Ausgangspunkt: Hauptgebäude der Leuphana-Universität Lüneburg. Parkgelegenheit 100 m östlich im Park (Navi: Düvelsbrooker Weg, 21335 Lüneburg), alternativ nördlich am Parkplatz zwischen Amselweg und Ruderclub (Navi: Willy-Brandt-Straße, 21335 Lüneburg).
ÖPNV: Bushaltestelle Universitätsallee mit mehrmals stündlich Verbindungen vom/zum Bahnhof Lüneburg,hvv.de.
Anforderungen: Leichte Wanderung über befestigte Wege und Pfade durch Park und Wald entlang der Ilmenau.

Einkehr: Keine.
Varianten: 1. Zuweg vom Bahnhof (2,2 km): entlang der Wallanlage zur Nicolai-Kirche und südwärts entlang der Johannisstraße und dem Wilschenbrucher Weg, zuletzt auf dem Radweg zur Uni. Die Route wird bei der hölzernen Straßenbrücke erreicht nach 3.
2. Verlängerung (3 km) im Süden beidseitig der Ilmenau bis zur Straßenbrücke Rote Schleuse.
Kombi-Tipp: Tour 16; Stadtrundgang Lüneburg.

Wilschenbrucher Teiche – früher Eis- und Fischlieferanten, heute ruhiges Naturidyll.

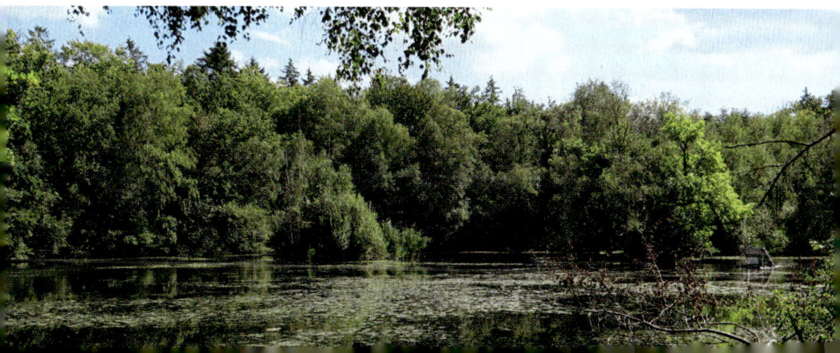

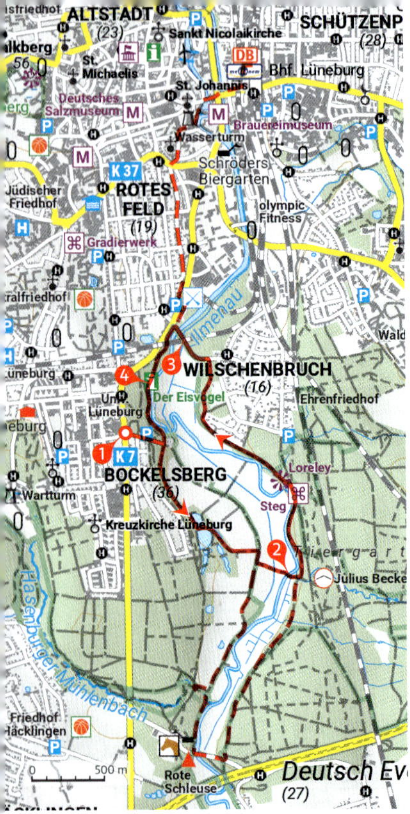

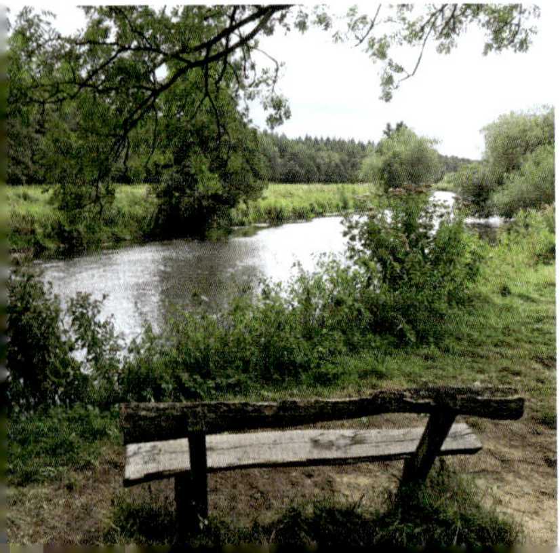

Das von der Straßenseite her weniger ansprechende Libeskind-Hauptgebäude der **Universität Lüneburg** ❶ im Rücken folgen wir dem Düvelsbrooker Weg abwärts, nach 100 m rechts vorbei an einem Parkplatz. 100 m nach dem Parkplatz rechts in den Waldweg, bald rechts an den ehemaligen Eis- und Fischteichen entlang. Ein solarbetriebener Teichbelüfter mildert hier den fauligen Schwefelgeruch, entstanden infolge Sauerstoffmangels und vieler Nährstoffe, eingebracht durch Blattlaub und Enten fütternde Besucher.

Nach einem größeren Teich bei einer kleinen Holzbank (ohne Lehne) links über einen Damm zwischen den zwei größten Teichen, an dessen Ende bei einer Bank (mit Lehne) rechts und kurz darauf bei einer Gabelung links. Nach einer kleinen Holzbrücke gehen wir geradeaus und ignorieren Abzweigungen bis zu einer T-Kreuzung bei einem Zaun (links), wo wir links dem Weg rechts am Zaun entlang folgen mit einer Kleingartenanlage auf der anderen Seite. Bei der folgenden T-Kreuzung vor der Flussniederung rechts in den breiteren Weg und nach 70 m links in den Weg mit Verkehrsverbotsschildern, während der Radweg (und die Verlängerung) geradeaus weiter verlaufen. Wir queren die Ilmenau über die **Teufelsbrücke** ❷, 1894 auf Initiative des Lüneburger Verschönerungsvereins erbaut. Nach der Teufelsbrücke bei der Kreuzung links über eine kleine Holzbrücke.

Bei der Teufelsbrücke lädt eine Bank zur Rast mit Ilmenau-Blick ein.

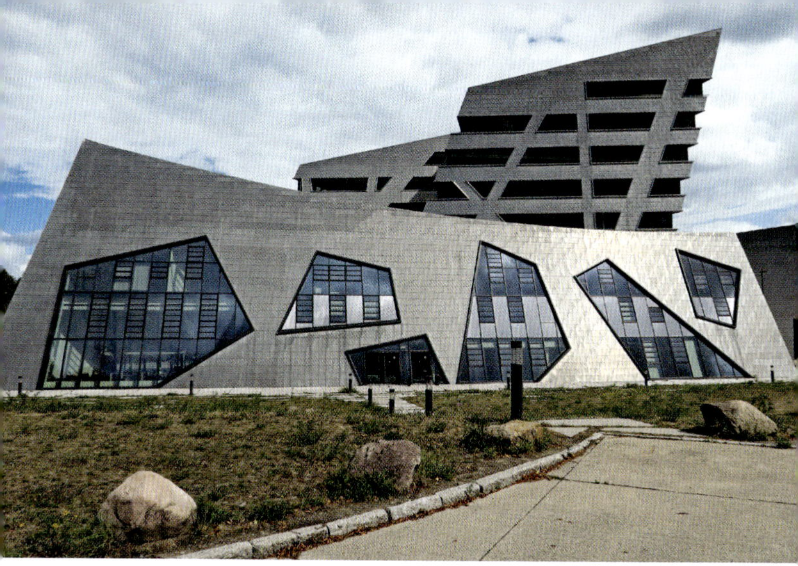

Rückseite vom Libeskind-Hauptgebäude der Universität Lüneburg.

Bis Lüneburg folgen wir dem Weg so nah an der Ilmenau wie möglich, d. h. wir halten uns bei allen Abzweigungen links. Der Weg führt abwechselnd durch Wald und vorbei an offenen Flächen am Ufer der Ilmenau entlang. Nach einem modernen Wohnviertel mit teils extravaganten Häusern bei einer Gabelung mit einem mit Holzlatten eingefassten Mülleimer links und nach 300 m bei Wertstoffcontainern auf Straße links (bzw. dem Fußweg rechts daneben). Nach einer alten **Bahnbrücke** ❸ führt die Straße auf einer hölzernen Brücke über die Ilmenau, ehe wir vor der Hauptstraße links dem Radweg Richtung Uni folgen (0,6 km). Nach rechts würde nach 2 km der Bahnhof Lüneburg erreicht werden.
100 m nach der Bahnbrücke links auf kleinerem und nicht asphaltiertem Radweg Richtung Melbeck entlang der Ilmenau. 100 m nach einem **Moorteich** ❹ mit einer Infotafel über Eisvögel halten wir uns links, so ufernah wie möglich. Nach wenigen Minuten erreichen wir wieder den Düvelsbrooker Weg, der rechts zurück zur **Universität Lüneburg** ❶ führt.

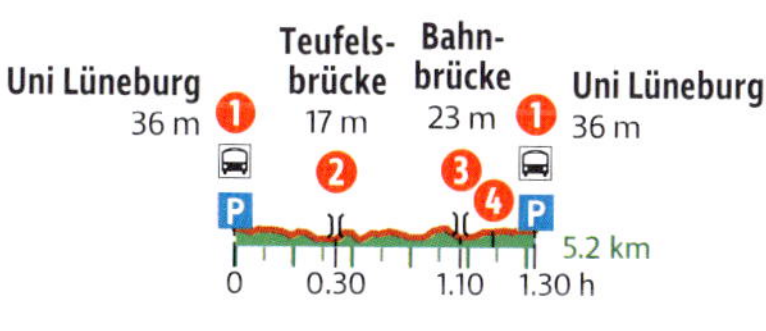

↗ 140 m | ↘ 120 m | 21.6 km

18 Von Lüneburg nach Salzhausen

5.30 h

Historische Streckenwanderung auf den Spuren des Heidepastors

Namensgeber für diesen Fernwanderweg ist Wilhelm Bode (1860–1927), langjähriger Pastor von Egestorf, der sich für den Schutz der Heidelandschaft engagierte und den Kauf des Wilseder Berges durch den VNP und damit die Gründung des dortigen Naturschutzgebietes initiierte. Die erste Etappe dieses Weges ab Lüneburg führt durch viel Wald und hat eher meditativen Charakter, ohne allzu viel Abwechslung. Ein landschaftlicher Höhepunkt wartet gleich zu Beginn auf mit dem Lüneburger Kalkberg, einer geschützten Naturoase. Durch das Böhmsholz und das Luhetal geht es schließlich nach Salzhausen, vorbei an Luhmühlen, Standort bekannter Reitwettbewerbe.

Ausgangspunkt: St.-Michaelis-Kirche in Lüneburg, 400 m südlich davon (gebührenfreier) Parkplatz Sülzwiese (Navi: Sülzwiesen, Am Bargenturm, 21339 Lüneburg).
Endpunkt: Busbahnhof Salzhausen mit (begrenzter) Parkgelegenheit (Navi: Bahnhofstraße 13, 21376 Salzhausen).
ÖPNV: Alle 1 bis 2 Stunden Linie 5200 von Salzhausen ZOB via Kirchgellersen und Westergellersen nach Lüneburg; dort Haltestelle Neue Sülze oder beim Parken auf Sülzwiesen Lampertiplatz, hvv.de.
Anforderungen: Leichte Wanderung über Wald-, Feld- und Radwege sowie stellenweise Straßen.
Markierung: Gelber Pfeil auf schwarzem Grund sowie großteils Jacobusweg (Muschel).
Einkehr: Salzhausen.
Varianten: Abkürzungen möglich:
1. entweder Beendigung der Tour in Kirchgellersen (gesamt 12 km) mit einem netten Feuchtbiotop zur Bushaltestelle Schützenstraße oder
2. nach Westergellersen (gesamt 14,8 km) zur Bushaltestelle »Das Rote Feld«.
Kombi-Tipp: Touren 19 (Pastor-Bode-Weg, Etappe 2) und 15 (Rundweg bei Salzhausen).
Tipps: In Salzhausen St.-Johannis-Kirche sowie Feuerwehr-Schlauchturm in der Winsener Straße mit kleiner Ausstellung (→ Tour 15) sowie Waldbad.

In der alten Hansestadt **Lüneburg** startet der Pastor-Bode-Weg an der **St.-Michaelis-Kirche** ❶, wo früher die Familie Bode lebte. Die kopfsteingepflasterte Görgesstraße führt vom Kirchenvorplatz westwärts zur Grün-

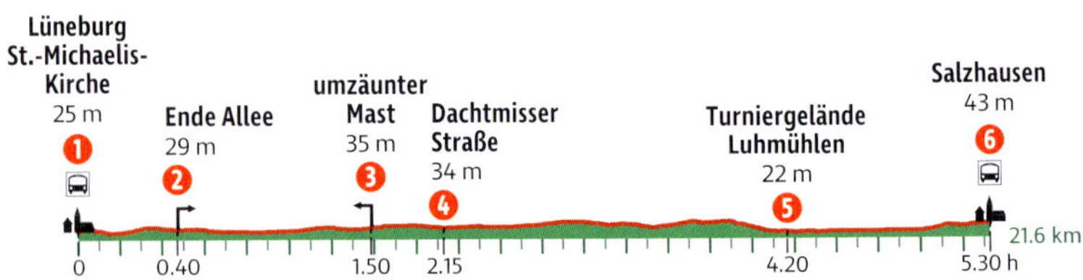

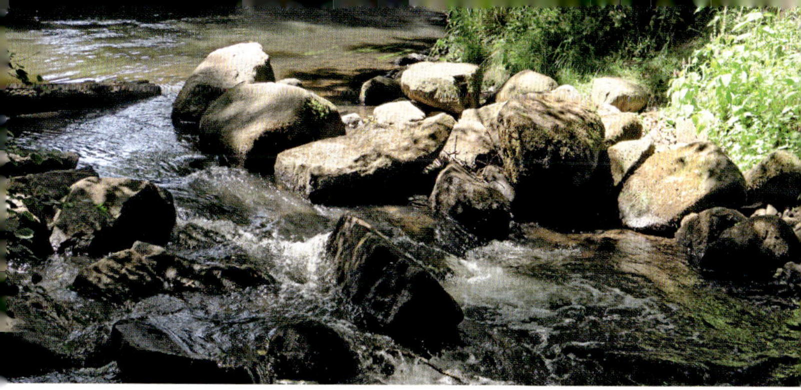

Bei Luhmühlen mündet der Brünbach in die Luhe.

anlage des unter Naturschutz stehenden Lüneburger Kalkbergs mit anfangs einem Brunnen und Denkmal für Eduard Schlöbcke (1852 – 1936). Der ehemalige Regierungs- und Baurat Eduard Schlöbcke setzte sich für den Schutz des Kalkbergs ein und die Erschließung mit Wegen und Treppen nach Einstellung des Gipsabbaus im Jahr 1923.

Beim Denkmal geradeaus die Treppe hinauf und danach links, links vorbei an der Infotafel über die Entstehung des Kalkbergs und durch das Gatter. Nach 50 m ignorieren wir den rechts abzweigenden Pfad, der weiter aufwärts zu einem Aussichtspunkt führt, und steigen kurz darauf die Treppe abwärts in den ausgewaschenen Talkessel mit den karstigen Strukturen der rechts aufragenden Kalkfelsen, gebildet vor 250 Millionen Jahren aus Meeresablagerungen. Die vier Biotope des 7,6 ha großen Naturschutzgebietes bieten eine große Artenvielfalt und seltene Tiere wie den Kammmolch. Von rund 200 Blütenpflanzen steht etwa ein Fünftel auf der Roten Liste.

Der Fußweg führt vom Talkessel zu einer kopfsteingepflasterten Gasse. Wir queren diese und folgen geradeaus dem Pfad links vorbei an dem kleinen Gebäude der ehemaligen Gipsmühle.

Der kurz darauf mit einem gelben Pfeil markierte Pfad erreicht eine Straße (Schnellenberger Weg), der wir rechts folgen. Nach 50 m kurz nacheinander zwei mal rechts bei griechischen Gasthäusern (erst Mykonos, dann Kreta). Der Schnellenberger Weg führt an eine andere Straße heran (Jägerstraße), die wir queren, um den Weg geradeaus leicht nach links versetzt auf der Allee fortzusetzen, angelegt im 15. Jh. als Verbindung zwischen dem Gut Schnellenberg und der Stadt Lüneburg. Gelbe Pfeile und Jakobsmuscheln begleiten den Pastor-Bode-Weg.

Am **Ende der Allee** ❷ bei einer Straße rechts (links Radweg) und in der folgenden Rechtskurve in links abzweigende Straße, die kurz darauf ebenfalls nach rechts abbiegt. 50 m nach dieser Rechtskurve zweigt der Pastor-Bode-Weg nach links ab als Schotterweg am Waldrand.

Nach einem leichten Abstieg bei einer Gabelung rechts (Salzhausen 16,5 km), immer noch zusammen mit dem Jacobusweg am Waldrand entlang. 50 m nach einer kleinen Asphaltstraße (Böhmsholzer Weg) halb links in den Wald, nach 100 m an einer Kreuzung mit Bank vorbei und 200 m danach nach rechts auf einem Pfad. Bis zur nächsten Kreuzung halten wir uns links, bis wir dem breiten Forstweg nach rechts folgen. Bei der Lüneburger Straße 50 m nach links auf dem Radweg und vor dem Tempo-80-Schild rechts auf Spurweg in den Wald.

Bei der Kreuzung mit einem **umzäunten Mast** ❸ links (Salzhausen 14,5 km), bei den nächsten Abzweigungen geradeaus und bei einer Gabelung am Waldrand am Ende eines größeren Feldes links. Der Weg ist auf diesem Teilstück abschnittsweise sehr schmal und kann infolge geringer Nutzung etwas verwachsen sein. Der Pastor-Bode-Weg quert die **Dachtmisser Straße** ❹, führt geradeaus weiter als breiterer Weg am Wald- bzw. Feldrand und ein längeres Stück geradeaus nördlich von Kirchgellersen.

Im Norden von Westergellersen bei einer T-Kreuzung mit einem etwas sandigen Forstweg links und nach 5 Minuten bei einer Kreuzung mit Holzbank und der Notfall-Nr. LG-19 rechts. Zunächst geradeaus durch Wald und bei der Kreuzung mit einem Markierungspfahl für eine Gasleitung (S697) links. Bei einem Friedhof queren wir die Straße, folgen dem Weg auf der anderen Seite rechts am Friedhof vorbei und nach 50 m bei einer Gabelung links am Feldrand entlang zu einem Querweg, wo wir 50 m nach links gehen.

Weiter rechts auf Weg am Waldrand und vorbei an Notfall-Nr. LG-17 – 008 zum Parkplatz eines Geländes für Reitsportveranstaltungen und Festivals: Das **Turniergelände Luhmühlen** ❺ heißt offiziell »Himmel und Heide – Eventpark Luhmühlen«. Das Waldstück der vorigen Strecke ist rechts von vielen Reitwegen durchzogen.

Hinter dem Parkplatz links, nach 5 Min. bei einer Holzschranke rechts in den Gras-Spurweg und vor der Bachquerung links auf urigem Pfad links ne-

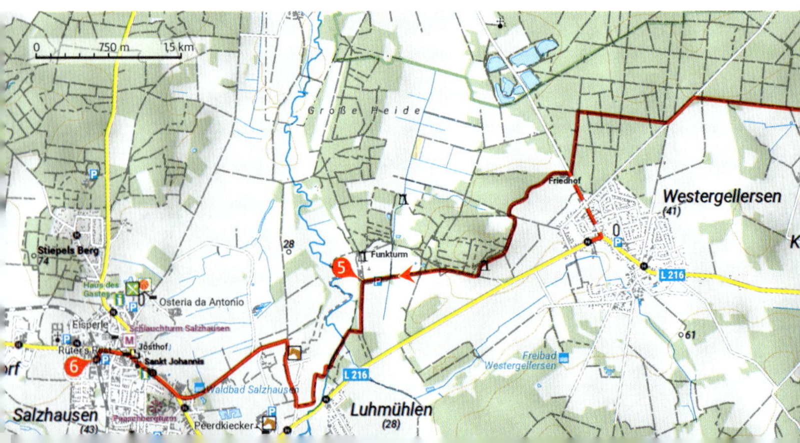

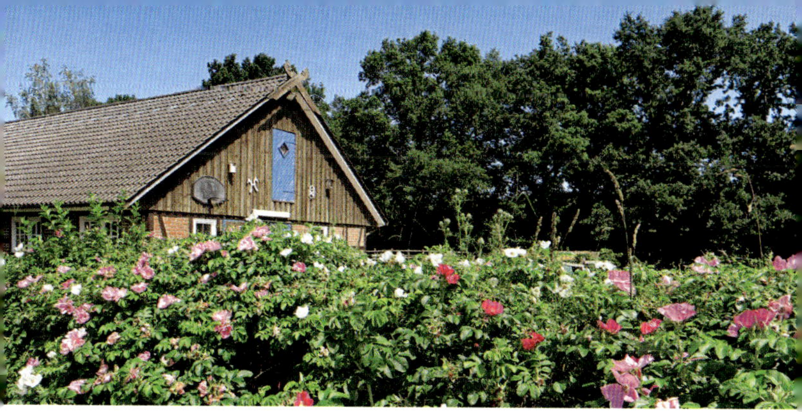

Heckenrosen am Ortsanfang von Luhmühlen.

ben dem Bach. Bei überschaubaren Stromschnellen und einer Bank mündet der Bach in die Luhe, der wir linksseitig folgen, um sie bei der nächsten Gelegenheit rechts über eine Brücke zu queren. Der mit dem gelben Pfeil und weiterhin der Jakobsmuschel markierte Weg führt in Luhmühlen zu einer Straße (Lobker Weg, später Am Waldbad), der wir durch den Ort folgen. Am Ortsende links (Salzhausen 1 km) und kurz hinter dem Waldbad Hauptstraße (Lüneburger Straße) rechts, vorbei an der 1643 fertiggestellten St.-Johannis-Kirche in den Ort **Salzhausen** ❻. Entlang der Hauptstraße erreichen wir den Busbahnhof links vor dem Bahnübergang. An der Stelle des heutigen Gesundheitszentrums links vor dem Bahnübergang (Bahnhofstraße 5) wurde 1897 auf Initiative von Wilhelm Bode ein genossenschaftliches Krankenhaus eröffnet, das 2015 mit zuletzt nur 75 Betten infolge Insolvenz den Betrieb einstellen musste.

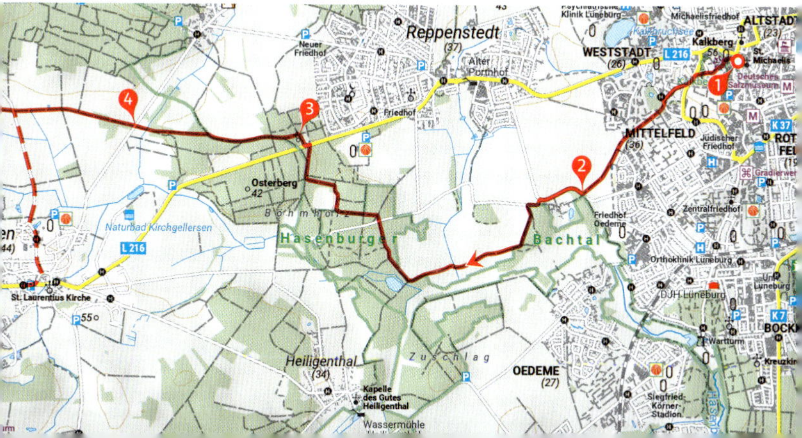

↗ 150 m | ↘ 100 m | 13.6 km

19 Von Salzhausen nach Egestorf

3.30 h

Historische Streckenwanderung zur Wirkungsstätte von Pastor Bode

Die zweite Etappe des Pastor-Bode-Wegs führt anfangs durch das Osterbachtal und den Spannwald, großteils entlang der alten Bahnstrecke von Winsen (Luhe) nach Egestorf, für deren Bau sich Wilhelm Bode einst engagiert hatte. Durch Baumalleen und zwischen Feldern geht es nach Egestorf, der ehemaligen Wirkungsstätte von Wilhelm Bode. Der Pastor-Bode-Weg führt im Original weiter nach Wilsede – dieses Teilstück ist Pastor Bode häufig gewandert. Diese Etappe ist aber nur bis Egestorf beschrieben, weil es in Wilsede weder Gelegenheit für öffentlichen Nahverkehr noch einen Parkplatz gibt.

Ausgangspunkt: Busbahnhof Salzhausen mit (begrenzter) Parkgelegenheit (Navi: Bahnhofstraße 13, 21376 Salzhausen), alternativ Parkplatz am Schützenplatz (Navi: Schützenstraße 3, 21376 Salzhausen).
Endpunkt: Egestorf mit Parkgelegenheit in der Dorfmitte (Navi: Sudermühler Weg 1, 21272 Egestorf), alternativ südlich davon entlang der Alten Dorfstraße.
ÖPNV: Der Ausgangspunkt Salzhausen und Endpunkt Egestorf-Kirche werden in der Sommersaison (15.7. – 15.10.) mehrmals täglich vom Ringbus Heide-Shuttle 3 bedient von/nach Buchholz, heide-shuttle.de. Sonst täglich mindestens alle 2 Stunden Linie 4406 zwischen Egestorf und Winsen, hvv.de.
Anforderungen: Leichte Wanderung über Feld- und Waldwege.
Markierung: Gelber Pfeil auf schwarzem Grund, großteils Jacobusweg (Muschel) sowie stellenweise Schilder »Rund um Salzhausen«.
Einkehr: Egestorf.
Variante: Der Pastor-Bode-Weg führt ab Egestorf weiter nach Wilsede (8,3 km), zunächst weitgehend identisch mit dem Heidschnuckenweg-Zubringer entlang des Sudermühler Wegs aus dem Ort, auf einem Holzbohlenweg über die Schmale Aue, später über den Radenbach und weiter auf dem Heidschnuckenweg nach Wilsede.
Kombi-Tipp: Tour 18 (Wilhelm Bode-Weg 1).
Tipps: In Egestorf Barfußpark, barfusspark-egestorf.de; Naturerlebnisbad Aquadies, naturerlebnisbad-egestorf.de sowie St.-Stephanus-Kirche, ehemalige Wirkungsstätte Wilhelm Bodes in der Dorfmitte.

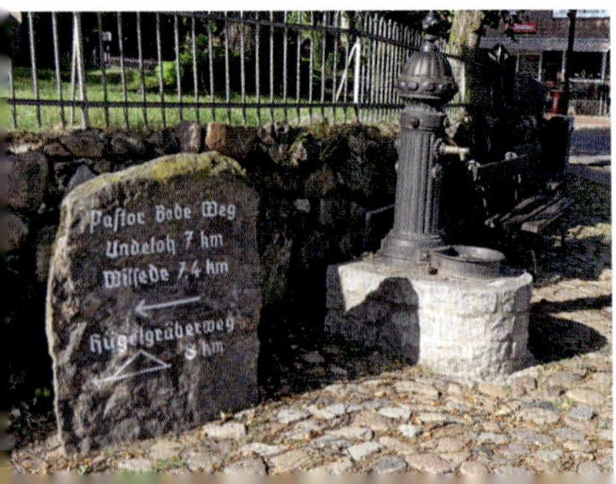

In **Salzhausen** ❶ starten wir vom Busbahnhof der Schotterstraße südwärts zwischen der Gemeinschaftsunterkunft für Asylsuchende (links) und Bahngleisen (rechts). Beim ersten Bahnübergang rechts über die Bahngleise, geradeaus

In Egestorf endet diese Etappe, der Pastor-Bode-Weg führt noch weiter bis Wilsede.

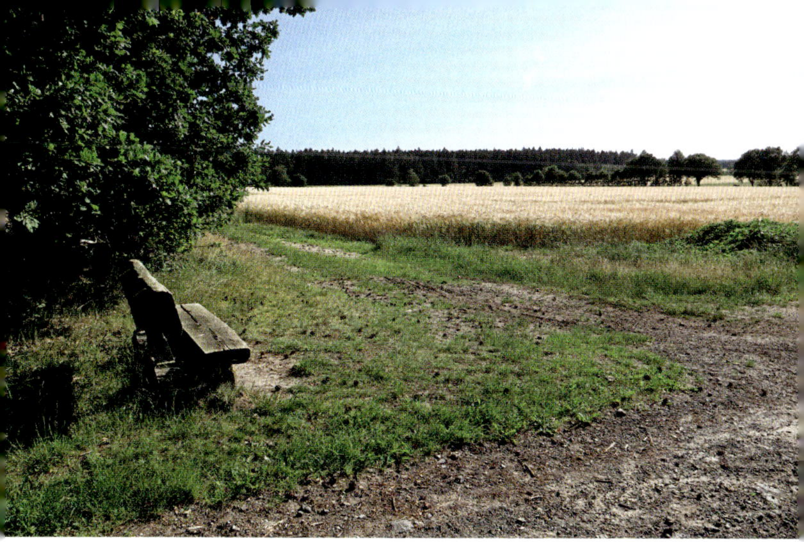

Südlich von Lübberstedt treten weite Felder an die Stelle von dichtem Wald.

entlang der Straße (Witthöfsfelde) und am Ortsende nach links durch die Neubausiedlung. Bei der ersten Kreuzung nehmen wir rechts den Spurweg zwischen Feldern, der 100 m vor Bebauung in einen Schotterweg einmündet, dem wir nach links folgen (gelber Pfeil, Schild: Rund um Salzhausen). Bei einer Gabelung rechts abwärts in die Niederung eines Baches. Nach der Bachquerung vor einem Feld rechts und bei der nächsten T-Kreuzung links in den asphaltierten Weg, den wir in einer Rechtskurve mit einem Landschaftsschutzgebiet-Schild geradeaus auf dem Grasweg verlassen. Bei den folgenden Kreuzungen geradeaus. Nach der Bahnquerung bietet sich links ein schöner Blick nach Eyendorf, dessen »Skyline« geprägt wird von der noch funktionsfähigen Holländer-Windmühle von 1897.
Einen **Abzweig nach Eyendorf** ❷ bzw. Salzhausen (6,5 km) ignorieren wir und folgen geradeaus (Egestorf 9 km) und nach 300 m rechts dem Pastor-Bode- und Jacobusweg. 500 m nach Querung einer Hochspannungsleitung am Waldrand bei einer Kreuzung geradeaus, nach 30 m bei einer Kreuzung rechts (Radschild) und weiter auf dem Radweg durch Wald, den wir nach

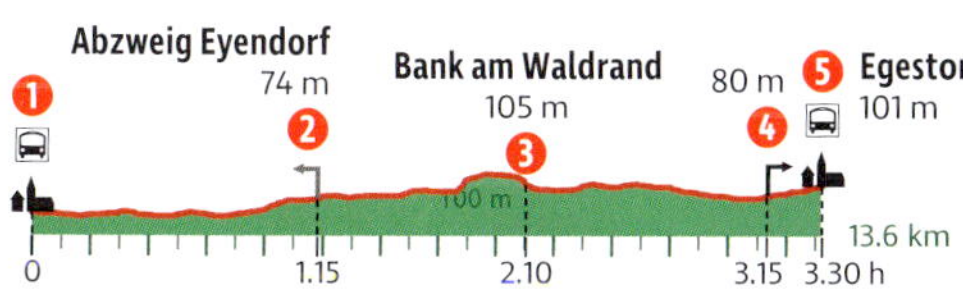

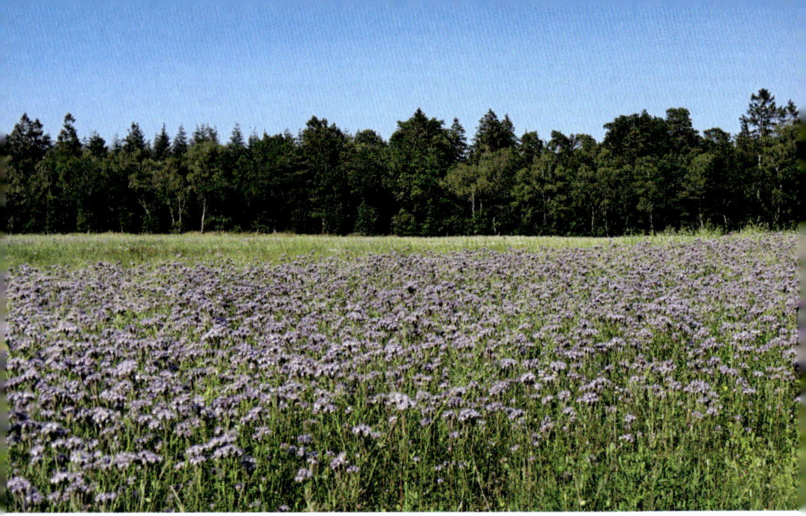

Phacelia blüht nicht nur schön, sondern ist gut für Bienen und Bodenstruktur.

10 Min. bei einer Gabelung verlassen, indem wir dort dem Spurweg nach links folgen. Bei einer 5-fach-Kreuzung im Wald führt der Pastor-Bode-Weg nach rechts abwärts und 5 Minuten nach Verlassen des Waldes mit einer **Bank am Waldrand** ❸ bei der T-Kreuzung mit einer Straße nach links. Der Asphaltbelag endet im Wald. Dort dem Weg noch 200 m geradeaus folgen, dann rechts in den Forstweg. Geradeaus bis zur nächsten T-Kreuzung, dort links und am Wald entlang, durch eine Rechtskurve und für eine knappe halbe Stunde geradeaus, wobei die Autobahn und Bahnlinie gequert wer-

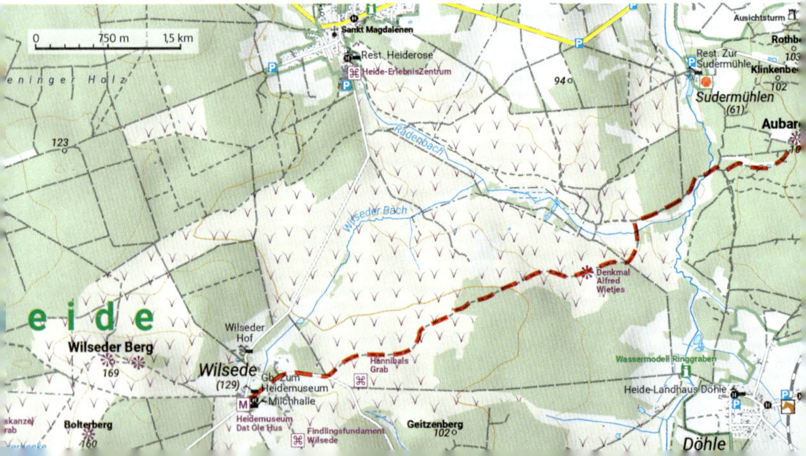

den. 100 m vor Gebäuden biegt der Pastor-Bode-Weg bei einem kleinen Platz mit **Wertstoff-Containern** ❹ nach rechts und nach 50 m über einen Graspfad nach links, der rechts neben einem Zaun auf Egestorf zuführt. Dort schlagen wir uns links durch den alten Friedhof mit Lindenallee und philosophischem Steingarten sowie botanischem Lehrpfad und biegen an dessen Ende rechts in die Hauptstraße zur Kirche mit der Bushaltestelle rechts dahinter.

Am Platz vor der Kirche von **Egestorf** ❺ mit ihrem separaten hölzernen Glockenturm erinnert eine Büste an Wilhelm Bode, der hier »segensreich« (Inschrift Büste) gewirkt hat als Pastor in der St.-Stephanus-Kirche, deren Inneres dominiert wird von einem reich verzierten Altaraufsatz und der Furtwängler-Orgel. Die Kirche geht auf das 14. Jh. zurück, der Fachwerkaufbau wurde 1645 ergänzt.

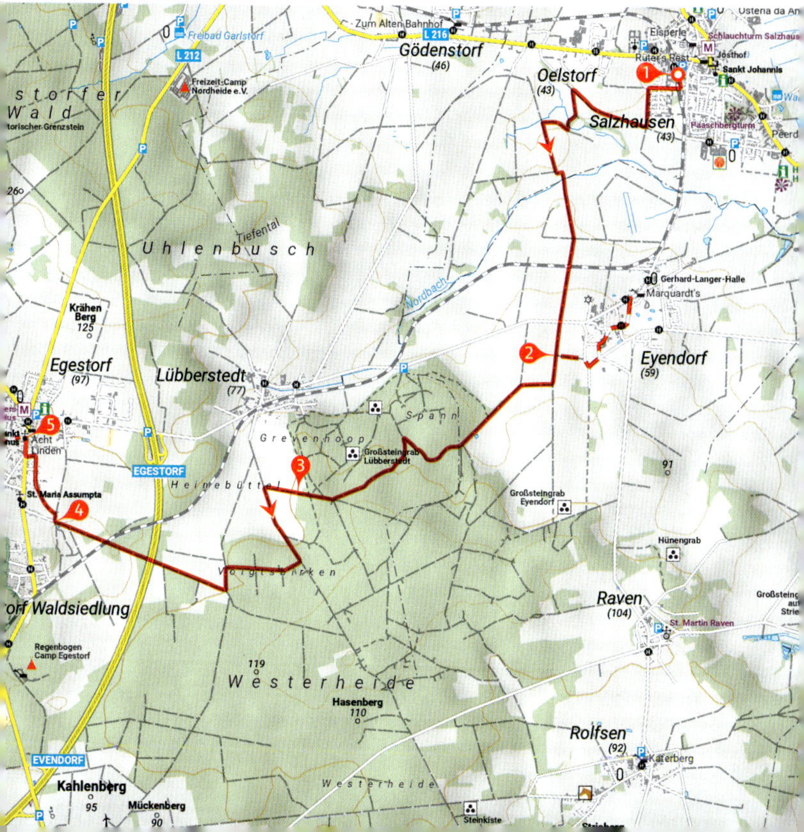

TOP

20 Döhle – Wilseder Berg – Schneverdingen

↗ 230 m | ↘ 210 m | 23.0 km

6.00 h

Streckenwanderung durch die Kernzone der Lüneburger Heide

Die dritte Etappe des Fernwanderweges Lila Krönung trägt diesen Namen zu Recht – zumindest zur Zeit der Heideblüte. Fast durchgehend schlängelt sich der Weg durch großflächige Heidelandschaften, unterbrochen von mal mehr, mal weniger großen Waldstücken. Die längste Tour dieses Buches berührt viele bekannte Sehenswürdigkeiten der Lüneburger Heide: den Wilseder Berg als höchsten Punkt, den Totengrund als Keimzelle des Naturschutzes, Niederhaverbeck mit dem Infozentrum des VNP und schließlich Schneverdingen mit der Eine-Welt-Kirche. Zur Abwechslung passieren wir Gewässer wie Schmale Aue, Haverbeeke und Wümme sowie den Silvestersee.

Ausgangspunkt: Döhle, Parkplatz gegenüber dem Landhaus Döhle (Navi: Dorfstraße 44, 21272 Egestorf).
Endpunkt: Schneverdingen-Bahnhof.
ÖPNV: Zurück vom Endpunkt stündlich per Heidebahn Richtung Buchholz nach Handeloh und von dort mit dem Ringbus Heide-Shuttle 2 (15.7. – 15.10.) zum Ausgangspunkt. Oder erst mit dem Nahverkehr: von Döhle mit Heide-Shuttle 2 nach Wintermoor-Bahnhof und von dort mit der Regionalbahn nach Schneverdingen. Auf halber Wegstrecke wird Niederhaverbeck von den Heide-Shuttles 2 von Döhle nach Tostedt sowie 1 von Bispingen nach Schneverdingen bedient, heide-shuttle.de.
Anforderungen: Wegen der Länge mittelschwere Wanderung mit einigen kurzen An-/Abstiegen und stellenweise sandigen Wegen.
Markierung: Lila Krönung (LK), stellenweise Heidschnuckenweg (H), Jacobusweg (J), N1 und andere Wegweiser.
Einkehr: Wilsede, Niederhaverbeck, Schneverdingen.
Variante: Die Tour kann nach 12 km in Niederhaverbeck mit ÖPNV-Anschluss beendet werden.
Kombi-Tipp: Rundtouren 22 – 24 und 27.
Tipps: In Wilsede Heidemuseum »Dat ole Huus«; in Niederhaverbeck Naturinformationshaus Bienenwelten des VNP (März bis Mitte Juli Wochenende, Mitte Juli bis Oktober täglich). In Schneverdingen Eine-Welt-Kirche (→ Tour 31).

In **Döhle** ❶ folgen wir der Dorfstraße westwärts hinaus aus dem Dorf und nach dem Ortsende auf gepflastertem Weg geradeaus Richtung Wilsede (5 km). Bei der Bachquerung informieren Tafeln über Bewässerung und Heumahd, ehe wir nach 150 m LK links über die Heidefläche folgen. Bei der Kreuzung nach 1,8 km rechts und auf mit gelbem Pfeil markiertem Weg vorbei an einer überdachten Bank. Nach 1,7 km links in die Asphaltstraße (gelber Pfeil auf schwarzem Grund), u. a. Richtung Sellhorn (1 km) und nach 150 m rechts in einen Waldpfad Richtung Totengrund (700 m). Bei einer Gabelung vor dem Totengrund führt die Lila Krönung entlang des Hermann-Löns-Weges geradeaus aufwärts Richtung Wilsede. Optional könnte der Totengrund hier auch links umgangen werden, bei der Gabelung links Richtung Haverbeck und dann immer möglichst rechts haltend links um

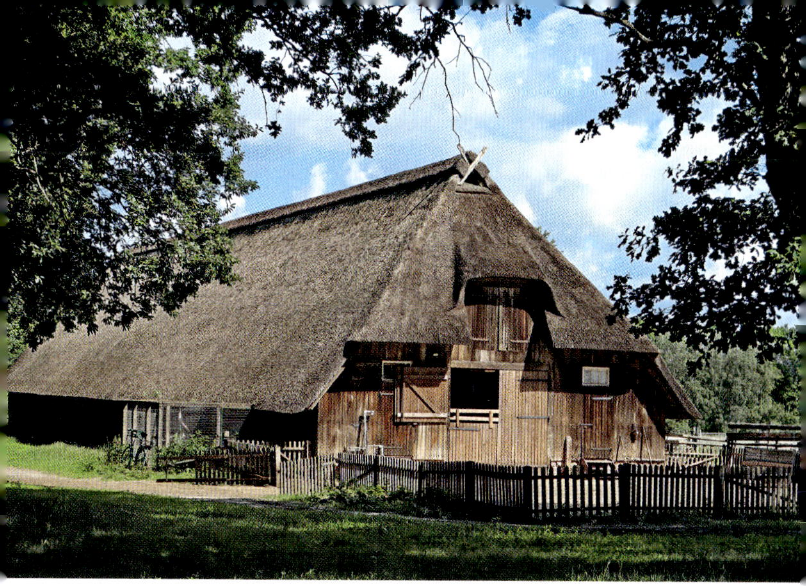

Schnuckenstall vor Wilsede.

den Totengrund. Nach kurzer Steigung erwarten uns am Holzberg, 132 m, nette Blicke links hinunter in den **Totengrund** ❷.

Der Totengrund gilt als Geburtsort des Naturschutzes in Deutschland, seit 1906 dieses Heidetal auf Betreiben Wilhelm Bodes hin durch Vorkauf für den Naturschutz gesichert wurde. Der Name soll sich entweder vom nährstoffarmen, also wirtschaftlich unbrauchbaren Boden oder dem früheren Transport von Leichen durch Wilseder Bauern zum Friedhof von Bispingen herleiten.

Nach gut 10 Min. rechts, den Totengrund im Rücken, vorbei an einem Schafstall nach **Wilsede** (W2) und dort bei der T-Kreuzung am Gasthof »Zum Heidemuseum« links auf Kopfsteinpflasterstraße. Wilsede ist eines der touristischen Zentren der Lüneburger Heide mit allem, was Touristen hier erwarten: Heidschnucken, Honig, Kutschen, Kaffee und Kuchen (be-

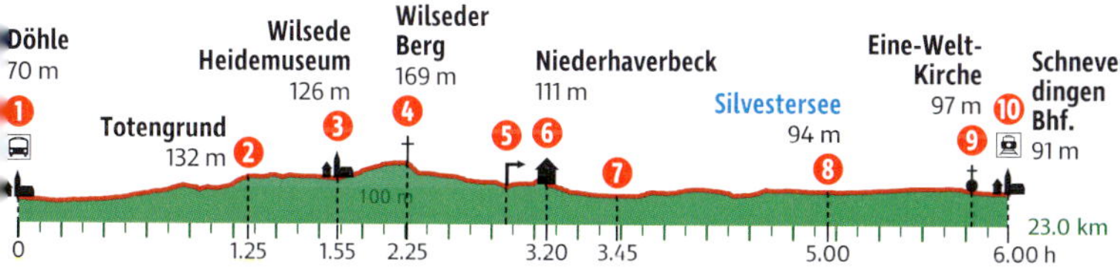

vorzugt Buchweizentorte, typisch für die Region). Hinter dem Gasthaus rechts auf Fußweg (H) zum **Heidemuseum** ❸. Das Heidemuseum »Dat ole Huus« dokumentiert seit 1907 in einem der ältesten Bauernhäuser der Region (errichtet 1742) das Leben und Arbeiten in der Heide um 1850 bis zum Ersten Weltkrieg. Im Obergeschoss gibt es eine vor- und frühgeschichtliche Sammlung.

Hinter dem Heidemuseum geradeaus auf gepflastertem Weg Richtung Wilseder Berg (1,5 km, H, W1) und 250 m nach Wilsede rechts ab zum Gipfelsturm auf die höchste Erhebung der Lüneburger Heide. Oben auf dem Plateau bietet sich die Wahl zwischen zwei Varianten, die beide tolle Aussichten vom **Wilseder Berg** ❹, 169 m, gewähren. Die linke gilt offiziell als höchster Punkt und dort befindet sich einer von mehreren Gauß'schen Punkten der Lüneburger Heide zur Vermessung des Königreichs Hannover. Beide Varianten führen wieder zusammen, ehe wir absteigen und bei einer T-Kreuzung dem Heidschnuckenweg links hinunter folgen.

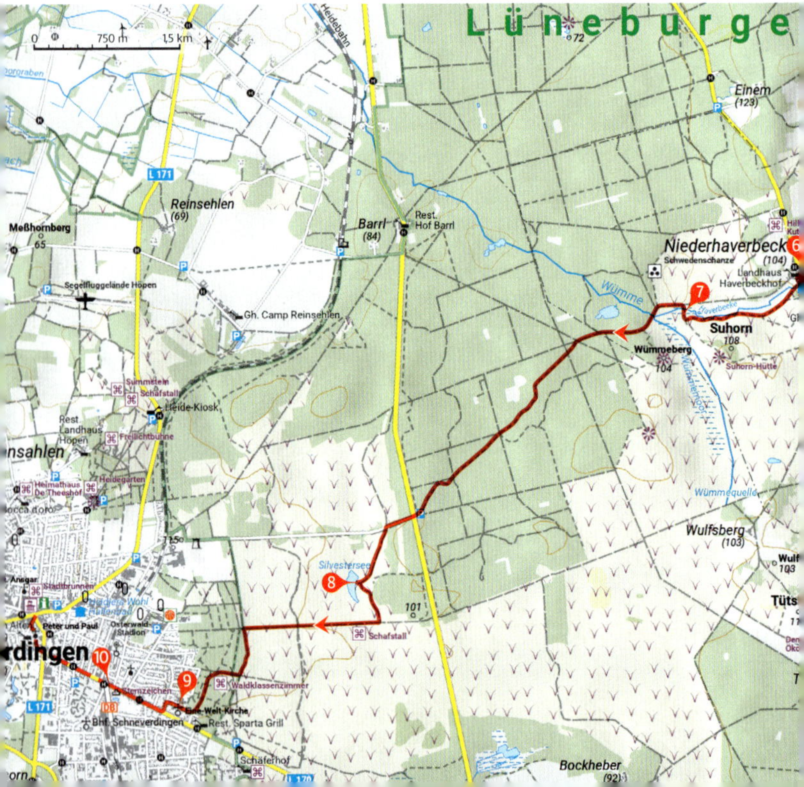

Bei der Kreuzung mit dem Reitweg geradeaus Richtung Ober- und Niederhaverbeck (H). 200 m nach einem aufgestauten Becken der Haverbeeke erreichen wir eine T-Kreuzung rechts von der **Zufahrt zum Haus Heidetal** 5 und gehen rechts Richtung Niederhaverbeck (H, O3).

In **Niederhaverbeck** 6 südlich vom Landhaus Haverbeckhof auf gepflastertem Weg ostwärts Richtung Schneverdingen (N1, H) und nach 100 m links durch das Tal der Haverbeeke (N1, H). Wir orientieren uns an den Markierungen H und zu-

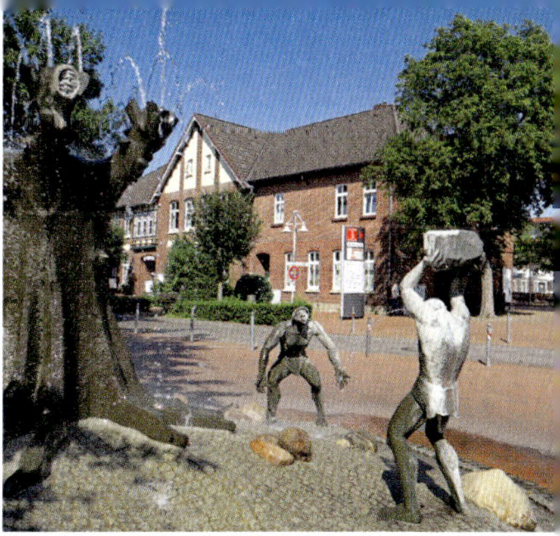

Der Schneverdinger Stadtbrunnen zeigt Gestalten heimischer Märchen und Sagen.

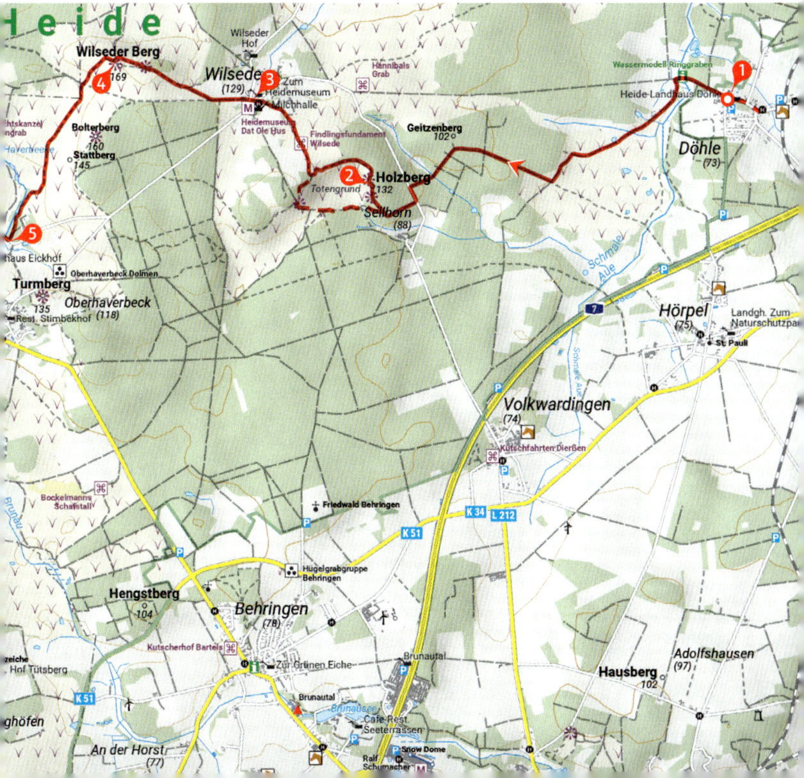

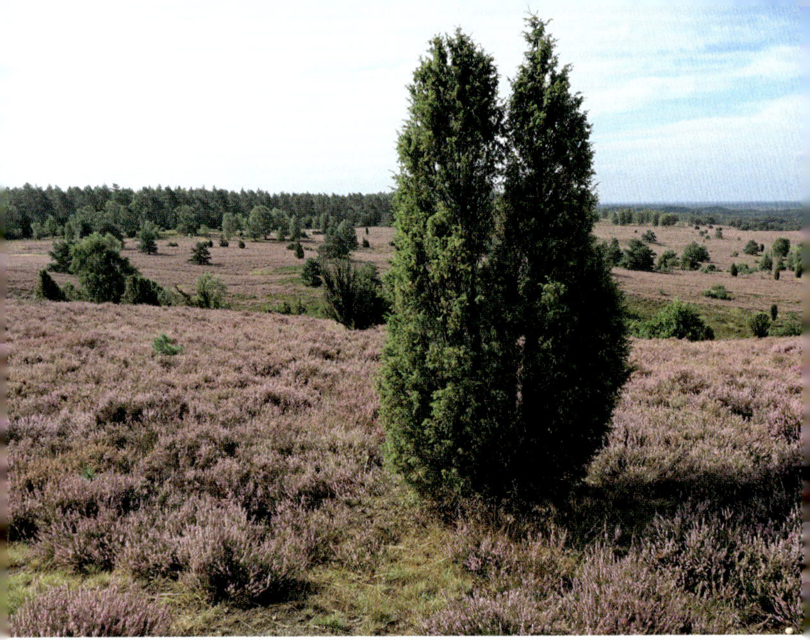

Weiter Blick vom Wilseder Berg auf die Heidelandschaft.

nächst auch N1. Bei den nächsten Abzweigungen rechts, auf einem **Holzbohlenweg** 7 über die Haverbeeke und danach links in den Schotterpfad links Richtung Wümmeberg (N1). 100 m nach einer weiteren (der dritten) Bachquerung – über die Wümme – folgen wir geradeaus dem Sandweg Richtung Schneverdingen bzw. dem Pfad daneben (H, LK, J) rechts vorbei am Wümmeberg. Bei einem kreuzenden Pfad halb links Richtung Schneverdingen (6,5 km) und auf dem gut markierten Heidschnuckenweg (sowie Jacobusweg) zum **Silvestersee** 8. Dieser nur mit Regenwasser gespeiste und nach einem britischen Offizier benannte See entstand durch Verdichtung des Untergrunds, als schwere Militärgefährte auf diesem ehemaligen britischen Truppenübungsplatz bis heute sichtbare Spuren hinterließen. Am See folgen wir dem Weg geradeaus und halten uns bei der folgenden T-Kreuzung mit einer Bank rechts Richtung Schneverdingen. Nach einer 1,4 km langen Geradeaus-Strecke durch die Osterheide gehen wir bei einer Kreuzung mit Infotafel links Richtung Pietzmoor (Jakobsmuschel, H, F) und nach 500 m bei einer Kreuzung rechts Richtung Schneverdingen (LK, J) durch Wald, nach 200 m links haltend und nach 500 m rechts in den Ort und an der **Eine-Welt-Kirche** 9 vorbei zum **Bahnhof Schneverdingen** 10 bzw. optional weiter geradeaus in die Ortsmitte (1,2 km).

↗ 50 m | ↘ 50 m | 6.3 km

2.00 h

Heidelehrpfad Undeloh

21

Rundwanderung durch Radenbachtal und Heide

Der Heidelehrpfad Undeloh bietet neben vielen Infos anfangs einen weiten Blick über Heidefläche bis hinüber zum Wilseder Berg, während der Rückweg weiter unten durch das Radenbachtal führt. Unterwegs gibt es nützliche Infos zur Heide und deren Pflege mit Themen wie Bauernwirtschaft, Buchweizen, Bienenzaun, Besenheide oder der Wortherkunft von Calluna.

Ausgangspunkt: Heide-ErlebnisZentrum im Süden von Undeloh mit (kostenpflichtigem) Besucherparkplatz gegenüber dem Heide-ErlebnisZentrum (Navi: Wilseder Straße 23, 21274 Undeloh).
ÖPNV: In der Sommersaison (15.7. – 15.10.) wird Undeloh-Osterdiecksfeld von 2 Linien des Ringbusses Heide-Shuttle mehrmals täglich bedient: Linie 3 von/nach Buchholz und Linie 2 von Tostedt und Handeloh. Zurück nach Tostedt über Bispingen und Wintermoor, heide-shuttle.de. Ansonsten sehr seltene (Umsteige-)Busverbindungen zu größeren Orten, hvv.de.
Anforderungen: Leichte Wanderung über stellenweise etwas sandige Wege durch Heide und am Waldrand.
Markierung: Großteils Dreieck und drei Striche auf Stein.
Einkehr: Undeloh.
Variante: Abkürzung um 2,2 km möglich: nach 2,2 km über aussichtsreichen Querweg rechts hinunter in das Radenbachtal und dort rechts zurück nach Undeloh.
Kombi-Tipp: Tour 8 entlang der Schmalen Aue und Tour 20 zum Wilseder Berg, beides Rundwanderungen ab Undeloh.
Tipp: Heide-ErlebnisZentrum des VNP in Undeloh (gratis), heide-erlebniszentrum.de.

Eine Bank lädt im oberen Teil des Heidelehrpfads zur aussichtsreichen Pause ein.

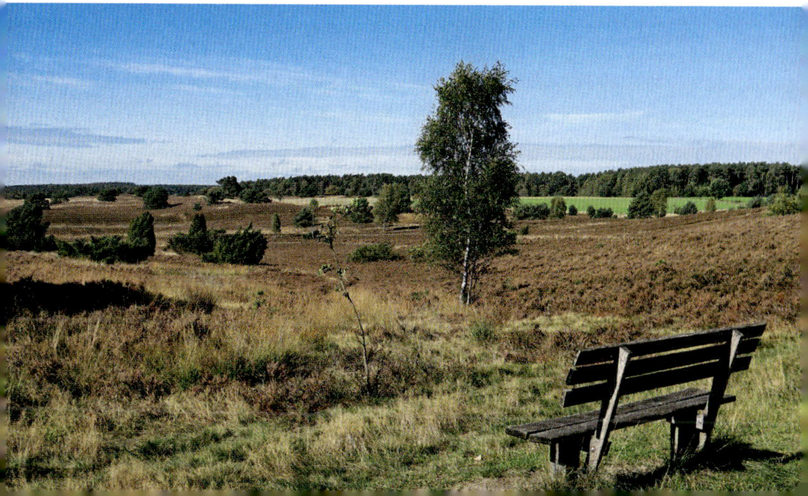

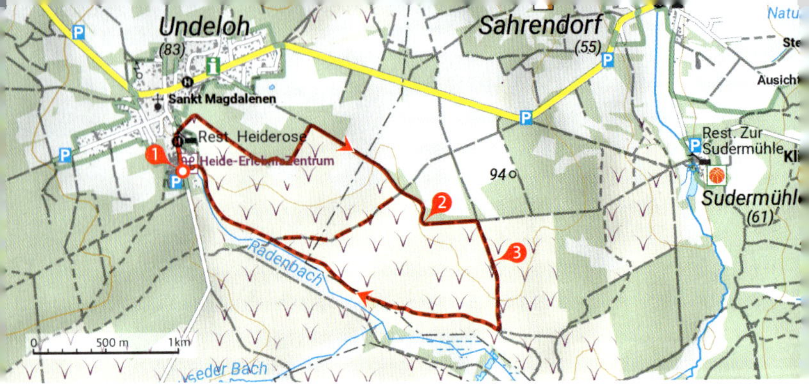

Vom Parkplatz gegenüber dem **Heide-ErlebnisZentrum Undeloh** ❶ folgen wir der Wilseder Straße geradeaus nordwärts. Hinter dem Hotel Heiderose rechts, rechts an dem Teich vorbei und weiter geradeaus. Nach kurzer Steigung erreicht der Heidelehrpfad einen Kutschenweg und führt neben diesem rechts am Waldrand entlang – mit weitem Blick über die Heide. Unterwegs informieren Tafeln über besondere Aspekte der Heide und Heidewirtschaft, etwa die Pflege, das »Plaggen«, die Wortherkunft der Besenheide oder Buchweizen.

Schnuckenstall am Lehrpfad oberhalb vom Radenbachtal.

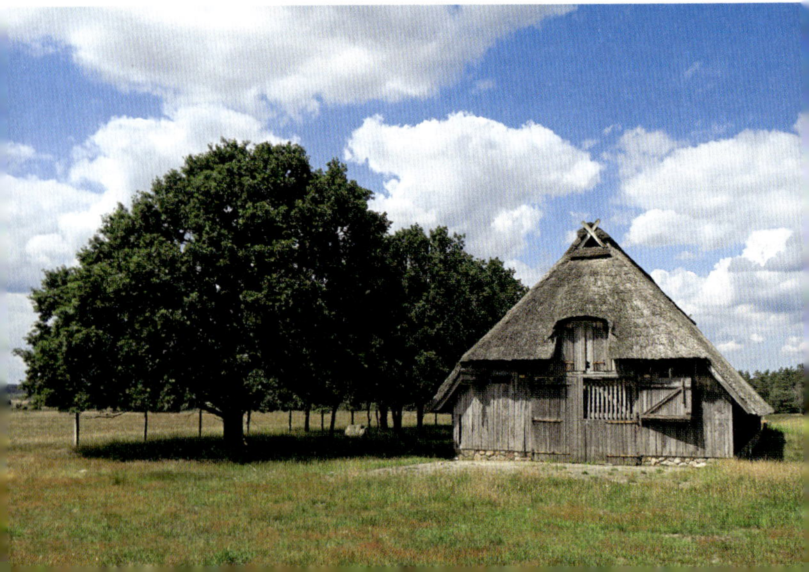

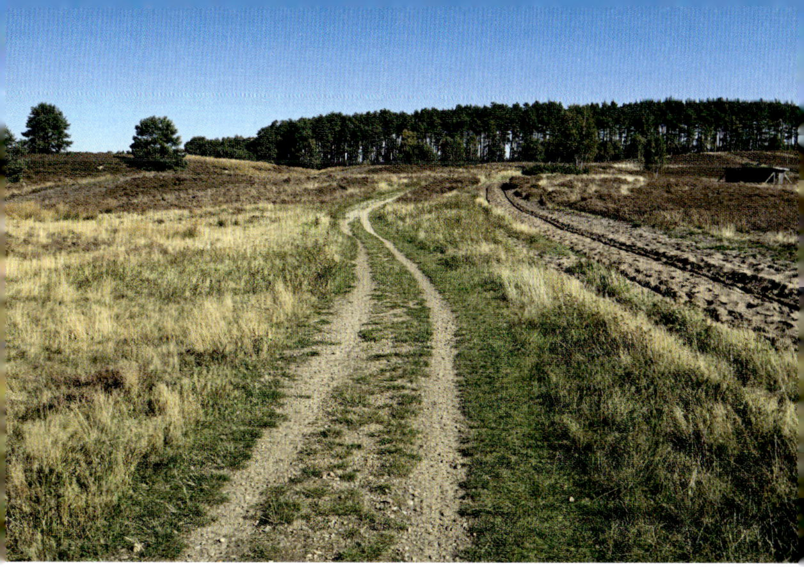

Über diesen schönen Weg lässt sich der Heidelehrpfad auch abkürzen.

30 m nach einem kreuzenden Weg erreichen wir in einer Linkskurve eine Bank mit beeindruckender Aussicht über die weite Heidefläche und einer **Infotafel über Heidepflege** ❷. Bei einer Kreuzung mit einer Infotafel über Heidschnucken schwenken wir nach rechts Richtung Radenbach und Döhle. Unterwegs passieren wir zwei reetgedeckte Holzkonstruktionen; erst einen **Schnuckenstall** ❸ mit dem typischen weit heruntergezogenen Reetdach, dann einen Bienenzaun, in dem früher zur Zeit der Heideblüte die mit Stroh und Wurzeln geflochtenen und mit Mist überzogenen Bienenkörbe standen. Eine Infotafel dokumentiert die früheren Reisestrapazen bei der 6 – 7 km/h schnellen (langsamen) Kutschfahrt durch die Lüneburger Heide. Kurz darauf bei Wendepunkt dieser Rundwanderung scharf rechts und durch das Radenbachtal, anfangs durch das Gebiet der Wilseder Roten (Rinder) und Dülmener Pferde, die ebenso wie Schnucken zur Erhaltung und Pflege der Heide eingesetzt werden. Der Weg führt auf der rechten Seite des Baches zurück nach **Undeloh** ❶.

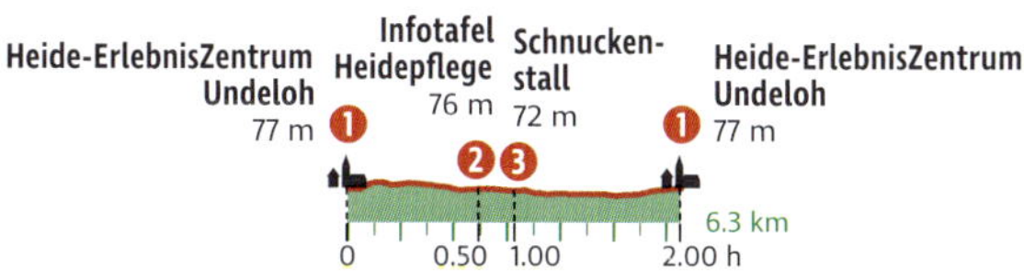

↗ 150 m | ↘ 150 m | 14.5 km

22 Weite Heide zwischen Undeloh und Wilsede

4.00 h

Rundwanderung mit Radenbachtal und Wilseder Berg

Wenn man von einem »Klassiker« durch die Lüneburger Heide sprechen kann, ist diese Rundwanderung ein Kandidat dafür: Vom Heidedorf Undeloh mit dem Heide-ErlebnisZentrum geht es zunächst durch das Radenbachtal und anschließend über weite Heideflächen vorbei an der Wacholderformation namens »Hannibals Grab« nach Wilsede, dem autofreien und wohl bekanntesten Dorf der Lüneburger Heide. Vom Wilseder Berg, der höchsten Erhebung der Lüneburger Heide, wandern wir durch Heide und Wald zurück nach Undeloh.

Ausgangspunkt: Heide-ErlebnisZentrum im Süden von Undeloh mit Besucherparkplatz (3 € pro Tag) gegenüber dem Heide-ErlebnisZentrum (Navi: Wilseder Straße 23, 21274 Undeloh).
ÖPNV: In der Sommersaison (15.7. – 15.10.) wird Undeloh-Osterdiecksfeld von zwei Linien des Ringbusses Heide-Shuttle mehrmals täglich bedient: Linie 3 von/nach Buchholz und Linie 2 von Tostedt und Handeloh, zurück nach Tostedt über Bispingen und Wintermoor, heide-shuttle.de. Ansonsten sehr seltene (Umsteige-)Busverbindungen zu größeren Orten, hvv.de.
Anforderungen: Leichte Wanderung über gut ausgebaute Wege durch Heide und Wald, stellenweise auch Sand und gepflasterte Straße. Kurze An-/Abstiege.
Markierung: Stellenweise »H« für Heidschnuckenweg und weißes »X« für europäischen Fernwanderweg E1.
Einkehr: Wilsede, Undeloh.
Varianten: 1. Verlängerung möglich mit Schleife nach Döhle (5,4 km): Vor der Brücke über den Radenbach links dem Jacobusweg linksseitig vom Radenbach folgen und nach Querung der Schmalen Aue über Holzbohlen südwärts nach Döhle mit Park- und Einkehrgelegenheit.

Das Radenbachtal bildet den Auftakt dieser Wanderung.

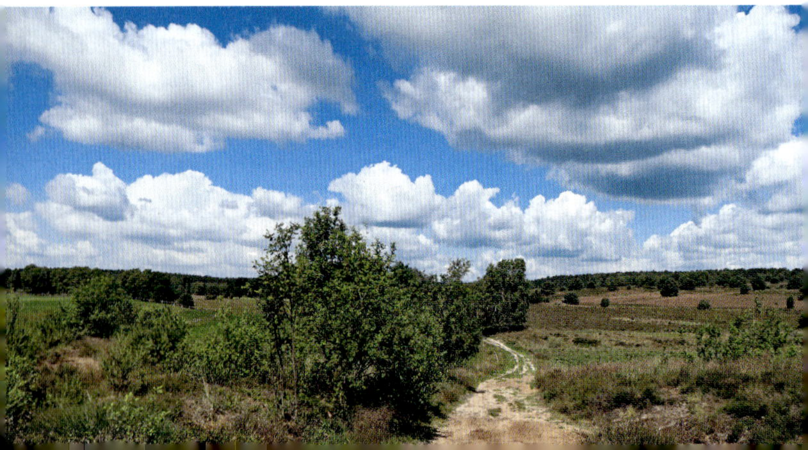

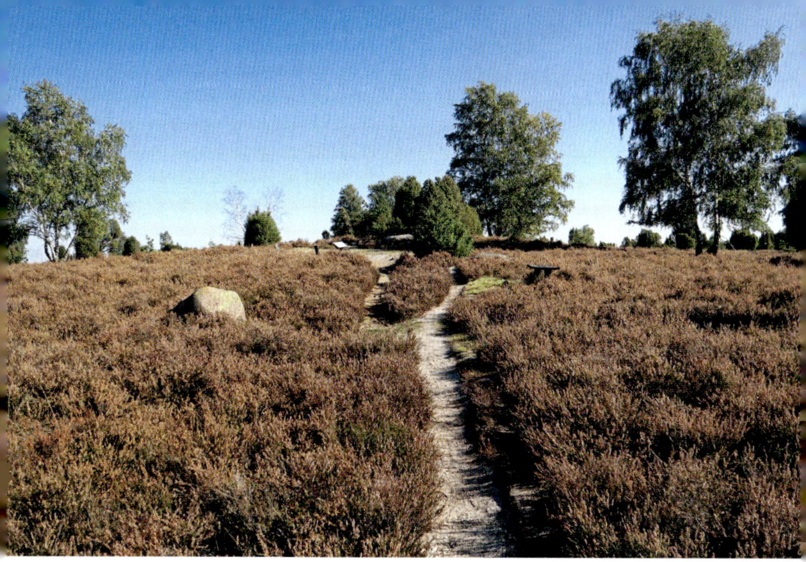

Diese Wacholdergruppe erinnert an das Gemälde »Hannibals Grab« von Eugen Bracht.

Dort rechts, über die Schmale Aue und rechts an die Route heran.
2. »Hannibals Grab«: bei 3 zweimal links abzweigend in 5 Gehminuten zu einer Wacholdergruppe mit Steinen namens »Hannibals Grab«. Dort liegt nicht etwa der durch seine Elefanten berühmte karthagische Feldherr begraben, sondern vielmehr erinnert diese Stein-Wacholder-Formation an ein Gemälde des Heidemalers Eugen Bracht, das dieser 1893 in der Türkei gemalt hatte und welches das Grab des karthagischen Feldherrn Hannibal zeigte. Betrachter meinten, dieses Bild ähnelte der Stein-Wacholder-Gruppe bei Wilsede. So verbreitete sich das Gerücht, Bracht sei gar nicht in der Türkei gewesen, sondern hätte das Bild in der Heide gemalt – seitdem heißt diese Formation »Hannibals Grab«.
3. Abkürzungsmöglichkeit durch Weglassen des Wilseder Bergs (dadurch 1,7 km und 30 Hm weniger): In Wilsede nach der Gabelung Richtung Heimbuch geradeaus weiter, statt links abzubiegen.
Kombi-Tipp: Rundtouren 23 ab Döhle und 24 ab Oberhaverbeck sowie 21 (Heidelehrpfad ab Undeloh).
Tipps: Undeloh: Heide-ErlebnisZentrum des VNP (gratis), heide-erlebniszentrum.de; Wilsede: Heidemuseum »Dat ole Huus«.

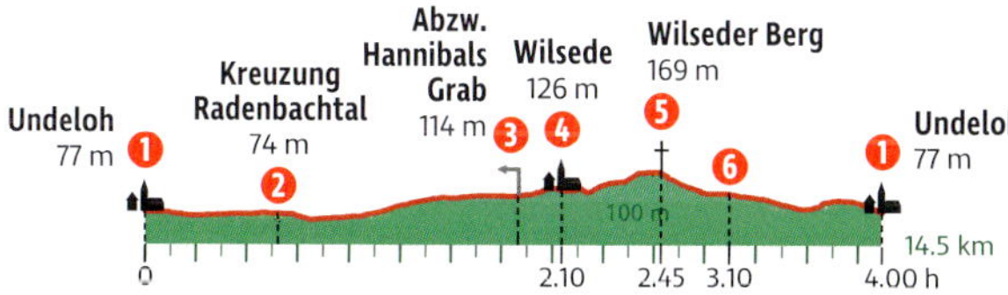

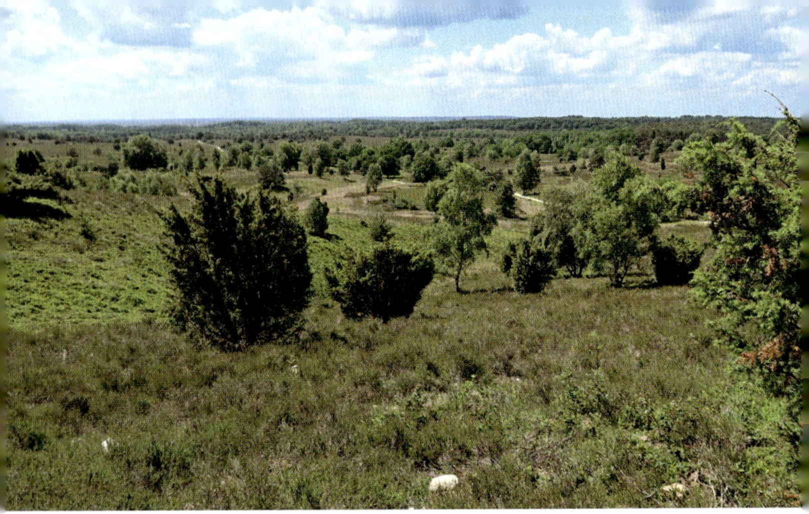

Auch ohne blühende Heide ist der Weitblick vom Wilseder Berg beeindruckend.

Vom Parkplatz **Undeloh** ❶ queren wir die Straße und gehen rechts am Heide-ErlebnisZentrum vorbei, um nach der Querung des Radenbaches und einer Linkskurve dem Pfad mit dem Heidschnuckenweg (H) kurz durch lichten Wald und anschließend links vom Radenbach über Heidefläche zu folgen. Nach 2,5 km bei der **Kreuzung im Radenbachtal** ❷ rechts auf H Richtung Wilsede (6 km). 500 m nach Querung des Radenbaches bei einer Kreuzung rechts und weiter auf H bis Wilsede mit zuletzt kopfsteingepflastertem Weg.

1 km vor Wilsede passieren wir die **Abzweigung zu »Hannibals Grab«** ❸ mit Wegweiser Richtung Sellhorn; als Abstecher erreichen wir in 5 Gehminuten eine Stein- und Wacholdergruppe namens »Hannibals Grab«.

Vor **Wilsede** ❹ empfängt uns zur Rechten ein eingezäuntes Gelände, auf dem oft Heidschnucken grasen. Als touristisches Zentrum zu Füßen der höchsten Erhebung der Lüneburger Heide bietet Wilsede mehrere Möglichkeiten zur Einkehr sowie ein Heidemuseum (→ Tour 20). Hinter dem Gasthof Zum Heidemuseum rechts in den Fußweg zum Heidemuseum (H) und nach 70 m bei der Kreuzung vor den Treppenspeichern rechts, während geradeaus der Hauptweg auf den Wilseder Berg führt. Links an Wittehöft's Gästehaus vorbei (X, F) und 50 m danach bei der Gabelung links Richtung Heimbuch. Gleich danach folgen wir den links abzweigenden Fernwanderwegen Freudenthalweg (F) und E1 (X) hinauf auf den Wilseder Berg, wobei wir uns bei Abzweigungen rechts halten. Oben auf dem **Wilseder Berg** ❺ erwartet uns ein weiter Blick – an klaren Tagen bis zum 40 km entfernten Hamburg sowie Bänke und einer der Gauß'schen Vermessungspunkte. Beim Abstieg

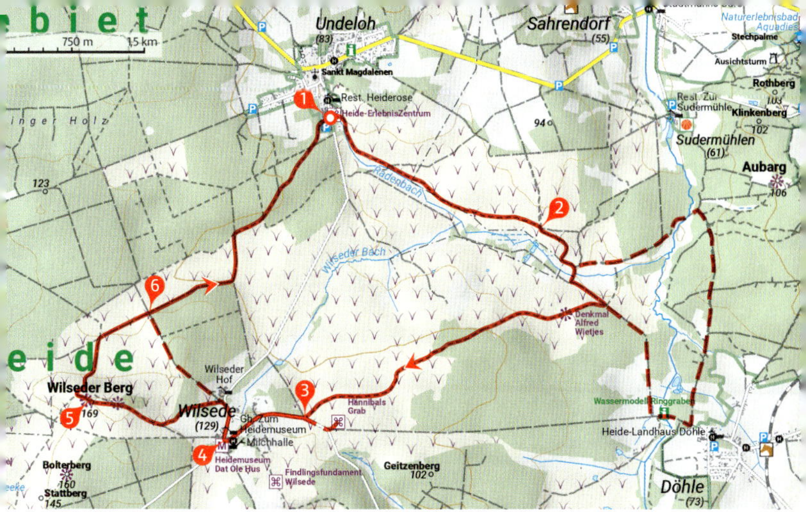

halten wir uns rechts und stoßen auf die Bezeichnung Herbert-Röhrig-Weg, benannt nach dem langjährigen Vorsitzenden des Niedersächsischen Heimatbundes (Amtszeit 1956–1975). Bei einer **Kreuzung mit Steinen und Bank** 6 sowie Notrufmarkierung HK-201 am Waldrand gehen wir geradeaus Richtung Undeloh und wandern am Rand eines Waldstückes entlang, an dessen Ende wir dem Sandweg nach links folgen Richtung Undeloh (X) über offene (Heide-)Fläche, ein Stein trägt die Aufschrift »Alte Salzstraße Undeloh«. Bei einer Kreuzung am Waldrand rechts an der Bank vorbei (X) und durch Wald zurück nach **Undeloh** 1.

Vom Wilseder Berg wandern wir durch Wacholderheide und Wälder.

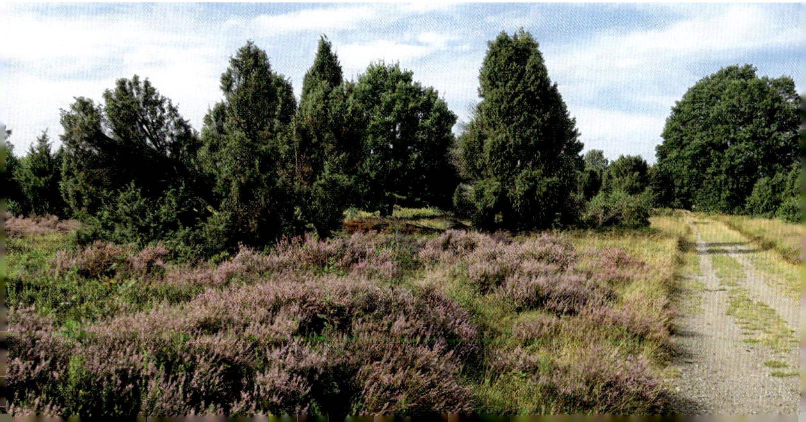

TOP

23

↗ 210 m | ↘ 210 m | 18.2 km

Totengrund und Bolterberg

5.00 h

Rundwanderung von Döhle zu schönen Aussichtspunkten

Vom Startpunkt Döhle geht es abwechselnd durch Wald und Heide zum Totengrund, der »Geburtsfläche« des Naturparks Lüneburger Heide. Vorbei an vorgeschichtlichen Hügelgräbern und dem aussichtsreichen Bolterberg wandern wir am Rand zwischen Heide und Wald nach Wilsede, ehe es vorbei an »Hannibals Grab«, dem Wietjes-Denkmal und zuletzt über die Schmale Aue zurück nach Döhle geht.

Ausgangspunkt: Döhle mit Heide-Landhaus und gegenüber Parkplatz (Navi: Dorfstraße 44, 21272 Egestorf).
ÖPNV: In der Sommersaison (15.7. – 15.10.) wird Döhle-Parkplatz mehrmals täglich bedient vom Ringbus Heide-Shuttle 2 von Tostedt und Handeloh und über Bispingen und Wintermoor zurück nach Tostedt. Außerdem Heide-Shuttle 5 ab/an mehrmals täglich ab/an Lüneburg), heide-shuttle.de. Sonst seltene Busverbindungen von Döhle-Hinter den Eichen nach Egestorf, Hanstedt, Winsen (u. a. Linie 4406), kvg-bus.de.
Anforderungen: Insgesamt leichte Wanderung über gut ausgebaute Wege durch Heide und Wald, stellenweise auch Sand und gepflasterte Straße. Kurze An-/Abstiege.
Markierung: Stellenweise Lila Krönung (LK), Heidschnuckenweg (H), Freudenthalweg (F) u. a.
Einkehr: Wilsede, Döhle.
Varianten: 1. Abkürzung Westschleife (4,8 km weniger): Am Ende des Totengrunds rechts direkt nordwärts nach Wilsede.
2. Wilseder Berg (2,3 km): Vor Wilsede links 30 Hm hinauf auf den höchsten Berg der Region und auf demselben Weg hinunter.
3. Abstecher zu »Hannibals Grab« (→ Tour 22).
Kombi-Tipp: Rundtouren 22 ab Undeloh und 24 ab Oberhaverbeck.
Tipp: Heidemuseum »Dat ole Huus« in Wilsede mit altem Heidehof von um 1850 und Ausstellung in altem Schafstall.

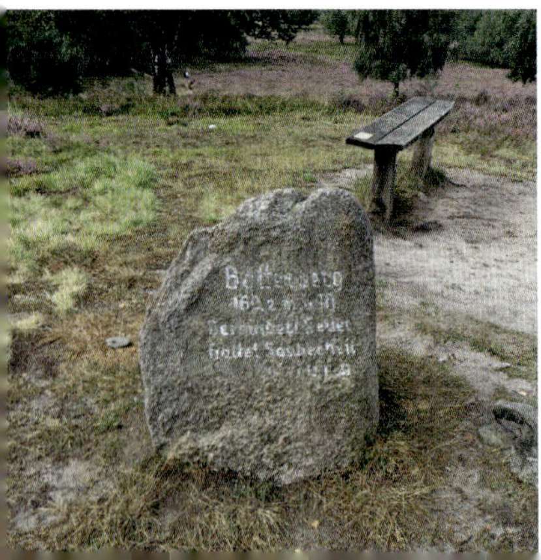

In **Döhle** ❶ folgen wir der Dorfstraße westwärts hinaus aus dem Dorf und nach dem Ortsende dem gepflasterten Weg geradeaus Richtung Wilsede (5 km). Bei der Querung der **Schmalen Aue** ❷ informieren Tafeln über die Bewässerung und Heumahd der Rieselwiesen, die im 19. Jh. mit Bachwasser gewässert und damit gedüngt wurden. Nach 150 m der Lila Krönung (LK) links

»Gipfelerlebnis« auf dem 160 Meter hohen Bolterberg.

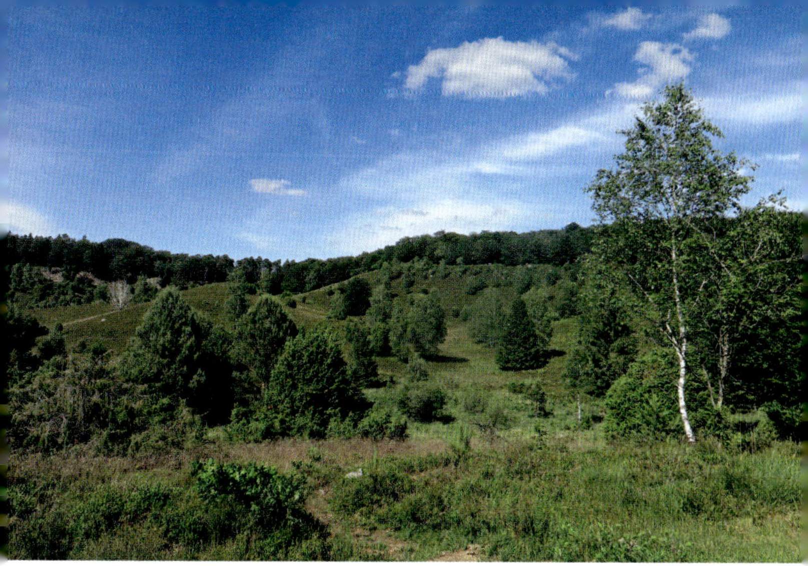

Der Totengrund gilt als Keimzelle des Naturschutzes in Deutschland.

über die Heidefläche folgen. Bei der Kreuzung nach 1,8 km rechts und auf mit gelbem Pfeil markierten Weg vorbei an einer überdachten Bank. Nach 1,7 km bei einer weiteren überdachten Bank links in die Asphaltstraße (gelber Pfeil auf schwarzem Grund), u.a. Richtung Sellhorn (1 km) und nach 150 m rechts in einen Waldpfad Richtung Totengrund (700 m). Bei einer Gabelung vor dem Totengrund führt die LK entlang des Hermann-Löns-Weges geradeaus aufwärts Richtung Wilsede. Wir aber halten uns bei der Gabelung links und umgehen den Totengrund (→ Tour 20) hälftig im Uhrzeigersinn.

Nach der Querung einer Niederung über einen 50 m langen Holzbohlenweg folgen wir bei einem Unterstand dem Hermann-Löns-Weg geradeaus mit Blick nach rechts auf den **Totengrund** ❸, den wir nach 5 Minuten links verlassen – entweder entlang des links bei einem Picknicktisch abzweigenden Hermann-Löns-Wegs oder 100 m später auf dem links abzweigenden Freudenthalweg (F). Beide Varianten kommen nach 200 m zusammen und

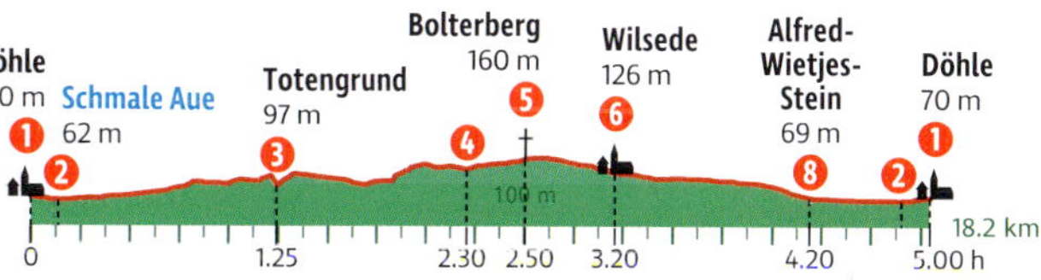

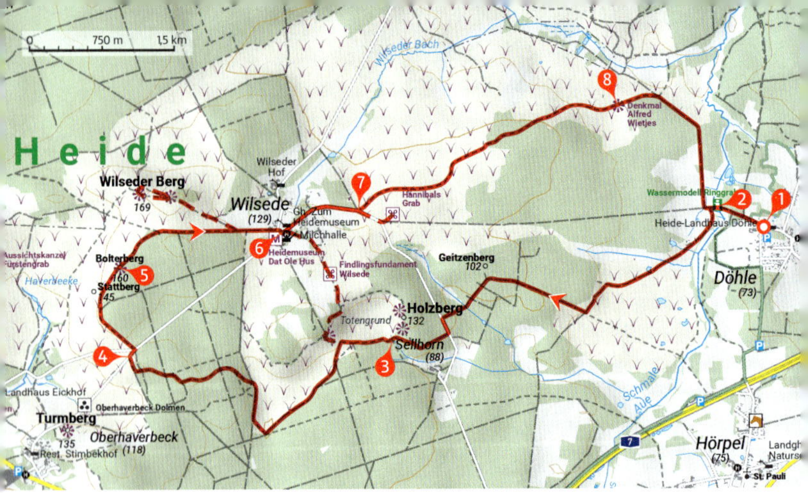

führen südlich vom Steingrund am Waldrand entlang, einer großen Heidefläche, die ihren Namen von eiszeitlichen Gletschern verfrachteten Steinen (»Findlingen«) verdankt und von der Touristinfo als »Insider-Tipp« gepriesen wird für alle, die die »Highlights der Heide schon gesehen haben«.
Bei der Einmündung in einen breiteren Weg auf rechts abzweigenden Pfad (F). Dieser schlängelt sich durch Heide zu einem breiten Weg, dort rechts (F) und nach 5 Min. links auf Grasweg. Im Wald bei allen Abzweigungen (geradeaus) dem Freudenthalweg folgen, vor einer freien (Heide-)Fläche rechts und nach einer **Infotafel über Hügelgräber** ❹ noch einmal rechts,

Blick vom Bolterberg.

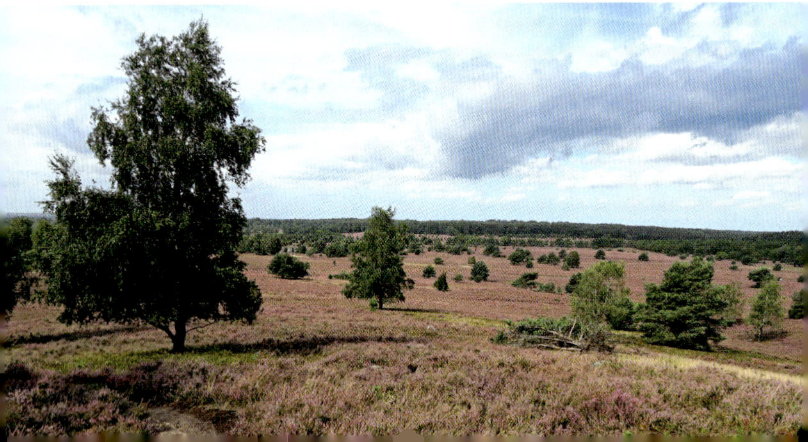

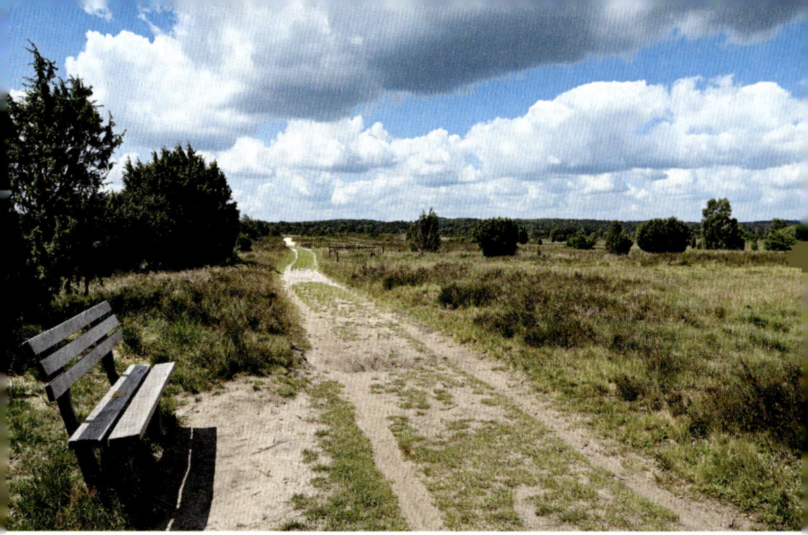

An Bänken kein Mangel in der gut erschlossenen Lüneburger Heide.

ehe wir am Waldrand eine Kreuzung mit asphaltiertem Weg bei einer Bank erreichen mit Notrufmarkierung HK-203. Der Freudenthalweg verabschiedet sich hier links nach Niederhaverbeck, während wir halb links den Wanderweg am Waldrand einschlagen (Eichendorff-Weg), der uns bald vom 160 m hohen **Bolterberg** ❺ einen schönen Weitblick bietet. Weiter entlang des Waldrands, auch nach der Einmündung in einen Spurweg.

Bei einem Pfahl mit zahlreichen Wegmarkierungen führt scharf links der Weg hinauf auf den Wilseder Berg ab (10 Min.), wir gehen weiter geradeaus nach **Wilsede** ❻, dem touristischen Mittelpunkt der Lüneburger Heide mit Möglichkeiten zur Einkehr und einem Heidemuseum (→ Tour 20).

Wir verlassen Wilsede ostwärts auf dem Heidschnuckenweg entlang der gepflasterten Straße. Nach 10 Gehminuten verlassen wir die gepflasterte Straße und folgen dem Heidschnuckenweg halb links. Weiter geradeaus und danach links wäre ein kurzer **Abstecher** ❼ (2 × 300 m) möglich zu einer Wacholdergruppe mit Findlingen namens »Hannibals Grab« (→ Tour 22). Über Heide und durch Wald führt uns der Heidschnuckenweg auf derselben Trasse wie der Pastor-Bode- und Jacobusweg in nordöstliche Richtung vorbei an einem **Findling** mit einer Inschrift zum Gedenken an den ehemaligen Wandervogel **Alfred Wietjes** ❽. Kurz darauf zweigen Heidschnuckenweg und Pastor-Bode-Weg links ab, während wir uns rechts halten und am Waldrand zum Tal der **Schmalen Aue** gehen, die wir links bei der Infotafel über Bewässerung ❷ queren. Zurück geradeaus nach **Döhle** ❶ auf bekanntem Weg.

↗ 210 m | ↘ 210 m | 15.5 km

24 Von Oberhaverbeck auf den Wilseder Berg

4.00 h

Rundwanderung zu Heide-Höhepunkten mit traumhaften Aussichten

Kurz nach Oberhaverbeck bietet der Turmberg den ersten weiten Blick auf die großflächige Heide, ehe wir abwechselnd durch Heide und Wald zum Totengrund wandern. Über Wilsede und den Wilseder Berg wandern wir abwärts in das Tal der Haverbeeke, vorbei an Niederhaverbeck mit dem Haverbeckhof. Einen weiten Blick über das Wümmetal bietet die Suhorn-Hütte, ehe der Rückweg durch weite Heidelandschaft führt. Der westliche Teil dieser Wanderung war jahrzehntelang als Militärgebiet gesperrt bzw. wurde als sogenannte »Rote Fläche« von britischen Panzern genutzt, die bis heute sichtbare Spuren im Heideboden hinterlassen haben.

Ausgangspunkt: Oberhaverbeck mit Besucherparkplatz (3 € pro Tag) des VNP (Navi: Oberhaverbeck, 29646 Bispingen), optional auch Niederhaverbeck bei 7 mit (kostenpflichtigem) Besucherparkplatz (Navi: Niederhaverbeck 17, 29646 Bispingen).
ÖPNV: In der Sommersaison (15.7. – 15.10.) wird Oberhaverbeck mehrmals täglich bedient von mehreren Linien des Ringbusses Heide-Shuttle: Linie 4 von/nach Bispingen, Schneverdingen und Soltau, Linie 1 von/nach Bispingen und Soltau sowie Linie 2 mit Verbindungen von/nach Tostedt, Handeloh und Wintermoor. Die Linien 1 und 2 halten auch in Niederhaverbeck 7, heide-shuttle.de.
Anforderungen: Leichte Wanderung über stellenweise etwas sandige Heide- und Waldwege, stellenweise auch Fahrwege für Kutschen (selten Autos).
Markierung: Stellenweise O2, O3, Freudenthalweg (F).
Einkehr: Oberhaverbeck, Wilsede, Niederhaverbeck.
Varianten: Mehrere Abkürzungen möglich: 1. ab der Zufahrt zum Haus Heidetal 6 nach links und nach 50 m rechts auf Querweg nach Oberhaverbeck (3,6 km weniger) oder
2. direkter Fahrweg ab Wilsede nach Oberhaverbeck (2 km weniger, aber Autoverkehr).
Kombi-Tipp: Rundtouren 22 ab Undeloh und 23 ab Döhle.

Vom Parkplatz geht es vorbei am Kiosk und Imbiss zur Straße, die wir vorsichtig queren. Weiter geradeaus auf der Wilseder Straße am Waldrand (O2, O3). Nach 150 m halten wir uns bei einer T-Kreuzung mit der **Bushaltestelle Oberhaverbeck** 1 links (O2, O3, Wilsede 3,4 km). Die Straße führt leicht

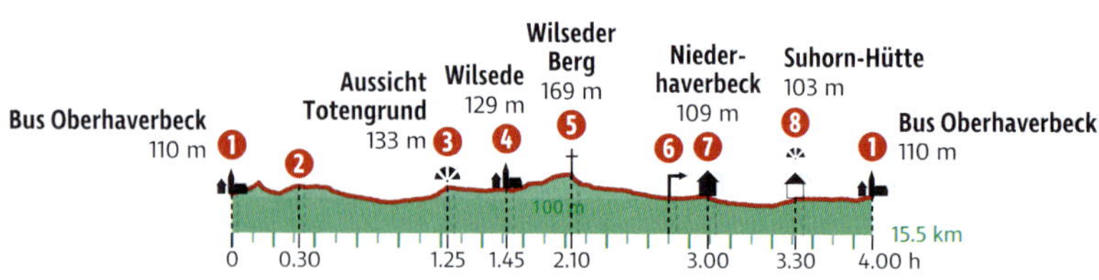

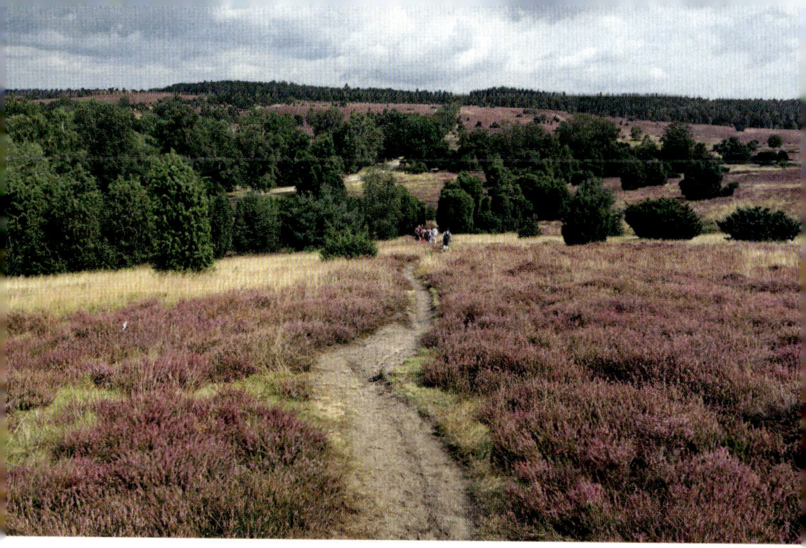

Gleich zu Beginn bietet der 135 Meter hohe Turmberg einen guten Überblick.

aufwärts Richtung Wilsede, später über Kopfsteinpflaster. Nach 5 Min. rechts auf den aussichtsreichen Turmberg (135 m) und weiter auf dem Hauptweg Richtung Wilsede. Kurz hinter dem höchsten Punkt stoßen wir 100 m vor einer Straßengabelung auf einen Stein mit der Aufschrift »Eichendorff-Weg« vor einer Birke; hier rechts auf Pfad, vorbei an einer **Infotafel über Hügelgräber** ❷, die rechts in der offenen Fläche zu erkennen sind. Nach 150 m vor einer Bank links auf mit »F« markierten Pfad Richtung Behringen (4,5 km) und auf diesem geradeaus durch den Wald, auch bei einer Kreuzung mit einem Forstweg. 200 m nach der Kreuzung mit einem Forstweg links Waldweg Richtung Steingrund (F, O2). Bei der T-Kreuzung mit einem Stein rechts den Sandweg Richtung Totengrund und bei der Kreuzung beim Stein mit Aufschrift Hermann-Löns-Weg den zweiten Pfad links (immer F, O2). Der Pfad führt rechts am Steingrund mit seinen vielen eiszeitlichen Findlingen entlang.

Bei einer Kreuzung mit Schutzhütte am Waldrand entscheiden wir uns halb links für den Sandweg Richtung Wilsede (1,5 km) über die Heide (B1, O2, F) zu einem netten Rastplatz mit **Aussicht auf den Totengrund** ❸ und Gedenkstein für Prof. Dr. Andreas Thomsen, der 1906 durch Vorkauf dieses Tal für den Verein Naturschutzpark sicherte (→ Tour 20).

Wir folgen dem Weg nach Wilsede (W2) und dort bei der T-Kreuzung am Gasthof »Zum Heidemuseum« der Kopfsteinpflasterstraße nach links. **Wilsede** ❹ ist eines der touristischen Zentren der Lüneburger Heide (→ Tour 20). Hinter dem Gasthaus rechts auf Fußweg (H) zum Heidemuseum

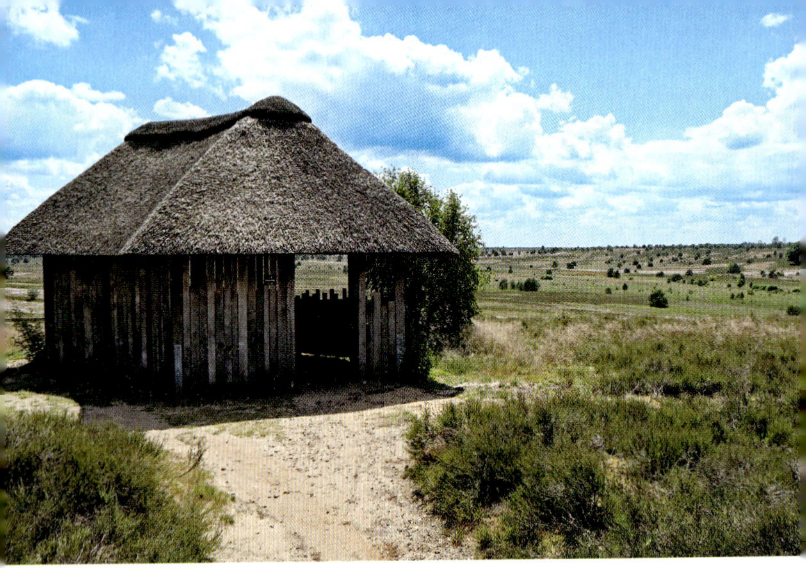

Die Suhorn-Hütte erinnert an den langjährigen VNP-Vorsitzenden Alfred Toepfer.

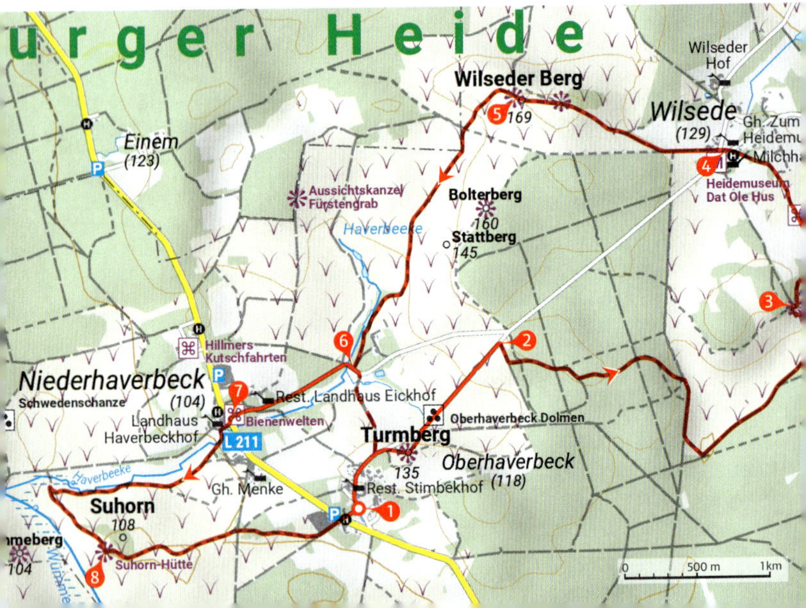

»Dat ole Huus« (→ Tour 20), nach 70 m geradeaus auf gepflastertem Weg Richtung Wilseder Berg (1,5 km, H, W1). 250 m nach Wilsede verlassen wir den Hauptweg, indem wir auf dem rechts abzweigenden Weg den Gipfelsturm hinauf auf die höchste Erhebung der Lüneburger Heide beginnen. Oben auf dem Plateau hat man die Wahl zwischen zwei Varianten, die beide weite Aussichten vom **Wilseder Berg** 5 bieten. Die linke gilt offiziell als höchster Punkt (169 m), dort befindet sich auch einer der wichtigsten Dreieckspunkte der Gauß'schen Vermessungen im damaligen Königreich Hannover. Beide Varianten führen vor dem Abstieg wieder zusammen, danach bei Gabelung dem Heidschnuckenweg links hinunter folgen.
Bei der Kreuzung mit dem Reitweg geradeaus Richtung Ober- und Niederhaverbeck (H). 200 m nach einem aufgestauten Becken der Haverbeeke auf der rechten Seite bei einer T-Kreuzung mit links der **Zufahrt zum Haus Heidetal** 6 rechts Richtung Niederhaverbeck (H, O3) und in **Niederhaverbeck** 7 nach Passieren der Bienenausstellung vor dem Haverbeckhof links (H, F). Wir verlassen die Straße nach 50 m wieder und biegen rechts in den Weg Richtung Schneverdingen (N1, H). Bei einer T-Kreuzung mit Steinen auf links abzweigendem Spurweg aufwärts Richtung Oberhaverbeck (3,0 km, F) zur **Suhorn-Hütte** 8. Der nach Alfred Toepfer benannte Aussichtspunkt bietet ein tolles Panorama über das Wümmemoor und die Tütsberger Heide. Bis Oberhaverbeck geht es geradeaus, ab einer Kreuzung auf einem Pfad leicht aufwärts zum Ziel **Oberhaverbeck** 1.

Plattform mit Aussicht auf den 30 Hektar großen Talkessel des Totengrunds.

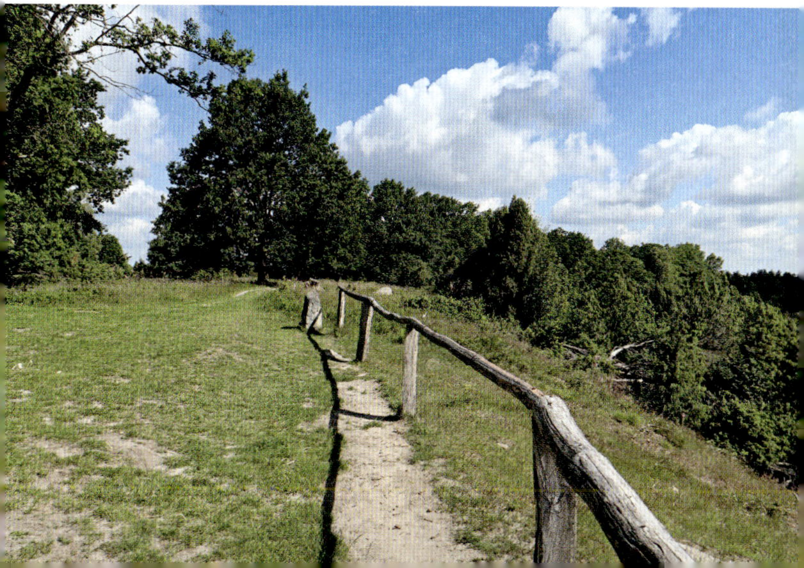

↗ 90 m | ↘ 90 m | 7.6 km

25 Durch die Höpener Heide

2.00 h

Rundwanderung nördlich von Schneverdingen

Dieser schöne Rundweg bietet im Kleinen, was den Naturpark Lüneburger Heide im Großen auszeichnet: abwechslungsreiche Landschaften in hügeligem Gelände mit Heide, Wald und Feldern sowie einen Agrar-Lernpfad. Eine Heidschnuckenherde trägt zum Erhalt der Höpener Heide bei mit dem 119 m hohen Höpenberg als höchster Erhebung Schneverdingens. Der Heidegarten zeigt die Vielfalt der Heideflora. Östlich von der Höpener Heide, jenseits der L171, wandelte sich das 100 ha große und weitgehend offene Gelände »Camp Reinsehlen« vom Panzerübungsplatz britischer und kanadischer Truppen seit deren Abzug 1994 zu einer der größten Sandmagerrasenflächen Norddeutschlands mit typischen nährstoffarmen Pflanzen wie Heidenelke, Kleines Filzkraut oder Silbergras.

Ausgangspunkt: Wanderparkplatz Höpen an L171 (Navi: Höpen 100, 29640 Schneverdingen), alternativ Parkplätze Höpener Weg vor 5 oder Heidegarten Schneverdingen bei 7 (alle gratis).
ÖPNV: In der Sommersaison (15.7. – 15.10.) hält der Ringbus Heide-Shuttle beim Ausgangspunkt in Schneverdingen-Höpen mehrmals täglich Richtung Schneverdingen und Bispingen, heide-shuttle.de. Ansonsten Stadtbus 101 von/nach Schneverdingen (Mo. – Fr.), vnn.de. Alternativ mit Buslinie 101 zur Bushaltestelle Höpen-Mitte (stündlich), von dort zum westlich der Straße gelegenen Parkplatz Höpen und rechts vom Heide-Kiosk Höpen den Pfad nehmen und Heidebauernpfad bis zur Route folgen kurz hinter dem alten Schafstall.
Anforderungen: Leichte Wanderung über Feld-, Wald- und Heidewege.
Markierung: Stellenweise »Lernpfad« und »Naturblicke Rundweg« (NB) mit rosafarbenem Pfeil auf hellblauem Grund.
Einkehr: Heide-Kiosk Höpen am Parkplatz Höpen 1; Café Höpen-Idyll 8, täglich ab 13.30 Uhr.
Varianten: Es bieten sich folgende Abkürzungsmöglicheiten: 1. Vom Heidegarten 7 direkt zurück zum Parkplatz (1,6 km weniger): Vom Heidegarten dem Kutschenweg folgen und geradeaus Richtung Nordosten zum Parkplatz.
2. Nach Schneverdingen (ab Sonnenuhr 2,7 km zum Bahnhof): Bei der Straßenquerung vor der Sonnenuhr 6 rechts auf Schulstraße 1,2 km zum Zentrum mit dem Stadtbrunnen und von dort noch 1,3 km zum Bahnhof Schneverdingen.
Tipps: Freilichtmuseum »De Theeshof« 5, Häuser geöffnet Mai – September, Di. – So. 15 – 18 Uhr, So. auch 10 – 12 Uhr, heimatbund-schneverdingen.de; Schneverdingen mit Sagen-Stadtbrunnen und Eine-Welt-Kirche. Östlich der Landesstraße 171 ist das ehemalige Übungsgebiet »Camp Reinsehlen« der britischen Rheinarmee sehenswert mit seinen geschützten Magerrasen, aber für eine Wanderung etwas monoton.

Vom **Wanderparkplatz Höpen** 1 mit Einkehrgelegenheit und Bushaltestelle des Heide-Shuttles wandern wir rechts vom Kiosk nordwärts Richtung Lernpfad durch Heide, bei der Kreuzung mit Pfahl und roter Heidschnucke geradeaus und rechts am Schafstall vorbei. 50 m nach dem **Schafstall** 2

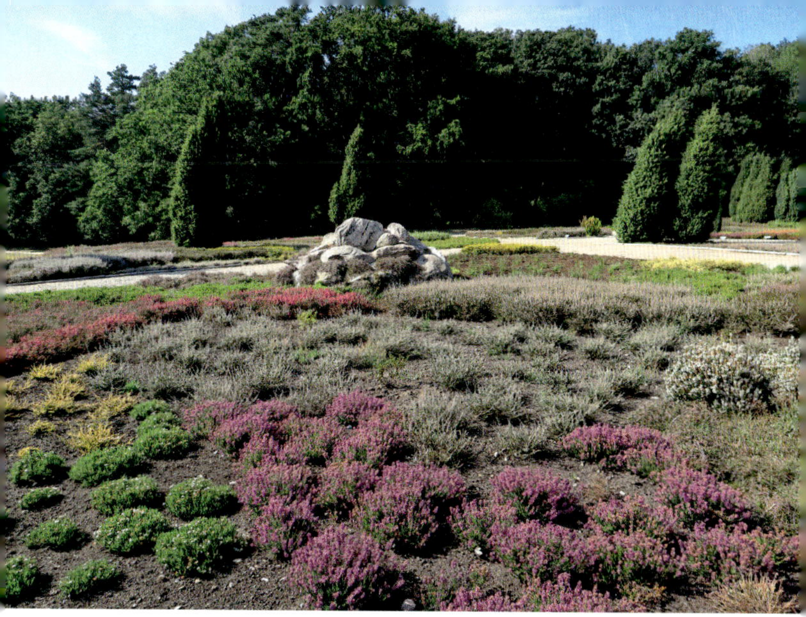

Das Hauptbeet des Heidegartens ist kreisrund bepflanzt.

geradeaus (»Lernpfad« auf Stein) und vor dem Feld rechts auf dem Weg am Waldrand entlang. Hier beginnt der Lernpfad »Heidebauernweg«, mit seinen 12 Infotafeln ein »Natur-Erlebnispfad für die ganze Familie«. Kurz nach der **Infotafel »Schulweg« 3** am Waldrand Sandweg bzw. Lernpfad geradeaus und nach 70 m links (Lernpfad, Schild Reitverbot/Privatweg). Nach weiteren 70 m verlassen wir den Lernpfad, indem wir uns bei einer Gabelung rechts halten und dem Weg geradeaus westwärts folgen. Rechts liegt die alte Landebahn der britischen Truppen (B-154 Reinsehlen), heute ein Segelflugplatz mit Graspiste.

Bei einer **T-Kreuzung am Ende der Landepiste 4** folgen wir dem Forstweg nach links, den Markierungen folgend (bis zur Straße): Dreieck und Pfeil auf Steinen. Bei einer Gabelung am Waldrand mit Stein und Pfeil links, ebenso wie bei den beiden folgenden T-Kreuzungen am Waldrand (Stein mit Dreieck und Pfeil). 100 m nach der zweiten T-Kreuzung bei der Gabelung rechts (Stein mit Dreieck und Pfeil). Schließlich erreichen wir eine Straße (Schulstraße) und folgen dieser zur Kreuzung vor dem Parkplatz Höpener Weg (Zentrum 1,4 km). Hier rechts (Langelohsberg) und nach 100 m links, über das Gelände vom **Museum »De Theeshof« 5**, einer vom örtlichen Heimatbund betreuten Freilichtanlage mit einem typisch niedersächsischen Zweiständerhaus als Hauptgebäude in der Mitte. Hinter dem Haupt-

Die Pfeile des »Naturblicke Rundwegs« weisen den Weg beim Café Höpen, wo das Panorama dem Namen des Weges gerecht wird.

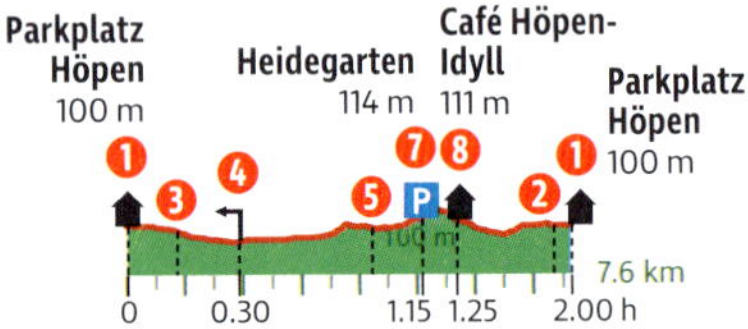

haus bzw. vor dem Schafstall von 1700 in Fachwerk links in Ewald-Hillermann-Weg, benannt nach dem 1906 in Schneverdingen geborenen Autor plattdeutscher Erzählungen, Gedichte und Liedtexte, im Hauptberuf Flugzeugschlosser und Schul-Haustechniker.

Nach einer Straßenquerung halb rechts auf Kiesweg in großem Bogen rechts an der Sonnenuhr vorbei. Die 16,5 m hohe **Sonnenuhr** 6 gilt mit ihrem Durchmesser von rund 30 m als eine der größten Deutschlands. Findlinge stehen für die Zahlen auf dem Ziffernblatt, ein schräger Metallstab dient als Uhrzeiger. Der Pfad führt zum **Heidegarten** 7 mit einer Aussichtsplattform. Der 1990 eröffnete Heidegarten zeigt heute rund 200 verschiedene Heidesorten (von rund 900 weltweit) mit 200.000 radial angeordneten Pflanzen, die im August einen bunten Farbteppich bilden.

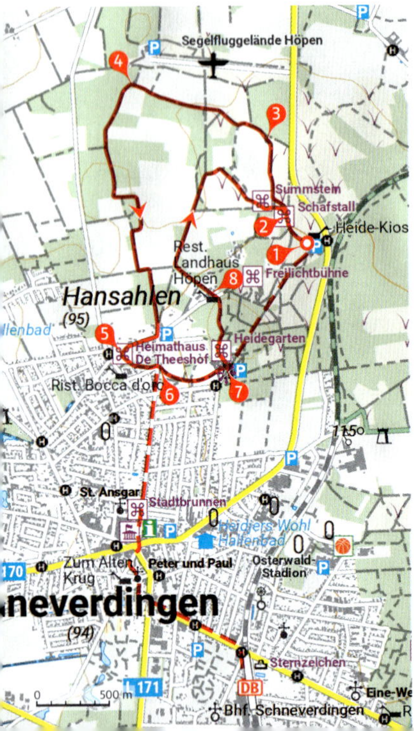

Am Heidegarten links, auf dessen nordwestlicher Seite auf Pfad in den Wald auf dem Naturblicke Rundweg (NB). Wir folgen dem Pfad in nördliche Richtung, ohne Abzweigungen zu beachten. Bei einer Gabelung 100 m nach dem Heidegarten links (NB). Bei der Kreuzung mit einer Straße kurz links, nach 20 m rechts, vorbei am **Café Höpen-Idyll** 8 und danach geradeaus abwärts (NB). Bei einer Kreuzung mit Weiden und einer Bank rechts (NB), nach 600 m rechts in das Landschaftsschutzgebiet und nach 100 m Pfad rechts in den Wald (NB). Bei der folgenden Kreuzung links in den Forstweg, ehe sich kurz darauf der Kreis schließt: 200 m vor der Straße gehen wir rechts, wieder am **Schafstall** 2 vorbei und wie auf dem Hinweg zurück zum **Parkplatz** 1, d.h. beim Pfahl mit der roten Heidschnucke links.

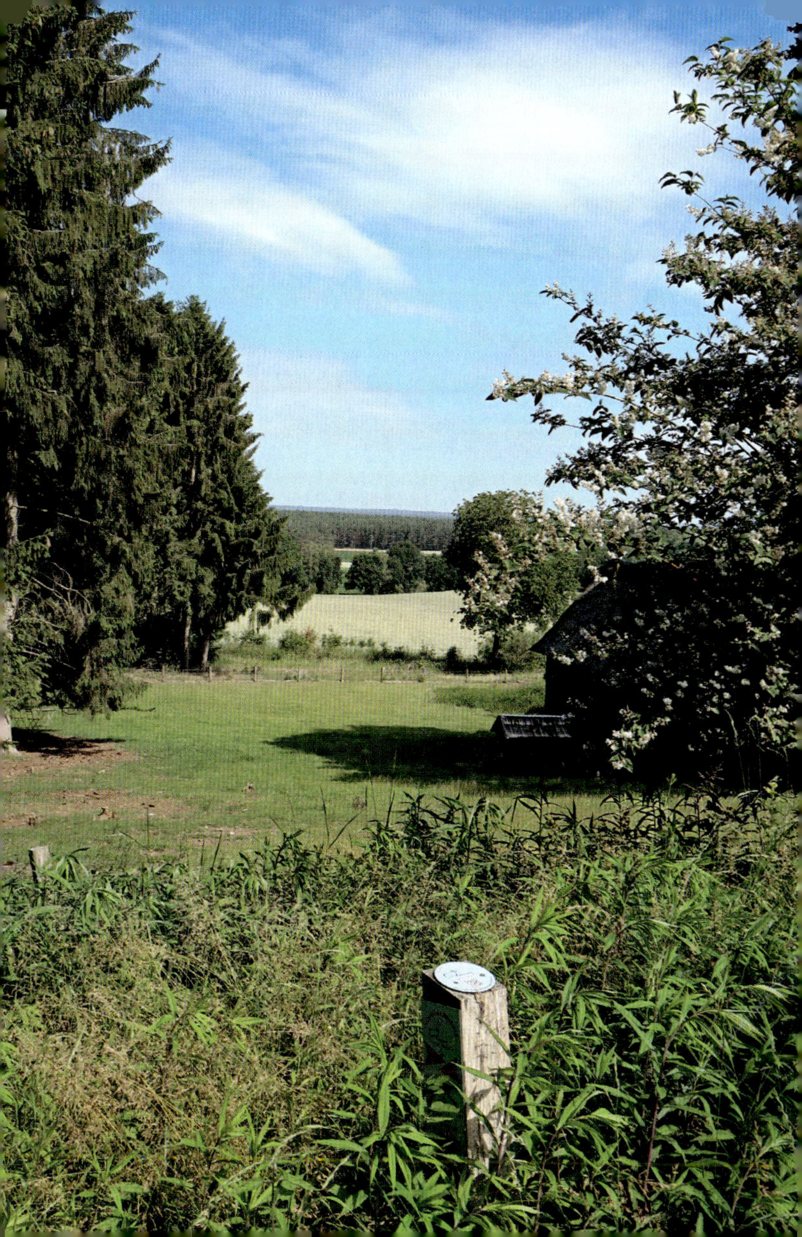

TOP

↗ 30 m | ↘ 30 m | 5.4 km

26 Pietzmoor bei Schneverdingen

1.30 h

Rundwanderung durch das größte Moor der Lüneburger Heide

Das mehr als 7000 Jahre alte Pietzmoor im Osten von Schneverdingen gilt mit einer Fläche von rund 2,7 km² als größtes Moor der Lüneburger Heide. Die Entstehung des Hochmoores wurde begünstigt durch die Muldenlage und wasserundurchlässige Tonschichten im Untergrund, die eine bis zu 7,5 Meter mächtige Torfschicht entstehen ließen. Nach dem Abbau des als Brennmaterial genutzten Torfs im 20. und 21. Jh. und damit der Zerstörung des Moors startete der Verein Naturschutzpark seit den 1980er-Jahren Wiedervernässungsarbeiten, um den ursprünglichen Moorzustand wiederherzustellen. Besonders schön ist der Besuch im Frühjahr (April/Mai), wenn Wollgras weiße Fruchtstände bildet. Weitere typische und seltene Arten sind Sonnentau, viele Libellen sowie Krickenten. Lange Teilstücke dieses »MoorErlebnisWeges« mit zehn Infotafeln führen über schmale Holzbohlenwege.

Ausgangspunkt: Parkplatz Osterheide bei der Abzweigung zum Schäferhof (Navi: Heberer Straße 100, 29640 Schneverdingen). Alternativ Parkplatz auf der südlichen Straßenseite bei der nordöstlichen Zufahrt zum Moor bei ❺.
ÖPNV: Bushaltestelle Schneverdingen-Feriendorf 500 m vom Ausgangspunkt entfernt. Dort halten in der Sommersaison (15.7. – 15.10.) die Ringbusse der Heide-Shuttle-Linien 1 und 4 von/nach Schneverdingen und Bispingen, heide-shuttle.de. Ansonsten Mo. – Fr. wenige Verbindungen täglich von/nach Schneverdingen, Soltau und Bispingen (Linien 106, 156), vnn.de.
Anforderungen: Leichte und flache Wanderung über Sand-, Schotterwege sowie Holzbohlenwege (1,5 km), großteils mit Geländer.
Markierung: Heideschleife sowie Wegweiser.
Einkehr: Schäferhof nahe dem Ausgangspunkt.
Variante: Die Tour kann auch am Bahnhof von Schneverdingen begonnen bzw. beendet werden. Der 2,2 km lange Zubringer führt vom Bahnhof zunächst südwärts (beide Seiten der Bahnlinie möglich) und beim nächsten Bahnübergang entlang des Alt Benninghöfener Wegs in östliche Richtung. Am Ortsende auf Spurweg und später einem Pfad geradeaus zum Schäferhof ❷, dort wie bei der Hauptroute rechts in 300 m zum Pietzmoor-Rundweg.

Wir queren vom **Parkplatz Osterheide** ❶ die Heber Straße südwärts, folgen der Zufahrtsstraße Richtung Schäferhof und gehen rechts an dem **Hotel/Café Schäferhof** ❷ und links am Feriendorf vorbei zum Zugang des Pietzmoor-Rundweges. Um das Pietzmoor gegen den Uhrzeigersinn zu umrunden, gehen wir geradeaus – von links kommen wir später zurück. Rechts abzweigende Wege ignorieren wir. 10 Min. nach dem Schäferhof beginnt der Bohlenweg, der faszinierende Einblicke in den Lebensraum Moor bietet. Anhand der bis zu 7,50 m mächtigen Torfschicht lässt sich das

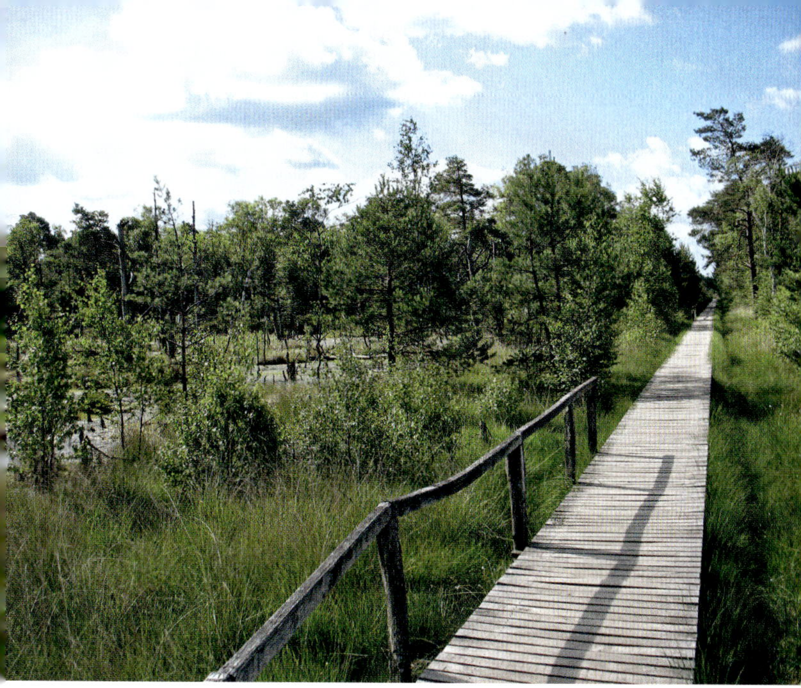

Ein 2 km langer Holzbohlenweg führt Besucher trockenen Fußes durch das Pietzmoor.

Alter des Moors grob bestimmen. Die torfbildenden Sphagnen (Torfmoose) wachsen etwa 1 mm im Jahr, woraus sich ein Alter von rund 7500 Jahren ergibt. Eine rechte **Abzweigung nach Dannhorst** ❸ ignorieren wir und folgen dem Holzbohlenweg zunächst geradeaus und kurz darauf durch eine Linkskurve. In östlicher Richtung wandern wir trockenen Fußes auf dem Holzbohlenweg über das wiedervernässte Moor mit Tafeln über das Leben im und am Moor.

Nach einer Linkskurve beim **Ende des Holzbohlenweges** ❹ vorbei am Notfallpunkt HK-216 und auf Schotterweg geradeaus nordwärts. 100 m vor der **Abzweigung zum Parkplatz Pietzmoor** ❺, dem alternativen Ausgangs-

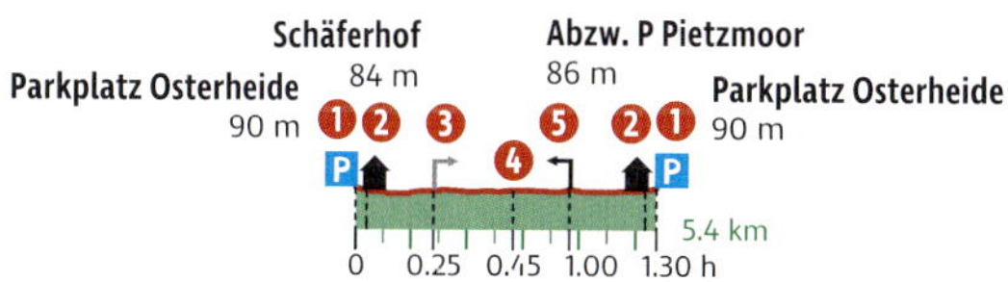

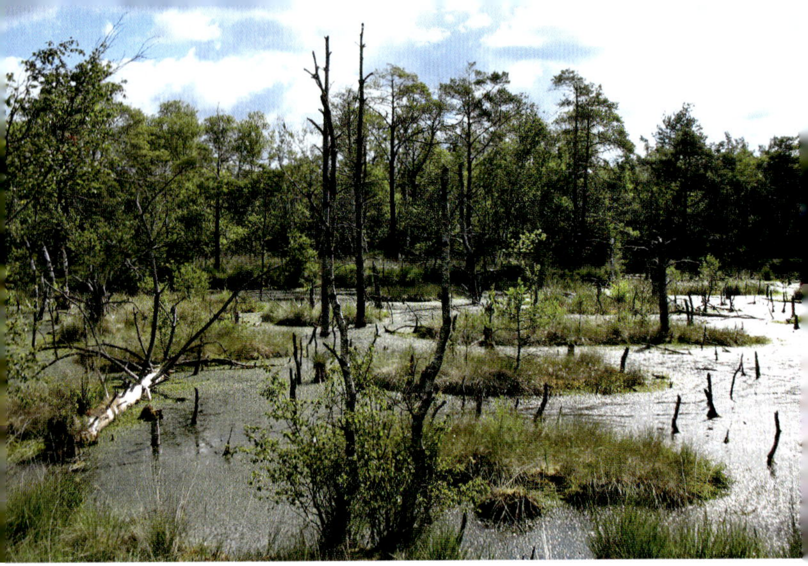

Seit Mitte der 1970er-Jahre wird das Pietzmoor renaturiert.

punkt, folgen wir dem Weg nach links und erreichen nach 1 km wieder den Einstiegspunkt zum Rundweg nahe dem **Schäferhof** 2 mit dem **Parkplatz Osterheide** 1 auf der anderen Straßenseite.

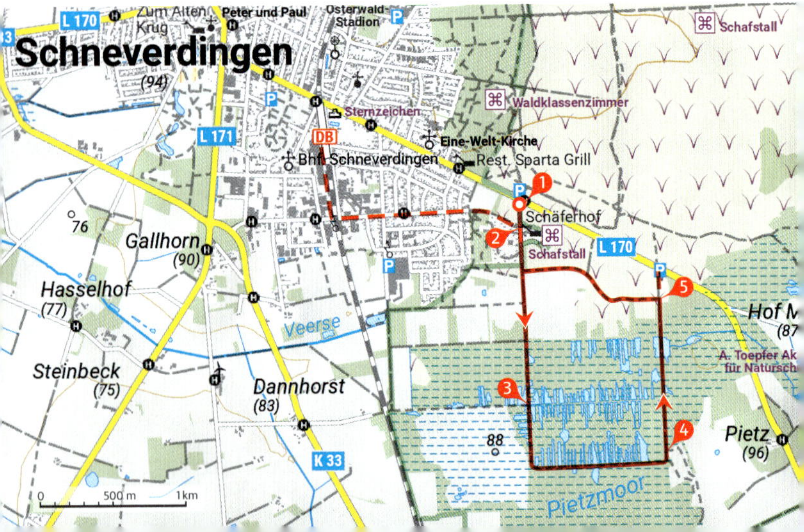

↗ 80 m | ↘ 80 m | 10.0 km

2.30 h

Von Niederhaverbeck zum Wümmetal

27

Wanderung über den Wümme- und Wulfsberg

Durch das Haverbeeketal mit schöner Sicht auf den Bach nähern wir uns dem 104 Meter hohen Wümmeberg, der einen weiten Blick über die Heidelandschaft bietet. Durch Heide geht es vorbei am Wulfsberg wieder in nördliche Richtung nach Niederhaverbeck. Neben offener Heide erwarten uns schöne Wald-Abschnitte, wo Wurzeln den Wegboden prägen.

Ausgangspunkt: Gebührenpflichtiger Parkplatz Niederhaverbeck (Navi: Niederhaverbeck 17, 29646 Bispingen).
ÖPNV: In der Sommersaison (15.7. – 15.10.) wird Niederhaverbeck mehrmals täglich bedient von zwei Linien des Ringbusses Heide-Shuttle: Linie 1 von/nach Bispingen und Soltau sowie Linie 2 mit Verbindungen von/nach Tostedt, Handeloh und Wintermoor, heide-shuttle.de.
Anforderungen: Leichte Wanderung über gut gepflegte Pfade, zuletzt auch breitere Schotter- und Feldwege.
Markierung: Durchgehend N1, stellenweise Heidschnuckenweg (H), Freudenthalweg (F), Jacobusweg (Muschel).
Einkehr: Landhaus Haverbeckhof am Start/Ziel.
Variante: Abkürzung (gesamt 3,8 km) oder Verlängerung bei Rückweg (zusätzlich 2,6 km) möglich über Surhorn, einen schönen Aussichtspunkt mit weitem Blick über das Quellgebiet der Wümme und Gedenkstein für Alfred Toepfer. Hier soll vor 100 Jahren die Aussteigerin Dorothea Möller-Guttmann gelebt haben, die unter dem Pseudonym »Haidefrau« Gedichte verfasste.
Kombi-Tipp: Touren 24 (Wilseder Berg) oder 28 (Behringer Heide).
Tipp: Naturinformationshaus Bienenwelten des VNP in Niederhaverbeck.

Idyllischer Pausenplatz am 1990 renaturierten Heidebach Haverbeeke.

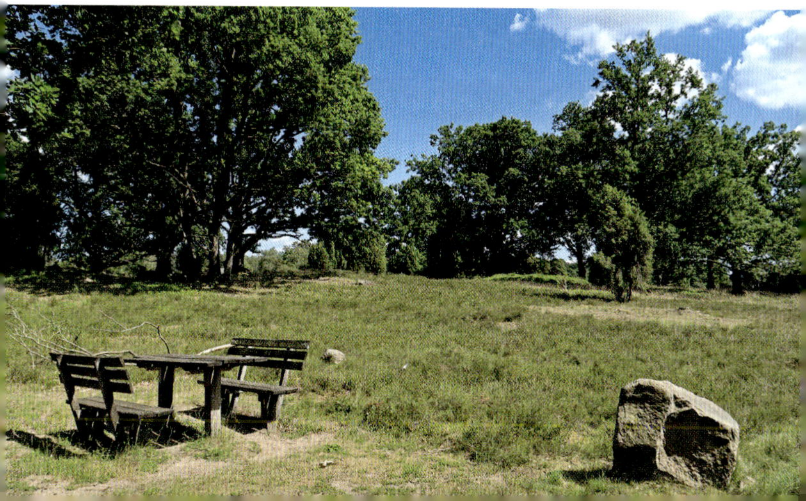

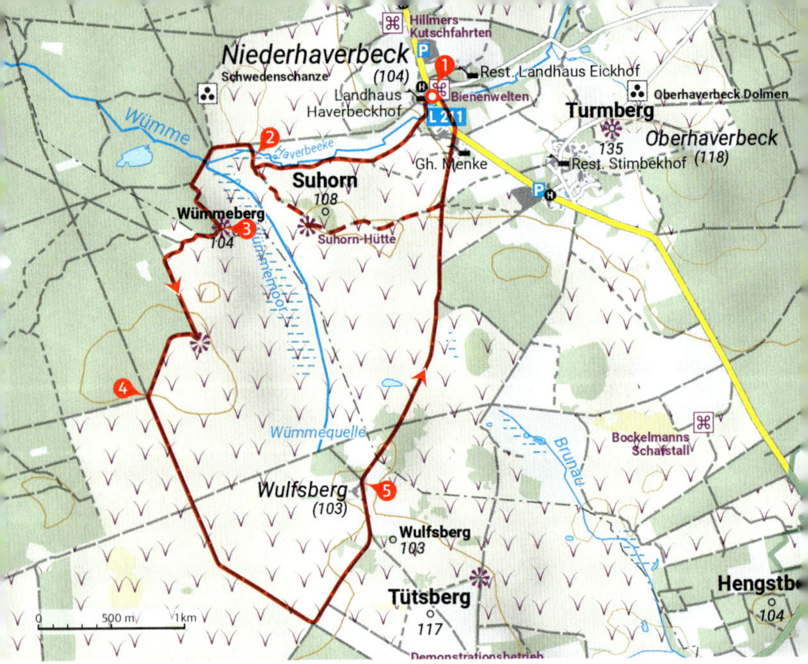

Vom Parkplatz Niederhaverbeck bzw. der Bushaltestelle geht es zunächst in wenigen Minuten auf dem Fußweg neben der Straße südwärts. Hinter dem Landhaus **Haverbeckhof** ❶ rechts auf gepflastertem Weg Richtung Schneverdingen (N1, H) und nach 100 m auf N1 links durch das Tal der Ha-

Dieser Holzsteg quert die Haverbeeke vor deren Mündung in die Wümme.

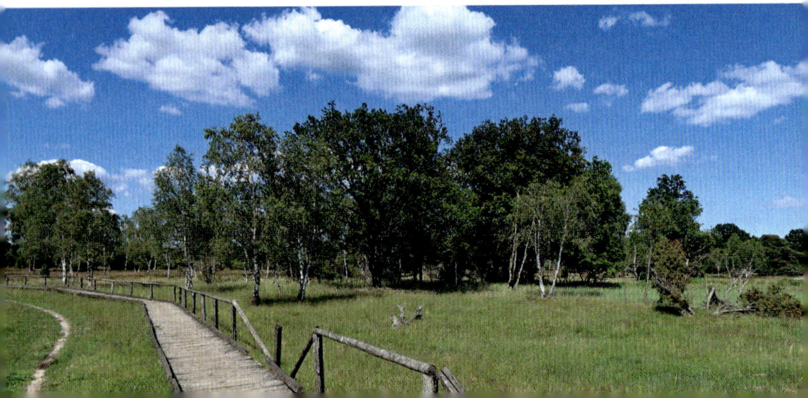

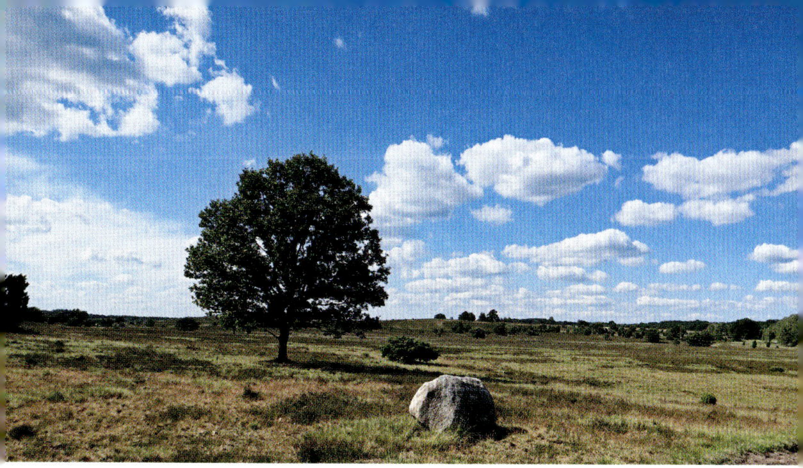

Heide zwischen Wulfsberg und Niederhaverbeck.

verbeeke. Wir orientieren uns an den Markierungen N1 und zunächst auch H. Bei den nächsten Abzweigungen rechts, auf einem **Holzbohlenweg** ❷ über die Haverbeeke und danach links in den Schotterpfad Richtung Wümmeberg (N1). 100 m nach einer weiteren (der dritten) Bachquerung über die Wümme folgen wir N1 nach links Richtung Wümmeberg (0,5 km). Nach 5 Gehminuten führt ein Abstecher zu einem Aussichtspunkt auf dem **Wümmeberg** ❸, 104 m. Auf N1 abwärts und bei einer T-Kreuzung am Waldrand links (Tütsberg 4,4 km). Nach 300 m lädt ein schöner Aussichtspunkt mit Bänken zur Rast ein. Weiter am Waldrand zu einer **Kreuzung mit Baumstamm** ❹, markiert als Notfallpunkt HK H-4, wo wir dem breiten Sandweg nach links folgen Richtung Tütsberg (N1). Nach einer längeren Passage durch offene Heidefläche am Waldrand bei Kreuzung auf breitem Weg nach links Richtung Wulfsberg (1,1 km, N1). Vor dem – nicht begehbaren – Wulfsberg halten wir uns links und folgen dem Weg rechts vorbei an dem gleichnamigen Gehöft **Wulfsberg** ❺, wo eine Tafel über Honigbienen bzw. Imkerei informiert. Wir wandern geradeaus zurück nach Niederhaverbeck (N1), dort geradeaus am Gasthof Menke vorbei zur Straße und auf dieser bzw. dem Radweg nach links in den Ort bzw. zur Bushaltestelle am **Haverbeckhof** ❶ und dahinter dem Parkplatz.

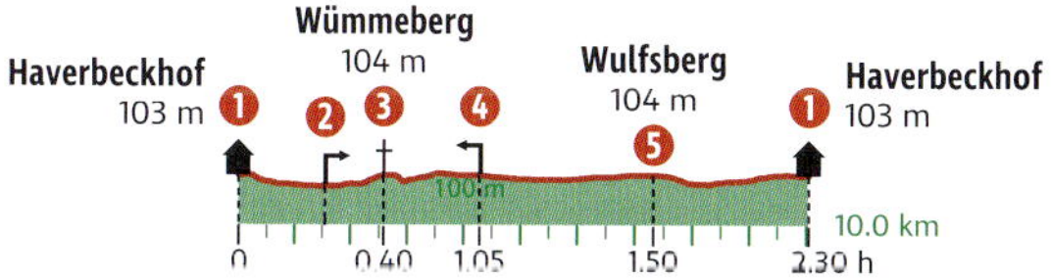

↗ 140 m | ↘ 140 m | 11.4 km

28 Tütsberger und Behringer Heide

3.00 h

Genussvolle Rundwanderung durch renaturierte Heidelandschaft

Jahrzehntelang rollten nach dem Zweiten Weltkrieg britische und kanadische Panzer über diese Flächen der Lüneburger Heide, deren Natur sich seit dem Abzug der Briten 1994 und den folgenden Renaturierungsmaßnahmen sichtbar erholt hat, auch wenn stellenweise noch Spuren wie Bodenverdichtungen an die militärische Vergangenheit des heute beliebten Wandergebietes erinnern. In vorgeschichtlicher Zeit war der Tütsberg ein bevorzugtes Siedlungsgebiet: Steinzeitliche Bewohner schätzten vor rund 9000 Jahren vermutlich den trockenen sandigen Untergrund und das frische Quellwasser der Brunau.

Ausgangspunkt: Wanderparkplatz Behringer Heide zwischen Niederhaverbeck und Behringen (Navi: Manöver 5, 29646 Bispingen) oder Gasthof Tütsberg 5 mit Parkplatz nur für Gäste (Navi: Hof Tütsberg, 29640 Schneverdingen).
ÖPNV: Die Bushaltestelle Behringen-Haverbecker Straße liegt 1,5 km südlich vom Wanderparkplatz an der gleichnamigen Hauptstraße in Behringen. In der Sommersaison (15.7. – 15.10.) Heide-Shuttle-Linien 1 und 4 von/nach Bispingen und Schneverdingen sowie Linie 2 von/nach Tostedt, Handeloh und Wintermoor, heide-shuttle.de. Ansonsten Mo. – Fr. wenige Busverbindungen zwischen Behringen und Bispingen (154, 156), vnn.de.
Anforderungen: Leichte Wanderung überwiegend über gut ausgebaute breitere Wege, stellenweise auch Pfade, kurzzeitig Holzbohlen.
Markierung: Großteils B 2 sowie stellenweise Heidschnuckenweg (H).
Einkehr: Gasthof Tütsberg 5.
Variante: Abkürzung bei Tütsberger Hof auf Hauptweg (1 km weniger).
Kombi-Tipp: Tour 27.

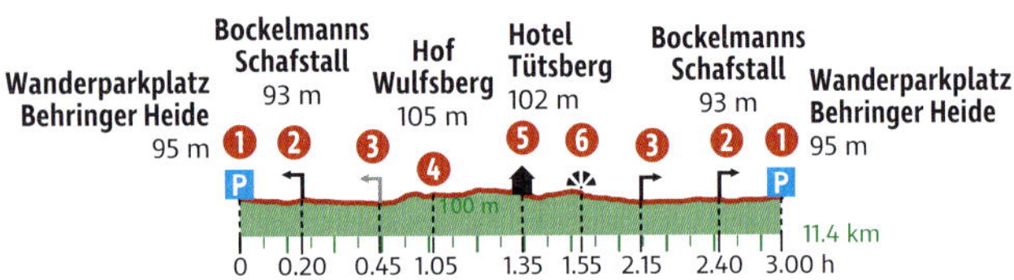

Vom **Parkplatz an der Behringer Heide** 1 zwischen Niederhaverbeck und Behringen folgen wir dem westwärts von der Straße wegführenden Fußweg zwischen der Infotafel über die Behringer Heide (links) und dem Notfall-Pfahl HK-209 (rechts). Nach 100 m rechts (B 2, H, Tütsberg 4,7 km) auf dem Heidschnuckenweg (H) durch lichten Wald. Nach 5 Minuten bieten links zwei Bänke eine nette Aussicht. 50 m vor einem Picknicktisch am Waldrand halb rechts auf Heidschnuckenweg in den Wald und danach bei einer Kreuzung halb rechts über die Heide, wo nach einer Bank ein Holz-

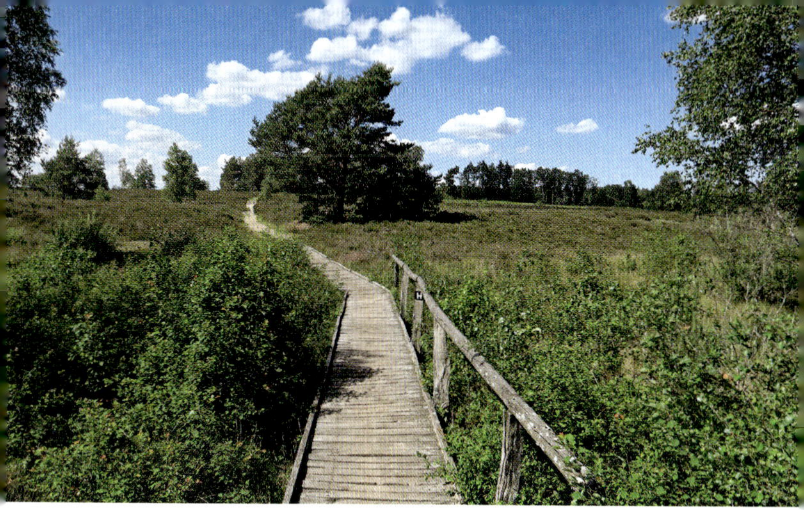

Dieser Holzbohlenweg erschließt eine Senke in der Behringer Heide.

steg über eine Niederung führt, ehe wir unter Kiefern Bockelmanns alten **Schafstall** ❷ erreichen.

Bei einer überdachten Holzbank biegen wir links auf den Radweg und folgen diesem gut 20 Minuten in östliche Richtung, wobei wir von der Behringer in die Tütsberger Heide wandern – beides ehemalige Truppenübungsplätze. Der Asphalt endet bei einer **Kreuzung** ❸ mit zwei Holzbänken in einer Niederung, wo die nach Behringen fließende Brunau entspringt. Bei dieser Kreuzung geradeaus bzw. leicht links auf dem Sandweg neben dem Reitweg (H, Wulfsberg 1,2 km). In einem Waldstück zweigen wir bei einer Kreuzung vor einer Schranke nach links ab (B 2, Wulfsberg 0,5 km) und passieren nach Kurzem eine Infotafel »Märchengestalten-Traubeneiche«. In einer Linkskurve des Weges passieren wir den rechts liegenden **Hof Wulfsberg** ❹ aus dem 19. Jh., der erst 1990 an das öffentliche Stromnetz angeschlossen wurde.

Der recht breite Weg führt zu einer Gabelung, wo wir links gehen (B 2, Tütsberg 1,1 km) und nach 15 Minuten einen Hof mit Infotafel über Heidschnucken als Düngerlieferanten erreichen. Hier könnten wir nach links abkürzen (B 2). Nett ist rechts eine kleine Schleife vorbei am Hotel Tütsberg mit Tümpel und weiteren Aussichtspunkten. Das Hotel mit Café-Terrasse erreichen wir bei der folgenden Kreuzung nach links; H führt ebenfalls am **Hotel Hof Tütsberg** ❺ vorbei. Auf dem H links am Hotel und rechts am folgenden Weiher vorbei, hinter dem wir vor einem Feld links abbiegen und damit den H verlassen. Wir orientieren uns an den Birken nordwärts, erst auf einem Spurweg und nach einer Infotafel über Saathafer auf einem Grasweg.

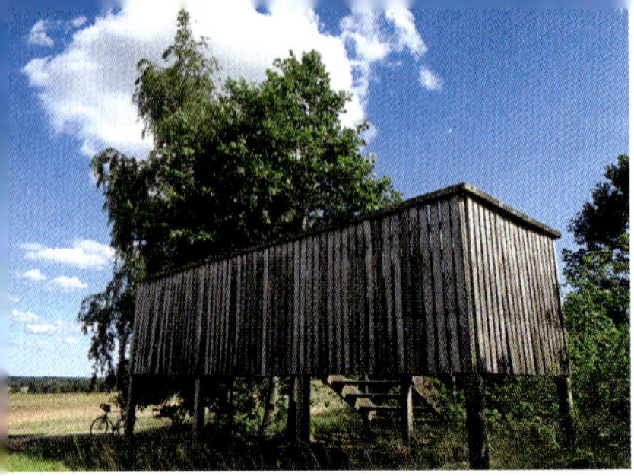

Diese hölzerne Plattform ermöglicht einen weiten Blick über die Tütsberger Heide.

Am Waldende durch Linkskurve mit Holzbänken und weitem Blick über die Tütsberger Heide sowie die Niederung der Brunau. Eine Infotafel erinnert an Günter Weißflog. Der in Sachsen geborene Maler lebte von 1935 bis 1987 in der Lüneburger Heide, zeitweise als Unterpächter einer einfachen Kate des VNP am Tütsberg. Weiter am Nordrand des Tütsberges entlang mit Funden aus der Steinzeit sowie einem bronzezeitlichen Grabhügel, der leider durch Panzer beschädigt wurde.
Wir biegen rechts in den vom Hof Tütsberg kommenden geradlinig nordwärts führenden Weg ab, vorbei an bronzezeitlichen Gräbern, über die Tafeln informieren. Kurz darauf bietet eine links vom Weg stehende **Aussichtsplattform** ❻ einen weiten Blick – bis hinüber zum weißen Dach des Bispinger Snow-Domes. Nach aussichtsreicher Strecke bei der **Kreuzung an der Brunauquelle** ❸ auf dem bekannten asphaltierten Hauptweg rechts. Nach 0,6 km ignorieren wir den rechts entlang der Brunau abzweigenden Graspfad, der auf älteren Karten noch als Weg eingezeichnet ist, aber aus Naturschutzgründen nicht begangen werden soll – zum Schutz der Wiesenvögel. Auf Hauptweg geradeaus zum **Schafstall** ❷, dort auf H rechts und wie auf dem Hinweg zurück zum Ausgangspunkt, dem **Wanderparkplatz Behringer Heide** ❶.

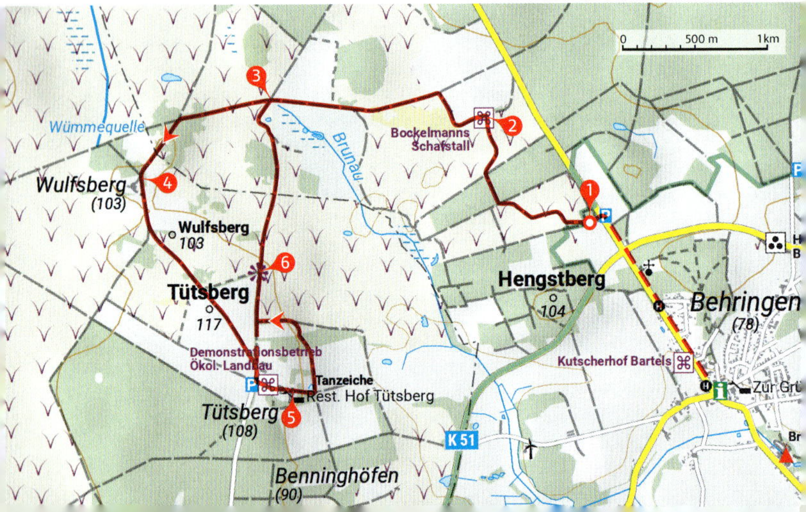

Behringen und Brunausee

Rundwanderung nordwestlich von Bispingen

Diese Rundwanderung zwischen Behringen und Bispingen führt um den Brunausee, durch Behringen und eine agrarisch geprägte Landschaft mit dem auf Reiter spezialisierten Rosenhof. Unterwegs erinnert der Behringen-Garten an die Städtepartnerschaft Behringens mit fünf fast gleichnamigen Orten in Belgien, Luxemburg, den Niederlanden und der Schweiz. Der 7 Hektar große Brunausee entstand 1980 durch den Abbau von Sand. Die Ruhe am See lässt nichts ahnen von der Betriebsamkeit der nur wenige hundert Meter entfernten großen Autobahnraststätte Brunautal, ebenso wie der See nach dem 10 Kilometer langen Fluss Brunau benannt.

Ausgangspunkt: Café Seeterrasse mit dem Parkplatz Brunausee 100 m südlich davon (Navi: Uhlenstieg 15, 29646 Bispingen).
ÖPNV: Die Bushaltestelle Behringen-Süd liegt nahe der Zufahrt zum Brunausee-Parkplatz. In der Sommersaison (15.7. – 15.10.) Heide-Shuttle-Linien 1 und 4 von/nach Bispingen und Schneverdingen, heide-shuttle.de. Ansonsten Mo. – Fr. wenige Busverbindungen zwischen Behringen und Bispingen (Linien 154, 156), vnn.de.
Anforderungen: Leichte Wanderung auf Uferweg und Feldwegen sowie kleinen Asphaltstraßen.
Markierung: Stellenweise Heidschnuckenweg (H).
Einkehr: Behringen sowie Café-Restaurant Seeterrasse am Brunausee (Di. Ruhetag).
Variante: Verlängerung möglich mit südlicher Schleife ab Rosenhof ❸ (4 km zusätzlich): Ab Rosenhof links und auf stellenweise etwas sandigem Wirtschaftsweg am Waldrand, über Felder und durch Wald. Nach 2,2 km am Wendepunkt durch Rechtskurve und Abzweigungen ignorierend geradeaus zur Heberer Straße. Auf dieser nach rechts Richtung Behringen auf die Hauptroute.
Tipps: An der Autobahnausfahrt Bispingen das VERRÜCKTE HAUS, dasverruecktehaus-bispingen.de; Abenteuerlabyrinth Lüneburger Heide, abenteuerlabyrinth.de; Trampolinpark, abenteuerland.de; Modellbahnwelten im SnowDome, abenteuer-resort.de.

Vom **Café Seeterrasse** ❶ am Strandbad folgen wir links dem Uferpfad, nach 250 m vorbei an **Behringen-Garten** ❷, der mit den jeweiligen Nationalflaggen und Infotafel zu den Städtepartnerschaften Behringens, angelegt beim 7. Treffen »5 × Behringen International« im Jahr 1986, erinnert.

Brunausee – heute Bade-Idyll.

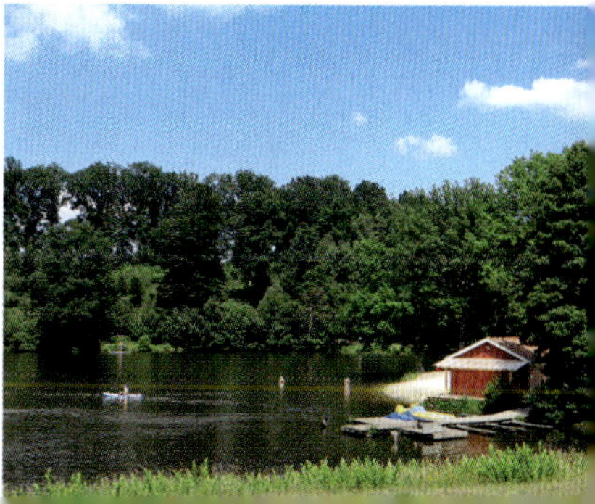

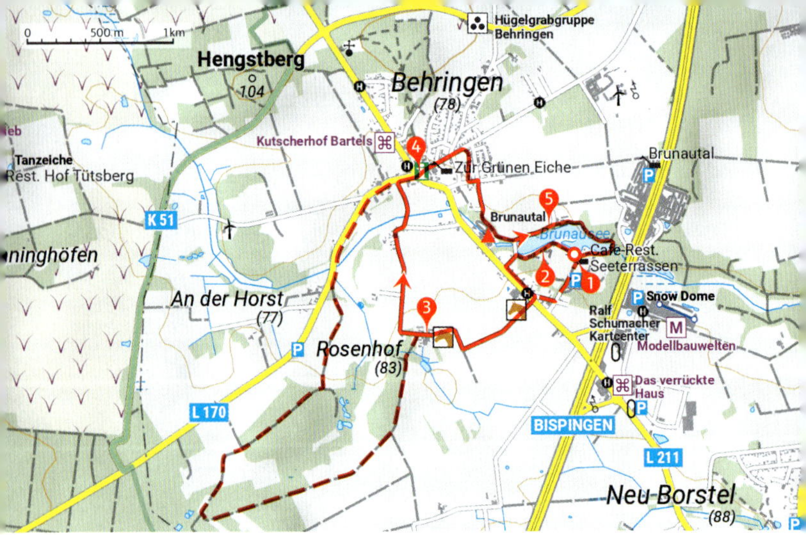

Die folgende Zufahrtsstraße zum See (Junkernberg) bringt uns links zur Hauptstraße (Seestraße), der wir für 250 m nach links folgen. Nach der Bushaltestelle Behringen-Süd rechts in die Rosenhoftrift Richtung Rosenhof (900 m). Rechts ragt in der Ferne das Dach des Bispinger SnowDomes mit seiner 300 m langen Skipiste auf. Am Reiterhof **Rosenhof** ③ der Straße geradeaus und nach einer Rechtskurve bei einem Hof der Radwegbeschilde-

Lila blühen nicht nur Heideflächen bei Behringen, sondern auch Phaceliafelder.

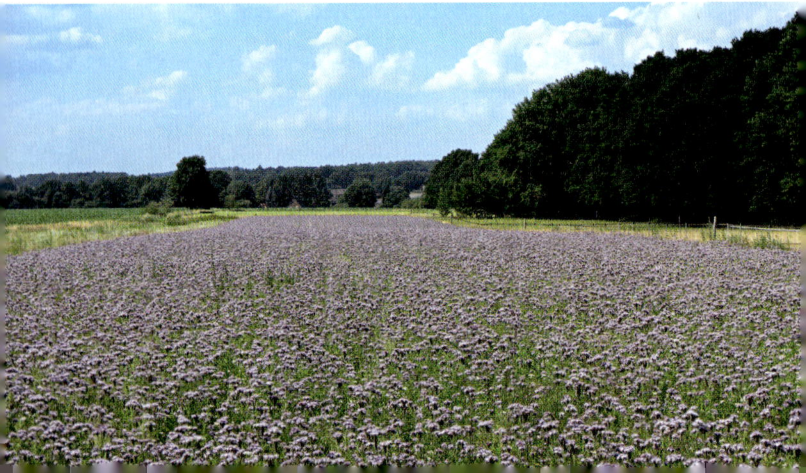

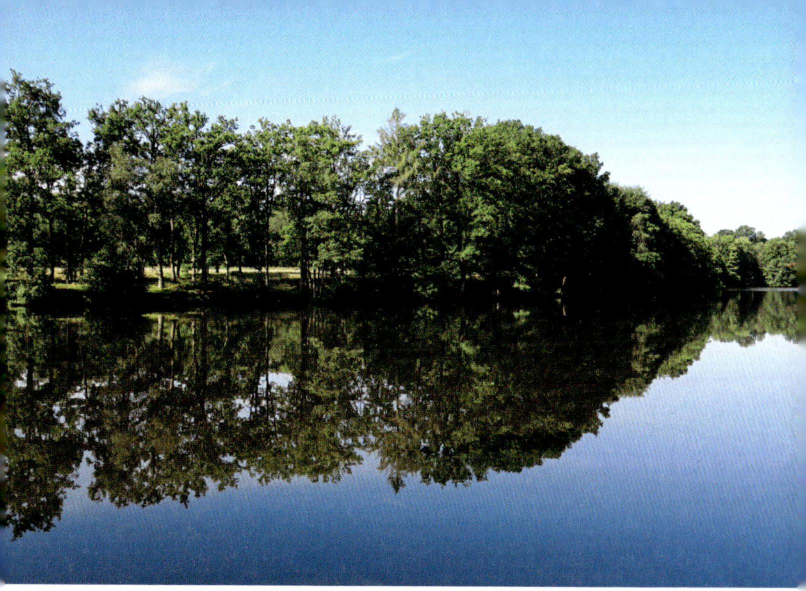

Der Brunausee liegt nur wenige Hundert Meter von der Autobahn entfernt.

rung nach links folgen, über die Brunau und am Ortsanfang von Behringen rechts in die Heberer Straße.
In **Behringen** ❹ queren wir die Hauptstraße und nehmen geradeaus die Mühlenstraße in den Ort, vorbei an der kleinen Touristinfo und Bushaltestelle. Nach dem rechts abzweigenden Schulweg halb rechts auf den breiten Fußweg rechts neben der Straße und nach 50 m nach einer Rechtskurve durch den Park, links vorbei an Freiluftspielflächen für Boule und Schach. Am Ende des Parks folgen wir links der Straße und gleich darauf rechts dem Spurweg Richtung Brunausee (600 m), nach 200 m etwas schmaler links an einem Campingplatz vorbei. Vor dem See abwärts und weiter links am Ufer entlang. Nach 200 m erinnert ein Schild an den Winter: »Betreten der Eisfläche verboten«. Hier verlassen wir die kleine asphaltierte Straße, indem wir rechts auf den **Uferpfad** ❺ wechseln. Autorauschen verrät die nahe A7. Der Uferpfad führt uns im Uhrzeigersinn zum bereits sichtbaren **Café Seeterrasse** ❶.

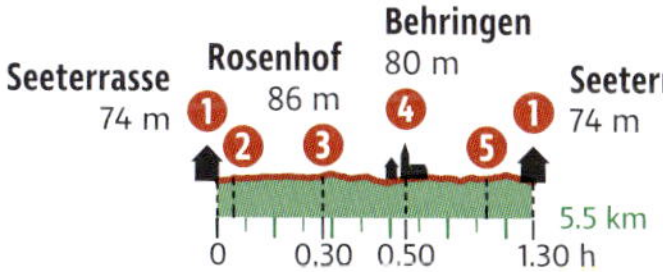

↗ 80 m | ↘ 80 m | 11.2 km

30 Rundwanderung zwischen Soltau und Wolterdingen

3.00 h

Böhmetal, Einfrielinger Ententeiche und Ebsmoor

Bei dieser Rundwanderung durch Wald und Felder begleiten uns Gewässer unterschiedlicher Ausprägung: der ursprünglich mäandernde Böhmebach, die Ahlfener Angelteiche, der Teich im Röderspark des Soltauer Stadtteils Einfrielingen sowie das Ebsmoor mit seinem Flachsee.

Ausgangspunkt: Bhf. Wolterdingen oder (freies) Parken entlang der Straße im Dorf Wolterdingen (Navi: Auf der Meeck).
ÖPNV: Bahnhof Wolterdingen mit jeweils stündlichen Verbindungen Richtung Hannover sowie Buchholz. Busverbindungen mit Linie 200 (Mo. – Fr. mehrmals täglich) zwischen Wolterdingen und Soltau mit Halt in Ahlften (vor 2) und Soltau-Einfrielingen (bei 4).
Anforderungen: Leichte Wanderung über Feld- und Waldwege sowie Straßen mit wenig Verkehr.
Markierung: Stellenweise Heidschnuckenweg (H), Freudenthalweg (F), Jacobusweg (Muschel) sowie gelber Punkt und Schmetterling.
Einkehr: Gasthaus am Ebsmoor bei Röders' Park (i. d. Regel nur abends, manchmal auch auf Anfrage), Tel. +49 5191 2141, roeders-park.de.
Variante: Zum Dorf Wolterdingen mit Heidekirche aus dem 14. Jh. mit frei stehendem hölzernen Glockenturm (selbe Länge, aber mehr Landstraße): Kurz vor Schluss bei den ersten Häusern von Wolterdingen nicht rechts in den Grasweg, sondern geradeaus ins Ortszentrum Wolterdingen und rechts neben der Straße zum Bahnhof.
Kombi-Tipp: Tour 29 von Schneverdingen nach Soltau via Wolterdingen.

Diese Brücke über die Böhme bildet den südlichen Wendepunkt dieser Tour.

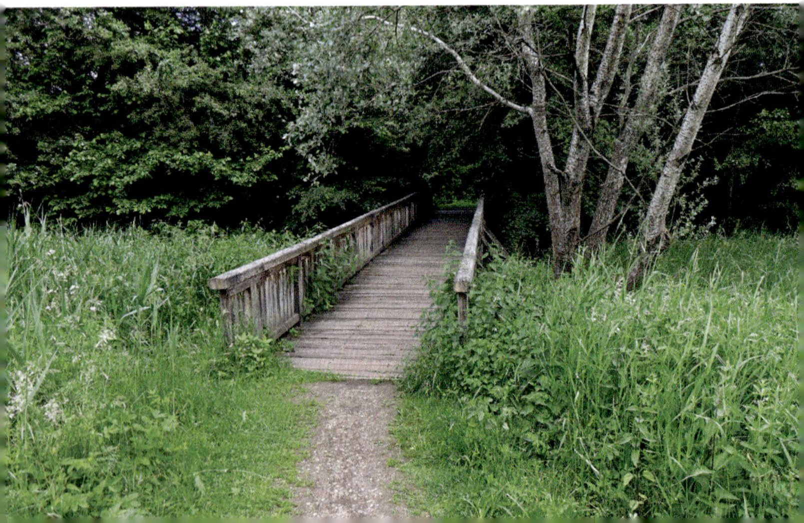

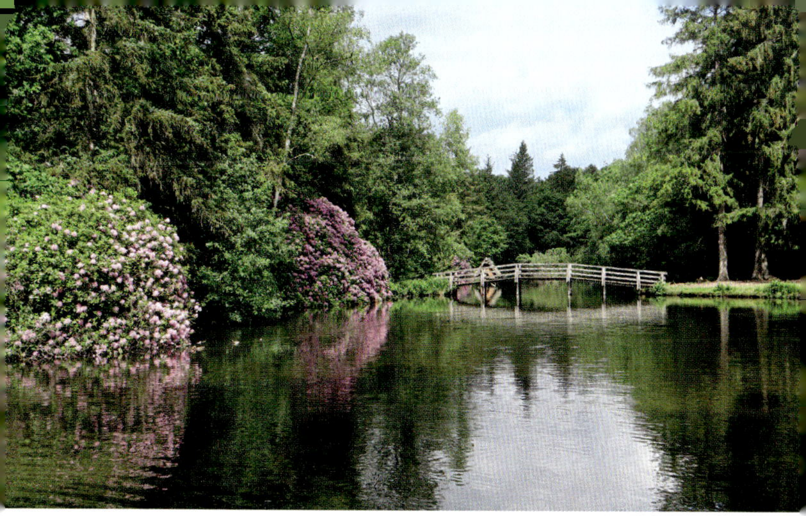

Der Röderspark entstand auf Initiative einer Soltauer Filzfirma-Familie.

Von der **Bahnhaltestelle Wolterdingen** ❶ queren wir die Bahnlinie nach Westen und biegen links in die Straße Auf dem Meeck und nach 500 m rechts in den Böhmerweg ab. Sporadisch stoßen wir auf ein »F« für den Freudenthalweg, der uns bis kurz vor die Böhmebrücke begleiten wird. Am Ortsende Waldpfad geradeaus, rechts vorbei an Haus Nr. 25. Der Weg führt in einigem Abstand links an der Böhme entlang und quert eine Hauptstraße, wonach wir rechts dem Kiesweg am Waldrand folgen. Bald liegen links die **Ahlftener Fischteiche** ❷, wo eine Infotafel die dort vorkommenden Fischarten anzeigt. Von links mündet der Heidschnuckenweg (H) ein und wird uns für etwa 2 km begleiten. Wir folgen den Markierungen des H und F durch Wald links von der Böhme und halten uns 100 m nach einer Schneise mit Hochspannungsleitung rechts. Bei einer Kreuzung links von einer Brücke über die Böhme geradeaus auf Waldweg links neben der Böhme.
Wir erreichen eine kleine künstliche Insel in der Böhme mit Holzbrücke und Stein. Die 15 m lange und 5 m breite Insel mit zwei markanten Bäumen (Kastanie und Ulme) entstand aus dem Schüttgut beim Anlegen einer Flussschleife, als der Böhmewald 1897 durch Wilhelm Röder zu einem Erho-

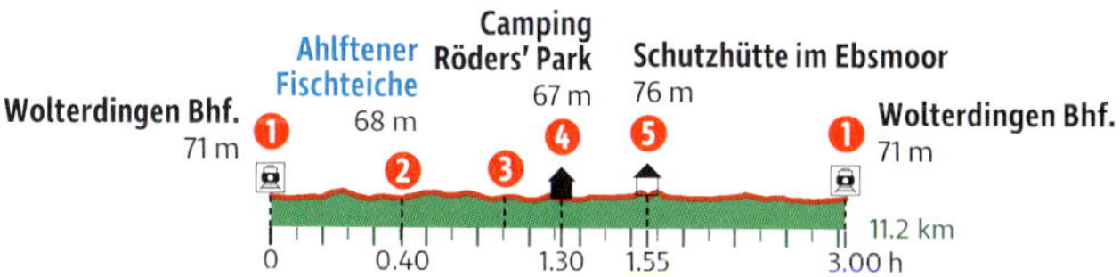

lungspark umgestaltet wurde. Bei der nach dem umstrittenen Freikorpskämpfer Albert Leo Schlageter benannten **Schlageterinsel** ❸ bieten sich zwei Optionen an, die beide nach 150 m wieder zusammenkommen: Die Fernwanderwege verlaufen geradeaus über den Hauptweg, wo es bei der folgenden Gabelung nach rechts geht. Die abenteuerliche Version führt auf kleinem Pfad nach rechts direkt am Böhme-Ufer entlang.

Wir halten uns so weit rechts wie möglich und queren schließlich die Böhme über eine Brücke, während die Fernwanderwege links von der Böhme nach Soltau führen. Weiter geht es durch den Röderspark von Einfrielingen, wo Bänke an Ententeichen zur Rast einladen. Der Park ist benannt nach seinem Gründer, dem Soltauer Ehrenbürger Wilhelm Röders, aus der Gründerfamilie von Carl Breiding & Sohn, einer Soltauer Firma für Filz und Bettfedern. Ein anderer Name für den Park ist »Halifax« – die gleichnamige kanadische Stadt liegt auf demselben (53.) Breitengrad wie dieser Park.

Bei einer T-Kreuzung im Park auf asphaltiertem Weg 50 m nach links (gelber Punkt, Schmetterling), dann rechts, links an dem Teich und der Brücke vorbei. 100 m nach einem großen Rhododendron und Röders-Gedenkstein

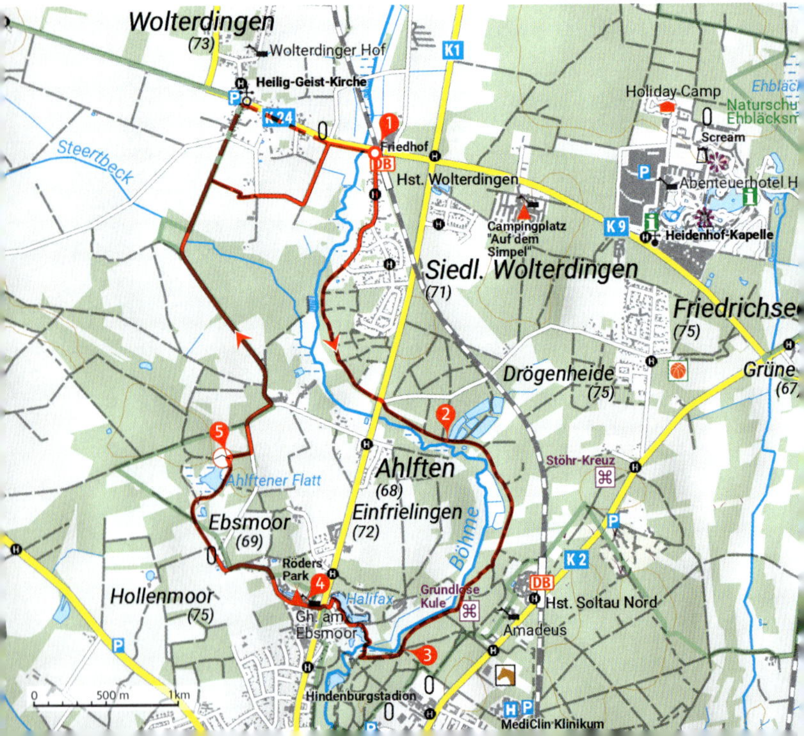

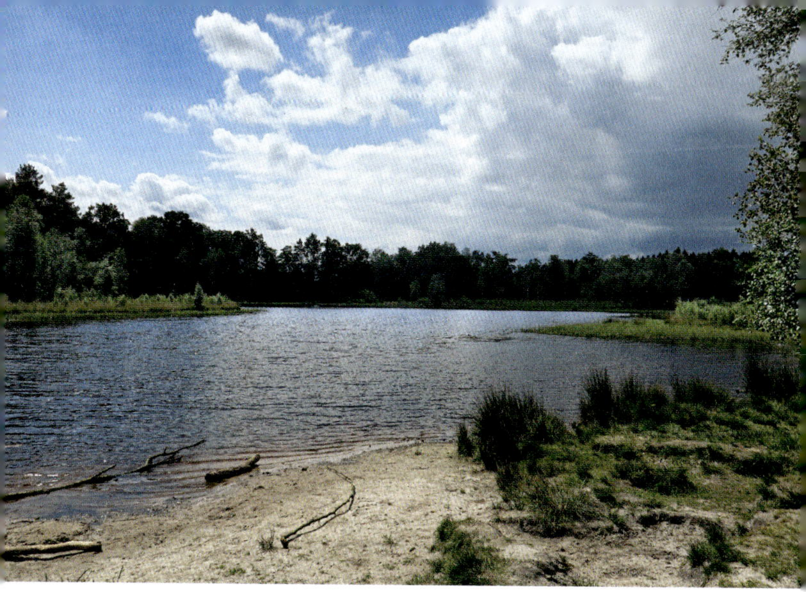

Kleiner See im Ebsmoor.

am 53. Breitengrad nehmen wir 50 m vor der Hauptstraße links die kleine Straße zwischen Häusern und halten uns nach 100 m vor dem Wald rechts, um kurz darauf die Hauptstraße zu queren und leicht links versetzt der Straße Ebsmoor geradeaus zu folgen (Tempo 30), links vorbei am **Campingplatz** ❹.

Am Ende des Asphaltbelags rechts Richtung Ebsmoor/Ahlftener Flatt (Jacobusweg) und bei einer Gabelung am Waldrand wieder rechts (Reitverbot). Kurz darauf passieren wir das **Ebsmoor**: 100 m nach einer Bank mit Blick auf den Moorsee ist nach links ein kurzer Abstecher direkt an den See möglich mit **Schutzhütte** ❺ und weiteren Bänken. Weiter auf dem Weg durch die Rechtskurve vom See weg und bei der folgenden T-Kreuzung links, am Feldrand und unter einer Hochspannungsleitung hindurch, um danach dem Asphaltweg durch die Rechtskurve zu folgen.

Vor einem Fachwerkhaus links in den Ahlftener Kirchweg (Wolterdingen 2,3 km). Nach 1,7 km biegen wir rund 200 m vor den Häusern von Wolterdingen rechts in den Grasweg zwischen Feldern. Nach einem Hof bei einer Kreuzung – rechts eine Bank – geradeaus und nach weiteren 200 m durch eine Linkskurve.

Schließlich erreichen wir die Hauptstraße (Soltauer Straße), die uns nach rechts wieder zurück zum Ausgangspunkt führt, der **Bahnhaltestelle Wolterdingen** ❶.

↗ 130 m | ↘ 150 m | 21.9 km

31 Von Schneverdingen nach Soltau

5.30 h

Streckenwanderung durch Felder und das Böhmetal

Der Freudenthalweg, einer der ältesten Fernwanderwege durch die Lüneburger Heide, ist benannt nach den Brüdern Freudenthal, beide Heideschriftsteller. Diese Etappe, eine der schönsten, führt von Schneverdingen nach Wolterdingen anfangs durch die Osterheide, die bis in die 1990er-Jahre als Übungsfläche britischer und kanadischer Panzer diente. Weiter geht es durch Moor, Wald, vorbei an Feldern zum großteils bewaldeten Tal der mäandernden Böhme und schließlich durch den Kurpark der Spielestadt Soltau mit der Sole-Therme. Unterwegs gibt es rund um den Hof Möhr mit seiner Naturschutzakademie viel Wissenswertes zur Natur und dem Leben in der Heide.

Ausgangspunkt: Bahnhof Schneverdingen mit kleinen Parkplätzen, etwa an der Rückseite (Navi: Heidkampsweg, 29640 Schneverdingen).
Endpunkt: Bahnhof Soltau mit Parkplatz an der Westseite (Navi: Bahnhofstraße, 29614 Soltau).
ÖPNV: Die Heidebahn hält am Ausgangs- und Endpunkt der Wanderung sowie in Wolterdingen 6 jeweils stündlich in Richtung Buchholz und Hannover. An den Bahnhöfen sowie unterwegs bei den Haltestellen Schneverdingen-Feriendorf und Heber, Kirche sind die Heide-Shuttle-Ringbusse 1 und 4 von/nach Bispingen sowie tw. Soltau erreichbar, heide-shuttle.de. Zwischen Wolterdingen 6 und Soltau-Wilhelmstraße verkehrt Mo. – Fr. mehrmals täglich Buslinie 200 mit Halt in Ahlften (nahe 7), vnn.de.
Anforderungen: Leichte Wanderung über Wald- und Feldwege sowie stellenweise kleine Pfade und in Orten überwiegend verkehrsarme Straßen, die an mehreren Punkten unterwegs beendet werden kann, etwa nach 14,4 km in Wolterdingen.
Markierung: F für Freudenthalweg sowie stellenweise H für Heidschnuckenweg und Jacobusweg-Muschel.
Einkehr: Soltau.
Kombi-Tipp: Tour 26 (Pietzmoor), Tour 28 (Wolterdingen) und Tour 31 (Freudenthalweg Soltau-Dorfmark).
Tipps: Schneverdingen mit Eine-Welt-Kirche; Soltau: Filzwelt, filzwelt-soltau.de; Salzmuseum, salzmuseum-soltau.de; Spielmuseum, spielmuseum-soltau.de; Soltau-Therme mit Sole und Sauna am Kurpark, soltau-therme.de.

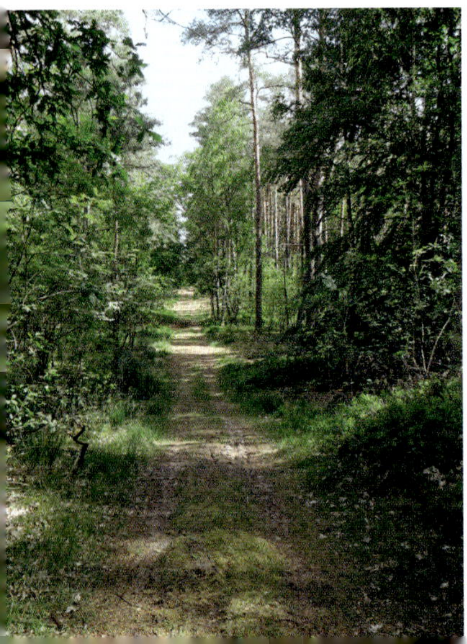

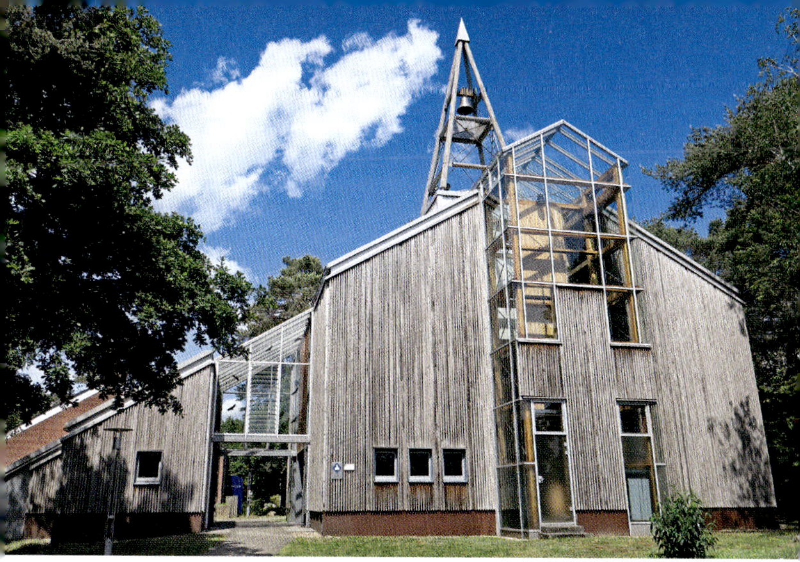

Oben: Die Schneverdinger Eine-Welt-Kirche wurde 2000 anlässlich der EXPO erbaut.
Links: Waldweg zwischen Surborstel und Wolterdingen.

Vom **Bahnhof Schneverdingen** ❶ folgen wir zunächst der Hauptstraße Heberer Straße in südöstliche Richtung und nehmen nach 700 m links den Fußweg zur Eine-Welt-Kirche, anlässlich der EXPO 2000 in Brettstapelbauweise errichtet. Ein laufendes Projekt ist der Eine-Erde-Altar in der Kirche mit mehreren Tausend Erdbüchern – Bodenproben aus allen Teilen der Erde. 7000 sollen es werden, Herkunft und Spender sind online abrufbar (eine-erde-altar.org). Hinter der Kirche halten wir uns rechts und wandern auf dem Zubringer für den Heidschnuckenweg erst durch das Wäldchen und dann über Heidefläche zum **Wanderparkplatz Osterheide** ❷ mit Notfallpunkt HK-213. Weiter links am Parkplatz vorbei auf dem Heidschnucken- und Freudenthalweg (H, F) links parallel zur Straße. 30 m nach einer Linkskurve verabschieden wir uns von dem links verlaufenden Kutschenweg, indem wir dem Spurweg nach rechts folgen. 100 m nach

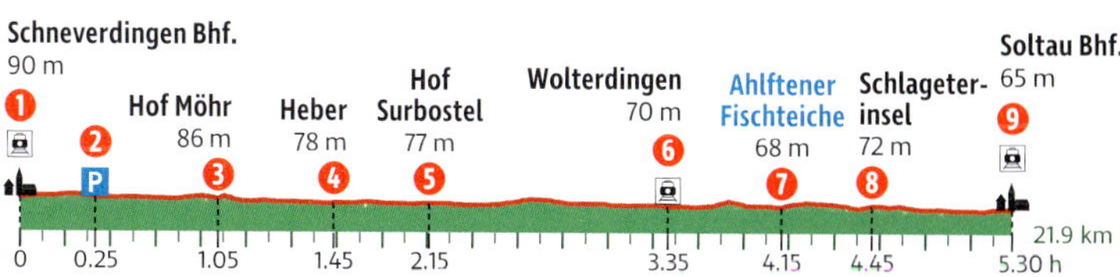

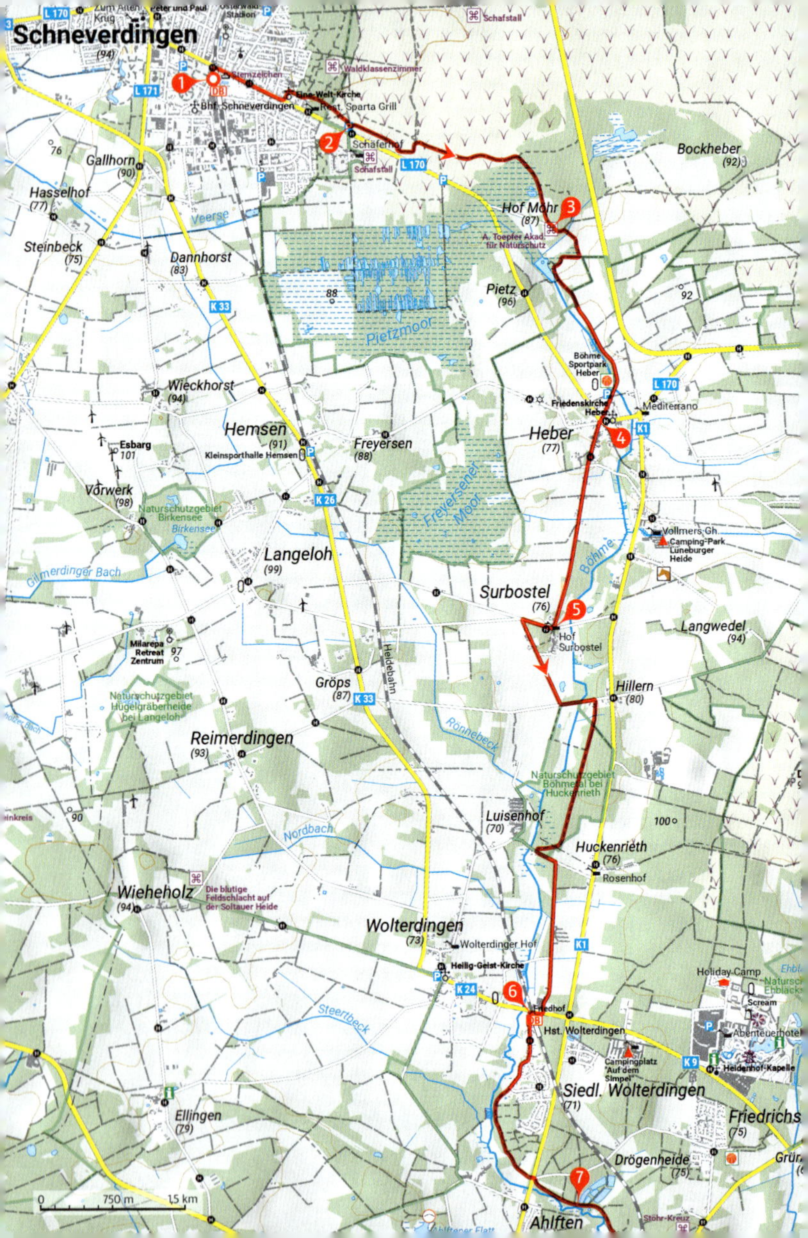
Schneverdingen
(94)
L 170
L 171
Sternzeichen
Bhf. Schneverdingen
Eine-Welt-Kirche
Rest. Sparta Grill
Waldklassenzimmer
Schafstall
Schäferhof
Schafstall
L 170
Bockheber
(92)
Gallhorn
(90)
Hasselhof
(77)
Veerse
Steinbeck
(75)
Dannhorst
(83)
Hof Möhr
(87)
A. Toepfer Akad. für Naturschutz
Pietz
(96)
92
88
Pietzmoor
K 33
Böhme Sportpark Heber
L 170
Mediterrano
Friedenskirche Heber
Wieckhorst
(94)
Hemsen
(91)
Kleinsporthalle Hemsen
Freyersen
(88)
Heber
(77)
K1
Esbarg
101
Vorwerk
(98)
Naturschutzgebiet Birkensee
Birkensee
K 26
Freyersener Moor
Vollmers Gh.
Camping-Park Lüneburger Heide
Böhme
Langeloh
(99)
Gilmerdinger Bach
Surbostel
(76)
Hof Surbostel
Langwedel
(94)
Milarepa Retreat Zentrum
97
Gröps
(87)
K 33
Heidebahn
Hillern
(80)
Naturschutzgebiet Hügelgräberheide bei Langeloh
Reimerdingen
(93)
Rönnebeck
Naturschutzgebiet Böhmetal bei Huckenrieth
Luisenhof
(70)
100
90
Nordbach
Huckenrieth
(76)
Rosenhof
Wieheholz
(94)
Die blutige Feldschlacht auf der Soltauer Heide
Wolterdingen
(73)
Wolterdinger Hof
Heilig-Geist-Kirche
K1
K 24
Friedhof
Hst. Wolterdingen
Holiday Camp
Scream
Abenteuerhotel
Steertbeck
Campingplatz "Auf dem Simpel"
K 9
Heidenhof-Kapelle
Siedl. Wolterdingen
(71)
Ellingen
(79)
Friedrichs
(75)
Drögenheide
(75)
0
750 m
1,5 km
Ahlften
Störr-Kreuz
1
2
3
4
5
6
7

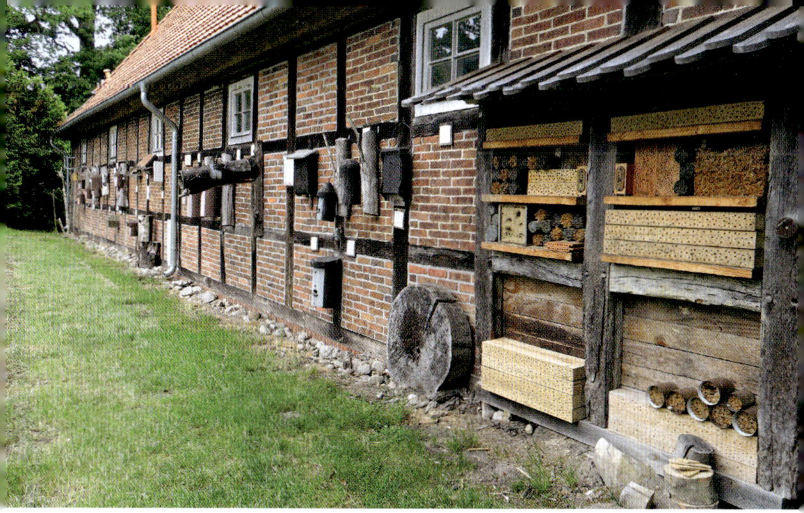

Diese Gebäudewand am Hof Möhr ist ein Paradies für Insekten und Vögel.

einer Infotafel über Heide-Podsol-Boden und einem entsprechenden Bodenprofil wandern wir über einen Holzbohlenweg und tauchen zusammen mit dem Naturlehrpfad Uhlenstieg in den Eichen-Buchen-Wald ein. Beim **Hof Möhr** ❸ links auf gepflasterter Straße links an den Gebäuden vorbei. Der im 14. Jh. erstmals urkundlich erwähnte Heidehof mit dem jetzigen Hauptgebäude aus dem Jahr 1891 ist seit 1982 Sitz der niedersächsischen Alfred-Toepfer-Akademie für Naturschutz mit weitgefächerten Aktivitäten in den Bereichen Umweltbildung, Öffentlichkeitsarbeit und praxisorientierter Forschung in der Lüneburger Heide. Sichtbare Beispiele der Arbeit sind der Bauerngarten, die Schafweide, die Streuobstwiese, der Teich und die Pflanzen-Kläranlage sowie an der Rückseite des Nebengebäudes eine ganze Wand mit Nisthilfen für Vögel und Insekten.
Nach dem Gutshof verlassen wir den Fahrweg (und H) in einer Linkskurve, indem wir dem Spurweg nach rechts folgen, erst durch Wald, dann entlang einer Baumallee zwischen Feldern und später einem kleinen Pfad – spärlicher markiert als zuvor (F). 5 Gehminuten nach dem Gutshof bei einer T-Kreuzung vor einem Feld mit einem NSG-Schild rechts auf Spurweg am Waldrand entlang, der 100 m nach der zweiten Linkskurve deutlich schmaler wird. Nach einer kurzen Waldpassage vor einem Feld rechts und am Waldrand entlang. Nach längerem geraden Wegverlauf folgen wir in einer Siedlung dem Fahrweg (Hambosteler Weg) geradeaus und queren die Böhme sowie in **Heber** ❹ die Hauptstraße, um nach 20 m links in die Lindenstraße Richtung Surbostel (2,1 km) abzubiegen. Bei der folgenden Kreuzung – beim **Hof Surbostel** ❺ – rechts in die Surbosteler Straße und

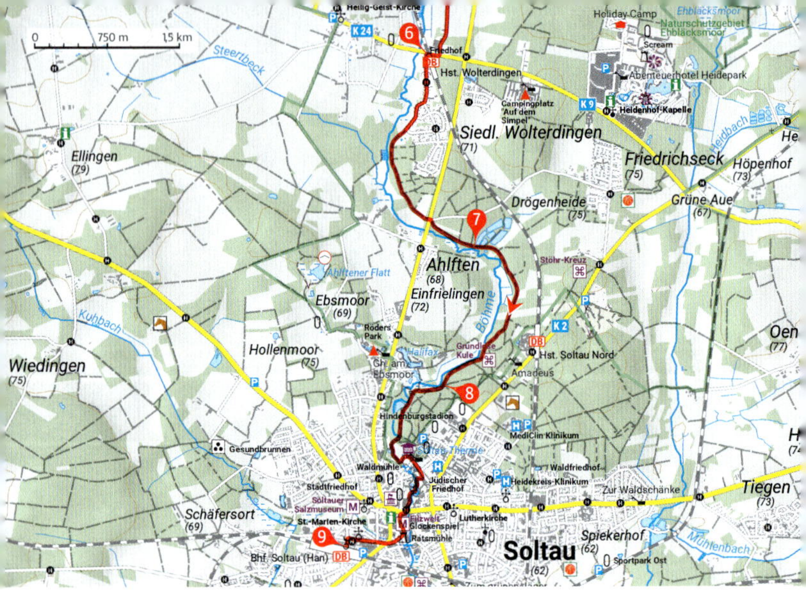

nach 5 Gehminuten scharf links Richtung Hillern (1,5 km). Bei der folgenden Querstraße links (Am Wacholderpark) und 150 m nach Querung der Böhme bei einem Hof rechts in den Wald. Der breite Weg führt südwärts und erreicht kurz vor der Böhme eine weitere Straße, der wir links folgen, um der nächsten abzweigenden Straße rechts wieder gen Süden zu folgen (Hubenkamp). Bei einer Gewerbefläche an der Straße rechts über die Bahnlinie. Links ist die **Bahnhaltestelle Wolterdingen** ❻ – optional kann die Tour hier auch beendet werden.

Nach der Querung der Bahnstrecke links in die Straße Auf dem Meeck und nach 500 m rechts in den Böhmerweg. Am Ortsende Waldpfad geradeaus, rechts vorbei an Haus Nr. 25. Der Weg führt in einigem Abstand rechts an der Böhme entlang und quert eine Hauptstraße, wonach wir rechts dem Kiesweg am Waldrand folgen. Kurz darauf passieren wir zur Linken die **Ahlftener Fischteiche** ❼, in denen u. a. Aale, Barsche, Brassen, Hechte, Karpfen und Zander gezüchtet (und geangelt) werden. Von links mündet H ein und wird uns großteils bis zum Ziel begleiten. Wir folgen den F- und H-Markierungen durch Wald links von der Böhme und halten uns 100 m nach einer Schneise mit Hochspannungsleitung rechts. Bei einer Kreuzung links von einer Brücke über die Böhme geradeaus auf Waldweg links neben der Böhme.

Bei einer kleinen Insel in der Böhme mit Brücke und Stein, der nach dem umstrittenen Freikorpskämpfer Albert Leo Schlageter benannten **Schlage-**

terinsel 8, bieten sich zwei Optionen an, die beide nach 150 m wieder zusammenkommen: Die Markierung weist die einfachere Option geradeaus auf dem Hauptweg an, wo es bei der folgenden Gabelung nach rechts geht. Die abenteuerliche Version führt auf kleinem Pfad nach rechts direkt am Böhme-Ufer entlang.
Bei einer Kreuzung folgen wir den Markierungen H und F geradeaus, von rechts mündet die Ufervariante ein. Wir ignorieren kurz darauf den scharf rechts über die Brücke abbiegenden Weg und folgen den Fernweg-Markierungen links neben der Böhme nach Soltau mit dem Park der Therme. Dort bei Bänken – rechts eine Stahlbrücke – links und rechts an der Therme vorbei, einem der beliebtesten und meistbesuchten Bäder Norddeutschlands, dessen Wasser mit Salz aus einer Tiefe von mehr als 200 m versetzt ist. Nach der Therme auf H durch eine Rechtskurve zum Böhme-Familienpark. Durch den Park folgen wir den Markierungen H, F und der Jakobsmuschel. Bei einem Spielplatz links, vor einem Teich mit Springbrunnen über die Böhme und links am Teich vorbei. Der Park endet an der Wilhelmstraße bei der gleichnamigen Bushaltestelle. Hier rechts und kurz darauf links in die zentrale Marktstraße, die Fußgängerzone von Soltau mit der Touristinfo etwas weiter rechts. Zum Bahnhof folgen wir der Fußgängerzone bis zum Ende (vorher zweigt links die nächste Etappe des Freudenthalweges ab) und queren über eine Ampel die Walsroder Straße. Weiter geradeaus in die Feldstraße und nach 0,3 km links in die Bahnhofstraße zum **Bahnhof** von **Soltau 9** – links daneben der Busbahnhof und rechts der Parkplatz.

Die Böhme entspringt im Pietzmoor und mündet nach 71 Kilometern in die Aller.

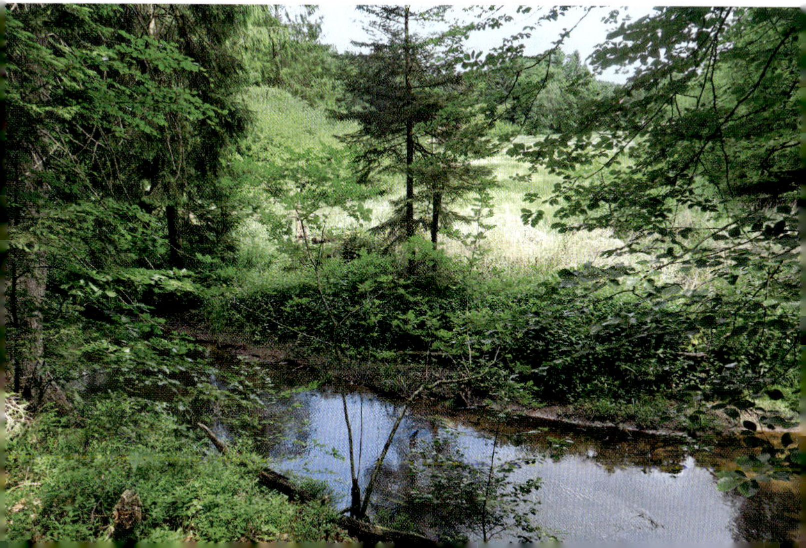

↗ 90 m | ↘ 100 m | 15.1 km

32 Von Soltau nach Dorfmark

4.00 h

Streckenwanderung mit vielen Parks entlang der Böhme

Der Freudenthalweg verlässt Soltau südwärts und passiert mehrere Grünanlagen – den vom Soltauer Filzfabrikanten Röders gesponserten Breidings Garten sowie einen Golfplatz. Beim Landschaftspark Allerhop erreichen wir wieder die Böhme, deren Talaue stellenweise an einen Dschungel erinnert. Die Böhme begleitet uns weiter bis Dorfmark, wo wir nach dem Bürgerpark die St.-Martins-Kirche erreichen.

Ausgangspunkt: Bahnhof Soltau mit Parkplatz an der Westseite (Navi: Bahnhofstraße, 29614 Soltau).
Endpunkt: Bahnhof Dorfmark mit Parkgelegenheit (Navi: Poststraße 14, 29683 Bad Fallingbostel-Dorfmark).
ÖPNV: Die Wanderung beginnt und endet jeweils an Bahnhöfen der Heidebahn – jeweils stündlich Richtung Buchholz und Hannover.
Anforderungen: Leichte Wanderung über gut ausgebaute Wege, lediglich ein kurzer Abschnitt nach dem Landschaftspark verdient das Prädikat »abenteuerlich«. Diese Etappe des Freudenthalweges bietet leider relativ viele Asphaltwege, zum Glück aber mit wenig Autoverkehr.
Markierung: Durchgehend »F« für Freudenthalweg.
Einkehr: Soltau, Dorfmark.
Kombi-Tipp: Touren 31 und 33 (andere Etappen des Freudenthalweges).
Tipps: Breidings Garten ❷ ist durch einen vom Wanderweg abzweigenden Seiteneingang erreichbar (200 m nach der Bahnquerung). Strandbad Dorfmark südlich vom Bahnhof (Himmelfahrt bis September täglich bei über 20 °C), strandbad-dorfmark.de.

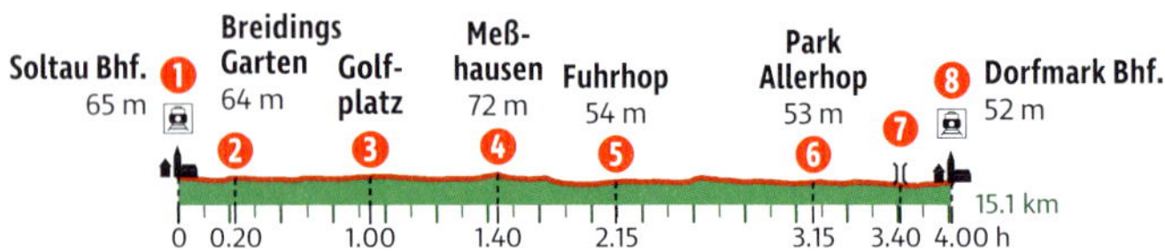

Vom **Bahnhof Soltau** ❶ folgen wir der Bahnhofstraße und nach 50 m rechts der Feldstraße bis zu deren Ende, queren bei der Ampel die Walsroder Straße, gehen geradeaus zum Marktplatz und passieren ihn zur Rechten. Nach der Querung der André-Lütjens-Straße auf der Charlottenstraße rechts am Aldi vorbei Richtung Dorfmark. Neben dem F für den Freudenthalweg hilft die Jakobsmuschel bei der Wegfindung. Nach der Eisenbahnbrücke folgen wir links dem Radweg, zwischen der Böhme (links) und **Breidings Garten** ❷, einem seit 1993 denkmalgeschützten Park. Angelegt wurde die rund 10 ha große Anlage im 19. Jh. nach dem Vorbild eines englischen Landschaftsparks von dem Soltauer Unternehmer August Röders, Gründer des Unternehmens Carl Breiding & Sohn, spezialisiert auf Bettfedern und

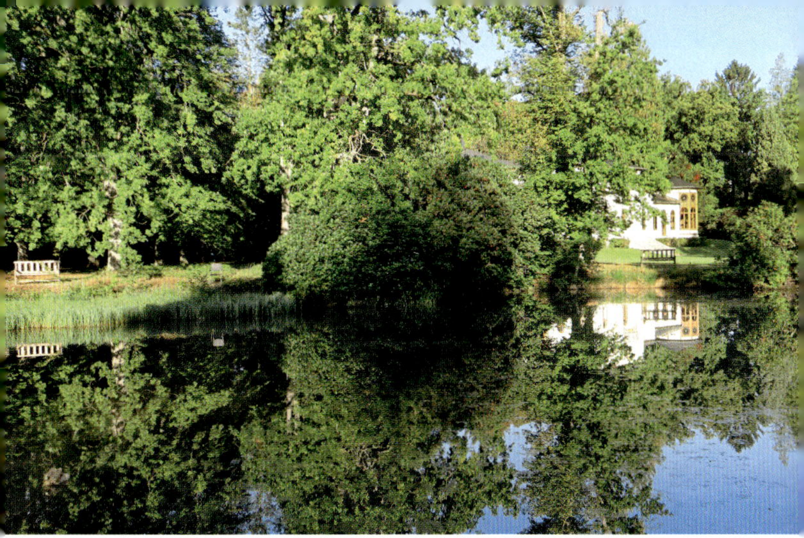

Breidings Garten wurde nach dem Vorbild eines englischen Landschaftsparks angelegt.

Filz. Nach der Insolvenz der Firma wurde der Park kaum noch gepflegt und verwilderte, ehe sich 2007 ein extra dafür gegründeter Verein seiner Pflege annahm. Beachtlich ist die Vielfalt des Parks mit 38 Baumarten, Teichen, Mooren, Obstwiesen, Riesen-Rhododendren oder einer Garten-Villa italienischen Stils (breidings-garten.de). Der Rasen unterhalb der Villa diente nach dem Zweiten Weltkrieg Flüchtlingen als Kartoffelacker.
Nach Drewes Hof links (F), kurz darauf rechts auf die Straße bzw. den Radweg daneben, nach 100 m links (Radschild) und nach 250 m halb rechts. Bei der folgenden Straße halten wir uns links und passieren einen **Golfplatz** ❸. Wir ignorieren die linke Einfahrt zur Anlage und folgen F kurz geradeaus und am Asphaltende nach rechts auf den Spurweg. Bei einem Hof mit Sägeabfällen geradeaus auf Asphalt und nach 100 m links auf den (zunächst) asphaltierten Weg, der uns längere Zeit südwärts abwechselnd durch offene Landschaft und Wald führt. Bei einem Hof (rechts) und alten Kabeltrommeln am Wegesrand (links) rechts in den Spurweg zum Dorf **Meßhausen** ❹. Wir queren die Straße und folgen dem Weg geradeaus am Trafohäuschen vorbei, durch eine Linkskurve am Waldrand. Später verengt sich F zwischen Feldern zu einem Graspfad. Immer geradeaus, kurz nach einem kleinen Waldstück auf einer Straße nach rechts und nach Querung der Böhme bei einer Kreuzung in **Fuhrhop** ❺ rechts. Nach dem Queren des in die Böhme mündenden Wenser Baches verlassen wir das Dorf und wandern über Asphalt am Waldrand. 200 m nach einer Linkskurve und dem Asphaltende bei einem Picknicktisch rechts auf den Radweg.

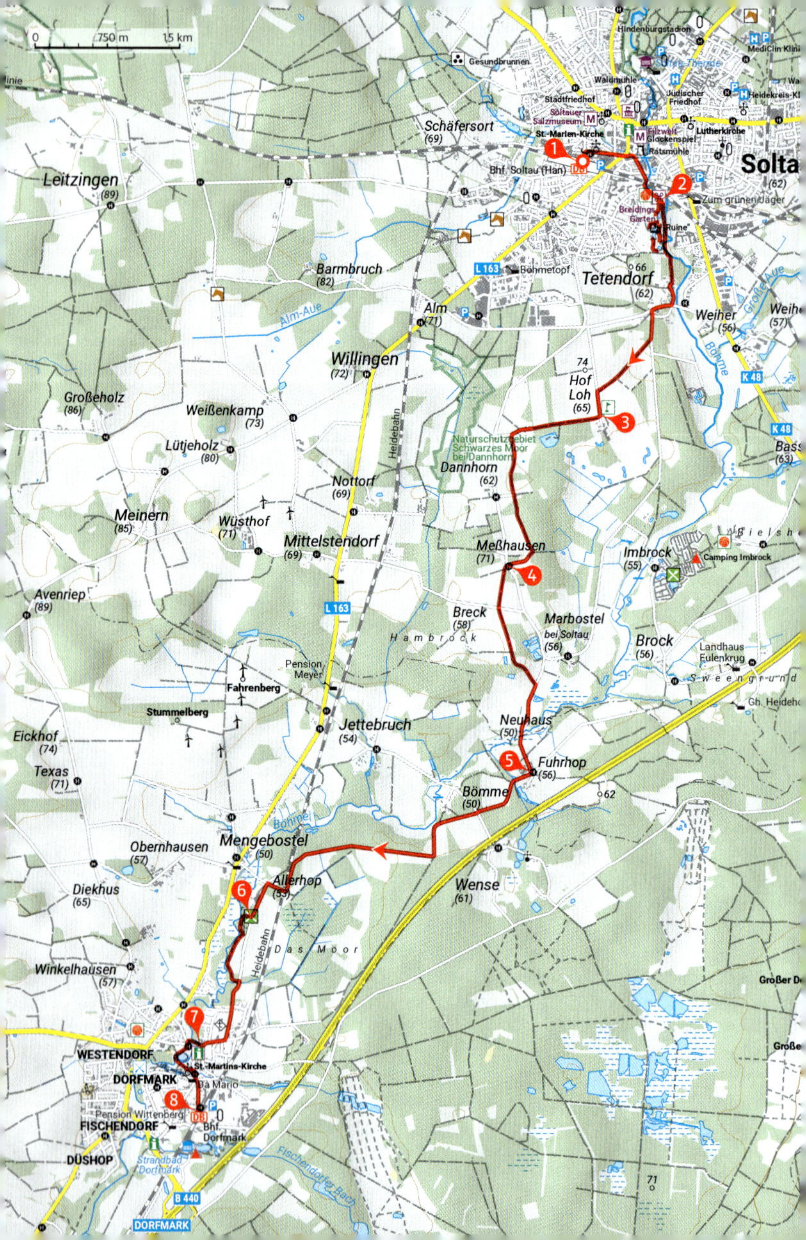
0
750 m
1,5 km
Gesundbrunnen
Hindenburgstadion
MediClin Klinik
Soltau-Therme
Waldmühle
Stadtfriedhof
Jüdischer Friedhof
Heidekreis-Kl
Soltauer Salzmuseum
Filzwelt
Glockenspiel
Lutherkirche
Ratsmühle
Schäfersort
(69)
St.-Marien-Kirche
Bhf. Soltau (Han)
Solta
(62)
Zum grünen Jäger
Breidings Garten
Ruine
Leitzingen
(89)
Barmbruch
(82)
L 163
Böhmetopf
Tetendorf
(62)
66
Alm-Aue
Alm
(71)
Weiher
(56)
Große Aue
Willingen
(72)
Böhme
K 48
74
Hof
Loh
(65)
Großeholz
(86)
Weißenkamp
(73)
Lütjeholz
(80)
Naturschutzgebiet Schwarzes Moor bei Dannhorn
Dannhorn
(62)
Heidebahn
Bass
(63)
Nottorf
(69)
Meinern
(85)
Wüsthof
(71)
Mittelstendorf
(69)
Meßhausen
(71)
Imbrock
(55)
Camping Imbrock
Avenriep
(89)
L 163
Breck
(58)
Hambrock
Marbostel bei Soltau
(56)
Brock
(56)
Landhaus Eulenkrug
Sweengrund
Pension Meyer
Fahrenberg
Stummelberg
Gh. Heideh
Eickhof
(74)
Jettebruch
(54)
Neuhaus
(50)
Texas
(71)
Fuhrhop
(56)
Bömme
(50)
62
Böhme
Mengebostel
(50)
Obernhausen
(57)
Allerhop
(53)
Wense
(61)
Diekhus
(65)
Das Moor
Heidebahn
Winkelhausen
(57)
Großer D
Große
WESTENDORF
St.-Martins-Kirche
DORFMARK
Da Mario
Pension Wittenberg
FISCHENDORF
Bhf. Dorfmark
DÜSHOP
Strandbad Dorfmark
Fischendorfer Bach
71
B 440
DORFMARK
1
2
3
4
5
6
7
8

150 m nach einem Bahnübergang folgen wir dem Freudenthal- und Radweg im Mengebosteler Ortsteil Allerhop nach links (Dorfmark 2,2 km). 50 m nach dem Ortsendeschild von Mengebostel zweigt F bei einer Infotafel rechts in den bewaldeten **Park Allerhop** 6, vorbei an einem Rastplatz. Nach 50 m bei einer Kreuzung geradeaus und Pfad links, stellenweise durch dschungelartiges Gelände, immer links der Böhme. Die nächstfolgende Querstraße führt uns rechts über eine Brücke in den Ort Dorfmark, wo wir uns nach einem Friedhof bei einer T-Kreuzung rechts halten, nach 200 m nach einer Linkskurve dem Fußweg rechts folgen und kurz darauf auf einer **Holzbrücke** 7 die Böhme queren – eine von 21 kleinen Brücken in dem überschaubaren Bürgerpark von Dorfmark. An dieser Stelle oberhalb der Furt im Böhmebogen soll im Mittelalter die Dorfmarker Wasserburg der Herzöge von Lüneburg gestanden haben. An die verfallene Anlage erinnert heute nur noch der Straßenname »Großer Hof«.
Wir queren den Bürgerpark: Zuerst rechts um den Teich, dann über die Straße und geradeaus im Park auf der Straßenseite, beim anderen Teich rechts und gleich danach links auf der Brücke über die Böhme. Nach dem Bürgerpark passieren wir die St.-Martins-Kirche von 1708 mit ihrem separaten hölzernen Glockenturm von 1519 und folgen 50 m danach der Straße nach rechts. Nach der Linkskurve bei einem Eiscafé (rechts) auf links ansteigenden Fußweg und nach 50 m bei einer Laterne rechts auf gepflasterten Fußweg zur Straße Bahnhofsberg. Diese bringt uns geradeaus zur kleinen **Bahnhaltestelle** von **Dorfmark** 8 mit Bushaltestelle und Parkplatz.

An der Stelle dieser Brücke stand früher die Dorfmarker Wasserburg.

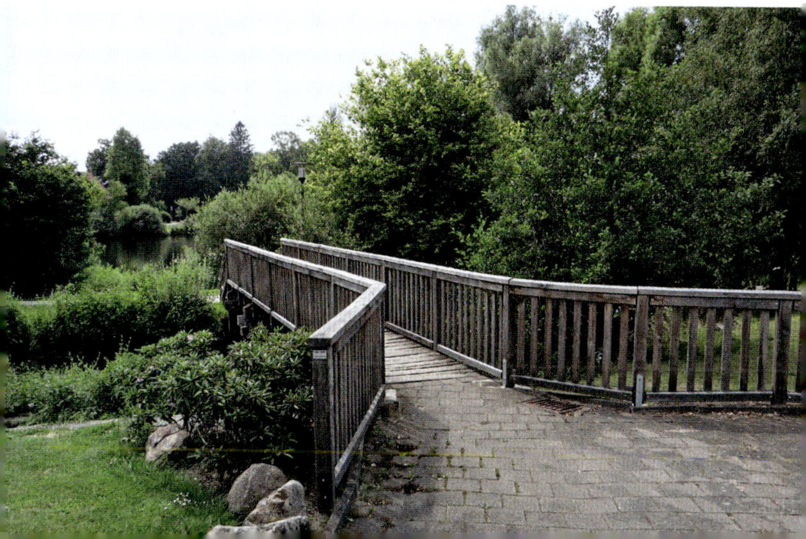

↗ 90 m | ↘ 80 m | 9.9 km

33 Von Dorfmark nach Bad Fallingbostel

2.30 h

Durch das Böhmetal in den Kurort

Diese Etappe des Freudenthalwegs folgt dem Böhmetal flussabwärts, wenn auch stellenweise etwas von der Böhme entfernt, die 1810 – 1813 als Grenzfluss das napoleonische Frankreich vom Königreich Westphalen mit Napoleons Bruder als König trennte. Diese Streckentour bietet viel Wasser und Wald, vor Vierde geht es auf einem schmalen Pfad durch üppige Vegetation mit viel Farn, während der Weg neben der Böhme ab dem Campingplatz Böhmeschlucht besser erschlossen ist. Ziel ist Bad Fallingbostel, Geburtsort der Brüder Freudenthal mit einem nett gelegenen Kurpark an der Böhme.

Ausgangspunkt: Bahnhof Dorfmark mit Parkgelegenheit (Navi: Poststraße 14, 29683 Bad Fallingbostel-Dorfmark).
Endpunkt: Bahnhof Bad Fallingbostel mit begrenzter Parkgelegenheit (Navi: Am Bahnhof, 29683 Bad Fallingbostel), sonst großer Parkplatz am Kurhaus mit Rondell und Parkdeck (Navi: Sebastian-Kneipp-Platz 1, 29683 Bad Fallingbostel).
ÖPNV: Die Wanderung beginnt und endet jeweils an Bahnhöfen der Heidebahn – jeweils stündlich Richtung Buchholz und Hannover. Außerdem Buslinie 450 zwischen beiden Bahnhöfen mit Halt in Vierde bei ❸ (Mo. – Fr. mehrmals täglich), vnn.de.
Anforderungen: Leichte Wanderung mit großteils Wald- und Uferwegen, in Orten auch Asphaltstraßen.
Markierung: Überwiegend Freudenthalweg mit Markierung »F«.
Einkehr: Dorfmark, Bad Fallingbostel, Restaurant/Campingplatz Böhmeschlucht (tagsüber nur am Wochenende, sonst abends).
Variante: Der reguläre Verlauf des Freudenthalwegs zwischen Campingplatz Böhmeschlucht ❸ und dem Kurpark ist fast 1 km kürzer, verläuft aber weniger schön nicht entlang der Böhme.
Kombi-Tipp: Tour 34. Die Gesamtlänge der kombinierten Touren 33 und 34 von Dorfmark nach Walsrode beträgt 19,6 km.
Tipps: In Bad Fallingbostel Hof Heidmark und Archäologisches Museum (beide im Sommerhalbjahr Do. Nachmittag) sowie Lieth-Freibad.

Vom Kreisel am Bahnhaltepunkt **Dorfmark** ❶ nehmen wir die Poststraße westwärts in die Dorfmitte mit links einem kleinen Supermarkt und folgen der Hauptstraße nach links. Kurz vor dem Ortsende passieren wir zur Linken den Hof von Schultzendorff – früher mit Mühlen, heute mit (40) Hun-

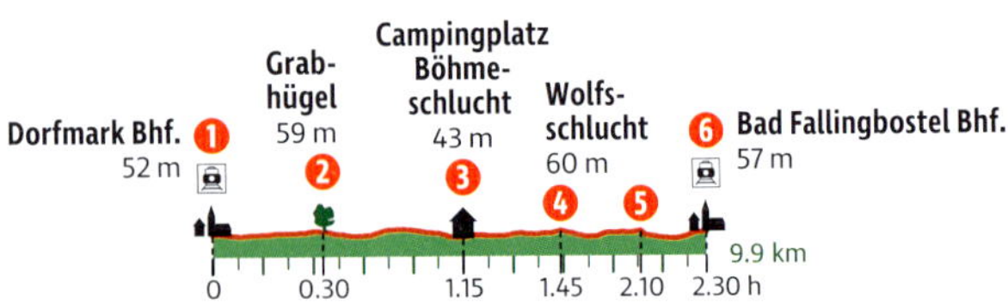

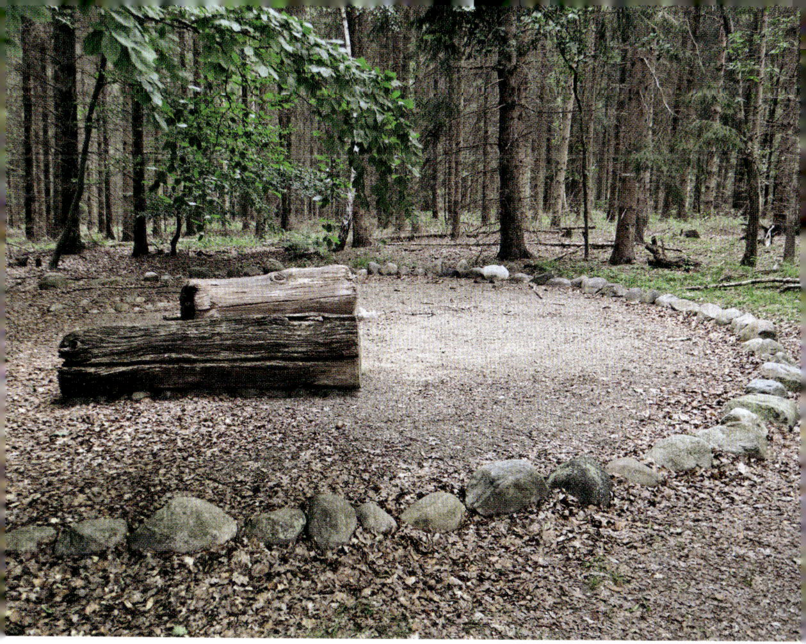

In der bronzezeitlichen Grabstätte von Vierde wurden um 1200 v. Chr. drei Menschen bestattet.

den (Foxhounds), die hier zur Jagd trainiert werden. Nach dem Ortsende führt der mit »F« markierte Freudenthalweg (F) für 1,5 km geradeaus über einen gepflasterten Weg (Sackgassenschild). Nach der Querung des Steinbaches tauchen wir in Wald ein und passieren nahe der Bahnstrecke eine Bank und daneben einen bronzezeitlichen **Grabhügel** ❷ mit dem Namen »1000-jährige Linde«, benannt nach einem Baum, der 1972 einem Orkan zum Opfer fiel, dessen Wurzeln aber eine neue Linde wachsen ließen.
Nach 150 m wendet sich F nach rechts, weg von den Bahngleisen. Vor einer Holzbrücke und kleinem Haus mit gewässerkundlicher Messstelle biegen wir links in den Pfad ab, links neben der Böhme durch den urwüchsigen, fast dschungelartig bewachsenen Talgrund. Dank eines rund 50 m langen, im Frühjahr 2021 neu angelegten Holzstegs gelangen wir trockenen Fußes über eine Niederung. Zuletzt führt F rechts neben der Bahnstrecke entlang, ehe er vor einem Bahnübergang auf eine Straße trifft und dieser nach rechts Richtung Vierde folgt. Zu Beginn einer Rechtskurve der Straße links in Pfad Richtung Gaststätte/Campingplatz Böhmeschlucht. Nach der Brücke über das Campingplatzgelände und dort auf dem Hauptweg zum Ausgang mit Einkehrgelegenheit und einer auffälligen nostalgischen Telefonzelle.

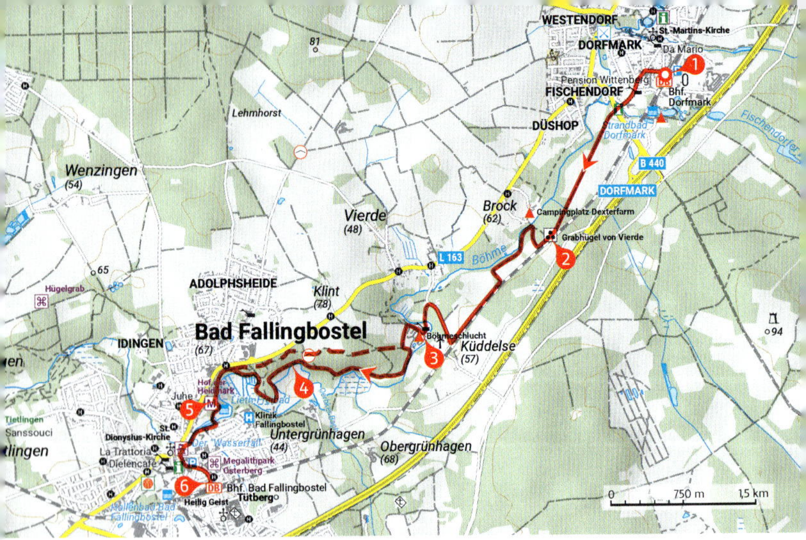

Den **Campingplatz Böhmeschlucht** ❸ im Rücken biegen wir bei einem Schild »Hundespielplatz« auf der rechten Seite nach links in den Spurweg, der rechts am Campingplatzgelände entlangführt. Nach 200 m erreichen wir eine Kreuzung mit rechts einem Zaun. F führt nach rechts weiter oben durch Wald, viel schöner ist aber der (leicht gehbare) Pfad direkt an der sich

Hinter der Böhmebrücke beginnt der Campingplatz Böhmeschlucht.

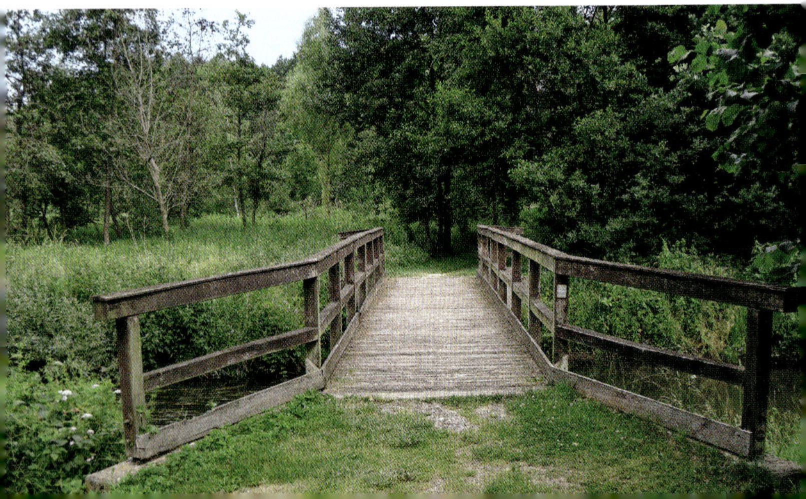

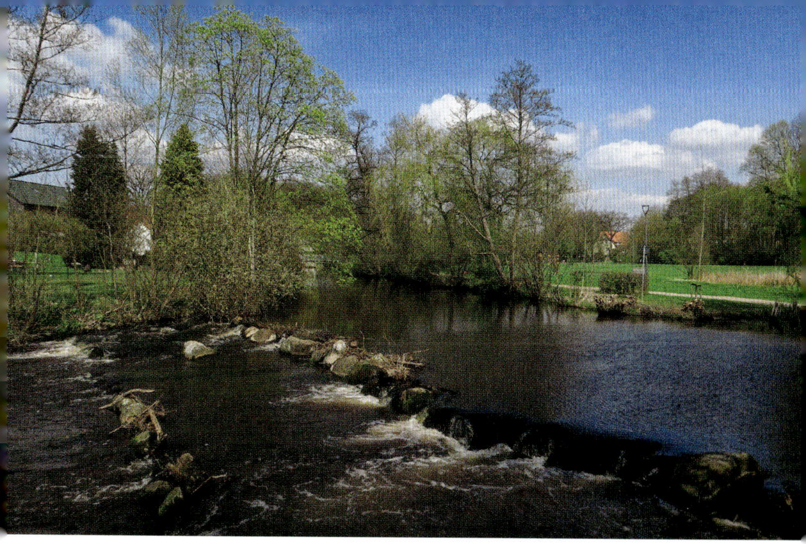

Böhme in Bad Fallingbostel.

windenden Böhme entlang: Dazu bei der Kreuzung links abwärts, vor einer Bank durch eine Rechtskurve und rechts neben der Böhme entlang. 20 m nach einer Holzbank bei einer Gabelung rechts und nach 200 m durch die **Wolfsschlucht** ❹, in der nach Angaben einer Tafel Ilse von Idingen im 16. Jh. vor zwei Wölfen gerettet wurde. Bei der folgenden Gabelung mit einer Bank rechts (links geht es über die Böhme) und weiter rechts an der Böhme entlang, wobei wir rechts abzweigende Wege ignorieren. Das stellenweise hoch aufragende bewaldete Ufer lässt Spuren des eiszeitlichen Urstromtals erkennen.
Bei einer modernen bunten Skulptur und Bänken halten wir uns links, während der kurz zuvor von rechts eingemündete Freudenthalweg nach rechts abzweigt. Rechts liegt das Museum **Hof der Heidmark** ❺, ein Fachwerkhaus aus dem Jahr 1642 mit alten Treppenspeichern. Vor dem Freibad rechts, über die Böhme und anschließend rechts auf dem Uferweg neben der Böhme durch den Kurpark von Bad Fallingbostel. Vor der Flebbe-Brücke erinnert ein Gedenkstein an die Völkerschlacht 1813. Weiter links neben der Böhme und bei einer Infokarte zu Wanderwegen im Liethwald vor der nächsten (Dittmer-)Brücke nach links aufwärts, links vorbei an Terrassen des Restaurants Akropolis zum Rathausplatz von Bad Fallingbostel. Zum Bahnhof queren wir die Hauptstraße und folgen dem Fußweg, erst links am Eiscafé und in einer Linkskurve links am Kurhaus mit der Touristinfo vorbei. Bei einem Kreisel gehen wir geradeaus und weiter aufwärts entlang der Bahnhofstraße zum **Bahnhof Bad Fallingbostel** ❻.

↗ 70 m | ↘ 90 m | 10.7 km

34 Von Bad Fallingbostel nach Walsrode

3.00 h

Streckenwanderung von Kur- in Klosterstadt

Nach Verlassen des Kurortes Bad Fallingbostel erwartet uns der Tietlinger Wacholderhain mit einer Gedenkstätte und dem Grab des Heidedichters Hermann Löns. Durch das bewaldete Böhmetal führt diese Etappe des Freudenthalwegs vorbei an einer ehemaligen Mergelgrube nach Walsrode, dessen Bahnhof wir nach einer längeren Geradeausstrecke neben der Bahnlinie erreichen. In Walsrode bietet sich ein Abstecher in das Zentrum mit dem Kloster an. Außerhalb des Ortes liegt der bekannte Vogelpark, nach dem die Tourismuswerbung die ganze Gegend benennt: »Vogelpark-Region«.

Ausgangspunkt: Bahnhof Bad Fallingbostel mit begrenzter Parkgelegenheit (Navi: Am Bahnhof, 29683 Bad Fallingbostel), sonst großer Parkplatz am Kurhaus mit Rondell und Parkdeck (Navi: Sebastian-Kneipp-Platz 1, 29683 Bad Fallingbostel).
Endpunkt: Kloster Walsrode, kurz davor Bahnhof Walsrode mit Parkgelegenheit (Navi: Am Bahnhof, 29664 Walsrode).
ÖPNV: Bahnhöfe Bad Fallingbostel und Walsrode mit direkten Verbindungen der Heidebahn – jeweils stündlich Richtung Buchholz und Hannover.
Anforderungen: Leichte Wanderung über Wald-, Heide- und Waldwege, in Orten Asphaltstraßen.
Markierung: Fast durchgehend Freudenthalweg mit Markierung »F«.
Einkehr: Bad Fallingbostel, Walsrode sowie »Fairway« bei Tietlingen.
Varianten: 1. (Langweiliger) Originalverlauf des Freudenthalwegs entlang des Tietlinger Lönswegs aus Bad Fallingbostel hinaus.
2. In Tietlinger Wacholderhain links kurze Schleife zum Löns-Denkmal.
Tipps: Klosterstadt Walsrode mit Weltvogelpark, Heidemuseum Rischmannshof, Hermann-Löns-Zimmer.

Das heutige Hotel Sanssouci ist ein ehemaliger Gutshof von 1936.

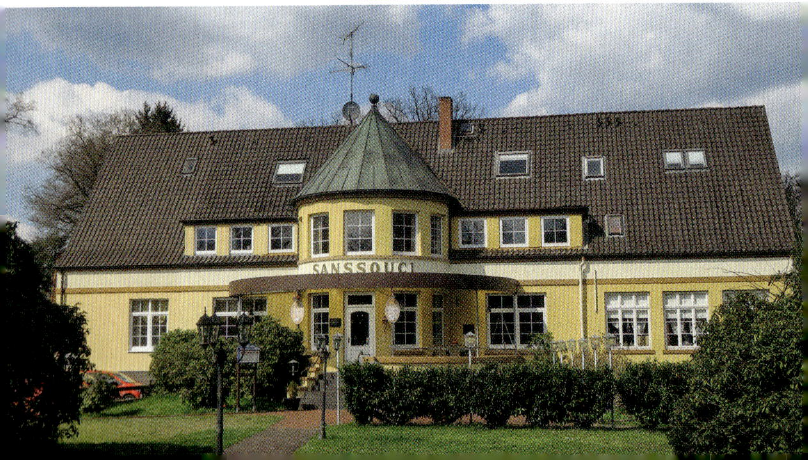

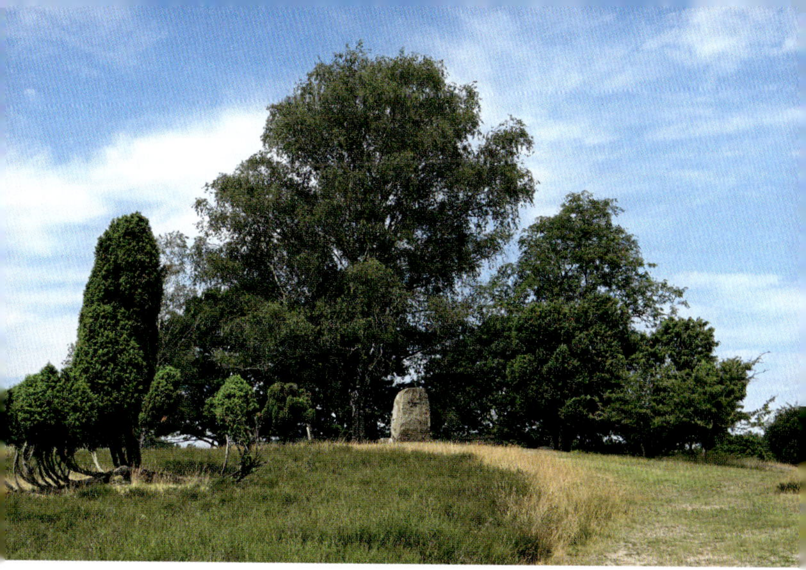

Hilligenberg mit Grabstein des Dichters und Saatzüchters Wilhelm Asche.

Vom Bahnhofsgebäude in **Bad Fallingbostel** ❶ folgen wir der Bahnhofstraße abwärts, queren den Kreisel und gehen links vorbei am überdachten Parkplatz durch die ebenfalls überdachte Fußpassage mit dem Kurhaus und darin der Touristinfo zur Linken. Ein Wegweiser »Kurpark« führt uns rechts hinunter zur Vogteistraße bei einem Eiscafé. Links zum Kreisverkehr, dort vor der Kirche links in die Walsroder Straße. Um 11.45 Uhr ist dort vom Glockenwehr des Kirchturms eine von vier Melodien zu hören, eine davon ist das für Fallingbostel typische Lied »Mein Fallingbostel« des Dichters, Komponisten und im Hauptberuf Saatzucht-Unternehmers Wilhelm Asche (1882 – 1935).

Beim nächsten Kreisverkehr gehen wir vor der Sparkasse geradeaus Richtung Lönsgrab/Golfplatz und nach 200 m rechts in die Hermann-Löns-Straße. Der Freudenthalweg (F) folgt nun etwas fantasielos der größeren Straße hinaus aus dem Ort (Hermann-Löns-Straße, Tietlinger Lönsweg). Es gibt eine ruhigere Alternative durch ein Wohnviertel: 150 m nach dem

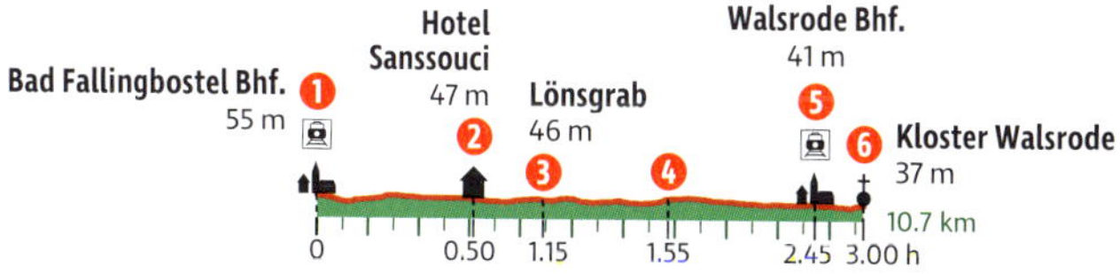

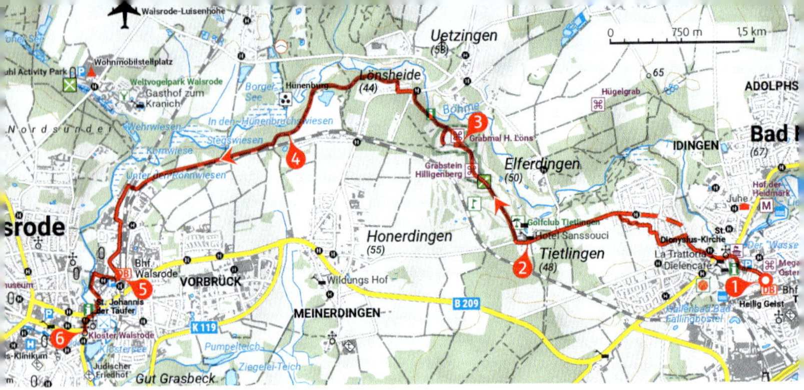

Abzweig in die Hermann-Löns-Straße links aufwärts in den kopfsteingepflasterten Fuhrenkamp und geradeaus auf Fußweg (Immenweg), zweimal rechts (Am Kreuzberg, Vor dem Helmskamp) und weiter rechts in ein Neubauviertel (Beckers Feld). 100 m nach der Linkskurve bei Haus Nr. 19 nehmen wir rechts den Fußweg, der zur Straße Tietlinger Lönsweg mit F und dem Jacobusweg führt. Auf diesem links hinaus aus Bad Fallingbostel und am Kreisverkehr 200 m nach dem Ortsende geradeaus.

100 m nach dem **Hotel Sanssouci** ❷, einem ehemaligen Gutshaus, wandern wir rechts in die kleine asphaltierte Straße Richtung Lönsgrab und bei einer Gabelung am Anfang des Tietlinger Wacholderhains auf F geradeaus vorbei an Picknicktischen. Bei der folgenden Kreuzung geradeaus und rechts an dem Grabstein Wilhelm Asches auf dem Hilligenberg vorbei Richtung Lönsgrab. Wilhelm Asche war als Hobby-Heimatdichter ein großer Anhänger von Hermann Löns und stiftete diese Fläche 1929 als Ruhestätte des Heimatdichters.

Nach 100 m gabelt sich der Pfad: Beide Optionen sind ähnlich lang und führen zu Gedenkstätten des Heidedichters Hermanns Löns: rechts zum **Lönsgrab** ❸ und links hinauf zum von Wilhelm Asche gesponserten **Löns-Denkmal** mit nettem Ausblick. Die sterblichen Überreste des im Ersten Weltkrieg an der

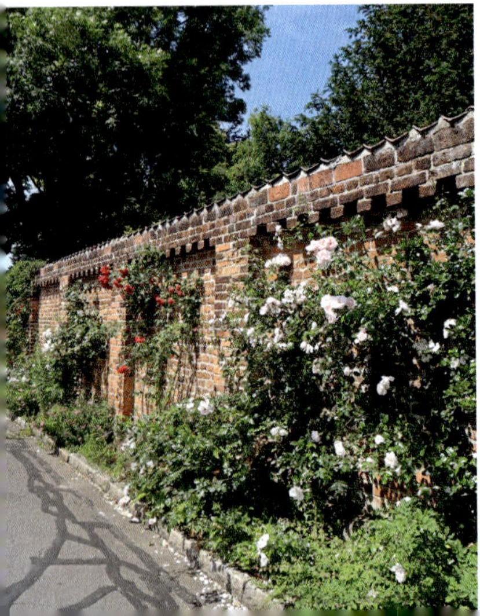

Kletterrosen bewuchern die Backsteinmauer des Klosters Walsrode.

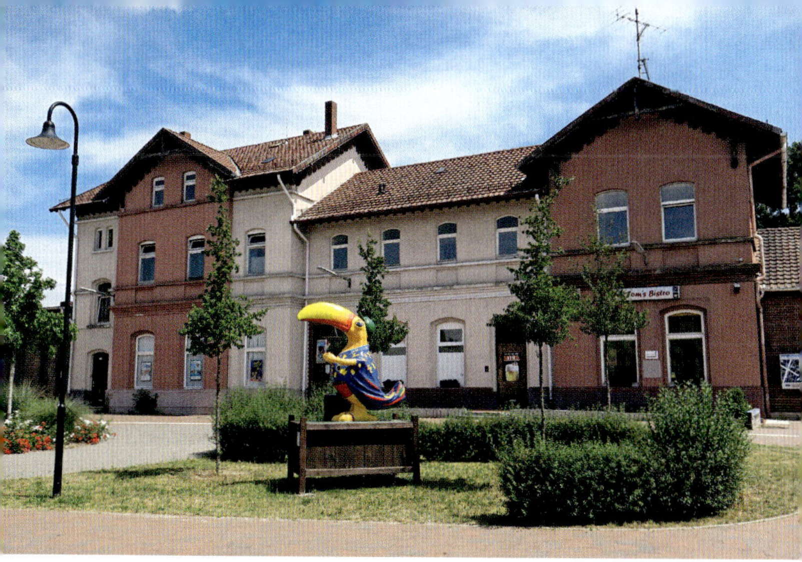

Bahnhof Walsrode mit einer von einst 127 Tukanfiguren Walsrodes, aufgestellt 2002 zum 40-jährigen Bestehen des Vogelparks.

französischen Front gefallenen Dichters fanden nach einem Umweg hier in den 1930er-Jahren ihre letzte Ruhestätte.

Beide Optionen führen kurz vor dem Waldrand wieder zusammen, ehe F in den Wald eintaucht. Bei einem kleinen Parkplatz und einer Schutzhütte folgt F der Straße für 150 m nach links und biegt vor einer Bushaltestelle nach rechts ab in die Siedlung Lönsheide. Dort nach 50 m in der Rechtskurve der Straße auf Pfad geradeaus und nach 20 m durch eine Linkskurve, erst am Waldrand, später in den Wald. Bei einer Kreuzung F geradeaus bzw. leicht rechts aufwärts rechts an einer Mergelgrube vorbei und an deren Ende rechts über einen **Bach** ❹. Wenige Meter vor einer Bahnunterführung biegen wir rechts in den Wald(Rad-)weg und folgen diesem auf einer etwas eintönigen Passage rechts von den Bahngleisen 3 km nach **Walsrode** ❺ zum **Bahnhof**.

Vom Bahnhof Walsrode gelangen wir auf nettem Weg in das Zentrum, indem wir vom Bahnhof der Ostdeutschen Allee westwärts Richtung Felix-Nussbaum-Schule folgen. Vor der Brücke links in den Radweg, rechts am Schulgelände vorbei und kurz darauf entlang der Hauptstraße über die Böhme in das Zentrum mit dem vor über 1000 Jahren gegründeten **Kloster** ❻, heute eine backsteinummauerte Barockanlage, deren Gebäude größtenteils aus dem 18. Jh. stammen. Rechts geht es entlang der B 209 in das Ortszentrum mit der Touristinfo im alten Rathaus.

↗ 80 m | ↘ 80 m | 10.3 km

35 Rundtour bei Munster

2.30 h

Flusswanderung entlang der Örtze

Mit Munster meint man meistens Militär – der Ort liegt am größten militärischen Übungsgelände Europas. Aber auch »zivile« Wanderer kommen auf ihre Kosten: Ein Rundweg erschließt das stellenweise urige Tal der Örtze mit einem Nebenbach, einer alten Wassermühle und dem dazugehörigen Mühlenteich. Es geht überwiegend durch Wald, stellenweise auch Heide sowie den netten Ort Munster mit der St.-Urbani-Kirche.

Ausgangspunkt: Parkplatz Osterberg Stadion beim Allwetterbad Munster (Navi: Dr.-Hermann-Marcks-Straße 15, 29633 Munster).
ÖPNV: Regionalbahnverbindungen täglich zweistündlich zwischen Uelzen und Bremen. Der Bahnhof Munster liegt nördlich vom Ausgangspunkt, knapp 1 km entlang der Bahnhofstraße.
Anforderungen: Leichte Wanderung über gut gepflegte Pfade und Forstwege, im Ort Straßen.
Markierung: Weiße Wellen auf blauem Grund für Örtzeweg (ÖW).
Einkehr: Restaurant bei der Wassermühle ❺.
Varianten: 1. Mehrere Abkürzungen sind möglich, da der Rundweg sich an einigen Stellen schneidet und man Schleifen auslassen kann; etwa bei der Infotafel über den Örtzeweg ❷ nach 3,1 km (2,4 km kürzer) oder bei der Wassermühle ❺ nach 8,8 km (0,8 km kürzer).
2. Sollte der (Holzbohlen-)Weg ❹ durch die Flussniederung nicht begehbar sein, nehmen wir rechts davon die Umgehung und halten uns bei Unterständen am Weg links.
Tipps: Schafstallkirche St. Martin, 1989 eröffnete Kirche in altem Schafstall am Nordwestrand von Munster an der B 71. Für technisch Interessierte Panzermuseum Munster, das plakativ mit einem umstrittenen Zitat Walter Benjamins wirbt (1926): »Wer aber den Frieden will, der rede vom Krieg«.

Das Tal der Örtze steht südlich von Munster unter Naturschutz.

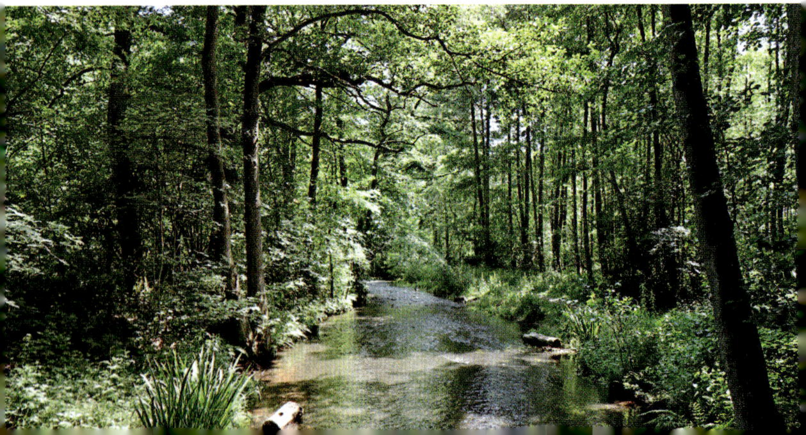

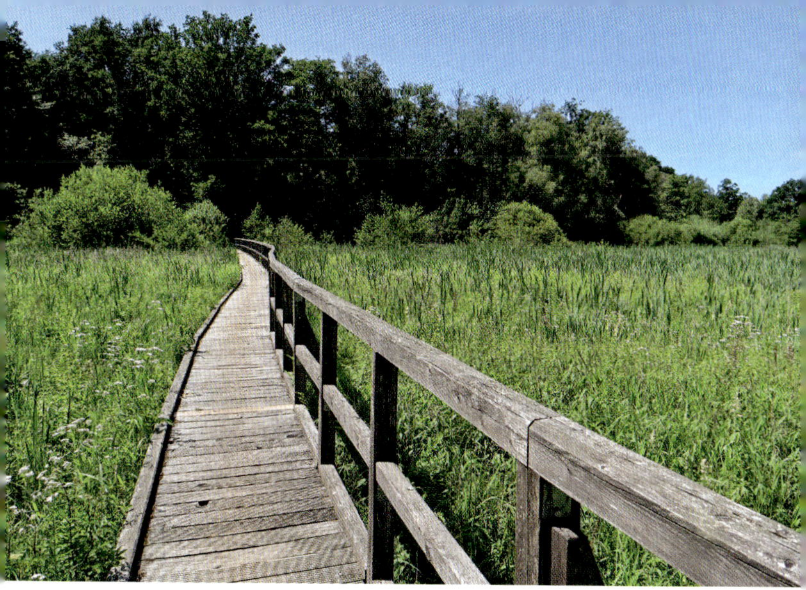

Dieser Holzbohlenweg führt 120 m lang über die Niederung der Örtze.

Beim **Allwetterbad Munster** ❶ gehen wir über den Parkplatz in westlicher Richtung zum Wald und folgen vor diesem der kleinen Straße nach links. Bei einer Mehrfachkreuzung vor einem Verkehrsverbotsschild Pfad halb links in den Wald, parallel zur Straße und an einem Teich vorbei. Wir folgen dem Hauptweg bzw. Örtzeweg (ÖW) und ignorieren Abzweigungen. An einer Kreuzung halb rechts und links am Hirschgehege vorbei (ÖW). Nach einer Straßenquerung rechts, nach 150 m links in den Wald (ÖW) und nach 150 m bei einer Gabelung erneut links. Wir steigen kurz an und folgen dem spärlich beschilderten Hauptweg durch Wald.
Bei einer Gabelung mit einer **Infotafel über den Örtzeweg** ❷ biegen wir zu einer weiteren Schleife nach links – oder kürzen rechts ab. 50 m nach einem Bahnübergang zur Linken verlassen wir die asphaltierte Straße und folgen dem links abzweigenden Weg am Zaun entlang rechts neben der

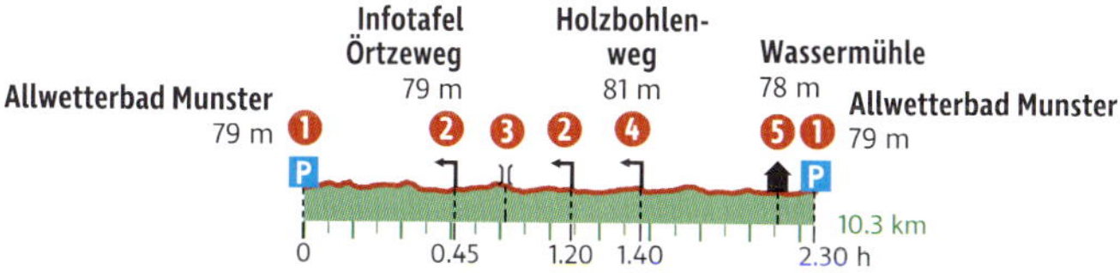

Bahnlinie. Nach 5 Gehminuten gabelt sich ÖW vor der Schleife um einen Nebenfluss. Wir biegen links ab und folgen der Markierung durch den Wald, um 50 m nach einer **kleinen Brücke** ❸ rechts den sehr kleinen Pfad durch offene Heidelandschaft zu nehmen. Bei den beiden folgenden T-Kreuzungen rechts: erst rechts auf den Sandweg (Zapfenweg), danach rechts vom Zapfenweg in den Wald. Bei der Gabelung vor der Bahnlinie schließt sich die Schleife und wir folgen links wie bei dem Hinweg dem Weg neben dem Zaun links der Bahnlinie. Bei der **Infotafel über den Örtzeweg** ❷ nehmen wir den Weg nach links und ignorieren Abzweigungen. Kurz vor dem Klärwerk führt uns ein Pfad bzw. ÖW rechts in den Wald und auf einer Holzbrücke über die Örtze.

Bei der Gabelung vor einer Straßenbrücke gehen wir links unter der Straße hindurch und rechts an der Örtze entlang, um diese nach 50 m links zu queren – über einen **Holzbohlenweg** ❹, der uns die nächsten 120 m trockenen Fußes durch die Flussniederung führt. Wir begleiten diese bzw. die Örtze an der linken Seite, um den Fluss bei der nächsten Gelegenheit nach rechts über eine kleine Brücke zu queren. Nach der Brücke rund 100 m geradeaus, nach der Niederung links und auf ÖW durch Wald. Nach 0,5 km gehen wir bei der Kreuzung links über die Örtzebrücke hinüber und dahinter geradeaus. Nach 100 m bei der Gabelung an einer weiteren kleinen

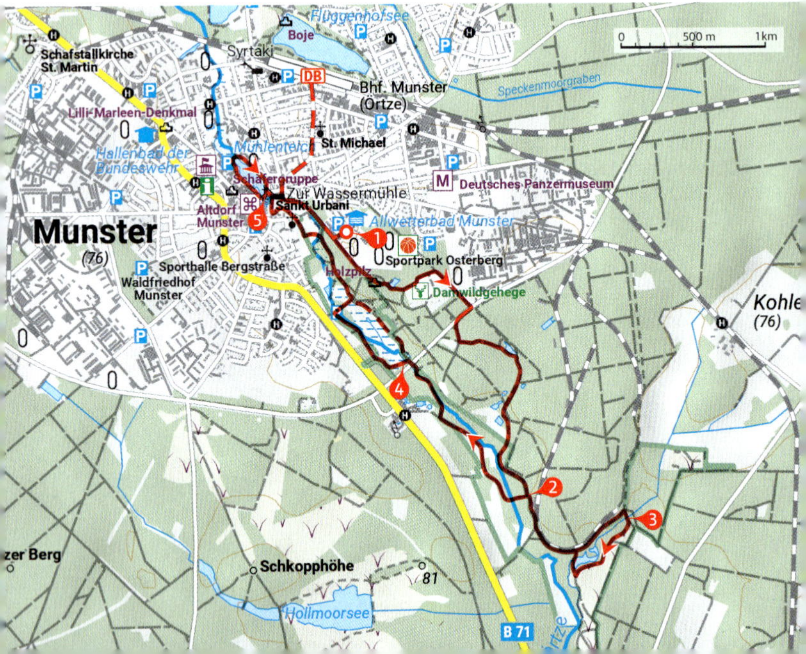

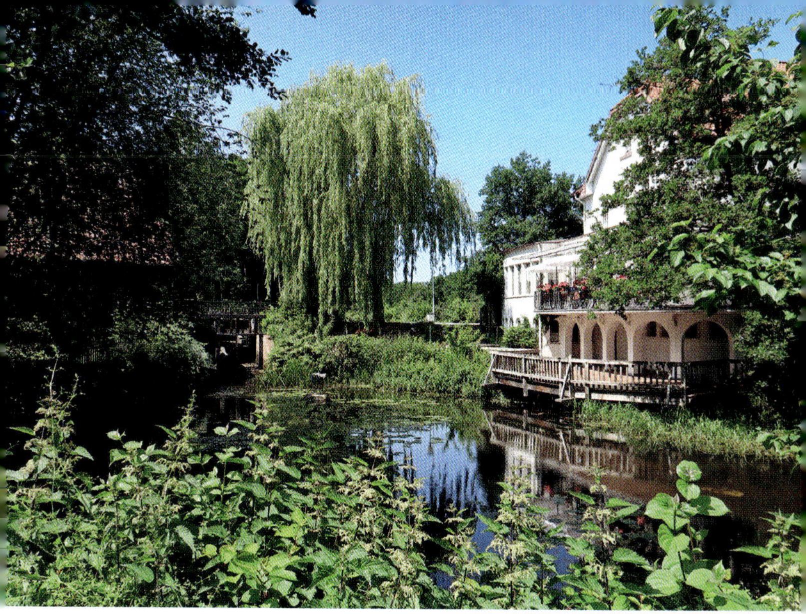

Idyllischer Mühlenteich der noch funktionsfähigen Wassermühle von Munster.

Brücke rechts Richtung **St.-Urbani-Kirche**, deren Ursprünge auf das 13. Jh. zurückgehen. Nach der Zerstörung 1519 wurde sie teils neu aufgebaut. Danach konnte der steinerne Turm die schwere Glocke nicht mehr tragen, und es musste ein neuer hölzerner Glockenturm errichtet werden – daher hat die Kirche bis heute zwei Türme.

Wir umrunden die Kirche links hälftig und biegen nördlich der Kirche links in den Fußweg. Bei einer Gabelung links auf asphaltierten Weg und nach 100 m rechts Fußweg in den Park. Links liegt der historische **Ollershof** von 1789, zusammen mit den hier neu aufgebauten Nebengebäuden anderer Höfe heute ein kleines Freilichtmuseum (geöffnet nur an ersten Sonntagen im Monat nachmittags).

Vor einer Brücke gehen wir links – optional bei Weglassen der Schleife um den Mühlenteich rechts – und bei der noch funktionsfähigen auf das 16. Jh. zurückgehenden **Wassermühle** ❺ mit rechts einer Einkehrgelegenheit über die Straße. Geradeaus führt ein netter Fußweg um den Mühlenteich. Nach der Umrundung rechts vom Restaurant bei der Wassermühle über Stufen hinab, über die Örtze und nach der Brücke links an der Örtze entlang, die wir bei der nächsten Fußgängerbrücke links queren. Danach folgen wir der Straße Am Örtzetal nach rechts und erreichen nach 5 Min. den Ausgangspunkt am **Allwetterbad Munster** ❶.

↗ 90 m | ↘ 90 m | 11.9 km

36 Teufelsheide bei Schmarbeck

3.00 h

Rundwanderung durch Wacholderwald und Heide

In der weitläufigen Heidefläche östlich von Schmarbeck, überragt von dem mit einem Gipfelkreuz gekennzeichneten Faßberg, befindet sich der wohl bekannteste Wacholderwald Niedersachsens in der Teufelsheide. Die Wanderung führt über Heidefläche und durch Wald südwärts nach Niederohe mit einem Heidschnuckenhof und vorbei an der Niederoher Heide nach Schmarbeck-Grube (20 Ew.), wo früher Kieselgur abgebaut wurde. Über Wald- und Wirtschaftswege wandern wir durch Schmarbeck mit altem Hof im Hallenhausstil zurück zur Teufelsheide, Relikt einer einst 350 Hektar großen Heidefläche östlich von Schmarbeck. Der Name geht vermutlich zurück auf den Teufelszwirn, eine bis zu 80 Zentimeter lange Schmarotzerpflanze, die sich wie ein Zwirnsfaden durch das Heidekraut schlängelt und von anderen Pflanzen wie der Besenheide ihre Nährstoffe bezieht.

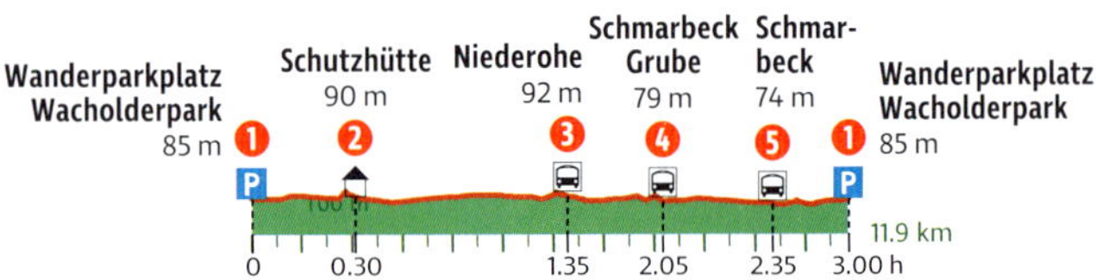

Ausgangspunkt: Wanderparkplatz Wacholderwald-Teufelsheide bei Schmarbeck (Navi: Schmarbeck, 29328 Faßberg).
ÖPNV: Bushaltestellen entlang der Rundwanderung in bzw. bei Niederohe ❸, Schmarbeck Grube ❹ und Schmarbeck ❺ mit Verbindungen der Linie 261 zwischen Unterlüß und Faßberg (Mo.–Fr. mehrmals täglich, Sa. und So. als Anruf-Bus, Tel. +49 5141 2788200), cebus-celle.de. Weitere Verbindungen zwischen Unterlüß, Niederohe, Schmarbeck und Faßberg mehrmals täglich durch Bürgerbus, fassberger-buergerbus.de.
Anforderungen: Leichte Wanderung über gut ausgebaute Wege durch Wald, Heide, Felder, darunter auch (asphaltierte) Wirtschaftswege bzw. kleine Straßen.
Markierung: Großteils W1 und farbige Ringe (v. a. gelb), stellenweise Heidschnuckenweg (H).
Einkehr: Keine.
Variante: Für eine kurze Runde ausschließlich durch die Teufelsheide mit dem Wacholderwald (gesamt 4,4 km) folgen wir nach 2,7 km rechts dem Heidschnuckenweg und grünen Ring zunächst am Waldrand entlang und dann rechts in Kurven zurück zum Ausgangspunkt.

Vom **Wanderparkplatz Wacholderwald** ❶ gehen wir in der bisherigen Fahrtrichtung nordwestwärts, links vorbei am Faßberg (94 m). 30 m nach einer Kreuzung mit Schutzhütte halb rechts in den breiten Sandweg am Heide-/Waldrand und nach 10 Minuten bei einem Hochsitz erst durch eine Rechts- und dann Linkskurve. Bei Abzweigungen halten wir uns rechts und

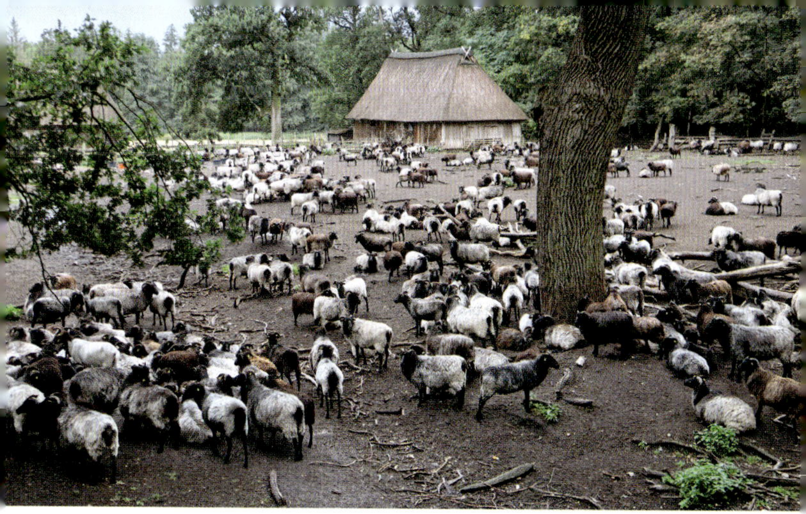

Heidschnuckenherde bei Niederohe.

bei einer Kreuzung mit einer **Schutzhütte** ❷ links. Am Waldrand erreichen wir einen breiten Weg und folgen diesem links südwärts, nach 50 m gesellt sich der von rechts einmündende Heidschnuckenweg (H) dazu, über den es bei der kurzen Variante in 1,7 km zurück zum Startpunkt ginge (grüner Ring). Wenige Minuten nach einer Rechtskurve zweigt H nach rechts ab über einen Spurweg, wir aber folgen dem Weg geradeaus für 1,8 km durch Wald in Richtung SSW. 50 m vor einer umzäunten Gasinstallation auf der linken Seite biegen wir rechts in einen Grasweg neben einem Feld und halten uns

Wacholder und Heidevegetation in der Teufelsheide.

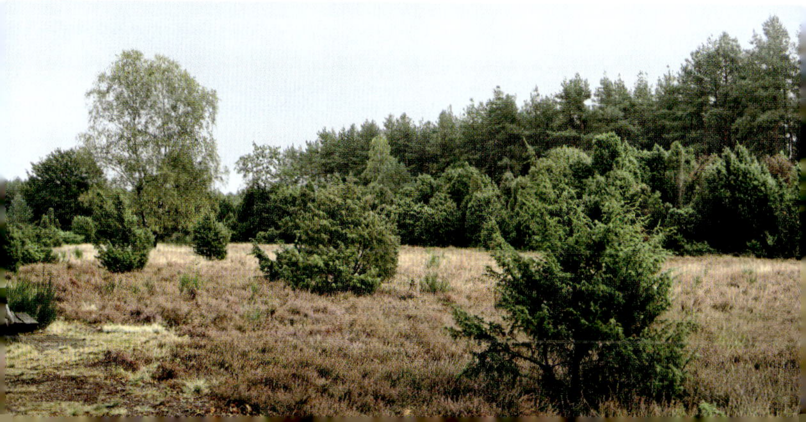

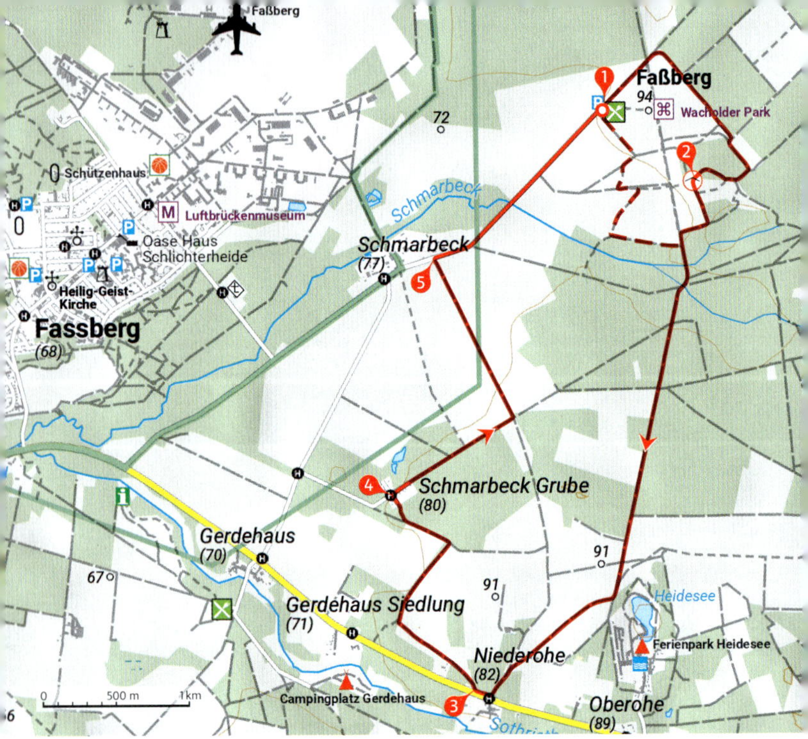

nach 100 m etwas links, weg von dem Feld und über eine Wiese. Geradeaus abwärts, auch bei einem Zaun, und bei kleiner Straße links zur Hauptstraße. Auf deren anderer Seite ist ein großes Gehege mit Heidschnucken – wenn sie nicht gerade irgendwo auf der Heide das Gras »mähen«. Auf Hauptstraße 70 m nach rechts, dann vor der Bushaltestelle **Niederohe** ❸ rechts (LSG, Verkehrsverbot, violetter Kreis) und kurz darauf links auf Grasweg rechts neben Bäumen. Nach 500 m stoßen wir am Waldrand wieder auf H und folgen ihm rechts Richtung Schmarbeck Grube (1,4 km). Nach einer Links- und Rechtsabzweigung erreichen wir **Schmarbeck Grube** ❹, das seinen Namen dem früheren Abbau von Kieselgur verdankt.

Wir queren diesen Weiler rechts auf der Asphaltstraße, ehe H geradeaus durch Wald führt, wo wir nach 10 Minuten links abbiegen (Schmarbeck 1,2 km) und auf kleiner Straße etwas langatmig vorbei an Äckern in 15 Minuten **Schmarbeck** ❺ erreichen. Dort rechts, bei der Gabelung nach 250 m links und entlang der Straße zurück zum **Wanderparkplatz Wacholderwald** ❶.

↗ 80 m | ↘ 80 m | 8.1 km

TOP

2.30 h

Zwischen Poitzen und Müden

37

Fluss-Wald-Erlebnispfad entlang der Örtze

Diese schöne Flusswanderung folgt der mäandernden Örtze beidseitig nördlich von Müden, überwiegend auf kleinen Pfaden am Ufer entlang. Am Anfang und Ende passieren wir den künstlich angelegten Heidesee und am Wendepunkt bei Poitzen ehemalige Rieselfelder, die regelmäßig mit Wasser geflutet werden. Startpunkt ist der Kurort Müden, ein Ortsteil von Faßberg, wo die Wietze in die Örtze mündet. Das Wasser trieb früher eine Korn- und Sägemühle an, zuletzt bis 1965. In dem ehemaligen mehrstöckigen Mühlengebäude von 1913 sind heute die Touristinfo untergebracht und ein kleines Wasserkraftwerk, das täglich überschaubare 100 kWh Strom erzeugt.

Ausgangspunkt: Touristinfo Müden in der alten Wassermühle (Navi: Unterlüßer Str. 5, 29328 Faßberg).
ÖPNV: Bushaltestelle Müden-Bahnhof mit Linie 220 mehrmals täglich von/nach Hermannsburg und Faßberg, cebus-celle.de.
Anforderungen: Leichte Wanderung wechselnd über gut angelegte Fußwege und kleine Pfade, kurzzeitig auch entlang von Straßen.
Markierung: Fluss-Wald-Erlebnispfad (W3, gelber Kreis), stellenweise auch Heidschnuckenweg (H).
Einkehr: Müden.
Varianten: Abkürzungen möglich:
1. als 2,2 km lange Runde um den Heidesee;
2. als Runde mit Wendepunkt in Poitzen, wo man beim Hinweg der Landstraße rechts über die Örtze zu 4 folgt (gesamt 6,1 km).
Kombi-Tipp: Touren 38 und 39 bei Müden.

In dem alten Müdener Mühlengebäude (rechts) ist heute die Touristinfo untergebracht.

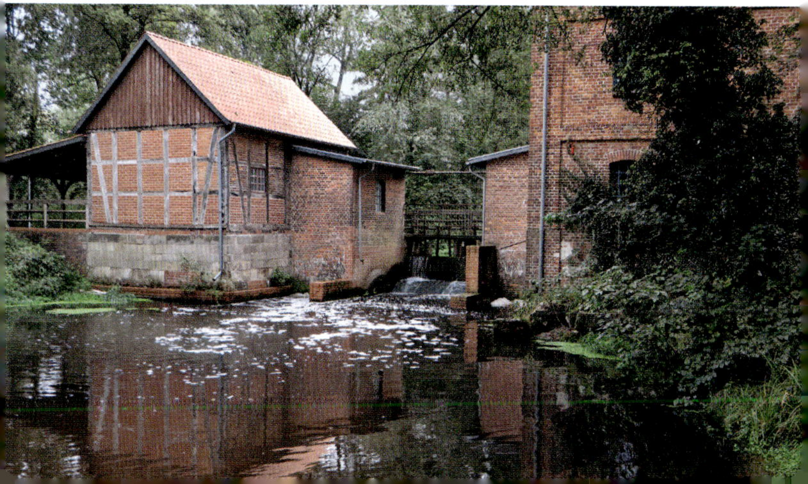

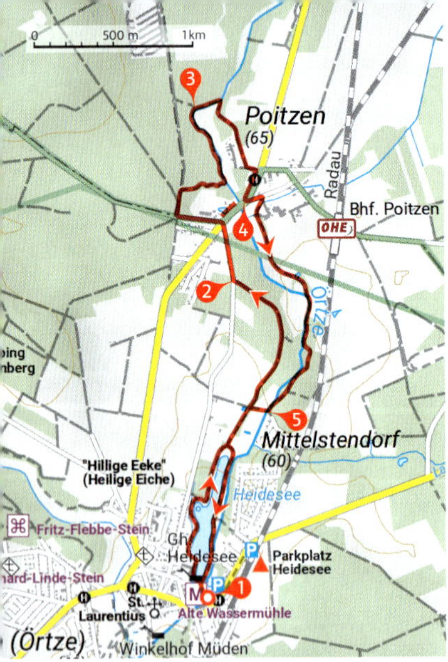

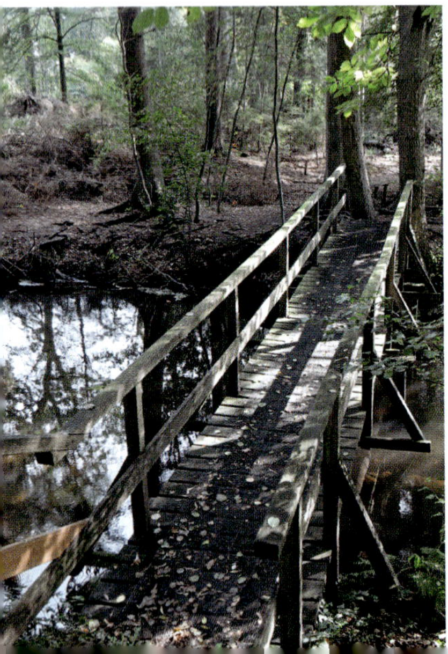

Diese Holzbrücke über die Örtze markiert den Wendepunkt dieser Tour.

Von der alten Wassermühle mit der Touristinfo von **Müden** ❶ folgen wir mit der Straße im Rücken dem Fußweg zum Heidesee, queren auf der Fußgängerbrücke die Örtze, halten uns vor dem 1974 angelegten Heidesee links und gehen an dessen Westufer entlang. An der Nordseite links in den Heidschnuckenweg (H), zunächst auf Pflastersteinen, dann Gras. Bei einer Kreuzung zweigt der H nach rechts ab (Faßberg 5,5 km), während wir den Kreismarkierungen geradeaus folgen. Entlang des Örtze-Rundweges informieren Tafeln über Besonderheiten entlang dieses »Fluss-Wald-Erlebnispfads«. 5 Minuten nach einer Infotafel über den Kreislauf des Wassers beim **Ortsschild Poitzen** ❷ rechts auf Straße in das Dorf und über die Hauptstraße. Die kleine Straße führt links an dem Gelände einer Baufirma entlang, hinter dem wir nach rechts abbiegen (Schild: »Gesperrt für Militärverkehr«). Nach 100 m bei einer Bank rechts auf Pfad links an einem Wall entlang und in Kurven durch Wald zu einer Infotafel über Heidschnuckenwäsche an der Örtze. Jetzt beginnt der urige Teil des Uferwegs, dem wir links neben dem Fluss bachaufwärts folgen, vorbei an einer Infotafel über Fischotter, die zu den (sehr seltenen) Bewohnern des Flusstals gehören.

Am Scheitelpunkt lädt eine **Bank an einer Wasserstufe** ❸ mit Infotafel zu Rieselwiesen zur Pause ein, auf der anderen Flussseite erkennen wir die Polenwiese – eine typische

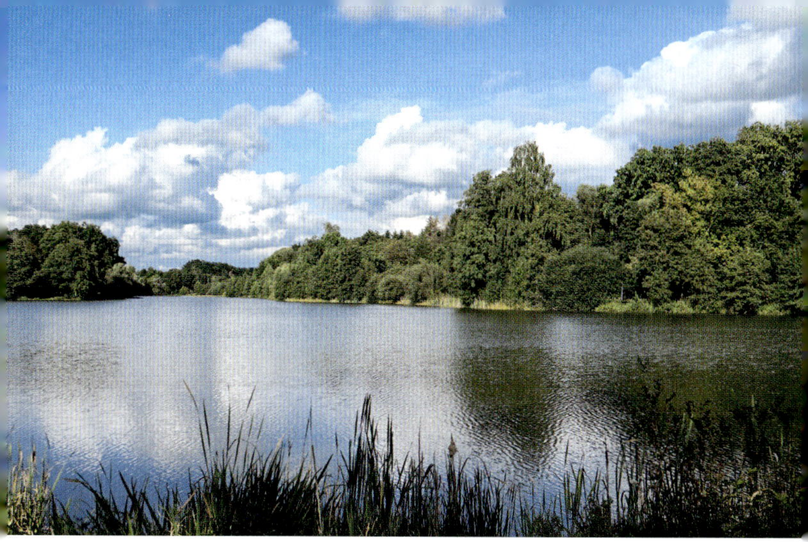

Der Heidesee von Müden wurde 1974 angelegt.

Rieselfläche, die früher mittels Gräben mit Bachwasser zur Düngung und Bewässerung für eine gute Heuernte geflutet wurde. Kurz darauf auf einer Holzbrücke über die Örtze. Bei Abzweigungen links halten und nach 10 Minuten bei Kreuzung in Poitzen rechts auf Radweg neben der Straße (Radschild Müden 3 km). 50 m vor der Straßenbrücke über die Örtze nehmen wir scharf links eine Straße und passieren zur Linken die oft nett dekorierte **»Poitzer Bank«** 4. Nach 80 m stoßen wir wieder auf H und folgen ihm rechts Richtung Müden (3,6 km) und nach 10 m links abwärts über einen Pfad. Bei einer Kreuzung leicht rechts versetzt geradeaus und auf H ein langes Stück südwärts durch das Örtzetal. Nach einer Infotafel über Eisvögel nähert sich der Weg dem Ufer der Örtze an, die wir 1,6 km nach Poitzen bei einer Bank rechts über eine **Holzbrücke** 5 queren. Nach 100 m stoßen wir wieder auf die Route des Hinwegs und folgen H südwärts Richtung Müden (1,8 km) und vor dem Heidesee nach links, um den See ostwärts zu umgehen. Am Südende des Sees halten wir uns links und erreichen wieder den Ausgangspunkt bei der alten Wassermühle von **Müden** 1.

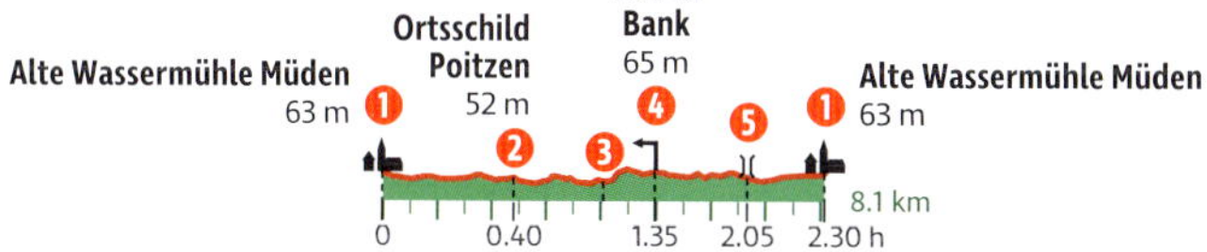

TOP

38

Entlang der Örtze von Müden nach Eversen

↗ 120 m | ↘ 130 m | 17.4 km

4.30 h

Flusswanderung zwischen alten Mühlen

»Flussabwärts mit der Örtze« ist das Motto dieser Wanderung, die dem Flusslauf linksseitig folgt mit Start im Kurort Müden, wo die Wietze in die Örtze mündet. Wir folgen der bei Munster entsprungenen Örtze südwärts durch das von eiszeitlichen Gletschern geschaffene Urstromtal vorbei am schon im Mittelalter erwähnten Ort Hermannsburg mit mehreren Kirchen, bekannt als Missionsstadt, deren Seminar im 19. Jh. durch den Erweckungsprediger Ludwig Harms gegründet wurde. Der Örtze-Weg führt weiter über Oldendorf nach Eversen mit mehreren Gutshöfen.

Ausgangspunkt: Touristinfo Müden in der alten Wassermühle (Navi: Unterlüßer Str. 5, 29328 Faßberg).
Endpunkt: Eversen mit Parkgelegenheit beim Dorfkrug (Navi: Dorfstraße 42, 29303 Bergen).
ÖPNV: Busverbindung zwischen dem Ausgangs- und Endpunkt Mo. – Fr. mehrmals täglich (Sa. und So. selten) durch Linien 200 und 220 mit Umstieg in Hermannsburg, cebus-celle.de.
Anforderungen: Leichte Wanderung zwischen Müden und Hermannsburg über kleinen Flusspfad, sonst breite Wander- bzw. Forstwege, in Orten kleine Straßen.
Markierung: Anfangs »Fluss-Wald-Erlebnispfad« und Heidschnuckenweg-Variante (gelbes H), ab Hermannsburg W15.
Einkehr: Müden, Hermannsburg, Oldendorf Gutshof (Di. – Fr. ab 17 Uhr, Sa./So. ab 12 Uhr) sowie Sommercafé (Mai – Okt täglich 14 – 18 Uhr), Eversen (Di. – Sa. ab 16 Uhr, So. ab 11 Uhr).
Varianten: 1. Zweiteilung der Tour beim Mittelpunkt Hermannsburg mit Bushaltestelle und Parkplatz in Ortsmitte (Navi: Am Markt 3, 29320 Hermannsburg).
2. Der schönste Teil des Flussweges zwischen Müden und Hermannsburg kann auch als Rundtour südlich von Müden gegangen werden, indem man ab der der Brücke beim Bootsanlegeplatz ❸ auf der anderen (westlichen) Flussseite vorbei am Wildpark Müden zurückwandert (9,1 km).
3. Weitere Abkürzung möglich als sehr kurze Variante (1,4 km) mit Wendepunkt südlich von Müden beim Wilhelm-Martens-Weg.
Kombi-Tipp: Rundwege bei Müden (Touren 37, 38), Eversen (42) und Hermannsburg (43).
Tipps: Mehrere sehenswerte Kirchen: In Müden St.-Laurentius-Kirche mit freistehendem hölzernen Glockenturm; in Hermannsburg Peter-und-Paul- sowie Große Kreuzkirche. Am Zielort Eversen mehrere alte Gutshäuser.

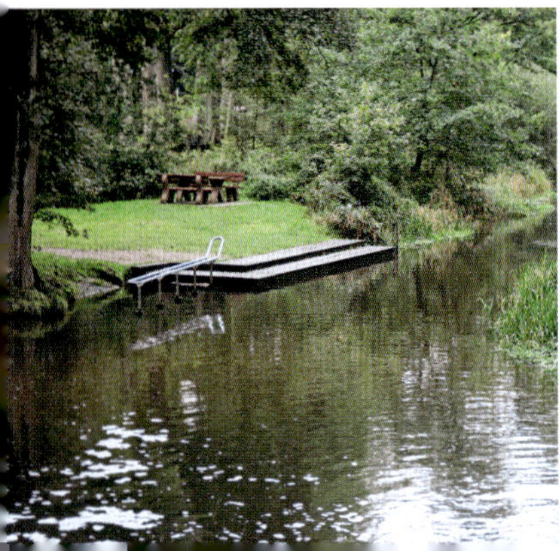

Die Wassertretstelle in Müden lädt zur Abkühlung und Massage der Füße ein.

Vom Parkplatz und der Bushaltestelle bei der alten Wassermühle mit der Touristinfo von **Müden** ❶ führt uns der Fußweg links neben der Örtze zur Skulptur eines Holzflößers. Der Transport von Holz mittels Flößerei hatte eine große Bedeutung im 19. Jh., als in Hafenstädten wie Bremen und Bremerhaven der Schiff- und Häuserbau boomte. 1874 wurden 1946 Flöße auf der Örtze gezählt, in den folgenden Jahrzehnten ging die Zahl infolge Versandung der Örtze im Unterlauf rapide bergab.

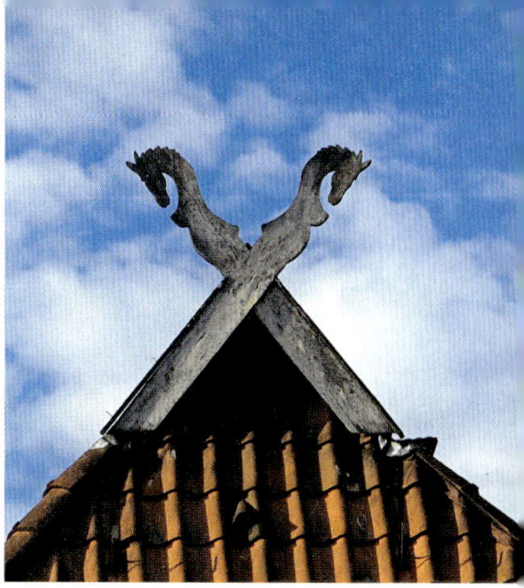
Pferdeköpfe sind ein typischer Giebelschmuck niederdeutscher Bauernhäuser.

Vor der Brücke über die Örtze beim km-Schild 15,1 nehmen wir links abwärts den Grasweg, gekennzeichnet mit einem gelben »H« für eine Variante des Heidschnuckenwegs (u.a. Hermannsburg 6,5 km). Bei der Gabelung vor einer Wiese links in den Wilhelm-Martens-Weg, benannt nach dem in Müden geborenen niederdeutschen Dichter (1913–1977), von Haus aus Maurer und nach eigener Angabe »Prolet und Poet«.
Der Weg führt durch ein kleines Waldstück, ehe wir bei einer T-Kreuzung mit dem nach rechts weisenden Schild »Hofcafe« dem Wegweiser »Kleiner Flusspfad« nach links folgen und nach 100 m nach rechts. Bei der nächsten Kreuzung links über die Bahngleise und rechts, weiter südwärts entlang des kleinen Flusspfads (H). Kurzzeitig wandern wir geradeaus entlang der Straße Suerbruch und passieren kurz darauf zur Linken die JH Müden, ehe wir bei einem kleinen **Sandstrand** ❷ die Örtze erreichen, der als Privatgrundstück der JH nur mit JH-Ausweis betreten werden darf.
Der Flusspfad führt weiter südwärts links von der Örtze durch Wald, der sich stellenweise lichtet. Nach der dritten Querung eines Nebenbaches bei einer Kreuzung von Pfaden links und nach 20 m rechts in einen breiten Weg, nach wenigen Minuten rechts vorbei an einer Schutzhütte. Die Örtze fließt auf diesem 1,5 km langen etwas monotonen Abschnitt in ei-

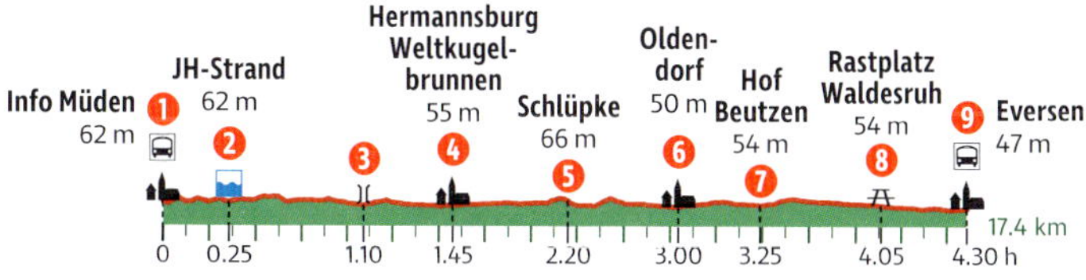

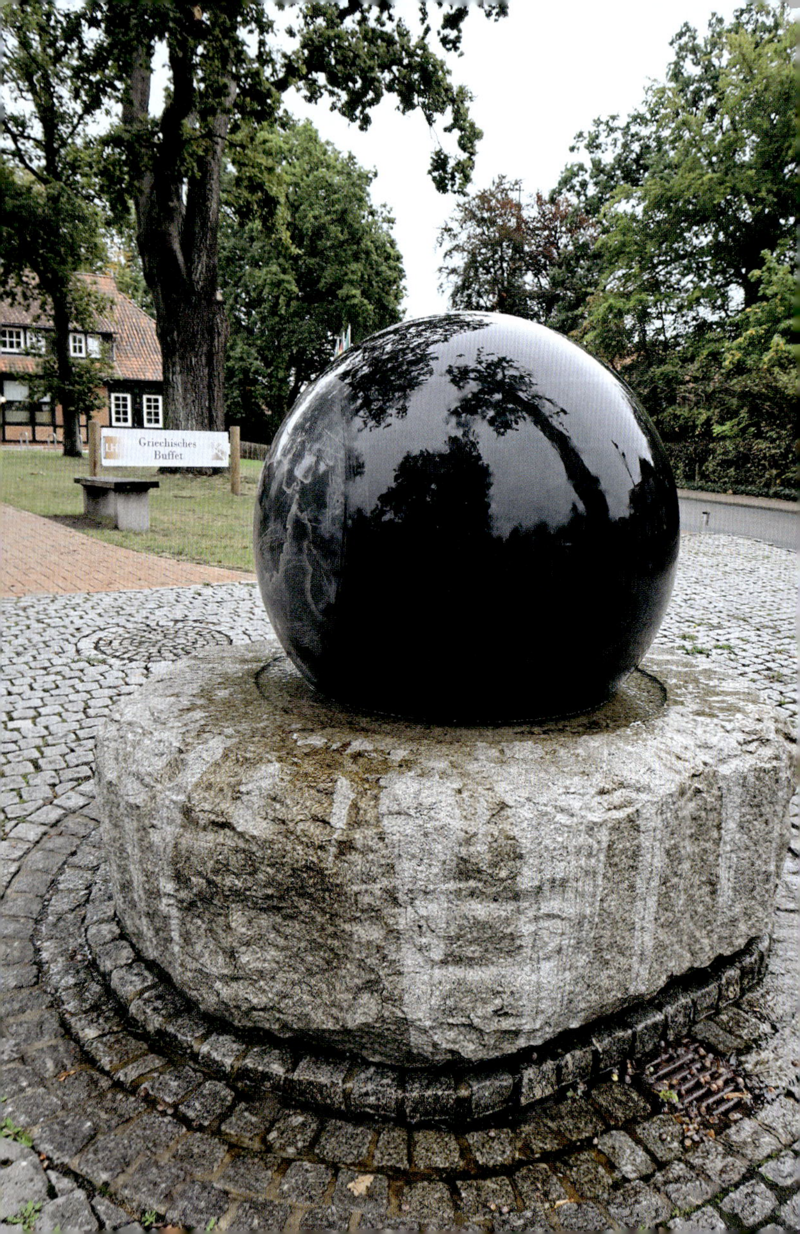
Griechisches
Buffet

niger Entfernung rechts von uns. Wir sehen den Fluss erst bei einer **Straßenbrücke** wieder mit davor einem **Bootsanlegeplatz** 3 und einer Infotafel über Flößerei sowie rechts einem Parkplatz. Wir biegen links in die Straße bzw. den auf der Flussseite verlaufenden Radweg (Radschild Hermannsburg 1,5 km).

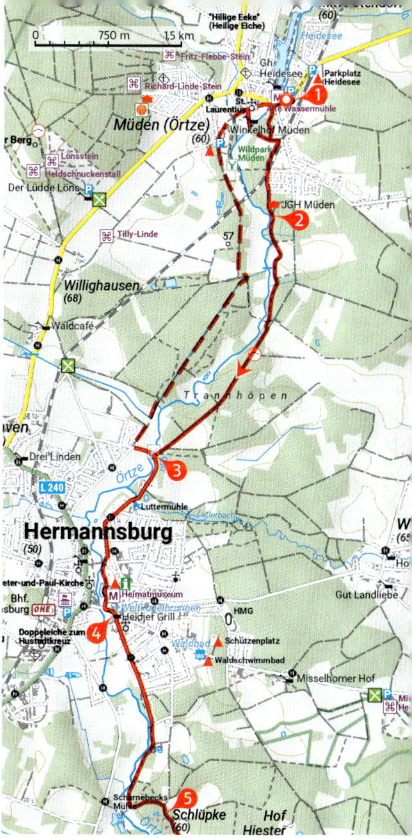

Der Radweg quert den Lutterbach (auch Weesener Bach), der rechts in die Örtze mündet. Rechts davor betrieb beim heutigen Lutterhof ein heute noch existierendes oberschächtiges Wasserrad seit 1757 eine Sägerei. Nach dem Ortsschild von **Hermannsburg** halten wir uns in dem Wohngebiet immer rechts (Waldstraße) und erreichen einen Park, wo nach rechts ein Abstecher in den Ort mit der Peter-und-Paul- sowie der Großen Kreuzkirche möglich ist. Unsere Route führt südwärts durch den Örtzepark auf der linken Seite der Örtze, wo wir nach der rechten Abzweigung bei einer Kreuzung eine im Parkteich schwimmende Plattform erreichen. Weiter durch den Park zu einer Straßenbrücke an dessen Südende, wo es rechts in das Ortszentrum ginge. Wir folgen der Lotharstraße 100 m nach links zum sichtbaren Heidjer-Grill. Gegenüber links erstreckt sich die großzügige Anlage des Ludwig-Harms-Hauses mit Café und Buchhandlung, benannt nach dem Hermannsburger Missionar. Davor schwimmt seit 2018 eine 2,5 t schwere Erdkugel aus Granit auf einem dünnen Wasserfilm. Dieser **Hermannsburger Weltkugelbrunnen** 4 soll das »Weltumfassende« der Mission symbolisieren; ein Großteil der Kosten von 73.000 € wurde durch Spenden finanziert.

Wir biegen hinter dem Grill rechts in die zunächst kopfsteingepflasterte Georg-Haccius-Straße ab, an deren Ende bei einem Sackgassenschild wir dem Schotterweg Wulfhorn am Waldrand folgen.

Hermannsburger Weltkugelbrunnen – 2,5 Tonnen Granit auf Wasser.

Vor dem Privatgrundstück des Seniorenheims Haus Hogrefe halb rechts auf den Pfad links der Örtze, nach wenigen Minuten rechts vorbei an einem Klärwerk. Der Pfad führt am Waldrand links neben der Örtze entlang, von der uns nur die Auwiesen trennen. 600 m nach dem Klärwerk bei einer T-Kreuzung links und ab hier auf dem mit W15 markierten Weg bis zum Ziel: zunächst durch Wald und ab dem Weiler **Schlüpke** 5 auf einem asphaltierten Fahrweg.

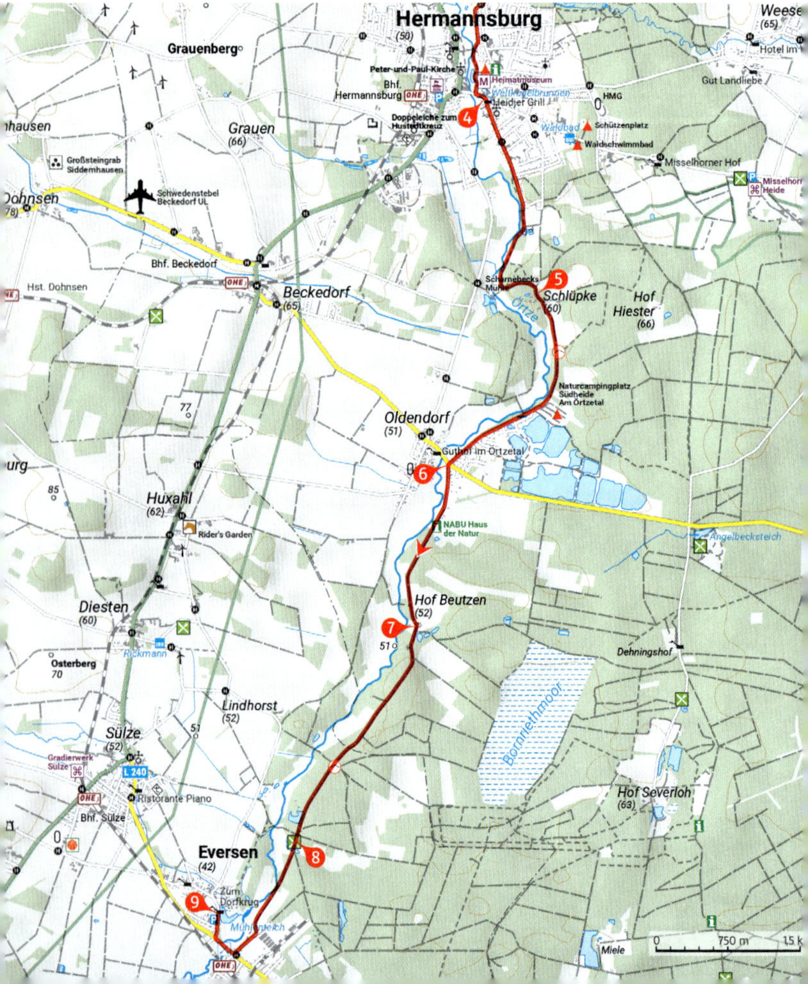

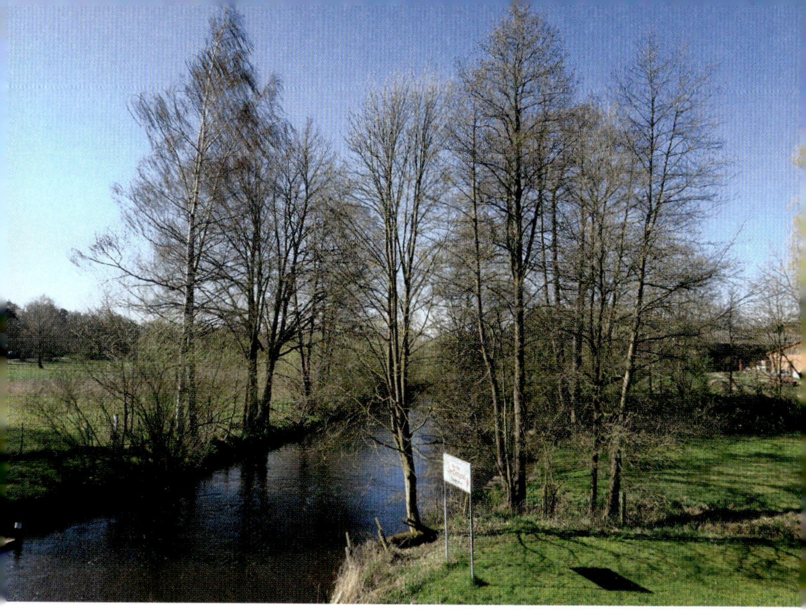

Bei Oldendorf bietet sich von der Brücke ein schöner Blick auf die Örtze.

Nach einem Campingplatz erreichen wir Oldendorf, wo links vom Weg hinter dem Wohngebiet mehrere Teiche an den 2007 eingestellten Kiesabbau erinnern. Die Baggerseen bieten seltenen Vogelarten gute Lebensbedingungen, als seltener Gast wurde ein Fischadler gesichtet. Bei der Straßenkreuzung in **Oldendorf** ❻ bleiben wir auf der linken Örtzeseite und folgen dem Beutzener Weg geradeaus. Beim Verlassen von Oldendorf passieren wir das Haus der Natur, das ehemalige Erich-Eickenrodt-Haus, benannt nach einem früheren Aktivisten des Deutschen Bundes für Vogelschutz in Celle. Wir folgen dem Beutzener Weg hinter dem Ortsende-Schild in südliche Richtung. Nach 15 Minuten vorbei am **Hof Beutzen** ❼ und weiter geradeaus entlang der kleinen Straße Richtung Lindhorst.

Bei Kreuzungen gehen wir geradeaus ebenso wie beim **Rastplatz Waldesruh** ❽ mit seinen Teichen, nach denen wir rechts den Hauptweg verlassen. Die Idylle des Örtzetals endet bei einer Kläranlage, hinter der wir der Straße nach rechts nach Eversen folgen. Bei einer Kreuzung mit der Bushaltestelle halten wir uns für einen Besuch der netten Dorfmitte von Eversen rechts, queren die Örtze über die Straßenbrücke und biegen danach rechts in die Dorfstraße Richtung Hermannsburg (8,4 km). Nach 150 m erreichen wir die Dorfmitte von **Eversen** ❾, rechts der 1638 angelegte Mühlenteich und einige Gutshäuser (→ Tour 42).

↗ 100 m | ↘ 100 m | 13.2 km

39 Zwischen Hermannsburg und Müden

3.30 h

Abwechslungsreiche Drei-Berge-Tour ohne Gipfel

Vom Wildpark wandern wir durch Wald und weiter durch das Örtzetal mit einer Schleuse, ehe wir dem Nebenbach Brunau flussaufwärts vorbei an einer bewirtschafteten Mühle folgen. Begleitet werden wir von einer Reihe bedeutungsvoller Steine: Hügelgräber mit Steinplatten sowie Gedenksteinen zur Erinnerung an den Heidedichter Hermann Löns und den Grafiker Fritz Flebbe. Die Tour bietet außerdem Aussichten von Anhöhen, die alle aus alpinistischer Sicht etwas überzogen als Berge bezeichnet werden: Backeberg, Elfenberg, Wietzer Berg.

Ausgangspunkt: Müden-Wildpark südwestlich von Müden an der Örtze (Navi: Heuweg 23, 29328 Faßberg). Alternativ Wanderparkplatz unterhalb des Lönssteins bei 5 (Navi: Hermannsburger Str. 20, 29328 Faßberg).
ÖPNV: Buslinie 200 bedient mehrere Haltestellen entlang der Strecke mehrmals täglich: Hermannsburg-Backebergs Mühle (bei 3), Willighausen (1 km von 5) sowie Müden-Siedlung und -Ortsmitte (jeweils 5 Gehminuten vom Ausgangspunkt), cebus-celle.de.
Anforderungen: Leichte Wanderung über Forstwege, Pfade und Straßen.
Markierung: Großteils W4.
Einkehr: Waldcafé bei Backebergsmühle (Sommersaison täglich außer Do. 14–18 Uhr), Kiosk am Parkplatz unterhalb vom Lönsstein (in Sommersaison täglich, sonst oft am Wochenende), Müden.
Varianten: 1. Abkürzung als kleine nördliche Runde (5,3 km) möglich zwischen dem Ausgangspunkt und dem Lönsstein über die Radroute entlang des Willighausener Wegs.
2. Abstecher nach Müden (500 m) ab Wildpark über den nordöstlich führenden Radweg über die Örtze (H).
Kombi-Tipp: Örtze-Wanderungen 37 und 38.
Tipp: Wildpark Müden am Südrand des Dorfes westlich der Örtze (ganzjährig täglich) mit 30 meist einheimischen Arten, aber auch Alpakas, Elchen, Waschbären, wildparkmueden.de.

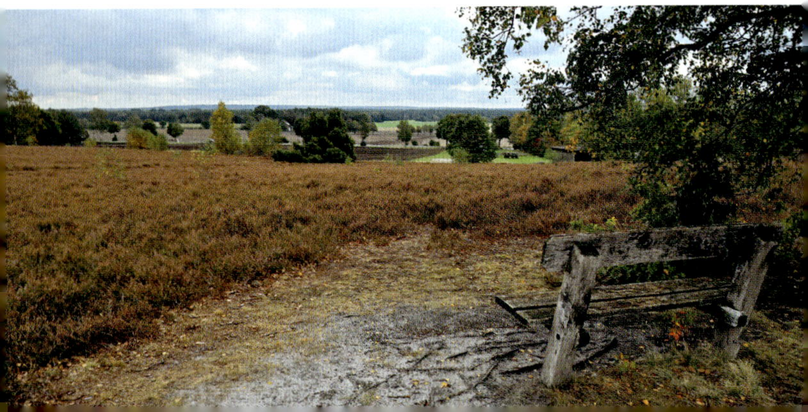

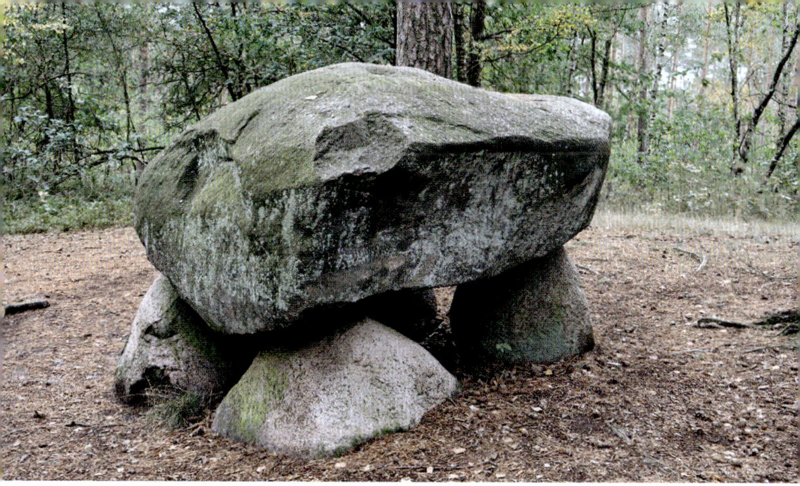

Oben: Der Lindestein erinnert bei Müden an den Heimatforscher Richard Linde.
Links: Der Wietzer Berg am Lönsstein bietet einen weiten Blick über die Örtze-Niederung.

Das Grunzen der Wildschweine vom **Müden-Wildpark** ❶ im Ohr machen wir uns auf den Weg und folgen dem Schotterweg rechts am Wildpark vorbei in südliche Richtung, der bald als Forstweg für Autos verboten ist. Die Route W4 führt durch Mischwald mit dazwischen einigen Feldern. Bei einer Dreieckskreuzung links am Waldrand links. Die Route (W4) macht einen Schlenker durch den Wald, wo wir rechts den Grasweg nehmen, ehe wir bei einer T-Kreuzung links dem Forstweg geradlinig durch Nadelwald in südwestliche Richtung zu einer **Schleuse** ❷ folgen, angelegt im 19. Jh. als Auslass der Berieselung.
Bei der Mehrfachkreuzung hinter der Schleuse links auf Fuß-/Radweg Richtung Hermannsburg (W4). 50 m nach Querung eines Seitenbaches (Brunau) bei einer Gabelung am Waldrand rechts (Lesekiste und LSG-Schild) und bei der folgenden Kreuzung mit Picknicktisch rechts Richtung Müden über die Brücke am Waldrand entlang und über die (stillgelegten) Bahngleise. Bei der folgenden Kreuzung kurz vor der Landstraße folgen wir dem Schild links Richtung Bienenzaun Waldcafé und vor dem **Waldcafé** ❸ mit ange-

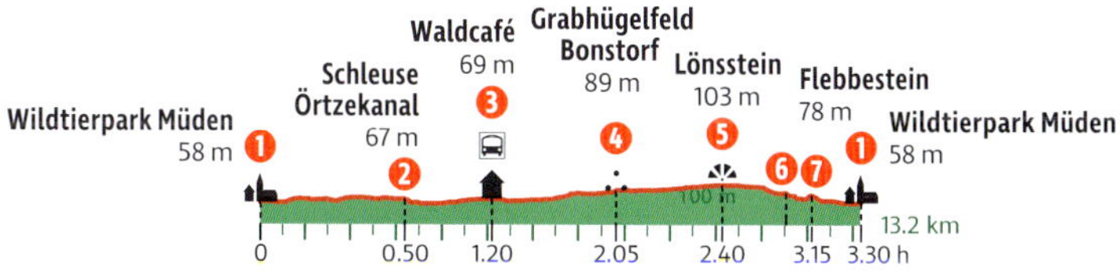

schlossener traditioneller Korbimkerei der Hauptstraße bzw. daneben dem Radweg nach links vorbei an einer Bushaltestelle. Nach 200 m, nach der Querung der Brunau bei der ehemaligen Backebergsmühle, rechts in den Schotterweg und nach 10 – 15 Minuten leichten Anstiegs zwischen Feldern in den rechts abzweigenden Grasweg. Auf diesem hinunter in den Wald, wieder über die Brunau und weiter durch Feuchtwiesen. Hinter dem Hof Backeberg wählen wir bei einer Gabelung am Reitplatz die linke Variante. Nach 5 Minuten biegen wir links in den Grasweg, der nur mit einem Kreis auf einem Stein markiert ist und zu einem Waldstück hinaufführt mit dem vorgeschichtlichen **Grabhügelfeld von Bonstorf** 4, durch das sich ein kleiner Rundgang lohnt: links an der Schutzhütte und danach an den sechs Grabhügeln von der Jungsteinzeit bis zur Bronzezeit vorbei. Die Wanderroute W4 führt links weiter und macht einen unerklärlichen Westschlenker. Schöner (und etwas kürzer) ist es, wenn wir beim Gräberfeld dem Feldweg durch die Rechtskurve und nordwärts zur Straße folgen, die uns anschließend durch offene Landschaft mit Feldern und weitem Ausblick führt – jetzt wieder zusammen mit der markierten Route (W4). Die Straße zweigt nach 200 m bei einer Kreuzung mit Haus nach rechts ab, während wir dem

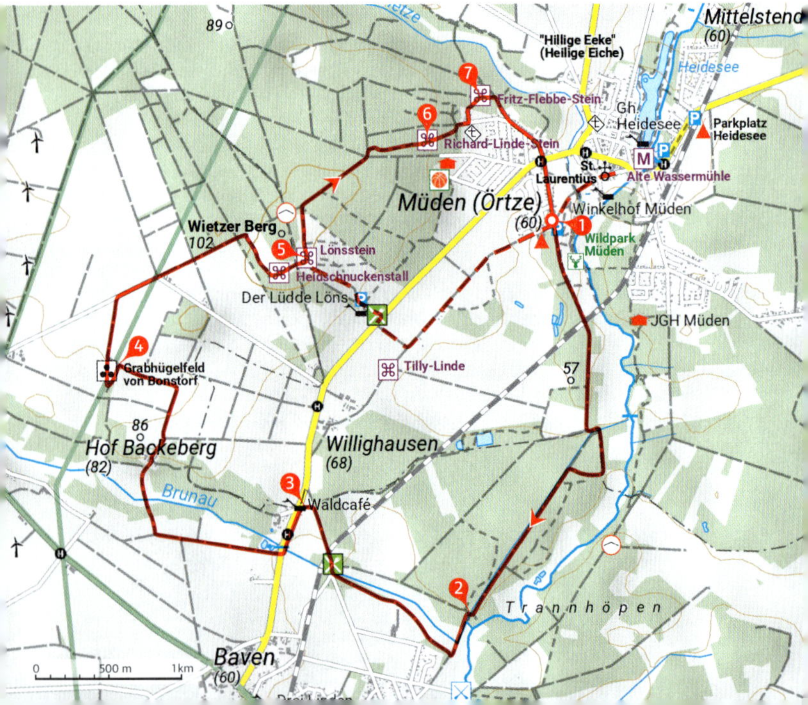

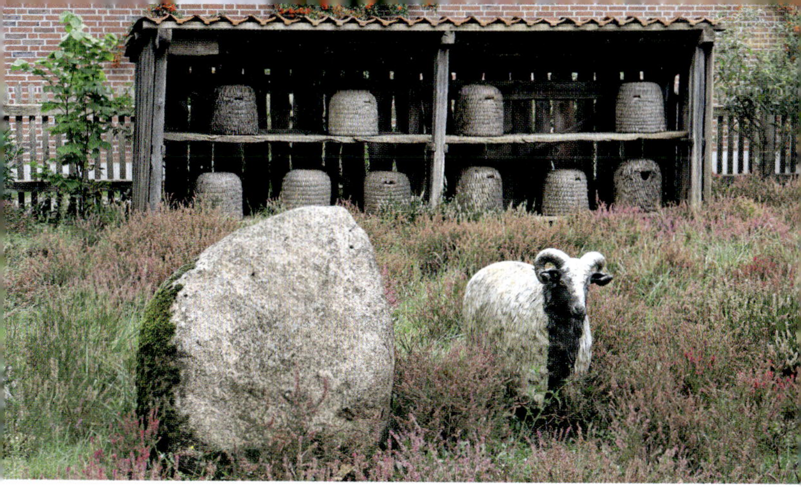

Dieser Bienenzaun in Müden erinnert an die Imkerei vergangener Tage.

Feldweg in der bisherigen Gehrichtung geradeaus am Waldrand folgen (Müden 2,5 km) – bis zum Lönsstein begleitet uns der Heidschnuckenweg. 100 m nach dem Beginn des Waldes am Wietzer Berg rechts Richtung Müden (4,4 km, H, W4) – kürzer wäre es geradeaus, aber dann würden wir den Lönsstein und eine schöne Aussicht verpassen. Nach kurzer Passage über die Heidefläche des Wietzer Berges (102 m) erreichen wir den **Lönsstein** 5 mit Bänken und schöner Aussicht. Der Findling auf einem gemauerten Natursteinsockel erinnert seit 1921 an den Heidedichter.

Hinter dem Lönsstein auf Pfad links abwärts durch Heide wieder in den Nadelwald und dort rechts. Bei einer Kreuzung geradeaus und gleich danach rechts auf kleinem Weg durch Nadelwald vorbei am **Lindestein** 6, der an Richard Linde (1860 – 1925) erinnert. Dieser Heimatforscher widmete der Lüneburger Heide 1904 eine erdkundliche Monografie der Reihe »Land und Leute«. Nach kurzer Passage durch Mischwald erreichen wir eine Straße und biegen bei der Kreuzung gegenüber vom Friedhof links in den Richard-Linde-Weg. Nach den Häusern geht es wieder in den Wald, vorbei am **Flebbestein** 7. Der lungenkranke Maler und Grafiker Fritz Flebbe (1893 – 1929) lebte die letzten vier Jahre seines Lebens gesundheitsbedingt in Müden.

Bei einer T-Kreuzung auf Forstweg rechts in den Ort Müden, bei einer Kreuzung geradeaus (Am Gehäge) und nach 250 m bei einer Gabelung rechts (Am Sägewerk). Jetzt immer geradeaus zum Ausgangspunkt. Für einen Abstecher (0,5 km) in die Dorfmitte von **Müden** mit Einkehrgelegenheiten und Bushaltestelle biegt man links in die Hermannsburger Straße oder kurz vor dem **Wildpark** 1 links in den Radweg.

↗ 60 m | ↘ 60 m | 6.6 km

40 Oberoher Heide

2.00 h

Rundwanderung bei Kieselgur-Gruben

Die abwechslungsreiche Landschaft der Oberoher Heide besteht aus Wäldern, Heide und Teichen. Bis in die 1990er-Jahre wurde hier Kieselgur abgebaut, eine weißliche Substanz aus Siliziumdioxid, gebildet aus den Schalen fossiler Kieselalgen. Bereits im 19. Jh. hatte der Celler Ingenieur Wilhelm Berkefeld die günstige Filtriereigenschaft des Kieselgurs entdeckt und daraus einen Filter entwickelt, der bei der Bekämpfung der Cholera-Epidemie in Hamburg erfolgreich eingesetzt wurde. Verwendet wurde bzw. wird Kieselgur auch für Füllstoffe in Baumaterialien sowie als Zusatz in Politur-, Reinigungs- und Schädlingsbekämpfungsmitteln, aber auch (zu einem Viertel) in Dynamit.

Ausgangspunkt: Wanderparkplatz Oberohe (Navi: Oberohe 8, 29328 Faßberg).
ÖPNV: Bushaltestelle Oberohe bei der Abzweigung zum Wanderparkplatz von der Landstraße mit Verbindungen von/nach Unterlüß und Faßberg mit Cebus-Linie 261 (Mo. – Fr. mehrmals täglich, Sa. und So. als Anruf-Bus, Tel. +49 5141 2788200), cebus-celle.de, und dem Faßberger Bürgerbus Linie 1 (Mo. – Fr. zweimal täglich), fassberger-buergerbus.de.
Anforderungen: Leichte Wanderung über gut angelegte Wege durch Wald und Heide, in Letzterer mit einigen sandigen Stellen.
Markierung: Farbige Kreismarkierungen, W5 mit der Abbildung einer Kieselalge, stellenweise Heidschnuckenweg (H).
Einkehr: Zur Heidehexe an der Zufahrt zum Ausgangspunkt (Mai – Oktober, Di. Ruhetag).
Varianten: Zwei Abkürzungen:
1. Die kürzere (gesamt 3,2 km) nach 2 km zwischen ❷ und ❸ auf der nach links abzweigenden Variante des Heidschnuckenweges, dann bei T-Kreuzung am Waldrand bei Findlingen rechts auf Fahrweg und diesem bei Asphaltbeginn durch Linkskurve folgen und weiter geradeaus zum Ausgangspunkt.
2. Weitere Abkürzungsmöglichkeit (gesamt 4,6 km) ab der Hütte bei der Neuoher Heide ❸; dort geradeaus statt rechts und nach 10 – 15 Min. bei Wegespinne mit Hütte ❺ links.

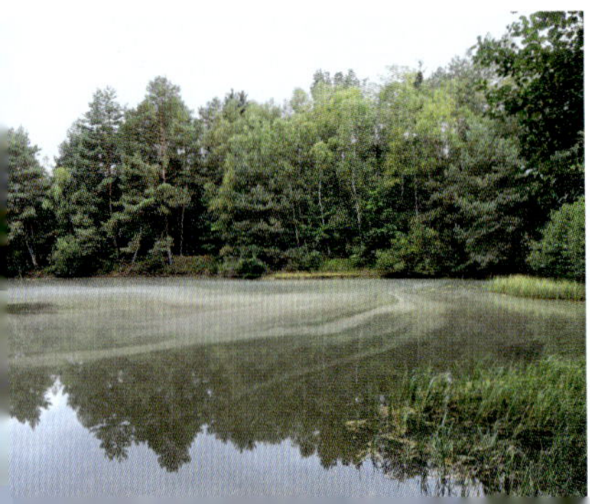

Vom **Wanderparkplatz Oberohe ❶** folgen wir dem ausgezeichneten Wanderweg links an der Infotafel vorbei in westliche Richtung, bei einer Kreuzung geradeaus. Links liegen Teiche, die an den früheren Kieselgur-Abbau erinnern. Bei einer 5-fach-Kreuzung rechts aus dem

Bis 1994 wurde in der Lüneburger Heide Kieselgur abgebaut, wie hier bei Oberohe.

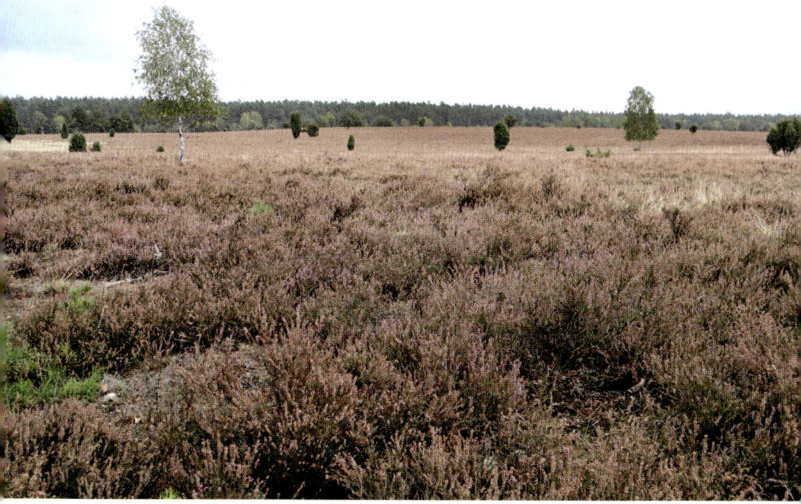

Die Neuoher Heide wird im Spätsommer von großen lila Farbflächen geprägt.

Wald hinaus. Der Weg führt erst am Rand einer Heidefläche entlang. Nach einem Linksschwenk bei einer kleinen Bank ohne Lehne gehen wir auf einem Spurweg in südwestliche Richtung über die Heide. Bei einer **mehrstämmigen Birke** ❷ bei einer Kreuzung geradeaus in den Kiefernwald und kurz darauf bei einer Kreuzung links. Der Weg führt zunächst durch Wald, später empfängt uns wieder offene Heidefläche, wo stellenweise der Kieselgurabbau Spuren in Form von Senken hinterlassen hat. 50 m nach einer Linkskurve stoßen wir am Waldrand auf die Heidesee-Variante des Heidschnuckenwegs, die von links auf sandigem Weg einmündet (eine Abkürzungsoption zum Wanderparkplatz) und der wir rechts durch die Rechtskurve folgen.

Bei einer Kreuzung im Wald mit Birken mündet von rechts der originale Heidschnuckenweg (H) ein und begleitet uns für 1,6 km. Wir biegen nach links ab und zweigen kurz darauf hinter der Hütte bei der **Neuoher Heide** ❸ rechts auf den Grasweg ein (u. a. Lutterloh 6,5 km). H führt uns durch lichten Birken- und Wacholderwald sowie offene Heidefläche. Bei der Kreu-

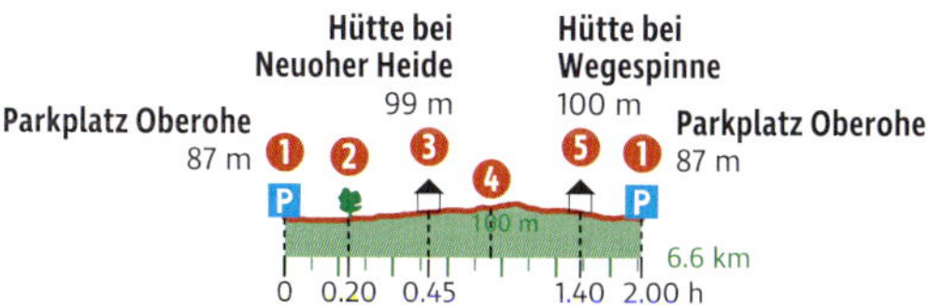

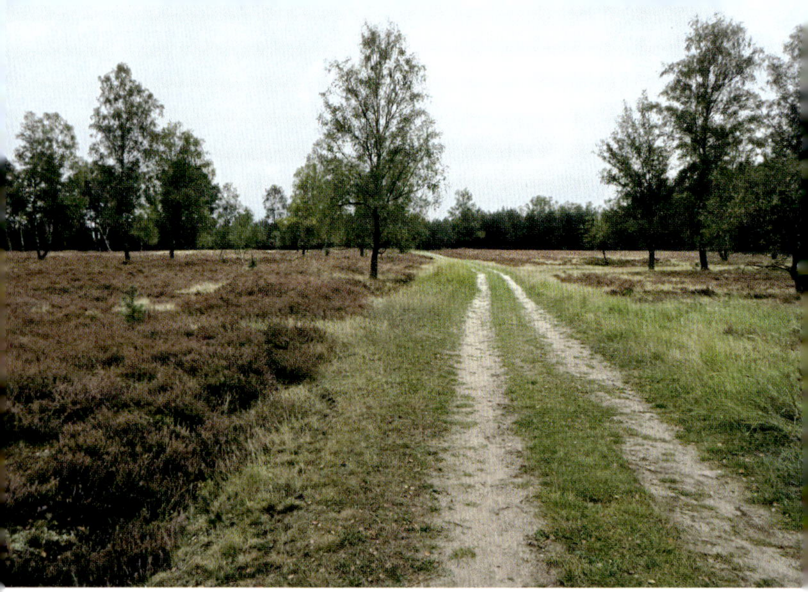

Durch ein dichtes Wegenetz bieten sich viele Variationsmöglichkeiten.

zung am Anfang einer **Gasleitungsschneise** ❹ mit Jagdhütte und Zecken-Warnschild geradeaus durch Wald. Bei einer Kreuzung zweigt H nach rechts ab, während wir links dem H-Zubringer Richtung Unterlüß folgen und uns bei einer T-Kreuzung auch von diesem verabschieden, wo wir uns links halten.

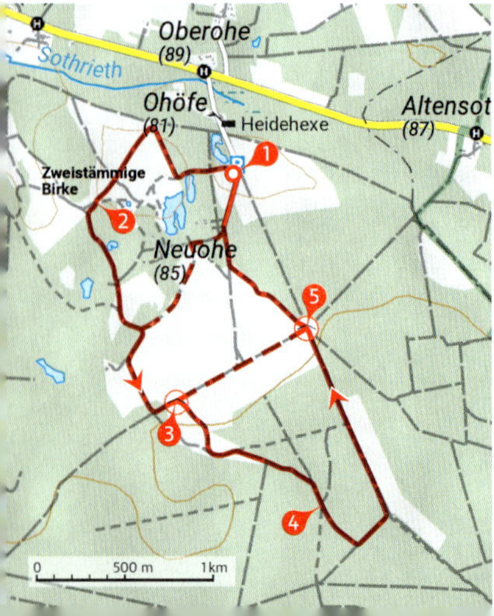

Bei einer **Wegespinne mit Hütte** ❺ mündet von links die Abkürzungsoption von ❸ ein; wir gehen halb links, rechts an der Schutzhütte vorbei (Radschild Kieselgur 2 km). Der Weg führt zunächst am Rand der Oberoher Heide entlang und taucht später in den Wald ein, wo wir auf eine Asphaltstraße treffen, über die auch die von links kommende H-Variante sowie die erste Abkürzung führen, denen wir geradeaus durch Wald und kurz darauf offene Fläche zurück zum **Wanderparkplatz Oberohe** ❶ folgen.

Wanderung durch Bachtal östlich von Hermannsburg

Im Norden von Hermannsburg mündet der Weesener Bach in die Örtze, der in seiner gesamten Länge unter Naturschutz steht. Der 13 km lange Bach heißt auch Lutterbach, was sich vom Mittelhochdeutschen »lauter« ableitet für »hell, rein, sauber« – der Weesener Bach gilt mit seinem nährstoffarmen, aber sauerstoffreichen Wasser als einer der saubersten Bäche des Landes. Der offiziell ausgewiesene Rundweg W6 führt großteils über wenig abwechslungsreiche kleine Straßen und Forstwege und berührt dabei trotz seines Namens (»Bächlein helle«) nur selten den Bach. Diese Wanderung ist eine kürzere Version, die stellenweise von W6 abweicht und mit kleinem Pfad dem Bach näher kommt.

Ausgangspunkt: Parkplatz bei Wassertretstelle an Wendeschleife der Straße Sägeförth am Nordostrand von Hermannsburg (Navi: Sägerförth, 29320 Hermannsburg).
ÖPNV: Die dem Ausgangspunkt nächstgelegene Bushaltestelle ist Hermannsburg-Grundschule am Lutterweg, alternativ Weesen bei ❷ und ❸, alle mit seltener Anbindung an Schultagen durch Cebus-Linie 230, cebus-celle.de. Außerdem Bürgerbus Südheide Linie 5 zwischen Hermannsburg-Rathaus und Weesen (Mo. – Fr., Anmeldung bis zu 30 Minuten vor Abfahrt, Tel. +49 170 5918673), buergerbus-suedheide.de.
Anforderungen: Leichte Wanderung großteils über breitere Wege, anfangs im Wald kleiner Pfad neben Bach.
Markierung: Überwiegend W6 mit kreisförmiger Markierung.
Einkehr: Zwei Gasthöfe in Weesen; Gut Landliebe (Mo. Ruhetag) bei ❶, Im Wiesengrund (Di. Ruhetag) bei ❸.
Variante: Abkürzungsmöglichkeit in Weesen mit direkter Verbindung durch die Weesener Straße über den Bach zwischen ❷ und ❸ (gesamt 5,2 km).

Der Weesener Bach ist bekannt für sein klares sauberes Wasser.

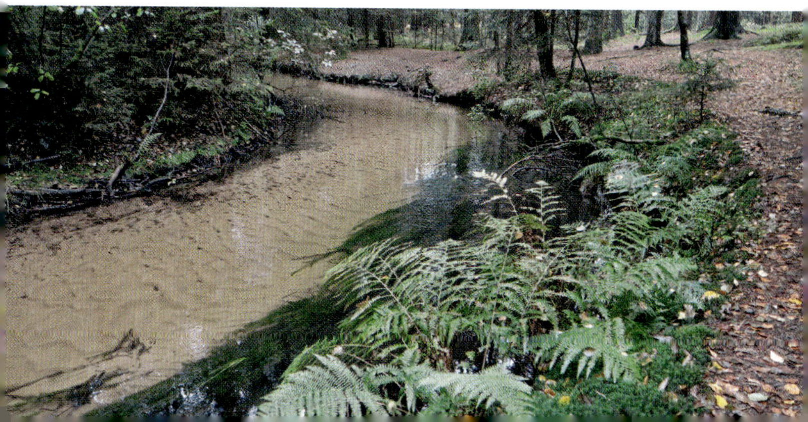

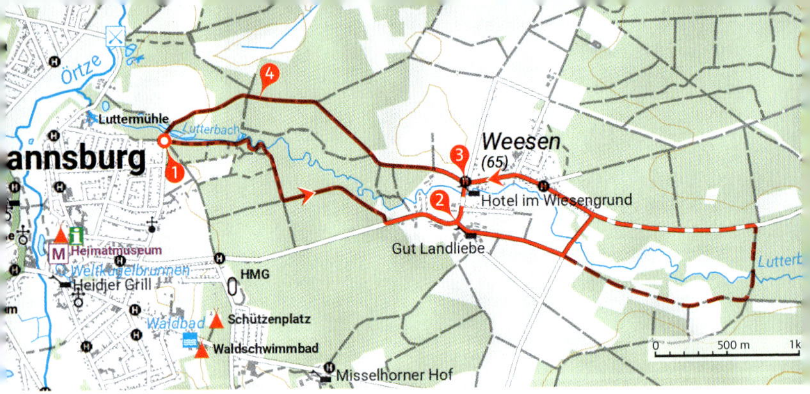

Bei der **Wendeschleife** ❶ an der Lutterbachbrücke folgen wir anfangs nicht der W6-Markierung auf dem südostwärts führenden Forstweg, sondern entscheiden uns für eine schönere Alternative: den Waldpfad links am Stein vorbei mit den Angaben »Weesen 2 km/Lutterloh 6 km« in östlicher Richtung (Schilder Verkehrsverbot und LSG). Nach einer Bank verläuft dieser Pfad unmittelbar rechts neben dem Bach mit seinen Mäandern. Schon nach 5 Minuten endet dieser abenteuerliche Abschnitt und der Weg führt südwärts zu einer Kreuzung, wo wir der mit Kreisen markierten Wanderroute W6 geradeaus über einen begrasten Waldweg folgen und nach 200 m links abbiegen. Vor Weesen queren wir eine Straße und folgen links dem Radweg in den Ort hinein.

In der Linkskurve der Straße mit rechts dem Hotel Gut Landliebe verdient links ein nettes Arrangement zu **Weesen** ❷ unsere Aufmerksamkeit – mit Findling, Heide und Wacholder sowie einem Holzschild, das an den gleichnamigen schweizerischen Ort in 816 km Entfernung erinnert, dahinter laden Bänke zur Pause ein. In der Linkskurve rechts in den Postweg. Ab hier 100 m entlang des Heidschnuckenwegs, der bei der folgenden Gabelung am Ortsende mit einer Sitzbank um einen Eichenstamm herum rechts abzweigt, während wir dem Raakam-

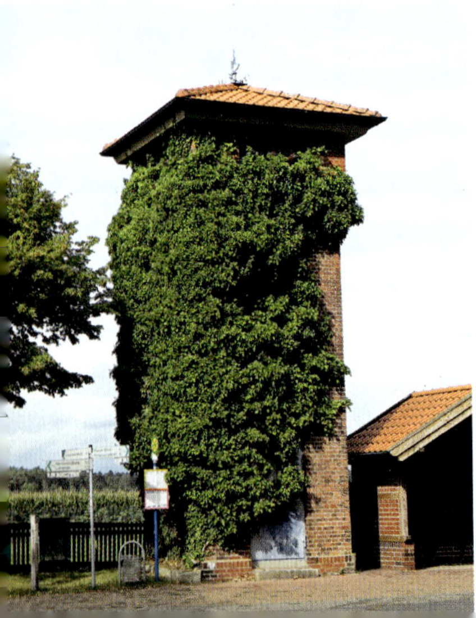

Der Trafoturm von Weesen ist heute Wohnstätte von Fledermäusen und Eulen.

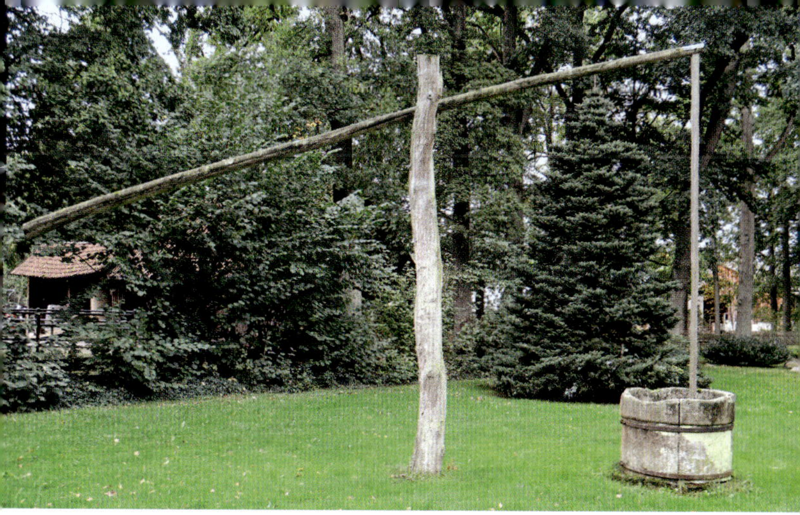

Alter Ziehbrunnen in Weesen.

per Weg geradeaus folgen (Radweg Richtung Lutterloh). Nach 500 m nach links (Zum Unteren Sprecken), auf dieser kleinen Straße über den Weesener Bach und danach links auf Lutterloher Weg durch Weesen.
Bei einer Bushaltestelle und links dem Hotel-Restaurant Wiesengrund macht die Straße eine Linkskurve. Wir folgen geradeaus der kleinen Straße Zum Mühlenbruch, links vorbei an dem efeuumrankten **Trafoturm** ❸ von 1914, der 1991 abgerissen werden sollte, aber auf Initiative der Naturschutzfreunde Weesen e.V. restauriert wurde und heute von Fledermäusen und Eulen bewohnt wird.
Nach 150 m ignorieren wir links die Zufahrt zu Dammanns Hof mit dem unkonventionellen Schild »Oma's Straße«. Auch künftige Abzweigungen beachten wir nicht und biegen nach einer Bank bei einer T-Kreuzung links in den Forstweg (Schild; 6 t), nach 5 Minuten vorbei an einer **Hütte** ❹, zunächst durch Wald und später am Waldrand entlang. Bei einer Gabelung gehen wir wieder links in den Wald und passieren nach 100 m die vom Start bekannte Lutterbachbrücke mit dahinter der Wassertrittstelle und **Wendeschleife** ❶.

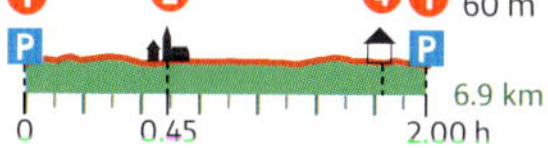

42 Zwischen Hermannsburg und Eversen

4.30 h

Rundwanderung an der Örtze bei Oldendorf

Diese Rundwanderung entlang der Örtze bietet viel Natur über abwechslungsreiche Wege, die dem mäandernden Flussverlauf folgen. Unterwegs erinnern Mühlen an die frühere Nutzung der Wasserkraft. Im Heidedorf Eversen mit seinem Mühlenteich sind noch mehrere Gutshöfe erhalten.

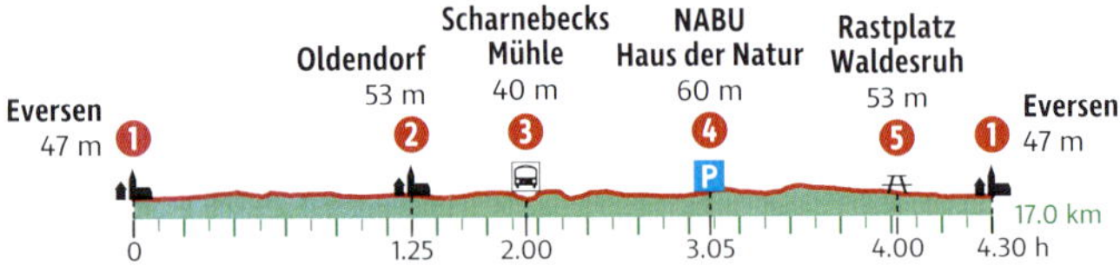

Ausgangspunkt: Eversen mit Parkgelegenheit beim Dorfkrug (Navi: Dorfstraße 42, 29303 Bergen), optional auch Haus der Natur 4 südlich von Oldendorf (Navi: Beutzener Weg 27, 29320 Hermannsburg).
ÖPNV: Bushaltestellen in Eversen nahe der Örtzebrücke, in Oldendorf 2 und bei Scharnebecks Mühle 3 werden durch Linie 200 (Letztere auch 230) mehrmals täglich Richtung Celle und Hermannsburg bedient, cebus-celle.de.
Markierung: W15.
Anforderungen: Leichte Wanderung über Feld- und Forstwege sowie kleine Straßen.
Einkehr: In Eversen Zum Dorfkrug (Di. – Sa. ab 16 Uhr, So. ab 11 Uhr), in Oldendorf Gutshof (Di. – Fr. ab 17 Uhr, Sa./So. ab 12 Uhr) sowie Sommercafé (Mai – Okt täglich 14 – 18 Uhr).
Varianten: Mindestens 3 Abkürzungen möglich durch vorheriges Queren der Örtze, zuletzt in Oldendorf 2 (Gesamtlänge dann jeweils 4 km, 5,5 km oder 12,3 km).
Kombi-Tipp: Tour 38 entlang der Örtze.
Tipp: Kleine Ausstellung des NABU im Haus der Natur (im Sommer So. nachmittags), oldendorf-oertze.de → NABU.

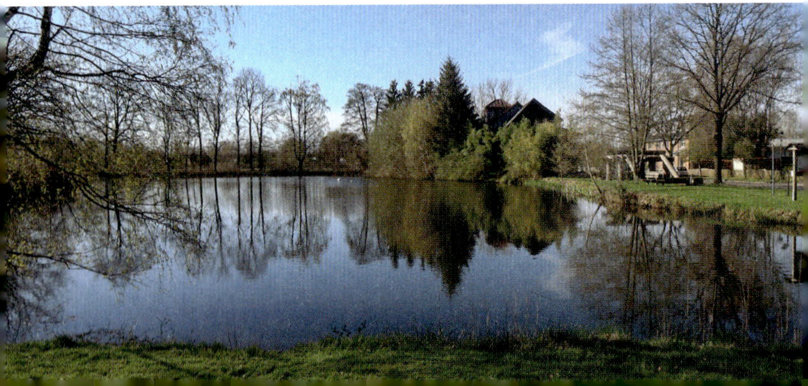

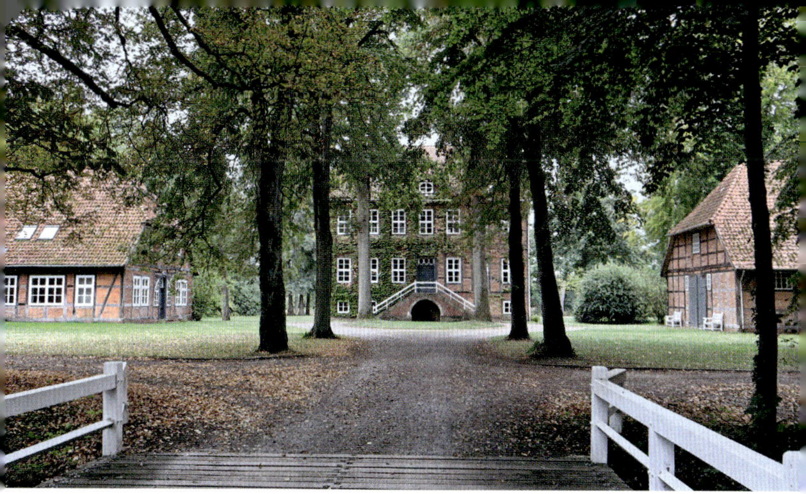

Oben: Der Sattelhof aus dem 15. Jh. ist das älteste von drei Rittergütern in Eversen.
Links: Der Dorfteich von Eversen wurde 1638 zum Betrieb einer Mühle angelegt.

Wir beginnen die Rundwanderung in der Dorfmitte von **Eversen** 1 mit links dem Dorfkrug und rechts dem im 17. Jh. angelegten Mühlenteich, dessen Wasser bis 1935 eine Mühle betrieb, ehe hier in den 1970er- und 80er-Jahren Fisch gezüchtet wurde. Rechts hinter dem Teich liegt der Sattelhof aus dem 15. Jh., das älteste von drei Rittergütern im Dorf, früher geschützt durch Wassergräben und einen Wehrturm. Das jetzige Gebäude geht zurück auf das Jahr 1792. Links von der Dorfstraße stehen zwei weitere Gutshäuser; beide aus der Zeit um 1700.
Auf gepflasterter Dorfstraße links am Teich vorbei und 100 m nach dem Teich rechts in den Lindhorster Weg (W15), über den Mühlenbach und hinaus aus dem Dorf. Nach rund 25 Minuten macht die Straße vor dem Hof Lindhorst eine Linkskurve; hier nehmen wir den rechts hinter der Schutzhütte abzweigenden Schotterweg. Vor der Schutzhütte wäre rechts eine Abkürzung möglich über die Örtze. Weiter links von der Örtze abwechselnd vorbei an Feldern und durch Wald nach **Oldendorf** 2, dort hinter dem Kindergarten auf Krummer Straße rechts durch das Dorf mit schönen alten Fachwerkhöfen. Bei einem Briefkasten biegen wir rechts in die Hauptstraße Richtung Eschede (Beckedorfer Straße) und verlassen sie nach 50 m beim Hotel-Restaurant Gutshof links (W15, Örtzeweg), vorbei am Rabehof mit Hofladen und Sommercafé. Nach Oldendorf wandern wir durch das Örtzetal mit seinen Feuchtwiesen sowie Weiden mit Baumwällen, der Fluss zeigt sich aber selten. Kurz nach einem Teich im Wald zur Linken gehen wir bei einer Kreuzung am Ende einer Weide halb links auf dem Spurweg in den Wald (W15).

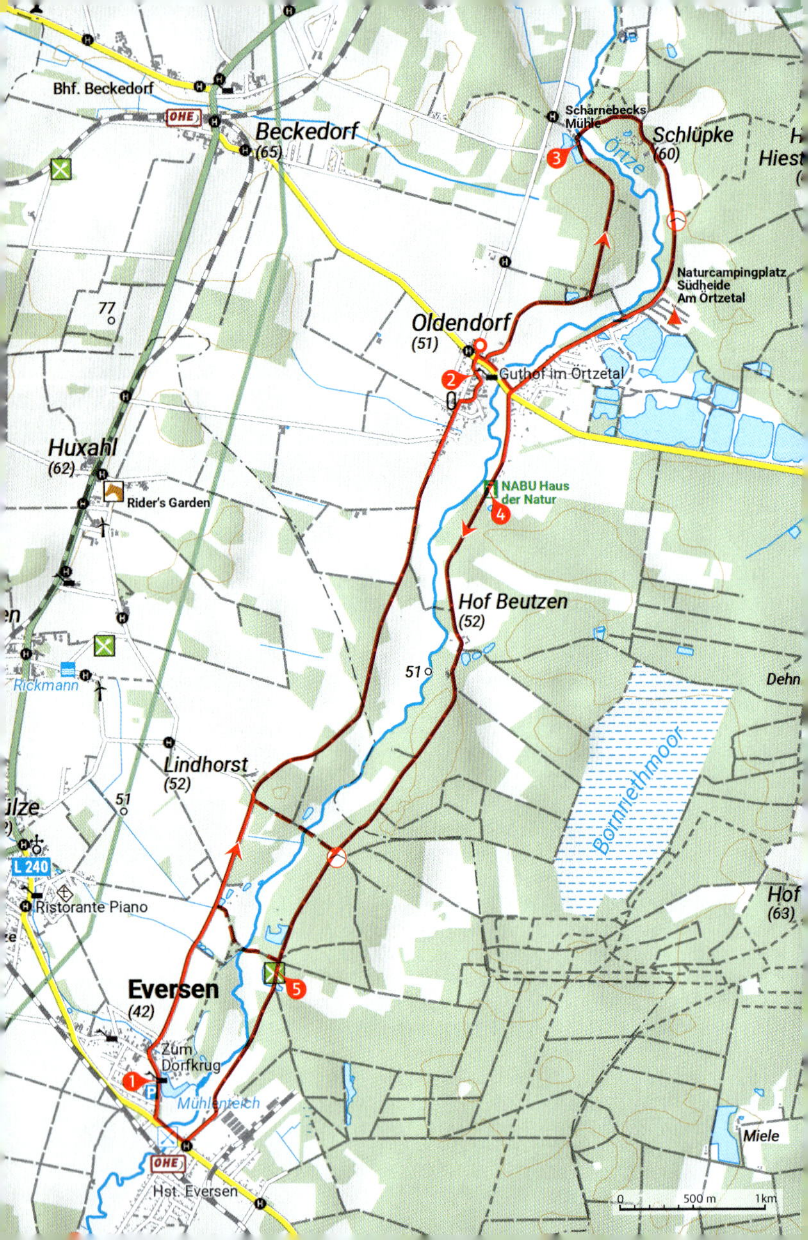
Bhf. Beckedorf
OHE
Beckedorf
(65)
Scharnebecks Mühle
3
Örtze
Schlüpke
(60)
Hiest
77
Naturcampingplatz
Südheide
Am Örtzetal
Oldendorf
(51)
2
Guthof im Örtzetal
Huxahl
(62)
Rider's Garden
NABU Haus der Natur
4
Hof Beutzen
(52)
51
Rickmann
Dehn
Lindhorst
(52)
51
Bornriethmoor
L 240
Ristorante Piano
Hof
(63)
5
Eversen
(42)
Zum Dorfkrug
1
Mühlenteich
OHE
Hst. Eversen
Miele
0
500 m
1km

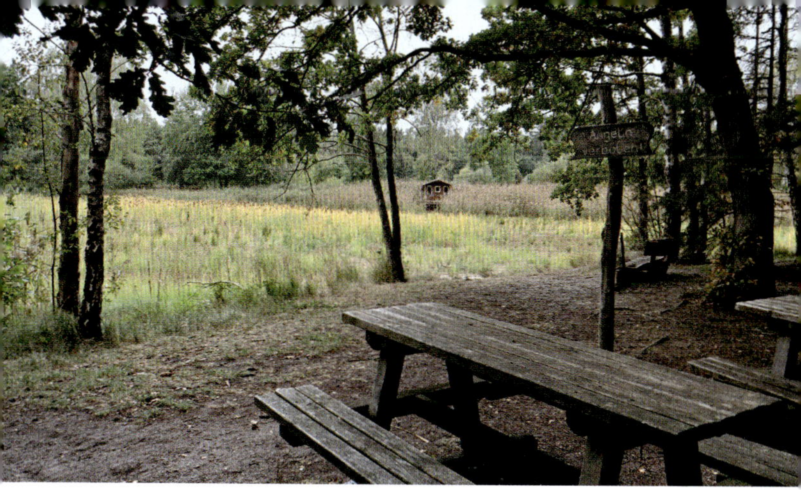

Bei Fischteichen lädt der Rastplatz Waldesruh zur Pause ein.

Nach einem kurzen Abstieg und einer kleinen Holzbrücke erreichen wir **Scharnebecks Mühle** **3** mit ihren Teichen, gespeist vom Hasselbach. Wo seit 1743 Korn und Öl gemahlen bzw. gepresst wurden, werden heute Ferienwohnungen und Zimmer sowie Zeltstellplätze vermietet. Der Weg führt an der Mühle vorbei, dahinter rechts über die Örtzebrücke und weiter durch Wald, wo wir Abzweigungen nach links nicht beachten. Bei Häusern folgen wir der Straße nach rechts Richtung Oldendorf am Weiler Schlüpke vorbei. Nach einem Campingplatz erreichen wir wieder Oldendorf, wo links vom Weg hinter dem Wohngebiet Teiche an den 2007 eingestellten Kiesabbau erinnern. Die Baggerseen bieten vielen Vogelarten gute Lebensbedingungen, als seltener Gast wurde der Fischadler gesichtet. Bei der Straßenkreuzung in Oldendorf bleiben wir auf der linken Örtzeseite und folgen dem Beutzener Weg geradeaus südwärts, nach Oldendorf vorbei am **Haus der Natur** **4**, das ehemalige Erich-Eickenrodt-Haus, benannt nach einem früheren Aktivisten des Deutschen Bundes für Vogelschutz in Celle. Nach 15 Minuten passieren wir den Hof Beutzen und gehen weiter geradeaus entlang der kleinen Straße Richtung Lindhorst.
Bei den beiden folgenden Kreuzungen münden von rechts die ersten beiden Abkürzungen ein. Nach der zweiten Kreuzung geradeaus vorbei am **Rastplatz Waldesruh** **5** zwischen zwei Teichen entlang. Nach den Teichen verlassen wir rechts den Hauptweg und nähern uns der Örtze, ehe uns die Zivilisation bei einer Kläranlage wieder einholt. Dahinter Straße rechts, bei einer Kreuzung mit links einer Bushaltestelle wieder rechts, über die Örtze und danach rechts in die Dorfstraße Richtung Hermannsburg (8,4 km) zum Ausgangspunkt in der Dorfmitte von **Eversen** **1**.

↗ 110 m | ↘ 110 m | 12.8 km

43 Durch die Misselhorner Heide

3.30 h

Rundwanderung südwestlich von Hermannsburg

Durch von eiszeitlichen Gletschern geprägte wellige Landschaft folgen wir dem schmalen sichelförmigen Heidestreifen um den Eicksberg ins Tiefental, wo Krater und eine etwas westlich liegende 200 Meter lange niedrige Rampe in der Heide an Munitionssprengungen zum Ende des Zweiten Weltkrieges durch die Alliierten erinnern. Die Misselhorner Heide ist eine von 15 Teilflächen des 753 Hektar großen Naturschutzgebietes »Heiden und Magerrasen in der Südheide«.

Ausgangspunkt: Wanderparkplatz Misselhorner Heide und Tiefental (Navi: Misselhorn/K17, 29320 Hermannsburg).
ÖPNV: Bushaltestelle Misselhorn gegenüber dem Misselhorner Hof ❺ mit Verbindungen von/nach Unterlüß und Hermannsburg durch Linie 260 (mehrmals täglich sowie Sa./So. ausschließlich als Rufbus, Tel. +49 5141 2788200 bis zu 60 Minuten vor Abfahrt), cebus-celle.de.
Anforderungen: Leichte Wanderung über großteils kleinere sandige Wege sowie Forstwege und stellenweise Straßen.
Markierung: W10 mit farblich markierten Kreisen sowie anfangs Heidschnuckenweg (H).
Einkehr: Misselhorner Hof ❺ kurz vor Ende der Wanderung.
Varianten: Zwei Abkürzungsmöglichkeiten:
1. 5 Minuten nach dem Start geradeaus direkt zum Tiefental statt links des Bogens um den Eicksberg (3 km weniger).
2. Zwischen ❸ und ❹ geradeaus auf asphaltiertem Weg in Richtung NW statt der Schleife über Schlüpke (2 km weniger). Kurz vor dem Misselhorner Hof ❺ wird der Rundweg wieder erreicht.

Teil des Schutzgebiets »Heiden und Magerrasen in der Südheide«: die Misselhorner Heide.

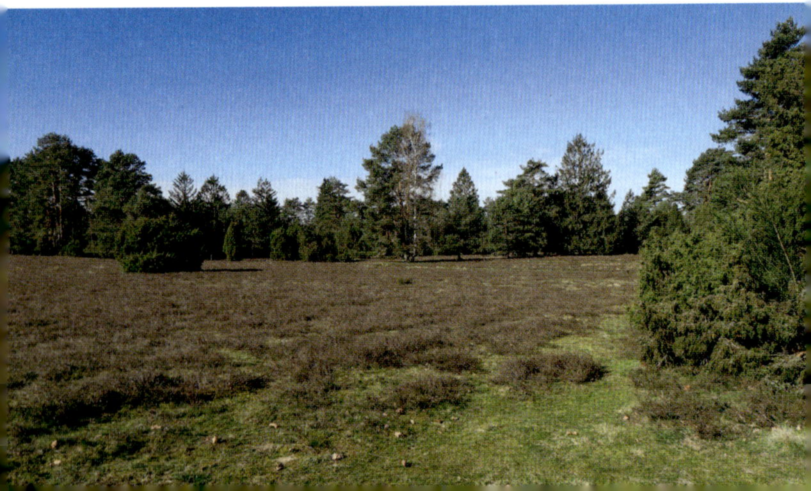

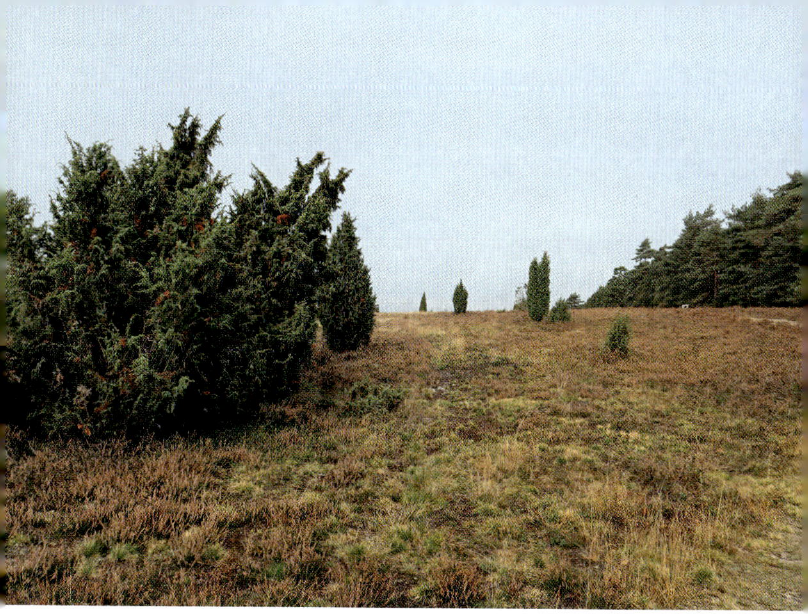

Im Tiefental begegnen uns Heide, Wacholder und Wald.

Vom **Wanderparkplatz Misselhorner Heide** ❶ folgen wir mit der Straße im Rücken dem Heidschnuckenweg (H) geradeaus vorbei an einer Holzschranke und wandern auf einem Pfad durch hügelige Heidelandschaft sowie stellenweise lichten Kiefernwald. Wir passieren zur Linken eine kraterähnliche Vertiefung, die nicht mit den (militärischen) Sprengungen des Tiefentals in Verbindung steht, sondern durch den Abbau von Kies und Sand entstanden sein soll. Hoffnungen, dass sich diese Vertiefung mit Wasser füllen würde, haben sich nicht erfüllt. Dennoch wird an dieser Stelle auf manchen Karten – etwa beim Parkplatz der Misselhorner Heide – ein Teich dargestellt. Bei einer Kreuzung mit Schutzhütte geradeaus auf H am Waldrand und nach 200 m rechts auf Pfad. Nach 15 Minuten wandern wir durch das eiszeitlich entstandene **Tiefental** ❷ sowie vorbei an einer Infotafel über Bienen. Bei der Gabelung vor einem Hang rechts (W10, Jacobusweg, Heideschleife), während H nach links weiterführt. Bei einer Kreuzung am Waldrand mit Picknicktisch gehen wir links über offene Heidefläche und erreichen nach 5 Minuten den **Park- und Rastplatz Eicksberg** ❸ mit links einem Gedenkstein für den Hermannsburger Missionar Ludwig Harms, der 1860 vor der beeindruckenden Kulisse des Tiefentals gepredigt haben soll. 20 m hinter der Kreuzung rechts in den Forstweg (W10, violetter Kreis) und nach 30 Minuten rechts auf Radweg (W10).

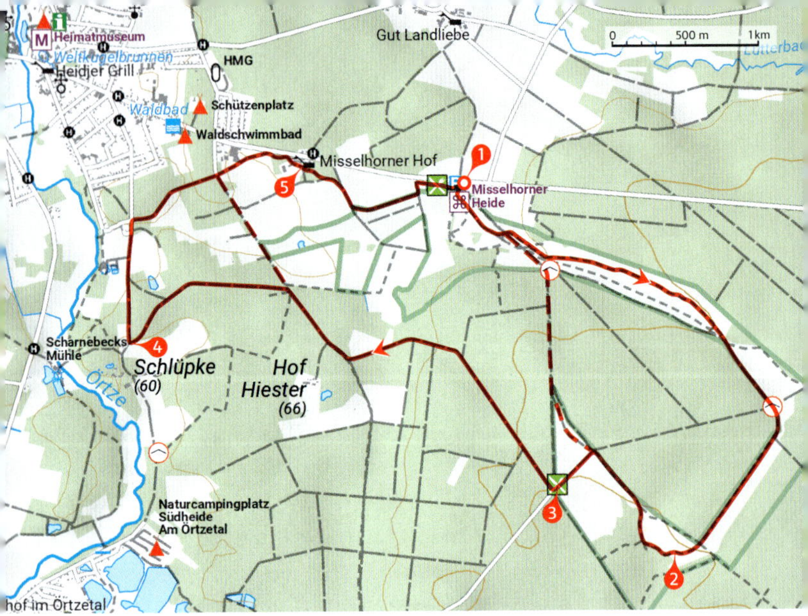

Bei einer Kreuzung am Waldrand gehen wir links in einen Forstweg und in einem Bogen zum Dorf Schlüpke. Vor dem ersten Haus von **Schlüpke** ❹ rechts und am Feldrand und später durch Wald in nördliche Richtung. Beim Pflegeheim Haus Hogrefe nehmen wir rechts den Forstweg am Zaun entlang (W10). Ab hier bis zum Ziel begleitet uns wieder das »H« des Heidschnuckenwegs, jetzt in gelber Farbe (für eine Variante). Nach einem Waldstück über eine Straße und geradeaus links an einem Reitplatz entlang. Als weitere Markierungen tauchen X, W10 und die Jakobsmuschel auf. Vor dem **Misselhorner Hof** ❺ folgen wir der Beschilderung über des Gelände des Reitvereins und des Hofs mit Einkehrgelegenheit. Bei einem Feld Grasweg nach rechts (W10, H, X) und vor einem Wald links, vorbei am NSG Naturwiesen mit lichtem Kiefernwald. Vor einem Hof links auf die Straße zu und kurz vor dieser rechts zum **Parkplatz Misselhorner Heide** ❶.

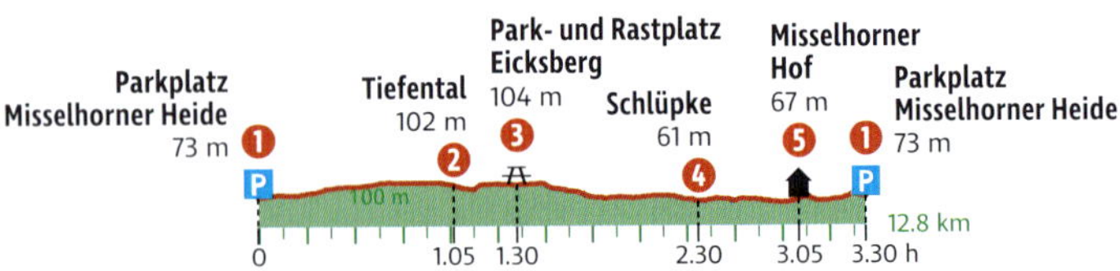

↗ 60 m | ↘ 60 m | 11.5 km

3.00 h

Eschen- und Erlenwald bei Eschede

Rundwanderung durch das Naturparadies Aschauteiche

Nordwestlich von Eschede liegt am Rand der Südheide das Naturparadies der Aschauteiche mit Sümpfen, Mooren, rund 50 Teichen (die nördlichen Loher Teiche mitgezählt) und Schilfrohr sowie Rohrkolben am Ufer. Früher wurden hier landwirtschaftliche Flächen berieselt. Die Teiche sind ehemalige Kiesgruben, entstanden beim Bau des Bahndammes. Die jetzige Teichwirtschaft u. a. mit Forellen, Karpfen und Schleien geht zurück auf das Jahr 1906. Diese Teichtour ist vor allem im Juni ein Genuss, wenn die Seerosen blühen und Frösche quaken. Zu den botanischen Raritäten der Aschauniederung als Teil des FFH-Schutzgebietes Lachte-Lutter-Aschau zählen Königsfarn und Knabenkraut. Der Ausgangsort Eschede erlangte traurige Bekanntheit, als 1998 an der Brücke der Rebberlaher Straße südwestlich vom Bahnhof ein ICE bei Tempo 200 infolge eines defekten Radreifens entgleiste.

Ausgangspunkt: Bahnhof Eschede mit Parkplatz (Navi: Bahnhofstraße 48, 29348 Eschede), alternativ Teichwirtschaft bei Aschauteichen (Navi: Aschauteiche 1, 29348 Eschede).
ÖPNV: Regionalbahnhof Eschede mit stündlichen Verbindungen Richtung Hamburg und Hannover.
Anforderungen: Leichte Wanderung über Schotter-, Feld- und Forstwege, Pfad an der Aschau und Straßen bei Eschede. Bei dem Rückweg nach Eschede sind einige etwas monotone geradlinige Feldwege leider unvermeidlich.
Markierung: Bei Eschede Markierung W19 für Rundtour »Im Land der Esche«, bei Aschauteichen W14 der Rundtour »Hecht im Karpfenteich« mit violetten Kreisen.
Einkehr: Eschede, Aschauteiche (nur Kaltgetränke).
Variante: Aschau-Wanderweg vor Johanniskirche flussaufwärts bis Fußgängerbrücke (einfach 1,5 km).
Tipps: In Eschede Naturparkpark-Informationszentrum im Bahnhof (ganzjährig täglich), naturpark-suedheide.de/naturparkinfozentrum sowie Markmanns Spielzeugstuben, eine private Spielzeugsammlung in der alten Apotheke in der Bahnhofstraße 1 (Sommersaison Di. – Sa. vormittags), spielzeugstuben.de.

Die Aschauteiche sind ein bei Wanderern und Vögeln beliebtes Naturidyll.

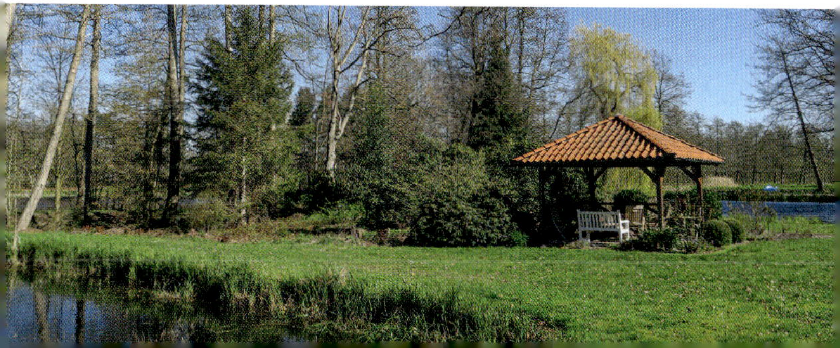

Vom **Bahnhof Eschede** ❶ führt uns die Bahnhofstraße in die Ortsmitte Richtung Celle. Bei einer Ampel links vom Ortszentrum über die B 191 und geradeaus in die Albert-König-Straße. 50 m vor der Brücke über die Aschau biegen wir links in die Dammstraße (W19).
Nach 100 m führt uns rechts ein Pfad auf einer Brücke über die Aschau und danach links am Fluss entlang. Bei einem Sportplatz links (W19) und rechts neben der mäandernden Aschau flussaufwärts mit rechts einer Grünanlage und dahinter dem Freibad. Bei dem Gelände eines Schützenvereins kurz nacheinander zweimal links und weiter auf Pfad an der Aschau entlang, zunächst über freie Fläche, später durch Wald. Nach einigen Teichen erreichen wir vor Hochspannungsleitungen eine Straße und folgen ihr rechts über die **Holzbrücke** ❷. Nach 0,5 km links in den – nicht markierten – Schotterweg, und nach 10 Minuten bei einer T-Kreuzung am Waldrand links, während der Rundweg W19 rechts abzweigt. Abwechselnd durch Wald und Felder nähern wir uns nordwärts den Aschauteichen, wo wir rechts über einen Deich zwischen zwei Teichen gehen und uns bei einer Kreuzung links halten – geradeaus ist der Durchgang verboten. Nach 5 Minuten vor einer Scheune rechts und nach Querung der Straße zum Mittelpunkt der **Teichwirtschaft Aschauteiche** ❸ mit Park- und Rastplatz sowie Hofladen.

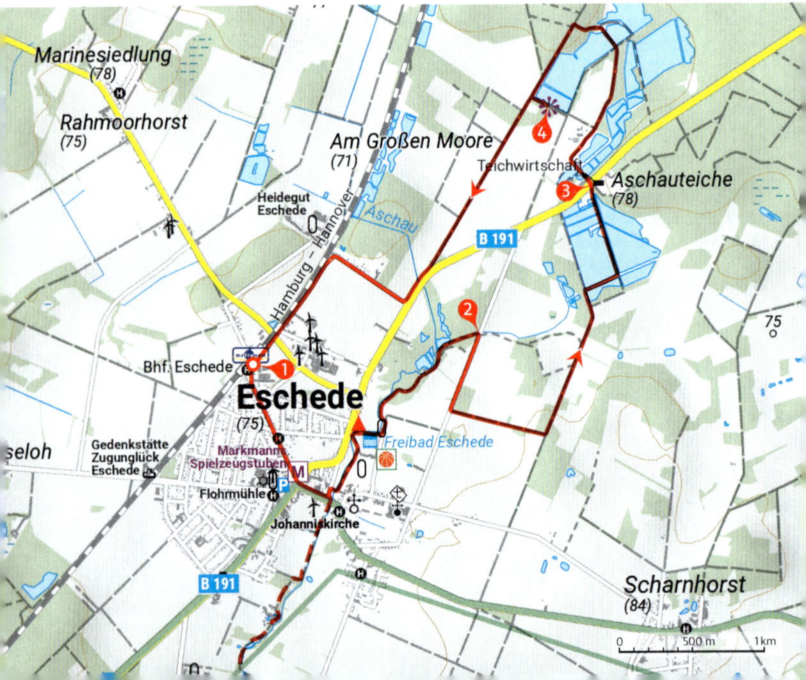

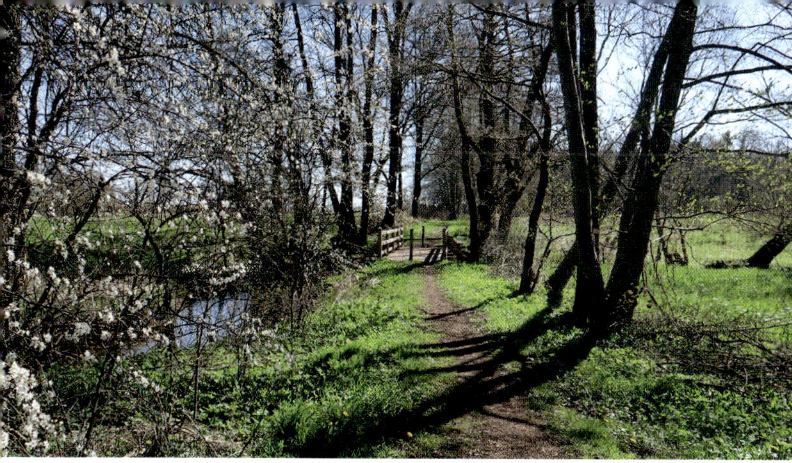

Südlich von Eschede begleitet der Aschau-Wanderweg den Fluss.

Vorbei am Hofladen und den Picknicktischen folgen wir dem Schotterweg geradeaus Richtung »Zu den Wanderwegen«, jetzt mit W14 markiert. Vorbei an weiteren Fischteichen und zur Linken einer Wasserpflanzengärtnerei, wo Wasser- sowie Schwimm- und Unterwasserpflanzen vermehrt und verkauft werden (seerosensorten.de). 150 m nach dem Ende der Wasserpflanzengärtnerei bei einer Gabelung links (W14), weiter am Waldrand später wieder vorbei an Teichen zu einer T-Kreuzung im Wald und dort auf Forstweg links (Radschild Eschede 5 km). Nach 500 m lohnt sich am Ende der Teiche nach links ein Abstecher zum sichtbaren **Beobachtungsturm** 4 für einen schönen Ausblick und Einblick in die Vogelwelt – mit seltenen Arten wie Eisvogel, Rothalstaucher, Rohrdommel, Silberreiher, Seeadler oder Schwarzstorch. Letzterer lebt vor allem im nördlich angrenzenden 7500 ha großen Lüßwald, einem der größten zusammenhängenden Waldgebiete Deutschlands.

Weiter geradlinig auf dem Schotterweg in südöstliche Richtung durch einen schmalen Waldstreifen. Kurz vor der Aschau geradeaus auf Radweg neben der B 191 über diesen die Aschau queren und danach rechts in Schotterweg namens »Schneebruch«. Vor den Bahngleisen folgen wir der Straße nach links und erreichen nach 10 Minuten den **Bahnhof Eschede** 1.

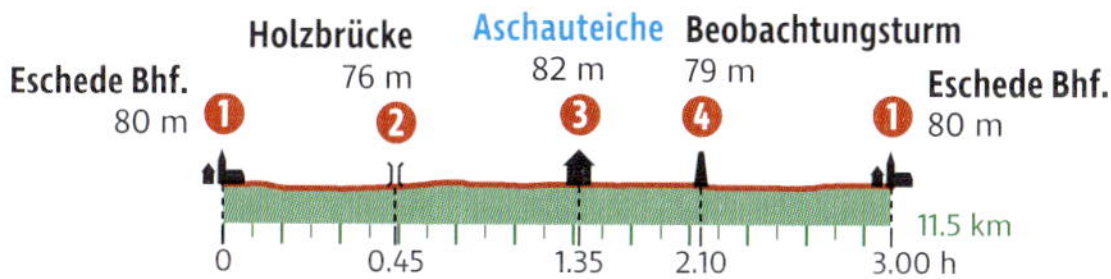

↗ 50 m | ↘ 50 m | 8.1 km

2.00 h

45 Waldwanderung bei Wolthausen

Rundwanderung zwischen Örtze und Wittbeker Bruchbach

Diese Wanderung im Winsener Ortsteil Wolthausen bietet viel Wald und Wasser. Es geht zunächst flussaufwärts durch das Örtzetal, vorbei an einer alten Wassermühle. Zurück wandern wir streckenweise über geradlinige Forstwege durch Mischwald mit anfangs sandigem Boden einer hügeligen Landschaft, entstanden als Dünen infolge von eiszeitlichen Sandverwehungen. Später dominieren Nadelbäume auf dem feuchteren Untergrund des Schwarzen Moors mit stellenweise Torfmoosen. Unterwegs begegnen uns Spuren von Wildschweinen und Rothirschen, im Spätsommer kann man sich mit Blaubeeren stärken.

Ausgangspunkt: Parkplatz am Grillplatz nahe der Örtzebrücke, Wolthausen (Navi: B3/Wolthausen, 29308 Winsen).
ÖPNV: Bushaltestelle Wolthausen mit Verbindungen der Linie 100 zwischen Celle und Bergen (Mo.–Fr. fast stündlich, Sa./So. mehrmals am Tag), cebus-celle.de.
Markierung: W17 mit gelbem Kreis.
Anforderungen: Leichte Wanderung über Forstwege und kurzzeitig Pfade.
Einkehr: Landgasthof Wildwasser in Wolthausen (Do./Fr. ab 17 Uhr, Sa./So. ab 12 Uhr).

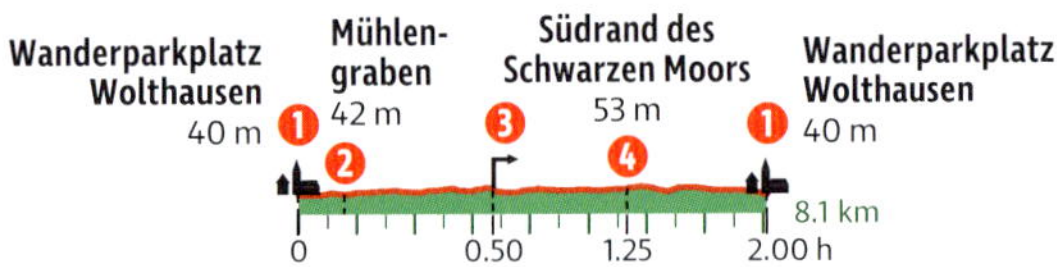

Vom **Wanderparkplatz Wolthausen** ❶ nahe der Örtzebrücke gehen wir auf dem geschotterten Radweg Richtung Grillplatz (W17), schwenken nach 50 m links Richtung Grillplatz und davor rechts auf den Grasweg, ehe wir auf einem Pfad in den Wald eintauchen. Nach 5 Minuten erreichen wir links eine Bank oberhalb von einem mäandernden Altarm der Örtze. Nach links lohnt sich ein Abstecher zum alten **Mühlengraben** ❷, wo heute ein kleines Wasserkraftwerk in Betrieb ist, dessen Stauwehr Fische dank einer 2012 angelegten Treppe mit 8 Stufen umschwimmen können. Auf der anderen Seite ist das Gebäude der bis 1968 betriebenen Wassermühle erkennbar.
Oberhalb der Bank am Örtze-Altarm gehen wir rechts zum Schotterweg und folgen diesem links nordwärts durch Mischwald – im Sommer ein kulinarischer Genuss dank vieler Blaubeeren. Gelegentlich bieten sich nach links Blicke auf das Örtzetal. Die kleinen Hügel sind ehemalige Dünen, die durch Sandverwehungen in der Weichsel-Eiszeit vor rund 15.000 Jahren entstanden sind, als das Klima zu kalt war zum Ausbilden einer schützenden Vegetationsdecke.

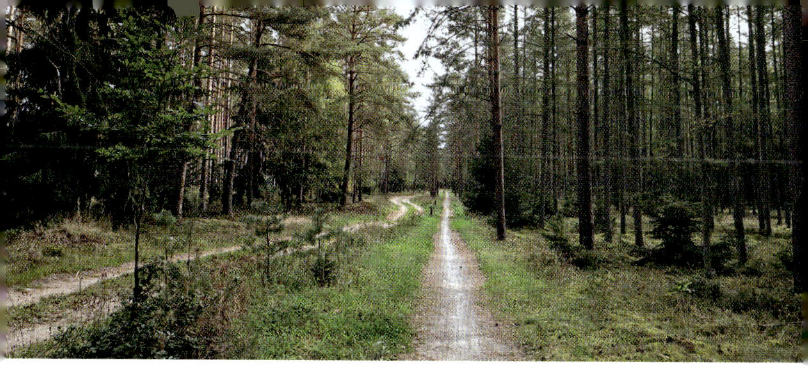

Eine breite Wegtrasse führt durch den Nadelwald nahe der Örtze.

30 Minuten nach dem Abstecher zum Mühlengraben erreichen wir 30 m vor dem Waldrand und der dahinter fließenden Örtze den **nördlichen Scheitelpunkt** ❸ dieser Tour. Hier zweigen wir rechts in den Forstweg (W17, Verkehrsverbot). Nach 20-minütiger Geradeausstrecke zuletzt durch das Schwarze Moor rechts in den Rauhornsweg durch den Mastbruch. In einiger Entfernung fließt links der Wittbecker Bruchbach.

Auf diesem waldigen Abschnitt sind oft Wildschweinspuren zu sehen und Kolkraben sowie Hirsche zu hören. Bei einer Kreuzung am **Südrand des Schwarzen Moors** ❹ links (W17) und bei der folgenden T-Kreuzung rechts. Der sandige Forstweg führt am Wald- und Wiesenrand in südwestliche Richtung auf einen Rad-/Fußweg zu, dem wir rechts zurück zum Ausgangspunkt am **Wanderparkplatz Wolthausen** ❶ folgen.

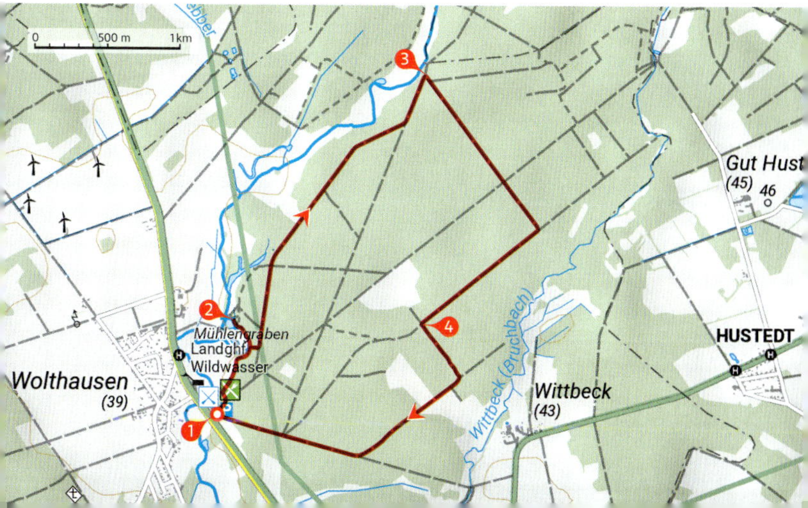

↗ 100 m | ↘ 100 m | 14.2 km

46 Auf dem Jacobusweg nach Celle

3.30 h

Streckenwanderung durch das Allertal

Der Jakobsmuschel folgend führt diese Wanderung entlang der Aller in die alte Residenzstadt Celle mit zahlreichen Sehenswürdigkeiten und Hunderten restaurierten Fachwerkhäusern. Diese Tour ist Teil der Ostvariante des Jacobusweges durch die Südheide auf dem Abschnitt zwischen Celle und dem Kloster Mariensee. Die Aller ist nicht nur der bedeutendste Nebenfluss der Weser, sondern mit 260 km auch der längste Fluss Norddeutschlands, der nicht direkt in die Nord- oder Ostsee mündet. Der untere Abschnitt zwischen Wolfsburg und der Wesermündung ist als FFH-Gebiet geschützt.

Ausgangspunkt: Bushaltestelle Gasthaus Örtzebrücke mit Parkplatz an der Richtung Wolthausen abzweigenden Alten Dorfstraße zu Beginn links (Navi: Mastenweg, 29308 Winsen).
Endpunkt: Celle mit mehreren Haltestellen der Linie 900; etwa vor dem Bahnhof oder dem Schlossplatz. Am Bahnhof Parkhaus (2 € pro Tag; Navi: Trüllerring, 29221 Celle).
ÖPNV: Cebus-Linie 900 verkehrt Mo.–Fr. stündlich und Sa./So. mehrmals täglich zwischen Winsen und Celle mit Halt beim Gasthaus Örtzebrücke ❶ sowie in Celle u. a. vor dem Bahnhof ❻ und dem Schlossplatz, cebus-celle.de.
Anforderungen: Leichte Wanderung über gut ausgebaute und befestigte Wege, stellenweise auch kleine Pfade durch Wald sowie in Orten Straßen.
Markierung: Durchgehend Jakobsmuschel (J), am Schluss großteils »H« für Heidschnuckenweg, teilweise Radwege.
Einkehr: Köllner's Landhaus ❹ im Celler

Der Glockenturm von Stedden ist ein Neubau von 2013.

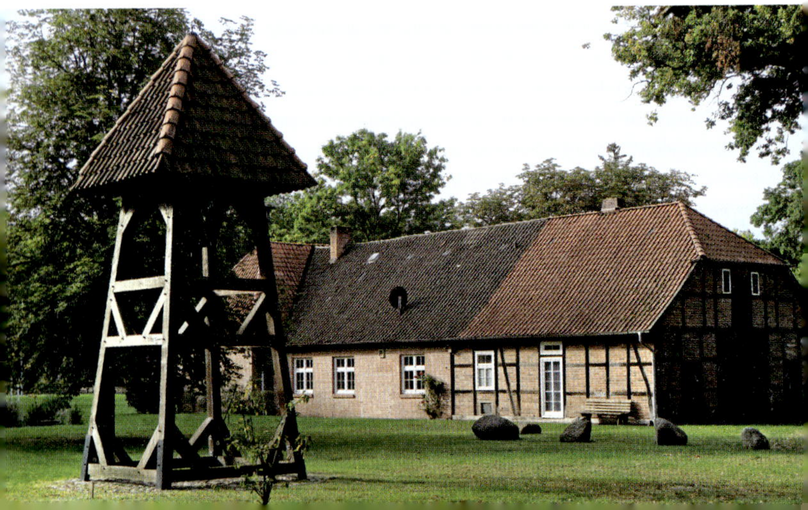

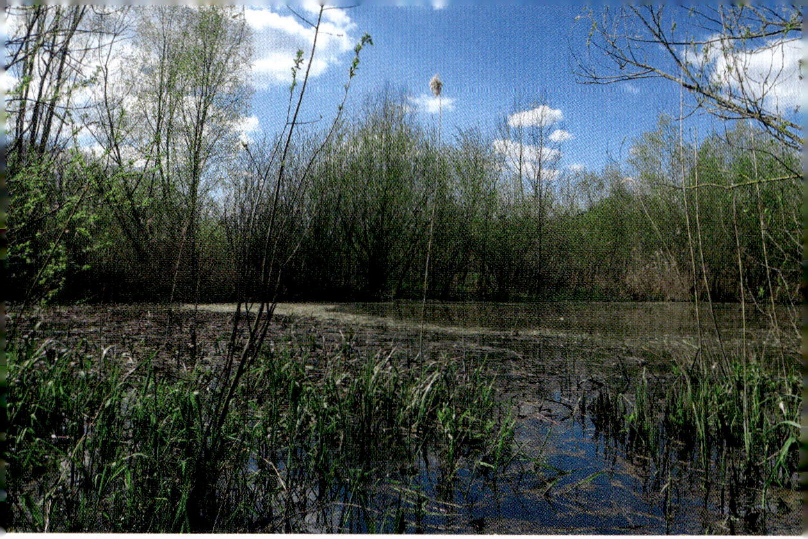

Die 260 Kilometer lange Aller gilt als größter Nebenfluss Norddeutschlands.

Ortsteil Boye (Mo. & Di. Ruhetag), Celle.
Varianten: 1. Kurz vor dem Ziel ist im Bereich der Aller-Wiesen eine schönere Variante entlang des Heidschnuckenwegs vorbei an einer Hundeschule möglich.
2. In Celle ab Kreisverkehr vor dem Bahnhof Abstecher links in das Zentrum (1,4 km), bis zum Schlosspark markiert mit »H«.

Tipps: Sehenswerte Altstadt von Celle mit mehr als 400 Fachwerkhäusern sowie Sehenswürdigkeiten wie dem Schloss mit Residenzmuseum, residenzmuseum.celle.de; Bomann-Museum zur Kulturgeschichte der Region, Schloßplatz 7, bomann-museum.de; Kunstmuseum Celle, eine private Sammlung moderner Kunst, Schloßplatz 7, kunst.celle.de.

Von der Bushaltestelle Winsen – **Gasthaus Örtzebrücke** ❶ folgen wir der L180 ostwärts vorbei am geschlossenen Gasthaus. Nach der namensgebenden Brücke über die Örtze rechts in einen Spurweg mit der Örtze zur Rechten, die kurz darauf in die Aller mündet. Nach 10 – 15 Minuten folgen wir vor einer Privatzufahrt dem Weg durch die Linkskurve, die Örtze im Rücken. Auf einem schnurgeraden Weg in südöstliche Richtung links am bewaldeten Hahnenberg vorbei Richtung Allertal. Nach einer alten Bank bietet sich nach einem Waldstück rechts ein weiter Blick über Felder. Bei einem Hof mit großen modernen Ställen aus Holz folgen wir dem Weg durch die Linkskurve (Radschild Richtung Stedden) und gehen geradeaus (Zum Hahnenberg, Dieksweg) zur Ortsmitte von **Stedden** ❷ mit altem Trafoturm, links einer Bushaltestelle und einem Park sowie mehreren Infotafeln. Diese verraten interessante historische Details zur Region, etwa dass das 1235 erstmals urkundlich erwähnte Dorf 1650 für die Nichtteilnahme an einer Wolfsjagd Strafe zahlen musste. Gute alte Zeit? – Neben Abgaben für Haus, gerodete Flächen, Feuerstelle, Vieh und Wiesen mussten die Bauern der Sieben Höfe dem berittenen Militär Celles Pferdeställe zur Verfügung stellen und Dienste leisten für die Burgbefestigung in Celle, Brückenbauten in Winsen sowie herrschaftliche Holz-, Heilmittel- und Streusandfuhren.

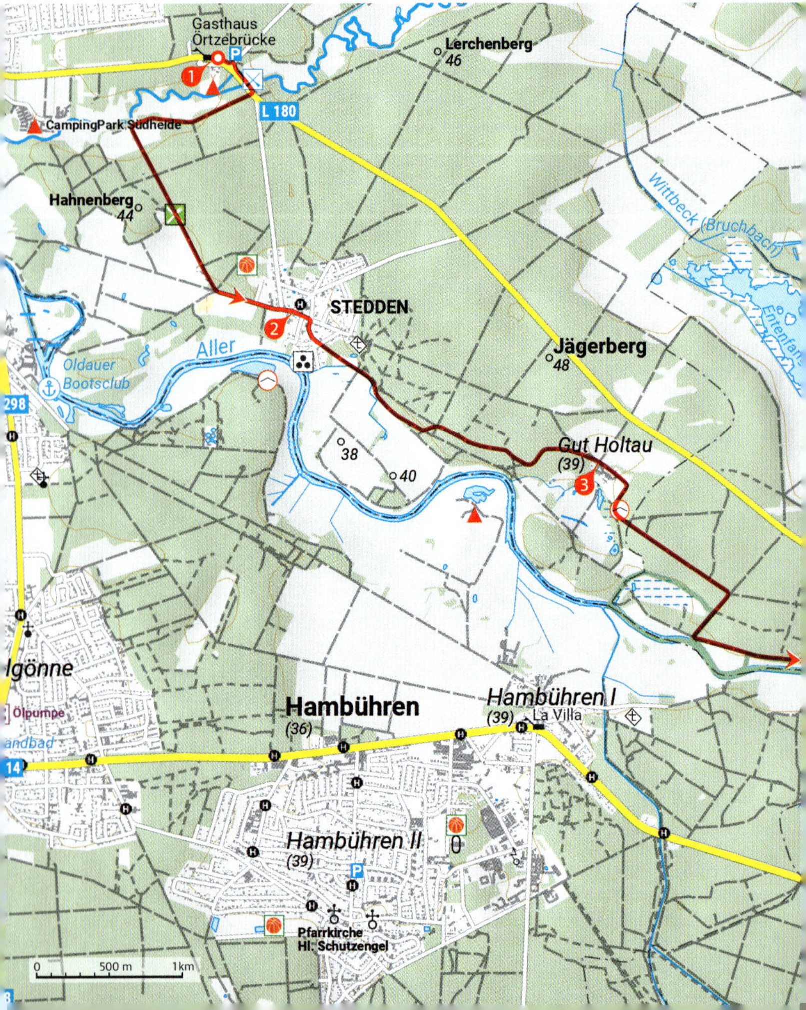

100 m nach dem Trafoturm bei der Kreuzung mit einem Gedenkstein für Kriegsgefallene nach rechts (Zum Lehmboy) Richtung Bootsanlegestelle und bei der Gabelung vor einer Wiese links. Nach 5 Minuten schwenkt die Straße nach rechts; wir aber folgen dem Fahrweg mit Kutschenverbot geradeaus am Waldrand und verlassen ihn nach 500 m in einer Rechtskurve, indem wir geradeaus auf dem Sandweg in den Wald gehen. Dort beachten

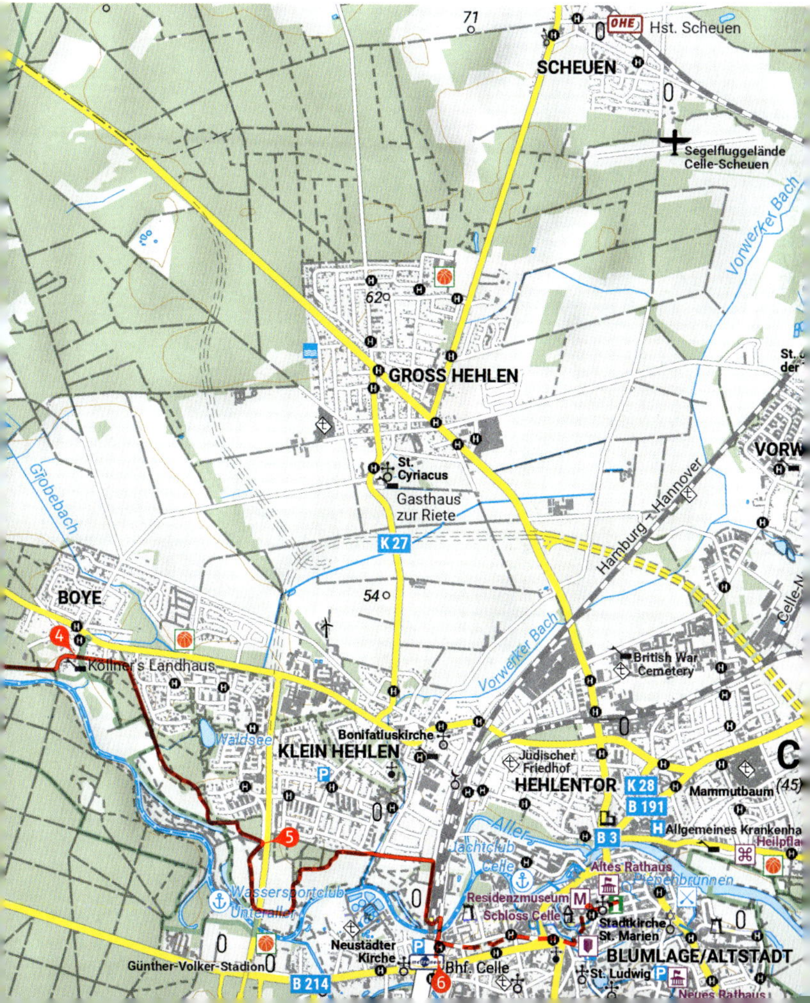

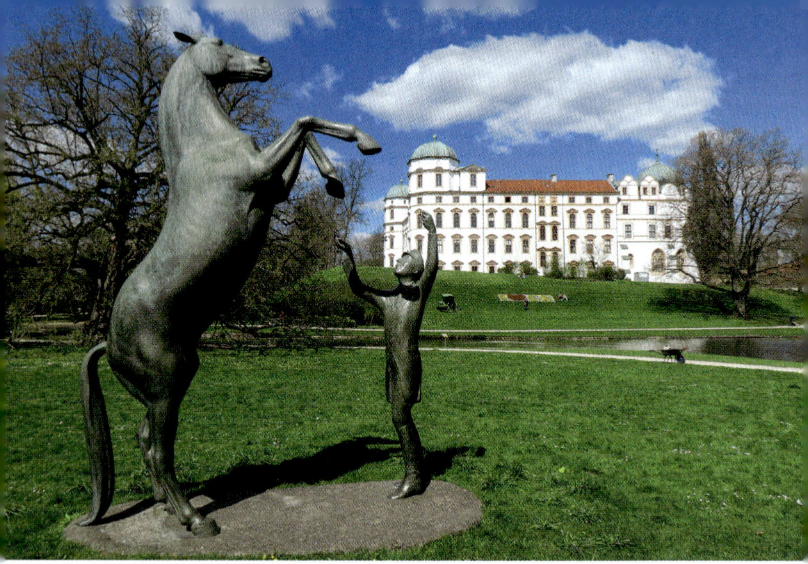

Das Celler Schloss war im 18. Jahrhundert Verbannungsort der dänischen (Ex-)Königin.

wir weitere Abzweigungen des durchgehend mit der Muschel markierten Jacobusweges: Nach 100 m bei Kreuzung von Sandwegen links und nach 80 m bei 5-fach-Kreuzung halb rechts. Die Gegend ist ein Reiterparadies, wie die vielen Sandwege mit Hufspuren verraten – auch auf Wegen mit Reitverbotsschildern. Kurz vor dem Gut Holtau empfängt uns ein Fahrweg, dem wir links entlang zum **Gut Holtau** 3 folgen. Hinter dem Gut rechts, in einer Linkskurve danach links auf Sandweg (J) und 15 Minuten geradeaus durch Wald. Bei einer Kreuzung mit befestigtem Fahrweg rechts und vor der Aller nach links. Hier erwartet uns der schönste Wegabschnitt dieser Tour: am Waldrand links neben der Aller. Am Wegende folgen wir der Straße nach links zur einer Linkskurve beim Eingang von **Köllner's Landhaus** 4 im Celler Ortsteil Boye. Weiter auf Waldweg geradeaus über einen Bach und kurz darauf geradeaus auf Asphalt und später einem Rad-/Fußweg. Bei der Kreuzung vor einem Wohngebiet (geradeaus die Stülpnagelstraße) biegen wir rechts in den Schotterweg am Waldrand.

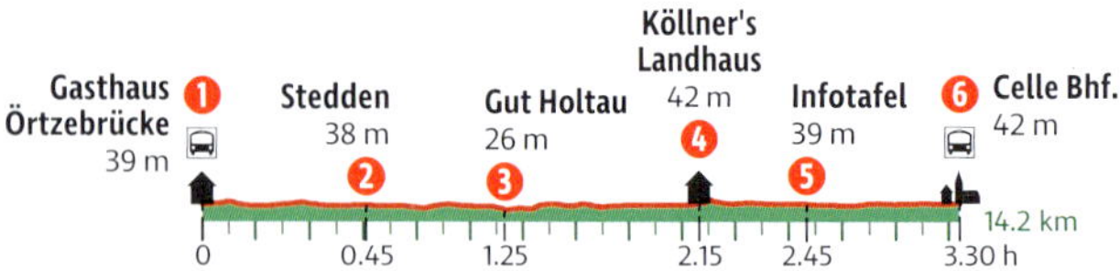

Kurz nach einem umzäunten Wacholder mit Infotafel sowie Königskerzen daneben mündet von links der Heidschnuckenweg (H) ein, dem wir großteils nach Celle folgen – zunächst durch die Niederung der Aller zu einem Parkplatz mit einer **Infotafel 5** über Bäume des Jahres als Ausgangspunkt eines Baum-Lehrpfades. H führt uns beim Parkplatz nach rechts und nach einer Brücke über eine seit 2015 unter Naturschutz stehende Überflutungsfläche als Puffer bei möglichem Hochwasser. Nach 5 Minuten wieder links und durch die Linkskurve. Zwischen Wald (links) und der Aller-Wiese (rechts) nähern wir uns einem Wohngebiet. Dort folgen wir einer kleinen Straße rechts über eine Brücke und weiter geradeaus. H verabschiedet sich hinter der Brücke – auf naturnäherem Weg – nach rechts und stößt nach 0,9 km vor der Bahnbrücke wieder auf den Jacobusweg.
Vor den Bahngleisen rechts (J), vorbei am Durchgang der 2013 angelegten Hochwasserschutzanlage und südwärts rechts neben den Gleisen zu einer Bahnbrücke und nach links unter dieser hindurch. Nach kurzem Anstieg geht es vor der Aller und dahinter der Justizvollzugsanstalt Celle entlang der Straße rechts über die Allerbrücke Richtung Bahnhof. Beim Kreisverkehr vor dem Bahnhof zweigen Jacobusweg und Heidschnuckenweg nach links ab Richtung Zentrum, Endpunkt dieser Tour ist geradeaus der **Bahnhof von Celle 6**.

Celle ist bekannt für seine mehr als 400 Fachwerkhäuser – wie hier am Robert-Meyer-Platz.

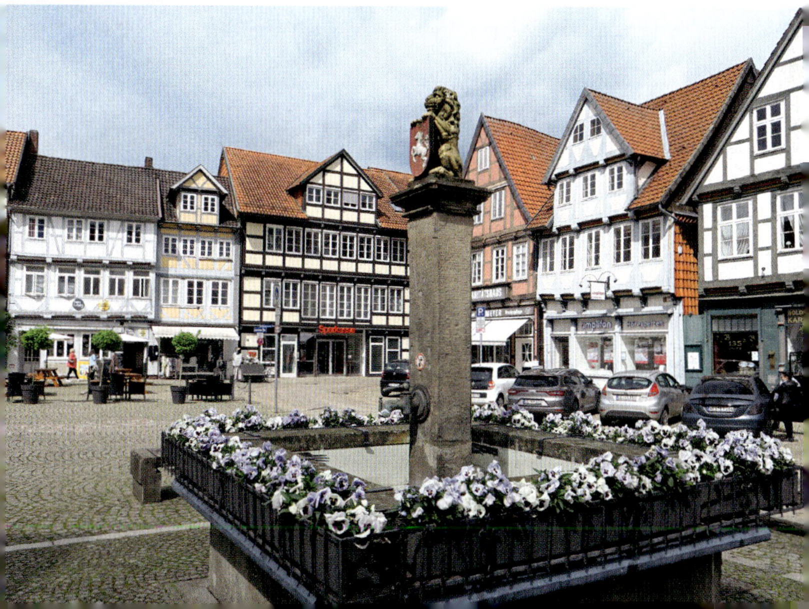

↗ 60 m | ↘ 60 m | 8.7 km

47 Meißendorfer Teiche

2.30 h

Rundwanderung durch Naturoase bei Gut Sunder

Südlich der Lüneburger Heide überrascht eine Seenlandschaft, die schon der Tierfilmer Heinz Sielmann zu schätzen wusste. Seit 1891 wurden auf ehemaligen Heide- und Moorflächen 80 Teiche angelegt und mit dem Wasser der Meiße mittels Kanälen gespeist. Bis in die 1970er-Jahre war hier eine große Karpfenzucht in Betrieb, seitdem wurden viele Flächen unter Naturschutz gestellt, die Meiße wurde stellenweise wieder renaturiert. Heute sind die Meißendorfer Teiche und das benachbarte Bannetzer Moor ein Eldorado für Naturliebhaber mit beeindruckenden Zahlen: 500 Pflanzen-, mehr als 400 Schmetterlings-, 41 Libellen- und 130 Brutvogelarten, darunter Eisvogel, Rohrdommel und seit 1995 auch Seeadler. Auf der Karte sieht der zweite Teil dieser Rundwanderung so aus, als ob man über das Wasser gehen würde – tatsächlich wandert man direkt am Hüttensee entlang, stellenweise auf einem schmalen Damm. Die Wanderung bietet nicht nur Natur: Beim Gut Sunder passieren wir eines der schönsten Fachwerkhäuser der Region, in dem der NABU ein Umweltbildungszentrum betreibt.

Das ehemalige Gut Sunder beherbergt heute ein Umweltbildungszentrum des NABU.

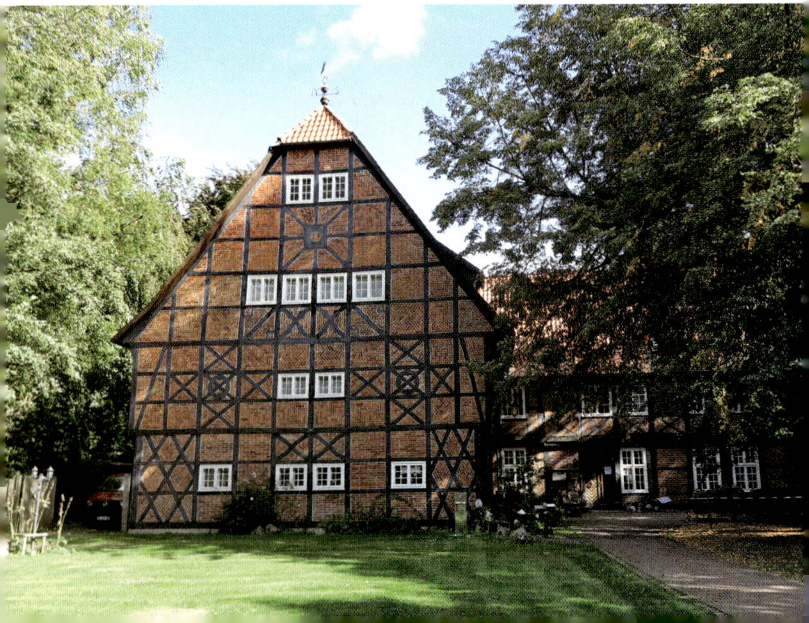

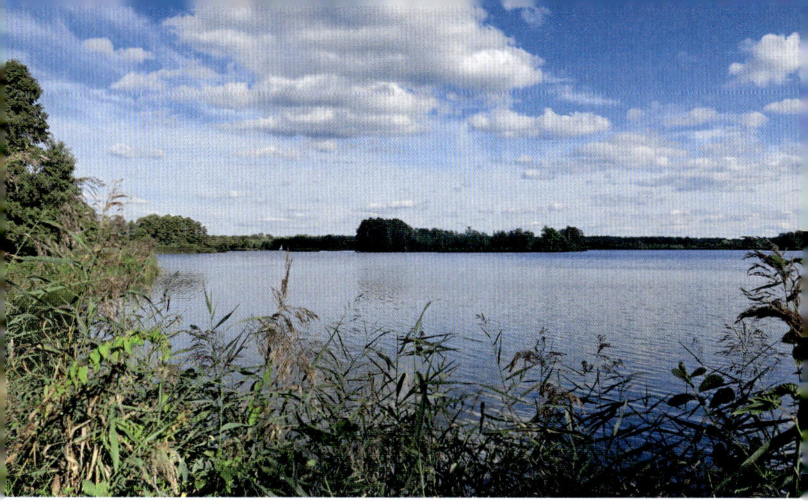

Der Hüttensee ist einer der größten von 80 ehemaligen Fischteichen.

Ausgangspunkt: Wanderparkplatz an der Kreuzung Bruchstraße/Bassenbusch nördlich der Urlaubssiedlung Meißendorf (Navi: Bruchstraße/Bassenbusch, 29308 Winsen). Alternativ Parkplatz am Gut Sunder bei ❷ (Navi: Breliendammer Weg, 29308 Winsen).
ÖPNV: Bürgerbus-Haltestelle Meißendorf-Bassenbusch 50 m südlich des Ausgangspunkts, Verbindungen der Linie 3 täglich von/nach Winsen (Mo. – Fr. mehrmals), buergerbus-winsen.de.
Anforderungen: Leichte Wanderung über gut ausgebaute und befestigte Wege zwischen den Seen und Forstwege.
Markierung: Bei der ersten Schleife Radwegeschilder, bei der zweiten Schilder »Rundwanderung«.
Einkehr: Café im Gut Sunder (Fr. – So. 13 – 18 Uhr, im Sommerhalbjahr auch Mi. und Do.). Die in manchen Karten verzeichnete Einkehrgelegenheit beim Campingplatz Hüttensee ist nur für dessen Gäste zugänglich.
Varianten: Abkürzung möglich, indem jeweils nur eine der beiden etwa gleich langen Schleifen gewählt wird.
1. Bei Weglassen der zweiten Schleife (Teiche) gehen wir ab der Brücke bei der roten Bank geradeaus auf dem Forstweg zurück zum Parkplatz.
2. Bei Weglassen der ersten Schleife mit dem Gut Sunder ab dem Wanderparkplatz ❶ westwärts auf dem Forstweg bis zur Brücke mit der roten Bank ❸ und dort links. Spektakulärer ist auf jeden Fall die zweite Schleife, also Option 2!
Tipp: »Wildtiernis«-Ausstellung des NABU im Gut Sunder zur Flora und Fauna der Meißendorfer Teiche.

Vom **Wanderparkplatz** ❶ folgen wir nordwärts der Zufahrt zum Gut Sunder; einem Schotterweg durch Wald. **Gut Sunder** ❷ geht zurück auf einen Freihof des Klosters St. Michaelis in Lüneburg im 16. Jh., wo ein repräsentatives Herrenhaus im Stil Celler Bürgerhäuser errichtet wurde. Die Familie von Schrader erwarb 1752 das Gut, musste es aber nach Einstellung der Teichwirtschaft 1977 aus finanziellen Gründen verkaufen. Der Deutsche

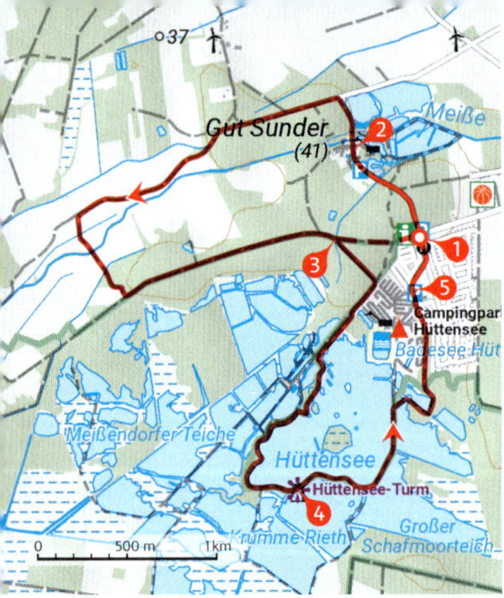

Bund für Vogelschutz (heute NABU) kaufte einen Großteil des Geländes mit Unterstützung des Bundes und IBM, um dieses bedeutende Feuchtbiotop zu erhalten. Heute betreibt hier der NABU ein Naturschutzzentrum mit Ausstellung und Umweltbildungsstätte sowie einem Hotel/Café im Herrenhaus. Beim Gut Sunder gehen wir geradeaus; rechts steht das Herrenhaus. Der Weg führt durch Wald, aber rechts sind schon einige der Teiche erkennbar. Bei einer T-Kreuzung links auf Asphaltweg (Radschild Meißen-Renaturierung) und bei einer Rechtskurve der Asphaltstraße geradeaus auf Schotterweg (Radschild).

Bei einer Kreuzung mit einfacher Bank links (Radschild, Verkehrsverbot) und hinter einer Eiche noch einmal links (Radschild). Der Grasweg führt über die Bruchwiesen, ehe wir erst den ehemaligen begradigten Arm der Meiße queren und dann die renaturierte mäandernde Meiße. Bei einer T-Kreuzung im Wald links, nach einer Brücke über einen kleinen Ka-

Inmitten der Seenlandschaft erhebt sich der Beobachtungsturm am Hüttensee.

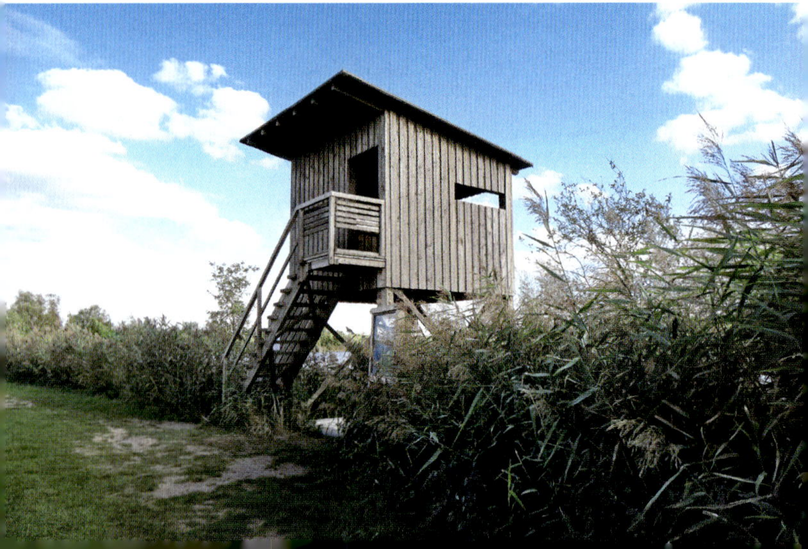

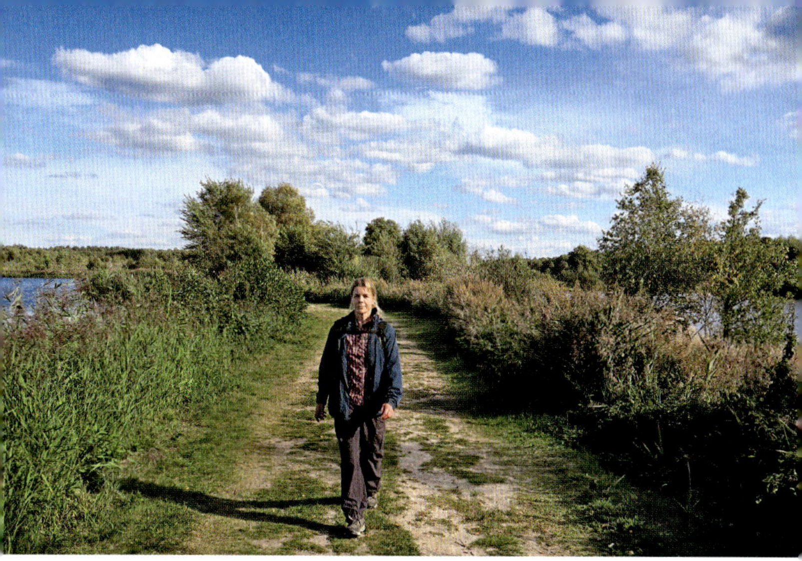

Breite Wege führen zwischen den Meißendorfer Teichen entlang.

nal rechts und vorbei an einer **roten Bank** ❸. Der Wald endet bei einem Campingplatz. Der Weg macht davor eine Rechtskurve und führt rechts am Platz vorbei zu den Seen. Nach einer Kurve und drei rot-weiß-roten Pfählen beginnt der spektakuläre Abschnitt an den Teichen – zunächst auf einem Damm mit beidseitig Wasser. Mehrere Aussichtspunkte mit Bänken bieten weite Blicke über die Wasserfläche. Der Weg führt uns gegen den Uhrzeigersinn um den Hüttensee herum mit einem **Aussichtsturm** ❹ am südlichsten Punkt, in dem eine Tafel die Vielfalt der vorkommenden Vogelarten veranschaulicht. Der nächste Abschnitt ist ein Genuss – auf einem Damm zwischen Hüttensee (links) und Krummer Rieth (rechts). Nach einer Rechtskurve endet der Weg vor einer Urlaubsanlage. Beim Straßenschild »Entenpfuhl« links und weiter zum Eingang des **Campingparks Hüttensee** ❺. Dort rechts, den Campingplatz im Rücken, und kurz darauf links in die Straße Am Bassenbusch. Wir passieren die **Bürgerbus-Haltestelle** und erreichen wieder den **Wanderparkplatz** ❶.

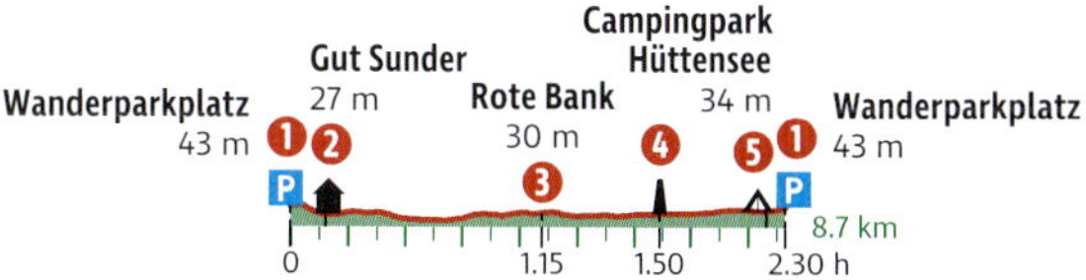

TOP

↗ 160 m | ↘ 160 m | 18.4 km

48 Suderburg – Hösseringen

5.00 h

Rundwanderung zwischen Hardauquelle und Suderburg

Wassererlebnispfad Hardautal – das ist ein 53 Kilometer langes Netz von Wegen in den Niederungen des nur 17 Kilometer langen Heideflusses Hardau durch das Suderburgerland bei Uelzen. Diese sind hier zu drei in sich geschlossenen Rundwanderungen aufgeteilt, angeordnet in der Fließrichtung der Hardau. Die erste Wanderung führt nach Hösseringen unweit der Hardau-Quelle, die dritte ist im Umfeld von Uelzen, wo die Hardau in die Ilmenau mündet. Bei dieser ersten Tour wandern wir von Suderburg über die Höhen oberhalb der Hardau vorbei an einem Aussichtsturm nach Hösseringen mit seinem Museumsdorf. Nach einer Schleife zur Hardauquelle folgen wir dem Flusstal mit der zu einem Badesee aufgestauten Hardau zurück nach Suderburg.

Ausgangspunkt: Marktplatz von Suderburg mit Parkgelegenheit außer dem Markttag Do. (Navi: Bahnhofstraße 48, 29556 Suderburg). Weitere Parkmöglichkeiten beim Aussichtsturm ❸ und dem Museumsdorf Hösseringen ❹.
ÖPNV: Bahnhof Suderburg (1 km nördlich vom Startpunkt) mit stündlichen Verbindungen des Metronom auf der Strecke (Hamburg –) Uelzen – Hannover. Die Buslinien 7040 und 7044 verbinden mehrmals täglich die wichtigsten Orte entlang der Tour: Suderburg, Hösseringen, Räber (7040 ab/an Uelzen), vnn.de.
Anforderungen: Leichte Wanderung über Forst- und Feldwege, Straßen und Pfade entlang der Hardau.
Markierung: Wassererlebnispfad (WEP) mit rotem wellenförmigem Pfeil (Wegweiser nur in der beschriebenen Gehrichtung).
Einkehr: Dorfcafé Hösseringen in alter Schule (Mo. Ruhetag), Kiosk am Hardausee (Do. – So.), Suderburg.
Varianten: 1. Ohne die Schleife zum Museumsdorf und Hardauquelle verkürzt sich die Tour um 2,7 km.
2. Weitere kleine Abkürzungsmöglichkeiten bei Räber und Suderburg (→ Beschreibung).
Kombi-Tipp: Tour 49.
Tipp: Museumsdorf Hösseringen mit 30 meist landwirtschaftlichen Bauten (Mai – Oktober täglich außer Mo.), museumsdorf-hoesseringen.de.

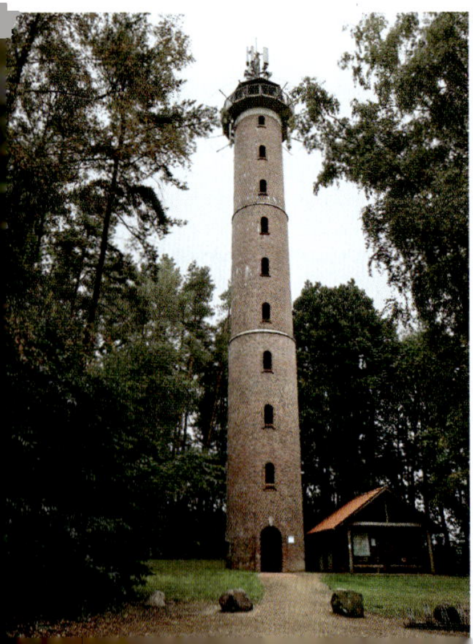

Der 40 Meter hohe Turm bei Hösseringen trägt Sendeantennen und eine Aussichtsplattform.

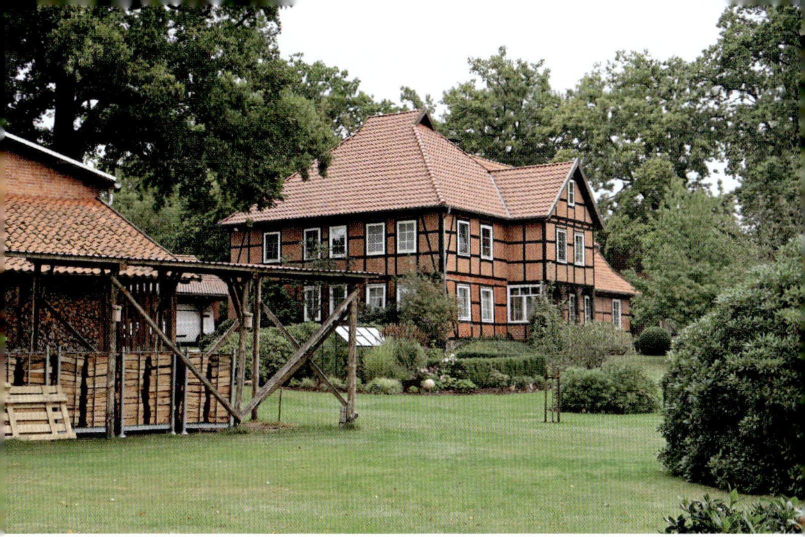

Zwischen Suderburg und Hösseringen passiert der WEP das Dorf Räber.

Vom Marktplatz in **Suderburg** ❶ folgen wir der Bahnhofstraße in südöstliche Richtung und biegen nach 0,5 km rechts in den Tannrähmsweg ab, auf dem wir in Richtung Heidefläche zunächst durch ein Wohngebiet, dann aus dem Ort hinauswandern. 10 Minuten nach dem Ortsende liegen rechts im Wald zwei 4 m hohe Findlinge, die an (in den Weltkriegen) gefallene Schüler sowie den Leiter der Wiesenbauschule erinnern. Die Wiesenbauschule vermittelte seit 1853 Bewässerungstechniken, vor allem den Suderburger Rückenbau mit Rieselfeldern (→ ❼). Als eine der ältesten landwirtschaftlichen Bildungseinrichtungen in Norddeutschland ging die Wiesenbauschule 1971 in der Fachhochschule Nordostniedersachsen auf. Heute ist Suderburg Standort der Ostfalia Hochschule für angewandte Wissenschaften mit Schwerpunkt Wasserbau.
Bei einer T-Kreuzung im Wald kurz hinter einer Heidefläche zur Linken biegen wir links in den kopfsteingepflasterten Weg und passieren im Wald Teiche, später Wiesen sowie Felder am Bahnhofsweg, über dessen Belag

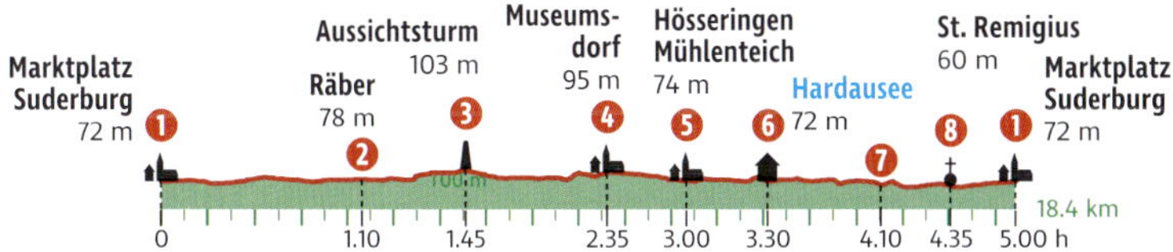

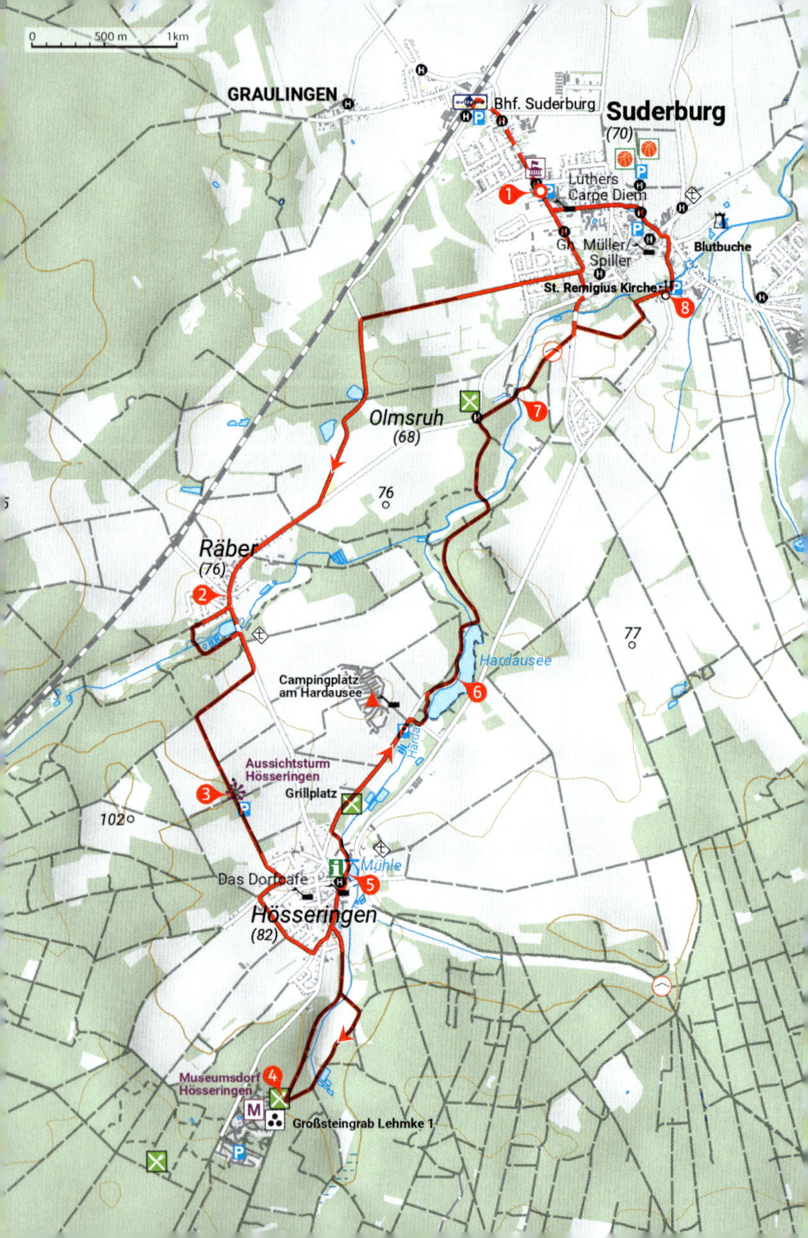

0
500 m
1 km
GRAULINGEN
Bhf. Suderburg
Suderburg
(70)
Luthers
Carpe Diem
Gh. Müller/
Spiller
Blutbuche
St. Remigius Kirche
Olmsruh
(68)
76
Räber
(76)
77
Hardausee
Campingplatz
am Hardausee
Aussichtsturm
Hösseringen
Grillplatz
102
Mühle
Das Dorfcafe
Hösseringen
(82)
Museumsdorf
Hösseringen
Großsteingrab Lehmke 1
1
2
3
4
5
6
7
8

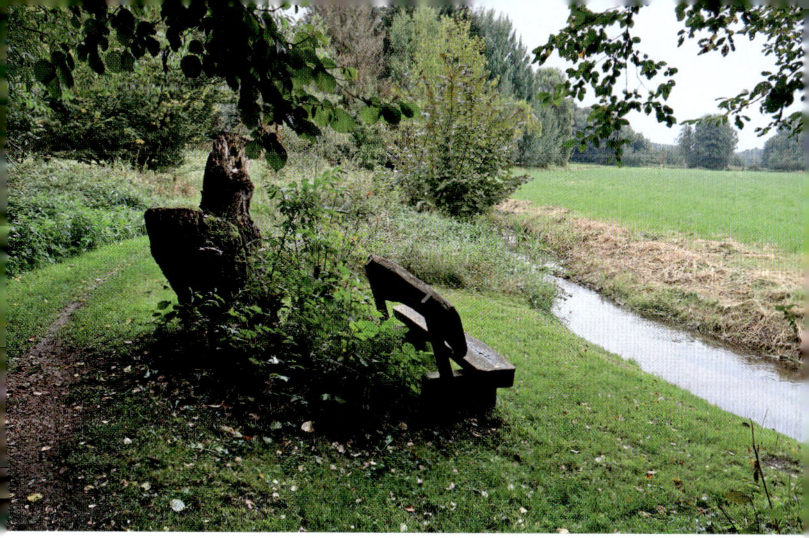

Die Hardau am Hösseringer Mühlenteich.

eine Tafel informiert. Kurz vor Räber rechts auf Straße in das Dorf. Am Ende von **Räber** ❷ zweigt der Wassererlebnispfad (WEP) nach der Bushaltestelle rechts ab Richtung Unterlüß (Räberspringweg) für eine kurze Schleife durch ein Feuchtgebiet mit Holzbohlenweg, die sich durch Geradeausgehen auch vermeiden ließe. Vom Räberspringweg nach 200 m beim Anfang des Schotterwegs hinter dem Haus links auf den Pfad und auf Bohlenweg über ein Feuchtgebiet, dann links zurück zur Hauptstraße und dieser rechts folgen. Die Markierung führt uns kurz darauf rechts und dann links zum 40 m hohen **Aussichtsturm** ❸, der nach Bewältigung der 180 Stufen einen weiten Rundblick bietet. Vom Turm mit daneben liegendem Parkplatz und einer Schutzhütte abwärts nach **Hösseringen**. Dort bei einer Kreuzung rechts (Meyerstraße), kurz darauf links und am Ende des Postwegs vor Bäumen wieder links (Sielweg). Bei der folgenden T-Kreuzung mit der Bauernstraße verlassen wir kurzzeitig den WEP, indem wir links und nach 50 m an der Gabelung bei einer Bank rechts Richtung Heidefläche gehen (Jakobsmuschel). Im Falle der Abkürzung ohne Museumsdorf würden wir links dem WEP folgen.

Bei der Schleife zum Museumsdorf und der Hardauquelle führt uns der Weg aus Hösseringen hinaus in das Hardautal, wo wir bei einer einer Gabelung unter Bäumen links Richtung Heidefläche gehen und Abzweigungen nicht beachten. Wenige Minuten nach einer Heidefläche über die Hardau mit einer Infotafel über das rechts 1 km weiter bachaufwärts liegende Quellgebiet. Kurz darauf bei der Gabelung rechts. In dieser Niederung wurden bis

zum Zweiten Weltkrieg Flachsfasern in sogenannten Rottekuhlen vom Lein gelöst. Kurz darauf erreichen wir vor dem **Museumsdorf** 4 eine Kreuzung mit einem Picknicktisch. Das Museumsdorf Hösseringen veranschaulicht das Leben und (landwirtschaftliche) Arbeiten in den letzten vier Jahrhunderten – zum Eingang geht es rechts um die 13 ha große Anlage herum.
Für den Rückweg nach Hösseringen biegen wir bei der Kreuzung nach links ab und beachten Abzweigungen nicht. In Hösseringen bei der bekannten Abzweigung bei einer Bank rechts (WEP), hinter dem Hösseringer Hof bei der Hauptstraße vor dem Mühlenteich (Räberweg) links und nach der Bushaltestelle Haus des Gastes rechts (Suderburg (5,8 km), zunächst links am **Mühlenteich** 5 und an der Hardau entlang.
Bei Abzweigungen halten wir uns rechts und nehmen nach der Querung der Hardau links den Pfad zum 1970 angelegten 8 ha großen **Hardausee** 6, den wir links vorbei an einer Badestelle umgehen. Am Nordende wandern wir rechts über den Damm von Deutschlands nördlichster Talsperre – mit einer Stauhöhe von 5 m eine der kleinsten des Landes! Hinter dem Damm links und auf Pfad durch Erlenbruchwald auf der rechten Seite der Hardau, dann links in einen für Reiter gesperrten Pfad, im Auwald auf Bohlenwegen über die Hardau und weiter auf dem Forstweg. Vor der Straße mit der Bushaltestelle Suderburg-Rieselwiese biegen wir rechts in den Forstweg und erreichen nach 5 Minuten die ehemals wasserbaulich bedeutende **Suderburger Rieselwiese** 7 mit Schutzhütte. Beim Suderburger Rückenbau wurde mittels künstlich angelegten Erdrippen (den »Rücken«) und Kanä-

Bei der Suderburger Rieselwiese wird der Rückenbau mit Erdrippen demonstriert.

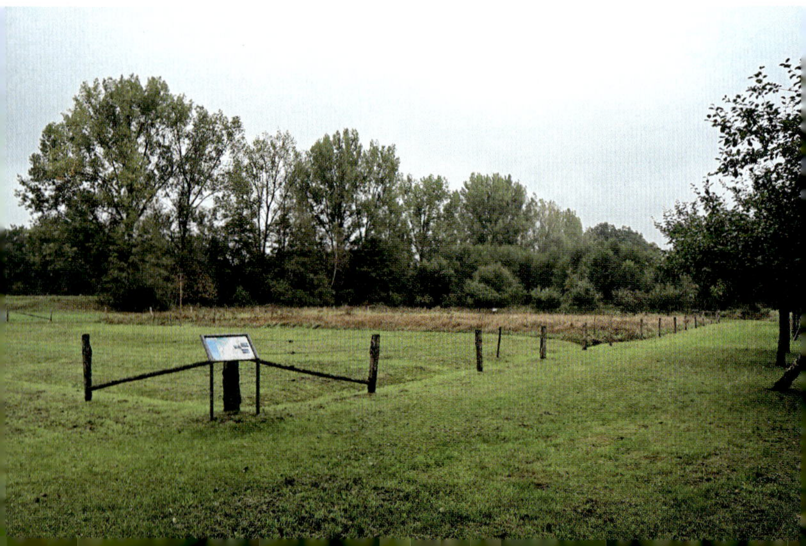

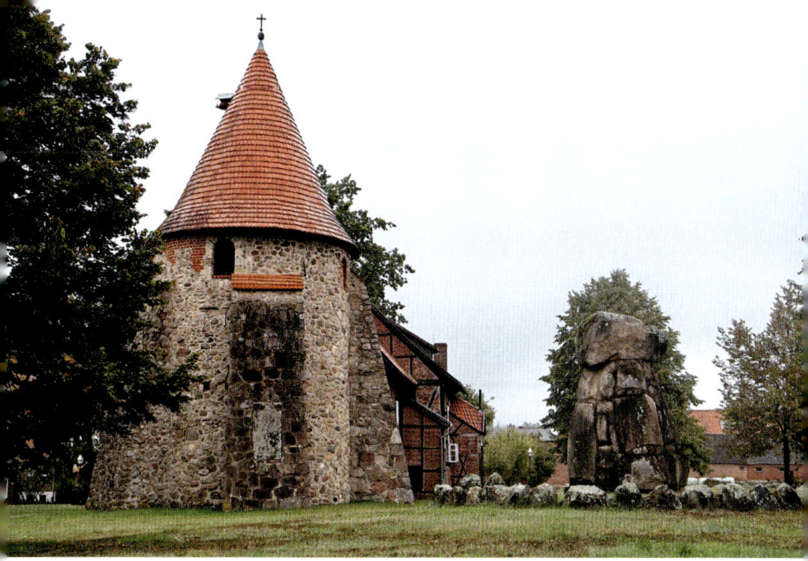

Der Turm der Suderburger Kirche geht auf eine mittelalterliche Burg zurück.

len von der Sonne leicht erwärmtes Wasser über Wiesen gerieselt. Neben der Bewässerung und Erhöhung der Bodentemperatur sollten sich dabei fruchtbare Sedimente auf dem Boden absetzen und damit den Ertrag fördern. Die Berieselungswirtschaft war zwischen 1850 und 1950 nicht nur entlang der Hardau, sondern auch in anderen Flusstälern der Region weit verbreitet.

Der WEP führt über die Hardau, vorbei an einer Schutzhütte, links entlang einer Straße und nach 50 m rechts in den Moorweg oder optional als Abkürzung geradeaus entlang der Hauptstraße nach Suderburg. Auf dem Moorweg südlich von Suderburg auf der rechten Seite der Hardau zu einer T-Kreuzung bei Häusern am Waldrand, dort auf gepflastertem Weg rechts und links an der **Kirche St. Remigius** 8 vorbei, deren Hauptschiff aus Fachwerk auf das 18. Jh. zurückgeht. Der markante Turm aus Feldsteinen ist ein Überbleibsel der für Suderburg namensgebenden mittelalterlichen Burg. Die Kirchenglocke hängt im Turm an einem frei stehenden Holzgerüst, um mögliche Schäden am Feldsteinmauerwerk durch die Schwingungen der Glocke zu verhindern.

Hinter der Kirche halten wir uns zweimal kurz nacheinander links und folgen der Burgstraße über die Hardau. Bei den folgenden beiden Kreuzungen erst links (Hauptstraße), dann geradeaus (Gänsekamp, 617), hinter der Oberschule links (Am Kindergarten) und nach 10 Minuten zum Zentrum von **Suderburg** 1.

↗ 80 m | ↘ 80 m | 14.0 km

49 Holdenstedt – Suderburg

3.30 h

Rundwanderung mit Schloss und Wassermühle

Die zweite Rundtour des Wassererlebnispfads Hardautal verbindet als mittlere Etappe die beiden Orte Suderburg und Holdenstedt. Vom Holdenstedter Schloss wandern wir durch das Hardautal nach Holxen mit seiner Wassermühle. Wendepunkt ist Suderburg mit der Feldsteinkirche St. Remigius. Nach dem Verlassen von Suderburg geht es entlang der Hardau und durch Wald zurück nach Holdenstedt.

Ausgangspunkt: Schloss Holdenstedt mit Parkplatz (Navi: Schloßstraße 4, 29525 Uelzen). Weitere Parkmöglichkeiten bei Kirche St. Remigius 3 in Suderburg (Im Hussen, Suderburg 29556).
ÖPNV: Die Buslinien 7040/7041 verbinden mehrmals täglich die wichtigsten Punkte mit Uelzen: Schloßstraße Holdenstedt, Holxen und Suderburg (mehrmals täglich, im Winterhalbjahr So. und tw. Sa. nur als Rufbus, Tel. +49 581 828382), vnn.de. Der Bahnhof Suderburg liegt nordwestlich von 3, erreichbar über Haupt- und Bahnhofstraße (1,7 km).
Anforderungen: Leichte Wanderung über Forst- und Feldwege sowie über Straßen.

Markierung: Wassererlebnispfad (WEP) mit rotem wellenförmigem Pfeil (Wegweiser nur in der beschriebenen Gehrichtung).
Einkehr: Suderburg.
Varianten: 1. Die Tour lässt sich durch Queren der Hardau in Holxen in etwa zwei gleich lange Hälften aufteilen.
2. Eine weitere Abkürzung (3,2 km weniger) ist möglich durch Queren der Hardau kurz vor Suderburg.
Kombi-Tipp: Touren 48 und 50 bzw. WEP 1 & 3. Sehr schön ist eine Streckentour zwischen den Bahnhöfen Suderburg und Uelzen (18,5 km), bestehend aus den zweiten Teilen dieser und der nächsten Tour (50).

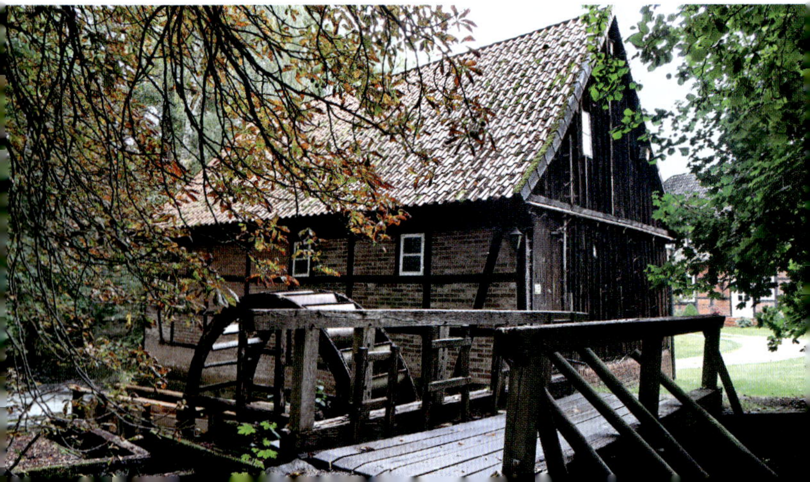

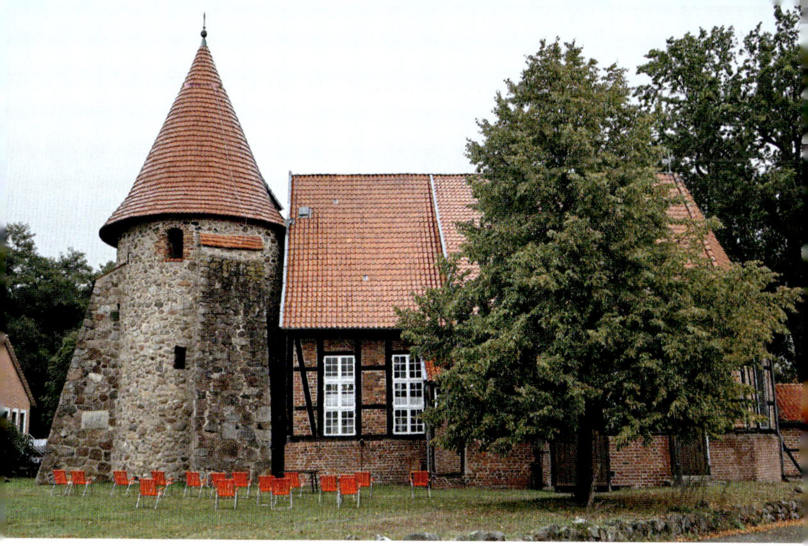

Oben: Das Hauptschiff der Suderburger Kirche ist ein Fachwerkbau aus dem 18. Jh.
Links: Die 1825 erbaute Holxener Wassermühle ist noch funktionstüchtig.

Das **Schloss Holdenstedt** ❶ liegt am Westrand des gleichnamigen Ortes direkt an der Hardau, die hier noch natürlich verschlungen fließt. Das im 18. Jh. anstelle eines Wasserschlosses und davor einer mittelalterlichen Burg errichtete barocke Herrenhaus Holdenstedt mit seinem Park im Stil eines englischen Landschaftsgartens erlebte viele verschiedene Nutzungen: jahrhundertelang als Residenz der Familie von Wense, im Zweiten Weltkrieg als Lazarett und Offiziersheim, als anthroposophische Schule, Kulturzentrum und künftig als Seniorenresidenz: Ein Investor erwarb das Anwesen Ende 2019 für rund eine halbe Million Euro mit Plänen für ein Altenheim. Nördlich vom Schloss wurde die Kirche St. Nicolai im 17. Jh. von den »Schlossherren« von der Wense im Barockstil neu erbaut, nachdem die romanische Vorgängerkirche aus dem Jahr 1010 im Dreißigjährigen Krieg weitgehend zerstört worden war.
Wir folgen der Schloßstraße Richtung Norden am Eingang des Schlosses vorbei, halten uns bei einer Gabelung links und queren die Hardau. Vor

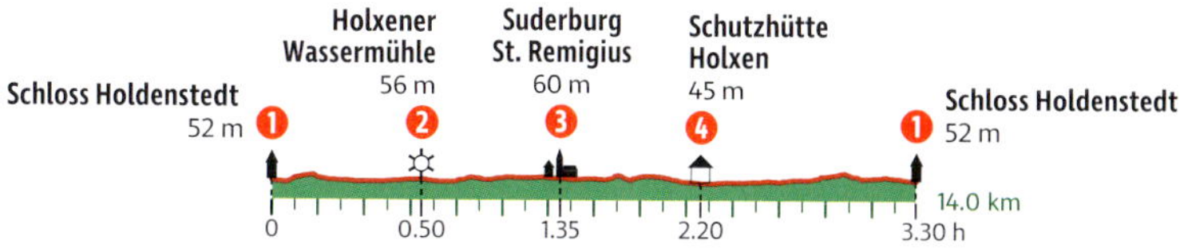

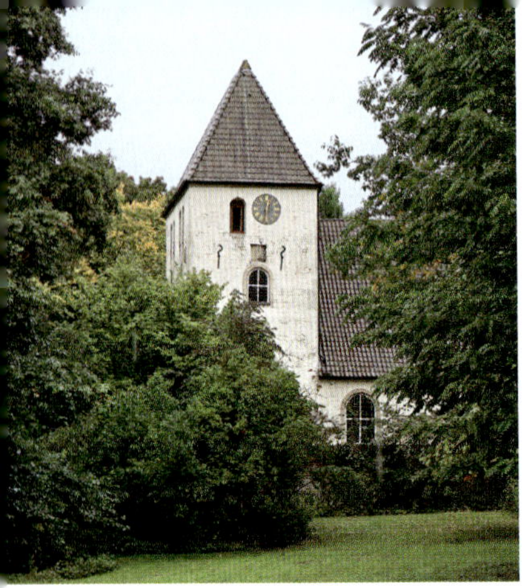

Neben dem Schloss Holdenstedt erhebt sich der Turm der St.-Nicolai-Kirche.

dem Friedhof (rechts) links in den Feldweg am Waldrand entlang mit Feuchtwiesen und Auwald. Das letzte Stück nach Holxen müssen wir links am Straßenrand zurücklegen. In Holxen bei der Kreuzung hinter der Bushaltestelle Ortsmitte links Richtung Suderburg (2,8 km) und nach Querung des Stahlbaches kurz vor dessen Mündung in die Hardau zur 1825 erbauten **Holxener Wassermühle** ❷. Der Stützbalken mit der Jahreszahl 1765 stammt von dem Vorgängerbau. Jahrhunderte vorher stand schon eine Mühle an dieser Stelle, wie eine Urkunde von 1321 belegt. Gemahlen wurde Getreide, außerdem wurde Flachs gestampft. Nach 33-jährigem Stillstand ist die Mühle seit 1983 wieder funktionstüchtig. Das Mühlenrad an der linken Seite mit seinen 4 m Duchmesser ist frei zugänglich.

Von der Mühle auf Kopfsteinpflasterweg aus dem Ort hinaus mit einigem Abstand rechts von der Hardau. Am Anfang von **Suderburg** hinter dem Friedhof gegenüber der Freiwilligen Feuerwehr links in die Burgstraße, bei einer Kreuzung geradeaus, über die Hardau und rechts zur **Kirche St. Remigius** ❸ mit Feldsteinen und Fachwerk (→ Tour 48).

Wir verlassen die Kirche in östlicher Richtung entlang der Burgstraße und biegen nach deren Ende rechts in die Hauptstraße, der wir bei nächster Gelegenheit den Rücken kehren: erst links in die Alte Celler Heerstraße, nach Querung des Schweinebaches links in den Schotterweg durch eine Wohnsiedlung und danach durch Wald und Wiesen rechts neben der Hardau entlang flussabwärts.

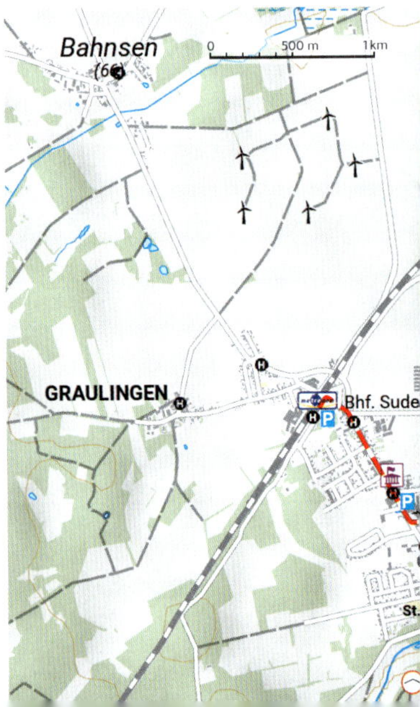

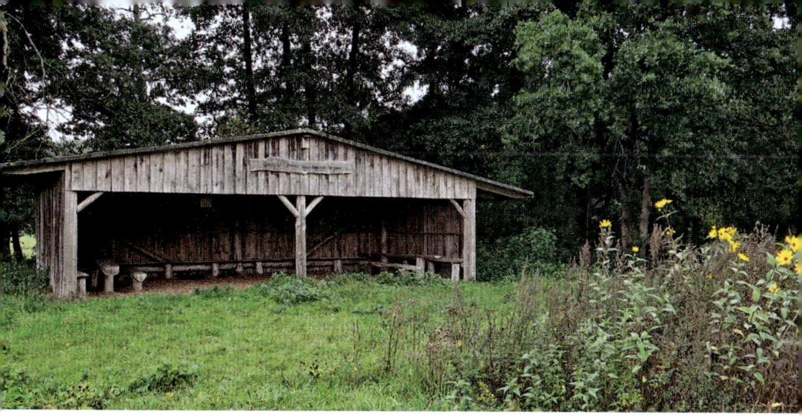

In der Schutzhütte Holxen geht es sehr geräumig zu.

5 Minuten nach der **Schutzhütte Holxen** ❹ erreichen wir wieder Holxen, gehen dort bei der T-Kreuzung links und gleich darauf rechts entlang einer Straße zwischen Feldern. 100 m nach einer Rechtskurve links in eine Straße und bei allen folgenden Kreuzungen dem Logo des Weges links folgend zurück zum **Schloss Holdenstedt** ❶.

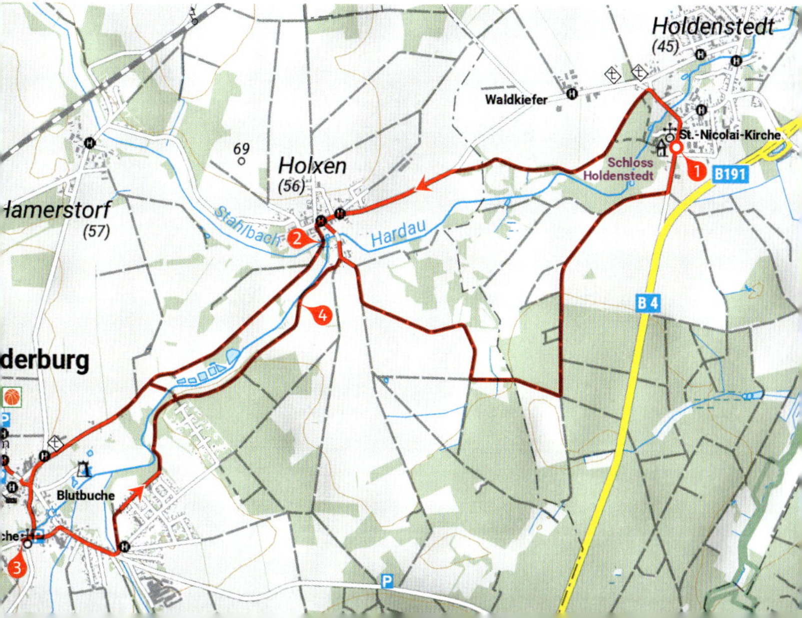

↗ 120 m | ↘ 120 m | 18.5 km

50 Hansestadt Uelzen – Holdenstedt

4.30 h

Drei-Flüsse-Wanderung und Hundertwasser-Bahnhof

Die Tour beginnt an einer der größten Attraktionen von Uelzen: dem Hundertwasser-Bahnhof. Der »Weg der Steine« – 21 bemalte Steine mit mystischen Motiven – führt zum Ortszentrum mit der St.-Marien-Kirche und ihrem Goldenen Schiff, dem Wahrzeichen von Uelzen. Auf der dritten Runde des Wassererlebnispfads Hardautal verlassen wir die Hansestadt vorbei an einer alten Burganlage und wandern durch das NSG Holdenstedter Teich nach Holdenstedt mit seinem Schloss. Entlang der Hardau geht es flussabwärts zurück. Bei der Römerschanze mündet die Hardau in die Gerdau, die kurz darauf zusammen mit der Stederau südlich von Uelzen die Ilmenau speist. Durch das Tal der Ilmenau, den wasserreichsten Fluss der Lüneburger Heide, wandern wir zurück nach Uelzen.

Ausgangspunkt: Bahnhof Uelzen mit gebührenpflichtigen Parkplätzen an der Vorderseite und großem gebührenfreien Parkplatz an der Rückseite (Navi: Albrecht-Thaer-Straße, 29525). Weitere (freie) Parkmöglichkeiten bei Schloss Holdenstedt oder beim Marktcenter Uelzen nahe dem Kreisverkehr zwischen ❶ und ❼ (Navi: Veerßer Str. 59, 29525 Uelzen).
ÖPNV: ICE-Bahnhof Uelzen. Die Buslinien 7040/7041 verbinden Uelzen (ZOB am Bahnhof, Rathaus) mit Holdenstedt (Schloßstraße), mehrmals täglich, im Winterhalbjahr So. und tw. Sa. nur als Rufbus, Tel. +49 581 828382 (mindestens 1 Stunde vor Fahrtbeginn), vnn.de.
Anforderungen: Leichte Wanderung über Straßen und Radwege im Großraum Uelzen, Pfade an Flüssen sowie Forst- und Feldwege.
Markierung: Wassererlebnispfad (WEP) mit rotem wellenförmigem Pfeil (Wegweiser nur in der beschriebenen Gehrichtung).
Einkehr: Uelzen.
Variante: Abkürzungsmöglichkeit (3 km weniger) durch Start ab Marktcenter Uelzen am Kreisverkehr südlich von Uelzens Innenstadt (Navi: Veerßer Str. 59, 29525 Uelzen). Dadurch Vermeidung des Zentrums von Uelzen, aber auch des Hundertwasserbahnhofs.
Kombi-Tipp: Tour 49 bzw. Wassererlebnispfad 2. Sehr schön ist eine Streckentour zwischen den Bahnhöfen Suderburg und Uelzen (18,5 km), bestehend aus den zweiten Teilen von Tour 49 und dieser Tour.
Tipps: In Uelzen St.-Marien-Kirche mit Goldenem Schiff, Hundertwasserbahnhof und Hannemann'sche Twiete.

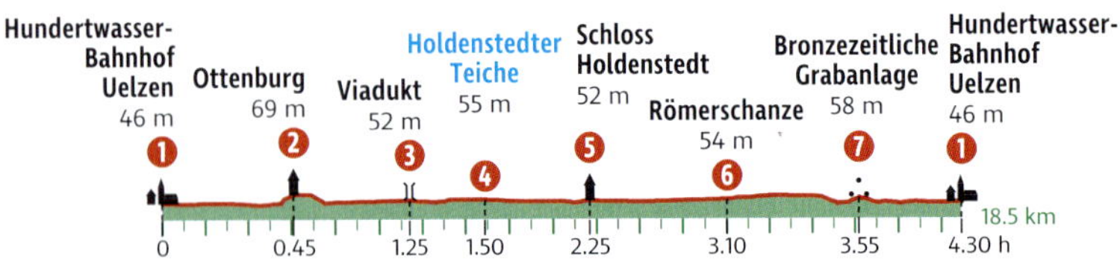

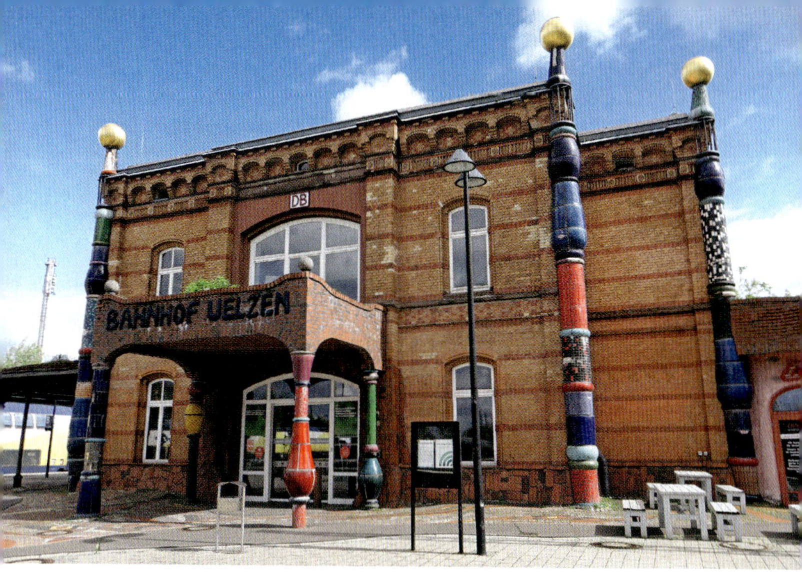

Bunt und mit vielen Rundungen empfängt der Hundertwasser-Bahnhof Uelzen Reisende.

Der farbenfrohe **Hundertwasser-Bahnhof** ❶ von **Uelzen** ist ein Umbau des zuvor eher schmucklosen Backsteinbaus anlässlich der EXPO 2000 in Hannover nach Plänen des während der Bauarbeiten verstorbenen österreichischen Künstlers Friedensreich Hundertwasser.
Vom Hundertwasser-Platz vor dem Bahnhof folgen wir links der Bahnhofstraße Richtung Zentrum, gesäumt von 21 Steinskulpturen der deutsch-schwedischen Künstlerin Dagmar Glemme. Die im Jahr 2008 mit mystischen Motiven bemalten Kunstwerke wurden 2020 gründlich restauriert, weil viele Farben verblasst bzw. abgeplatzt waren. Geradeaus durch die Fußgängerzone und an deren Ende rechts in die Veerßer Straße. Rechts erhebt sich die St.-Marien-Kirche, erbaut im 13./14. Jh. im Stil der norddeutschen Backsteingotik. In einer Wandnische des Kirchturms im Eingangsbereich steht das »Goldene Schiff« aus vergoldetem Kupferblech und besetzt mit Halbedelsteinen, zur Zeit der Hanse von Handelsleuten nach Uelzen gebracht.
Beim Rathaus geradeaus auf Fuß-/Radweg, am Parkplatz vorbei und über eine Straße. Am Kreisverkehr beim Marktcenter halb rechts, zunächst Richtung Soltau entlang der B71, später geradeaus auf der Celler Straße – keine idealen Wanderwege, aber alternativlos. 800 m nach dem Kreisverkehr rechts in den Krempelweg Richtung Burganlage und nach 5 Minuten bei einer Gabelung mit dem Schild Burganlage geradeaus. Der von Laubbäumen gesäumte Fußweg führt links an der eher unauffälligen **Ottenburg** ❷

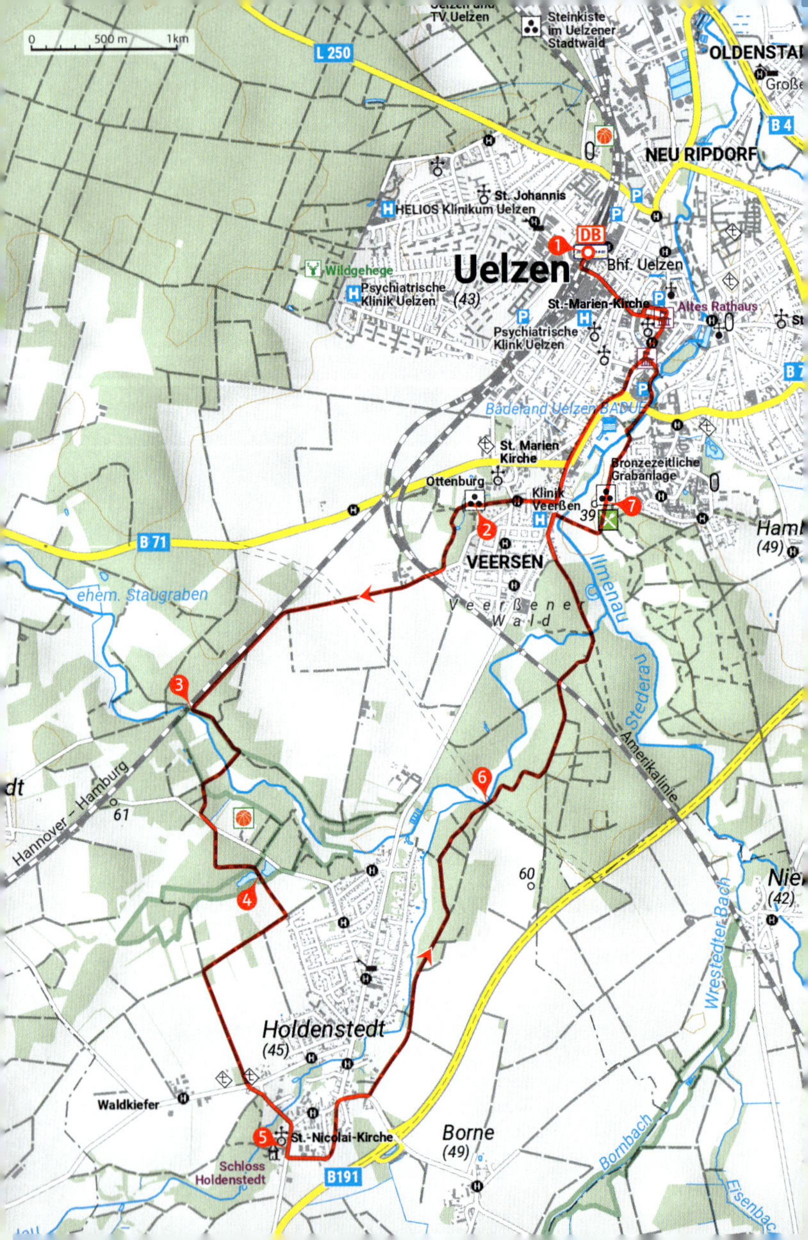

0
500 m
1 km
L 250
Uelzen und TV Uelzen
Steinkiste im Uelzener Stadtwald
OLDENSTAD
Große
B 4
NEU RIPDORF
St. Johannis
HELIOS Klinikum Uelzen
DB
Bhf. Uelzen
Uelzen
(43)
Wildgehege
Psychiatrische Klinik Uelzen
St.-Marien-Kirche
Altes Rathaus
Psychiatrische Klink Uelzen
B 71
Badeland Uelzen BADUE
St. Marien Kirche
Bronzezeitliche Grabanlage
Ottenburg
Klinik Veerßen
39
Hamb
(49)
VEERSEN
B 71
ehem. Staugraben
Veerßener Wald
Ilmenau
Stederau
Amerikalinie
Hannover – Hamburg
61
60
Nie
(42)
Wrestedter Bach
Holdenstedt
(45)
Waldkiefer
St.-Nicolai-Kirche
Schloss Holdenstedt
Borne
(49)
B191
Bornbach
Eisenbac
1
2
3
4
5
6
7

vorbei, von der nur noch Erdwälle erhalten sind. Die Haupt- und Vorburg waren früher im Süden durch Palisaden und Wälle geschützt, im Norden und Osten durch Moor und Wasser. Urkundlich ist ein Besitzerwechsel belegt im Jahr 1292, als die Familie von Estorff die Burg erwarb, die aber schon gut 200 Jahre später (1485) infolge von Streitigkeiten verwüstet und aufgegeben wurde.

Auf dem Wassererlebnispfad (WEP) geht es über Waldpfade zur Parkstraße, auf dieser rechts aus Uelzen hinaus und über Bahngleise. Vor der nächsten Bahnlinie, der 1847 eröffneten Trasse zwischen Hannover und zunächst Harburg (später Hamburg), folgen wir links dem Feldweg links neben den Gleisen, die wir bei einem **Viadukt** ❸ nach links verlassen. Die 58 m lange Backsteinbrücke – seit den 1960er-Jahren mit Spritzbeton verkleidet – überspannt mit 3 Bögen von jeweils 15 m das Gerdautal und wird täglich von rund 200 Zügen befahren, darunter ICEs. Damit ist sie eine der wenigen noch erhaltenen und für Tempo 200 ausgebauten Bahnbrücken aus der Frühzeit der Eisenbahn in Deutschland.

Der steinige Forstweg folgt kurz dem Verlauf der Gerdau, die wir nach einem Rechtsschwenk in das NSG Holdensteder Teiche queren. 200 m nach der Brücke biegen wir hinter einem Fuß-/Radweg-Schild links in den Waldpfad (der WEP macht hier einen unerklärlichen Umweg über die Straße) und folgen an dessen Ende der Straße nach links – jetzt wieder mit dem WEP. Kurz darauf 50 m vor einem Sportplatz auf Pfad rechts in den Wald und dort vorbei an **Holdenstedter Teichen** ❹, nach denen das 57 ha große NSG entlang der Teiche und der Gerdau mit Laubwäldern verschiedener

Das 1845 aus Backstein erbaute Bahn-Viadukt über die Gerdau ist bis heute in Betrieb.

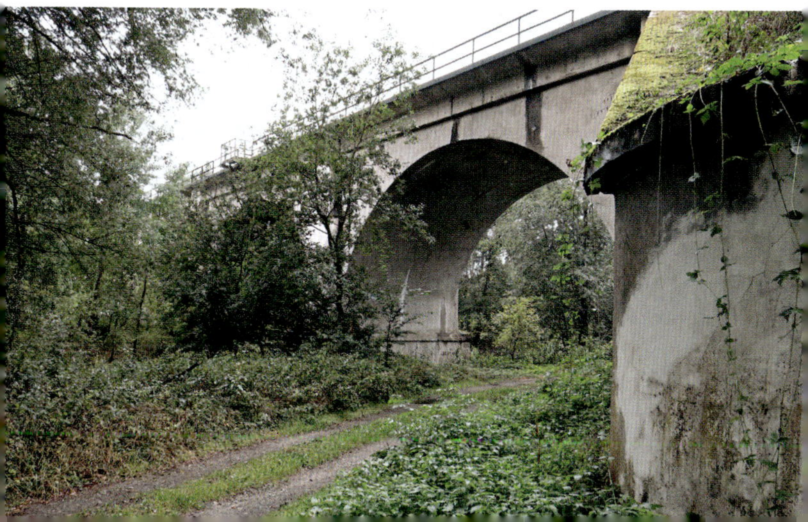

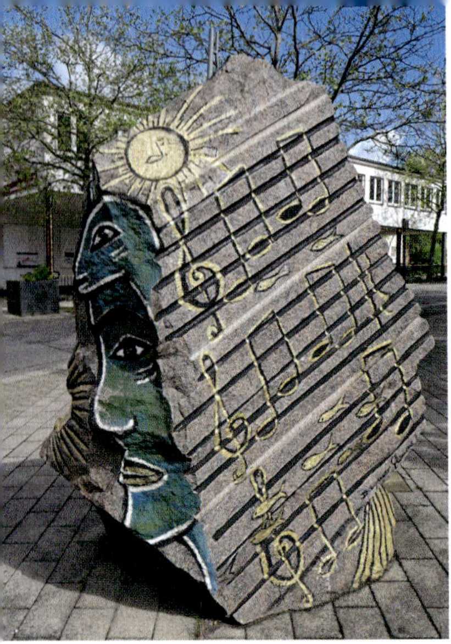

Der »Stein der Flora« ist eine von 21 Steinskulpturen auf dem »Weg der Steine« in Uelzen.

Feuchtestufen benannt ist. Die Teiche wurden vom Adelsgeschlecht von der Wense zur Fischzucht angelegt und beherbergen heute eine bedeutende Erdkrötenpopulation mit mehr als 10.000 Tieren.
5 Minuten nach den Teichen halten wir uns am Anfang von Holdenstedt bei einer T-Kreuzung rechts und nehmen bei der folgenden Kreuzung mit Wäldchen und Feldern die kleine Straße nach links. Nach Querung der Hauptstraße geradeaus über die Hardau und links vorbei an der Stadtkirche St. Nicolai zum **Schloss Holdenstedt** **5** mit seiner Parkanlage (→ Tour 49).
Südlich vom Schlossparkplatz links in den gepflasterten Weg (Stadenser Weg) und in der Linkskurve auf Feldweg geradeaus durch den »Familienpark« mit Obstbäumen. Am Kreisverkehr zweite Straße rechts (Borner Straße mit Radweg), nach 200 m links auf Plattenweg Richtung Schützenhaus und nach 0,5 km geradeaus auf Schotterweg am Waldrand entlang.

Die Holdenstedter Teiche sind Mittelpunkt eines 57 Hektar großen Naturschutzgebietes.

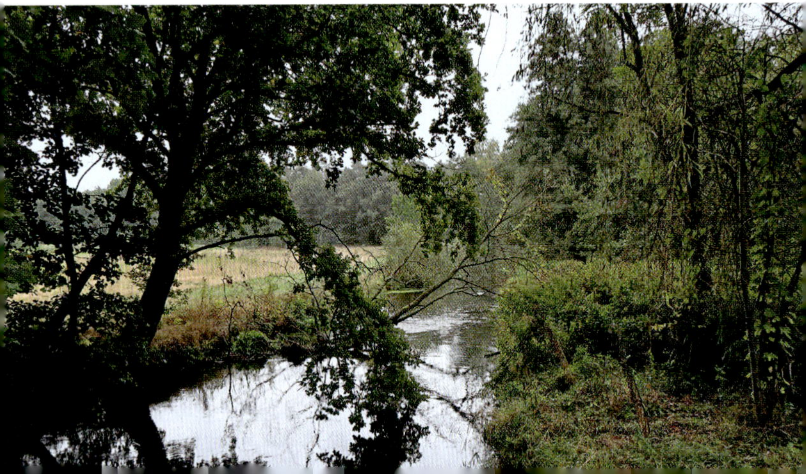

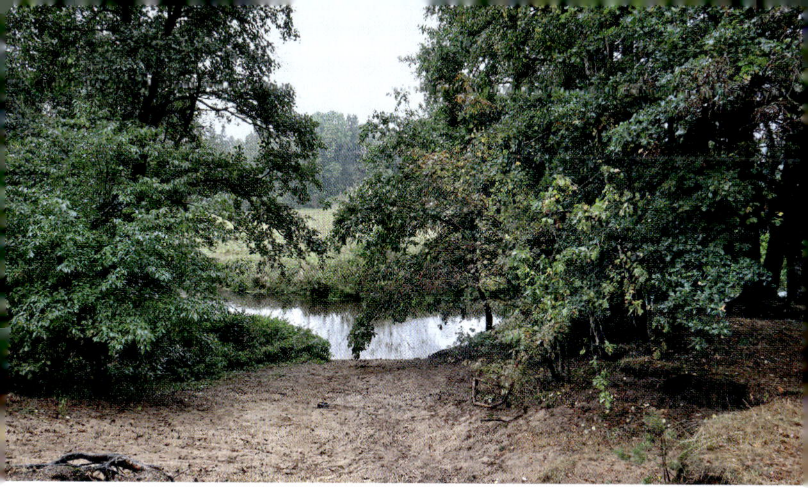

Bei der Römerschanze mündet die Hardau in die Gerdau.

Der WEP und Radschilder führen uns durch Wald rechts der Hardau, über kleine Waldwege und Pfade. Wir passieren an der Gerdau einen kleinen Abhang mit darunter einem Sandstrand, genannt **Römerschanze** ❻. Kurz davor mündet die Hardau in die Gerdau, den 30 km langen Quellfluss der Ilmenau. Die Römer sind hier nie gewesen, der Name geht zurück auf eine militärische Festung mit Wall, die früher die nahe gelegene Furt gesichert haben soll.

Weiter über Waldpfade und einen Forstweg, unter der Bahn hindurch und über die Gerdau, die rechts dahinter zusammen mit der Stederau in der Ilmenau aufgeht. Am Anfang von Uelzen für 150 m rechts entlang der Celler Straße Richtung Hundertwasserbahnhof (2,5 km), dann hinter einer Tankstelle rechts auf Fuß-/Radweg Richtung Zentrum (2,0 km) und wieder über einen Fluss – jetzt die Ilmenau. 200 m nach einer Linkskurve vorbei an einer **bronzezeitlichen Grabanlage** ❼ und auf WEP durch die Auenlandschaft erst rechts, später links von der Ilmenau, vorbei am Marktcenter Uelzen mit großem Parkplatz auf der linken Seite.

200 m nach dem Marktcenter bei einer Brücke links Richtung Hundertwasserbahnhof (1,2 km), über die Straße vor dem Rathaus, links an diesem vorbei und rechts in die Veerser Straße. Zurück zum Bahnhof geht es wie auf dem Hinweg – mit einer Ausnahme: Lohnend ist ein kleiner Umweg durch die Hannemann'sche Twiete: dazu bei der Kreuzung hinter der St.-Marien-Kirche geradeaus in die Lüneburger Straße, dann links beim Bürgerhotel vorbei am urigen Biergarten in die nette kleine Gasse, an deren Ende links (Rosenmauer) und danach rechts auf Bahnhofstraße wieder zum **Hundertwasser-Bahnhof** ❶.

STICHWORTVERZEICHNIS

Umschlagbild: Heidepfad am Bolterberg zwischen Overhaverbeck und Wilseder Berg.
Bild im Innentitel: Blühende Heidelandschaft zwischen Wilseder Berg und Undeloh.

Alle 196 Fotos von Idhuna Barelds.

Kartografie:
53 Wanderkärtchen im Maßstab 1:50.000 und 1:75.000
sowie 2 Übersichtskärtchen im Maßstab 1:700.000 und 1:1.600.000
© Freytag & Berndt, Wien

Werk-Nr.: 4583

2., aktualisierte Auflage 2024

ISBN 978-3-7633-4771-1

FSC www.fsc.org MIX Papier | Fördert gute Waldnutzung FSC® C147178

Wir freuen uns über jeden Korrekturhinweis zu diesem Wanderführer!
Bitte per E-Mail an: leserzuschrift@rother.de

ROTHER BERGVERLAG · Keltenring 17 · D-82041 Oberhaching
Tel. +49 89 608669-0 · rother.de